D1719521

W życiu pragniesz tak wiele,
by w końcu zadowolić się byle czym.

Z pamiętnika Lidii

BROWAR

Tomek P. Chenczke

WIELKA LITERA

Projekt graficzny okładki
Anna Małyszek-Sitko / hevolta.com

Zdjęcia na okładce
Wojtek Wieteska

Redakcja
Anna Kędziorek

Korekta
Jadwiga Piller
Bogusława Jędrasik

Wielka Litera Sp. z o.o.
ul. Kosiarzy 37/53
02-953 Warszawa

Skład i łamanie
Piotr Trzebiecki

Druk i oprawa
ABEDIK S.A.

ISBN 978-83-8032-035-2

Od dawna nie pamiętał tak spokojnej nocy! Po osiemnastu latach za kierownicą Tadeusz „Tadzio" Kusy musiał przyznać – pomimo różnorodnych, acz nie zawsze przyjemnych doświadczeń – iż nie ma w życiu nic bardziej nieprzewidywalnego od nocnego klienta. Od ponad dwóch godzin stał na hotelowym podjeździe, wpatrując się z nadzieją w szklane obrotowe drzwi, wypluwające sporadycznie hotelowych gości, których najwyraźniej jedynym celem tej nocy były piesze spacery po opustoszałym centrum miasta. Nie dość, że nie zarobił ani złotówki, to jeszcze nabierał coraz większej pewności, że powoli, lecz skutecznie rozbiera go wirus grypy. Tylko nie to! Wyobraził sobie całe dnie spędzone w łóżku, w małym mieszkaniu, gdzie nieustanna obecność zrzędliwej żony mogłaby doprowadzić do szaleństwa samego papieża.

A wszystko przez te idiotyczne reguły hotelu „M"! Tracił z ich powodu nie tylko cenną benzynę, ale i zdrowie. Zgodnie z wymaganiami zarządu musiał utrzymywać w samochodzie stałą temperaturę – nie niższą niż 18 i nie wyższą niż 25 stopni. Ale czy choć jeden z tych kretynów w garniturach, którzy najwyraźniej nigdy nie siedzieli za kółkiem taksówki, przejmował się tym, że jeśli będzie stał ponad dwie godziny z włączonym silnikiem, to równie dobrze mógłby puścić z dymem wszystkie swoje ciężko zarobione pieniądze?

Tadzio Kusy, oparty plecami o przednie drzwi taksówki, palił kolejnego tego wieczoru papierosa. W oddali, na ślepej ścianie starej, na pół zniszczonej kamienicy, widniał olbrzymi plakat jego ulubionej marki piwa. Szczupła blondynka, której twarz i figura rozbudzały w Tadziu – poza chęcią objęcia dłonią oszronionej szklanki – także i inne, głęboko skrywane pragnienia, leżała w czerwonej sukience na rozłożonym na trawie futrze z norek. Obok jej nagiego ramienia w zielonej trawie wił się porzucony naszyjnik z pereł. U jej stóp leżała przewrócona butelka szampana. Dziewczyna najwyraźniej nie była zachwycona wyborem napoju i Tadzio doskonale wiedział, dlaczego: jej nostalgiczne spojrzenie kierowało się w stronę olbrzymiego sloganu wydrukowanego nad jej głową, tuż obok wyeksponowanej butelki piwa: „Tylko M.O.C.".

Tadzio zaciągnął się po raz ostatni i wyrzucił niedopałek papierosa w zaspę brudnego śniegu na podjeździe. Właśnie miał otworzyć drzwi taksówki, kiedy jego uwagę przykuły dwa ciemne punkty w górnej części plakatu. Mógłby przysiąc, że jeszcze przed chwilą ich tam nie było. Co więcej, czarne plamy na plakacie zdawały się poruszać! Zastanawiał się przez chwilę, czy nie powinien przyjrzeć się dziwnemu zjawisku z bliska. Może by i tak zrobił, gdyby nie gwizd hotelowego portiera, który przerwał jego wahania i przypomniał mu o jego obowiązkach. Miał kurs. Cuda się zdarzały!

Rozdział pierwszy

„*DLACZEGO nie chcesz się z nami bawić?*".

Nie chciał, ale nie miał wyboru.

Od jakiegoś czasu dla Marcina problem polegał na tym, aby odgadnąć, który kieliszek powinien być ostatni. O jeden za mało – i zamierzone odejście w stan obojętnej nieświadomości alkoholowego snu stawało się bolesnym pasmem przebudzeń, majaków, a nawet sennych wizji, których powracający motyw był jednym z powodów częstego sięgania po alkohol. O jeden za dużo – i nocna amnezja, pożądany stan kilkugodzinnego niebytu, zamieniał się w poranny koszmar przebudzenia, depresji, zmagania się z duchami przeszłości, których nocnych odwiedzin za wszelką cenę starał się unikać.

Niestety, powtarzalność wieczornego rytuału picia miała ograniczony wpływ na znalezienie złotego środka. Czy to za sprawą nieregularnej diety, zmian pogodowych, czy też jego własnej kompulsji – która często przeszkadzała mu przestać spożywania alkoholu, póki pusta butelka nie wysuwała się z rąk i nie toczyła hałaśliwie po bukowym parkiecie – Marcin zbyt często budził się z paraliżującym bólem głowy i uczuciem depresji.

Wszystko jednak było lepsze od prób zasypiania na trzeźwo! Wtedy nie było mowy o żadnym śnie. Obawa przed koszmarami sennymi, które czyhały na niego, gdy tylko przymykał powieki, pozwalała mu jedynie na płytki, wyczerpujący półsen więziennego strażnika.

Dziś wypił o jeden kieliszek za mało. Gdyby był jakiś sposób na powrót do niedokończonej butelki, której chłodna obecność na półce w lodówce zdawała się teraz zbytecznym kompromisem, chybionym aktem samokontroli, zrobiłby to natychmiast bez względu na poranne konsekwencje. Ale droga do lodówki była odcięta przez postacie otaczające skórzaną sofę, na której leżał w ubraniu, nie trudząc się wyprawą do łóżka. Ich drobne twarze pochylały się nad jego głową, wspartą na czymś, co równie dobrze mogło być niewygodną poduszką, jak i jego torbą z papierami z redakcji.

– *Dlaczego nie chcesz się z nami bawić?*

Dziewczynka, która od kilkunastu sekund z uporem zadawała mu to pytanie, miała niewiele ponad dziesięć lat, jasne włosy spięte w kucyk i parę zimnych, błękitnych oczu wpatrujących się w nieokreślony punkt ponad jego głową.

Nie chciał się bawić. Chciał, żeby zniknęły. Opuściły jego mieszkanie. Opuściły jego sen. Za późno. Krąg dzieci wokół sofy nie tylko nie zamierzał zniknąć, ale zdawał się ciągle powiększać, zacieśniać wokół jego leżącego bezwładnie ciała.

Chłopiec z czupryną ciemnych sterczących do góry włosów i śladami trądziku na twarzy, który chwilę przedtem dotykał rękami oparcia sofy, studiując jej kształty, wyciągnął drobną, kościstą dłoń w stronę jego twarzy. Marcin poczuł chłodny, lekko spocony dotyk na skórze. Instynktownie zacisnął powieki.

– Udaje, że śpi – powiedział chłopiec, odsuwając dłoń.

– Myśli, że nas oszuka – usłyszał głos dziewczynki, tej samej, która jeszcze niedawno nakłaniała go do zabawy.

Któreś z dzieci musiało otworzyć okno, bo Marcin poczuł na twarzy powiew mroźnego grudniowego powietrza. Jego powieki pozostawały zamknięte. Przynajmniej tak mu się wydawało. Czyjeś dłonie unosiły teraz jego głowę z twardego oparcia, na którym leżała. Dużo dłoni. Dłoni, które zaczęły zsuwać się wzdłuż jego ramion i pleców, unosząc jego bezwładne ciało, dłoni obojętnych na stan pozornego uśpienia, które Marcin za wszelką cenę nadal próbował udawać, dłoni sadowiących go na sofie, z plecami wspartymi o skórzane oparcie. Nie miał wyboru. Jego powieki uniosły się powoli.

Pierścień otaczających go twarzy był tak ciasny, iż miał przez chwilę wrażenie, że są pozbawione ciał i wyrastają przed jego oczami na różnych wysokościach. Dopiero po chwili zorientował się, że dzieci stworzyły coś w rodzaju dziwacznej piramidy, z głowami wyrastającymi spod splecionych ramion i nóg i dotykającymi się wzajemnie. Po krótkiej chwili zrozumiał tę bliską, fizyczną wręcz wspólnotę – wszystkie dzieci były ociemniałe. Oczy, które się w niego wpatrywały, były zwrócone do wewnątrz.

Zauważył, że w tym śnie nie potrafi mówić, niezdolny do jakiejkolwiek formy sprzeciwu. Także jego ciało zdawało się poruszać jedynie za sprawą ich dłoni i ramion, które ponownie go otoczyły, unosząc go z sofy – najpierw z pewnym wysiłkiem, wahaniem, ale po chwili ustawiając go pionowo z siłą i pewnością siebie, o które nigdy by ich nie podejrzewał.

Tak jak przypuszczał, dzieci otworzyły okno na oścież, pozwalając grudniowemu wiatrowi szarpać raz po raz czerwonymi zasłonami. Trochę go dziwiło, że odczuwa ruchy mroźnego powietrza, a jego ciało pokrywa się gęsią skórką. Dlaczego miałby odczuwać chłód we śnie?

Zanim pojął, co się z nim dzieje, jego nagie stopy dotykały parapetu okna, a ciało, poruszane setkami wszechobecnych dłoni, niebezpiecznie wychylało się do przodu, w stronę zimnej, wszechogarniającej ciemności. Instynktownie spojrzał w dół, spodziewając się dostrzec znajome kontury ulicy, hałdy zmrożonego śniegu oświetlone światłem ulicznej latarni, zaparkowane samochody sąsiadów. Ale przestrzeń pod jego stopami nie miała żadnej rozpoznawalnej formy, żadnego punktu odniesienia. Nic poza niezgłębioną czernią.

– A teraz skaczemy – usłyszał za plecami głos chłopca z czupryną ciemnych włosów.

– Ty pierwszy – zawtórował mu głos dziewczynki z końskim ogonem.

Jego stopy utraciły kontakt z parapetem okna. Spadał. W otaczającą go zewsząd czerń nocy lub otchłani. W absolutnej ciszy. Samotnie.

UPADEK BYŁ BOLESNY. Uderzenie w głowę sprawiło, że jęknął z bólu i otworzył oczy. Leżał na parkiecie, obok sofy, z twarzą do dołu. Potrzebował dłuższej chwili, aby zrozumieć, co się wydarzyło. W trakcie snu musiał zsunąć się z sofy i uderzyć głową o stojący tuż obok drewniany stolik. Przynajmniej nie czuł bólu głowy po wypitym wczorajszej nocy alkoholu. Nawet jeśli czaił się gdzieś za rozsadzającymi czaszkę eksplozjami, to i tak nie był w stanie go zidentyfikować.

Powietrze w mieszkaniu miało temperaturę jak w chłodni. Szybko odkrył przyczynę. Okrywając się szczelnie ściągniętym z sofy kocem, podszedł do otwartego okna i zamknął je, zasuwając czerwone kotary. To nie był najlepszy dzień na zmaganie się z bólem głowy. Guz miał wielkość piłeczki pingpongowej, a Marcin wcale nie był pewien, że osiągnął swój ostateczny rozmiar. Zegar na biurku wskazywał kwadrans po dziewiątej. Miał czterdzieści pięć minut, żeby doprowadzić się do stanu względnej przyzwoitości i dotrzeć do budynku sądu.

W lustrze w łazience, z dwiema tabletkami Alka Seltzer w dłoni, krytycznie ocenił wygląd swojej twarzy. Postanowił zignorować jednodniowy zarost – zarówno z braku czasu na golenie, jak i z poczucia wstrętu do własnej kondycji; uczucia, które wydało mu się odpowiednie, biorąc pod uwagę czekającą go tego dnia konfrontację z byłą żoną. Prawie byłą, poprawił się. Przynajmniej przez następne dwie, trzy godziny.

Oczy wyglądały najgorzej. O ile przekrwione gałki mógł zamaskować za pomocą kilku kropel Visine (uzupełnianie ich zapasu należało do jednej z najskrzętniej pilnowanych czynności w jego łazience), o tyle sine zakola pod oczami jednoznacznie wskazywały na to, czym zajmował się ostatniej nocy. Kiedyś rozważał nawet makijaż, maskujący krem stosowany czasem przez Marię, gdy chciała ukryć niedoskonałości cery, ale dawno porzucił ten pomysł jako zbyt desperacki i niemęski. Męski? Wpatrując się w swoje odbicie w lustrze – twarz pokrytą poszarzałym naskórkiem, zaniedbane przetłuszczone włosy, przedwcześnie siwiejące na skroniach, półprzymknięte oczy obawiające się kontaktu ze światłem – zastanawiał się, jak Maria mogła kiedyś znaleźć w nim coś atrakcyjnego.

Odkręcił kran, połknął pastylki trzymane w dłoni i pochylił głowę nad umywalką, chciwie chwytając ustami strumień zimnej wody. Nie zmieniając pozycji, skierował wodę na twarz, skronie, szyję, by wreszcie na koniec zanurzyć całą głowę. Jego ekspresowy prysznic. Z braku czasu musiał wystarczyć.

Ponieważ ostatnią noc spędził na sofie w ubraniu, kwestia doboru garderoby ograniczyła się jedynie do założenia innej koszuli, najczystszej, jaką potrafił znaleźć wśród kilku porzuconych na podłodze w sypialni. Marynarka wisiała w szafie w przedpokoju. Zarzucił ją na siebie nie bez uczucia wewnętrznej kapitulacji. Od czasu odejścia z kancelarii obiecał sobie nigdy nie wracać do dawnego służbowego ubioru. W prawej wewnętrznej kieszeni wyczuł miękki kształt zwiniętego krawatu, ale uznał, że jest za wcześnie, aby zaufać swym drżącym dłoniom. Założy go przed wejściem na salę rozpraw. Przynajmniej spróbuje. Płaszcz uznał za zbyteczny. Nawet w marynarce jego skóra osiągała już temperaturę wrzenia, produkując irytujące i krępujące krople potu.

Było wpół do dziesiątej. Pomyślał jeszcze o telefonie do redakcji, aby uprzedzić o nieuniknionym spóźnieniu, ale pomysł rozmowy z Walderem, tuż po przebudzeniu, głosem, którego ani tonacji, ani siły nie był jeszcze pewny, szybko wyparował mu z głowy. Zresztą Walder najprawdopodobniej zignorowałby jego telefon nie zawsze uprzejmym – przynajmniej dla niego – głosem asystentki. A gdyby nawet zdecydował się na bezpośrednią rozmowę, to cóż Marcin miałby mu do powiedzenia? „Drogi redaktorze naczelny, proszę mi wybaczyć spóźnienie, ale rozwodzę się z pana córką?". Walder zapewne poprawiłby go swoim mentorskim i nieznoszącym sprzeciwu tonem: „To ona rozwodzi się z tobą, frajerze". Strata czasu.

Kluczyki do samochodu leżały na stoliku w przedpokoju. Nie bez poczucia winy sięgnął po nie, zastanawiając się przez chwilę, czy nie powinien wezwać taksówki. Nie miał na to czasu. Nie mógł kazać czekać swojej byłej żonie. Prawie byłej.

WCIŚNIĘTY W SKÓRZANY FOTEL, z dłońmi kurczowo wczepionymi w poręcze i z magazynem linii lotniczych na kolanach, który miał mu przypominać, że tak naprawdę ma do czynienia z rutynową procedurą, Trevor Dice zastanawiał się, czego nienawidzi bardziej: lądowań czy Londynu. Spoglądając kątem oka na pasażera po swojej prawej stronie, szybko podjął decyzję. W tej chwili najbardziej irytował go widok jego partnera, Maksa Steina, siedzącego z jedną nogą założoną na drugą, w pozie doskonałego rozluźnienia i z półuśmieszkiem na twarzy, którego przyczyną mogło być wyłącznie narastające rozbawienie jego panicznym zachowaniem. Pieprzyć cię, Stein! Jeżeli wszystko pójdzie zgodnie z planem, jego uciążliwy związek z Maksem Steinem dobiegnie szczęśliwego końca. Oczywiście pod warunkiem że uda mu się przetrwać dzisiejsze lądowanie.

Stewardesa, siedząca na fotelu dla załogi, skierowała w jego stronę łagodny uśmiech przeznaczony zapewne dla idiotów lub dzieci. Z całych sił próbował skupić się na okładce leżącego na kolanach magazynu, na zimowym pejzażu alpejskiej wioski i pokrytych śniegiem dachach malowniczych *chalets*.

Gdy koła samolotu uderzyły o ziemię, wstrzymał oddech i zacisnął powieki. Maszyna hamowała i Dice poczuł, jak pas bezpieczeństwa boleśnie wpija się w jego ciało.

Budynki Heathrow pojawiły się w oknie po jego lewej stronie. Rozluźnił pas i trzykrotnie odetchnął głęboko, ignorując rozbawienie widoczne na twarzy jego towarzysza podróży. Londyn. Co podkusiło Van der Boera, aby wybrać to miasto na miejsce ich spotkania? Nie miasto, poprawił się, odczuwając pewną ulgę. Lotnisko Heathrow i hotel Renaissance. Nie był gotów na konfrontację z opresyjną architekturą Londynu, szczególnie w ten szary grudniowy dzień, z niebem w kolorze ołowiu.

Jego nienawiść do Londynu była czymś organicznym, wręcz wisceralnym. Datowała się od czasu jego pierwszej podróży na uniwersytet w Oksfordzie i narastała – o ile to w ogóle możliwe – z każdym następnym powrotem przez cztery lata studiów na wydziale prawa. Nie potrafił do końca powiedzieć, co było jej przyczyną – czy przyczynami, bo z upływem czasu było ich coraz więcej – ale miasto stało się dla niego swoistym rezerwuarem wszystkiego, czego nienawidził w tym kraju, w szkole, w ludziach, których spotykał, w kolegach z uczelni i w pogodzie, która niezmiennie wprowadzała go w stan depresji i melancholii. Wiedział tylko, że symbolem całej jego wielowymiarowej nienawiści stała się z czasem pompatyczna imperialna architektura tego miasta. „Wędrujący Australijczyku", pomyślał, wpatrując się w biegających po płycie lotniska ludzi z obsługi technicznej, „trzymaj się z daleka od Londynu. Po pierwsze, będą szydzić z twego akcentu, tak jakby Bóg i królowa obdarzyli ich monopolem właściwej wymowy. Po drugie, potraktują cię jak barbarzyńcę, tylko kilka pokoleń odległego od dziada przykutego do galer i usuniętego z kraju za ignorowanie jego tak zwanej wyjątkowości!". Wyjątkowość, pożal się Boże. Trevor Dice pamiętał swoich kolegów z uczelni, absolwentów Eton, potomków rodów sięgających dalej niż miejska kanalizacja. Gdzie byli teraz? Gdy on, barbarzyńca, miał właśnie zarobić w jeden dzień więcej, niż oni zdołali uzbierać od czasów Wilhelma Zdobywcy?

Max Stein położył mu dłoń na ramieniu, przerywając jego wewnętrzne rozważania o odwecie.

– Wysiadamy.

– Ty pierwszy – powiedział Dice nie bez cienia złośliwości w głosie.

LOBBY HOTELU RENAISSANCE na londyńskim Heathrow było wypełnione po brzegi. Okazały czteropiętrowy budynek w sąsiedztwie Terminalu 3 miał sześćset czterdzieści osiem pokoi wyposażonych w dźwiękoszczelne szyby i w pełni klimatyzowanych. Z obszernego lobby rozciągał się widok na płytę lotniska oraz startujące i lądujące samoloty. W hotelu było trzydzieści sal konferencyjnych, audytorium „York" i pokaźnych rozmiarów sala balowa „Wessex". Pracowało tu dwieście pięćdziesiąt osób obu płci i rozmaitych ras. Ludzie ci rejestrowali gości, wnosili ich bagaże, ścielili łóżka, układali miętowe czekoladki na poduszkach, czyścili podłogi i toalety, prali ręczniki i prasowali koszule, przynosili śniadanie do łóżek i naprawiali windy – słowem, tworzyli całą zorganizowaną armię, dzięki której hotel Renaissance cieszył się dobrą opinią wśród strudzonych podróżnych.

Szczegóły te nie miały najmniejszego znaczenia dla Trevora Dice'a. Hotele stanowiły dla niego jedynie niekończący się korowód obcych łóżek, zamieszkanych przez duchy, grzechy czy nawet zbrodnie ich poprzednich użytkowników, co sprawiało, że unikał ich jak ognia, sypiając na podłodze, na macie, którą zabierał w każdą, nawet najkrótszą podróż.

Był początek grudnia i dwa dni nieustępującej mgły oraz pierwszy śnieg sprawiły, że dziesiątki rejsów zostało opóźnionych lub odwołanych, a pasażerowie uwięzieni na terminalach lotniska lub w pobliskich hotelach. W lobby hotelu Renaissance siedzieli zanurzeni w głębokich fotelach, z gazetami w dłoniach i stertą bagaży, wokół których krążyły grupy hałaśliwych, znudzonych dzieci. Dla Trevora Dice'a, który od najmłodszych lat obawiał się tłumów, widok zatłoczonego lobby był dodatkowym potwierdzeniem jego uzasadnionej nienawiści do Londynu. Jak by tego było mało, co chwila rozlegały się sygnały telefonów komórkowych, od krótkiego bip, poprzez fragmenty standardów z lat sześćdziesiątych aż do elektronicznych przeróbek Bacha i Mozarta, jakby w hotelowym lobby stroili instrumenty muzycy gigantycznej, aczkolwiek anarchizującej orkiestry.

Lawirując pomiędzy bagażami, nogami podróżnych i rozbieganymi i rozkrzyczanymi dziećmi, Dice, podążając w bezpiecznej odległości za Steinem, zdołał wreszcie osiągnąć w miarę spokojny azyl recepcji. Przechodząc przez obszerny hall hotelowy, zauważył, że na wielu stolikach jarzyły się ekrany laptopów. Mimo przeciwieństw losu podróżne biura koczowników XXI wieku były otwarte na przyjęcie interesantów. Ludzie bez kraju i tożsamości, w identycznych szarych, czarnych lub granatowych mundurach uderzali z determinacją w klawisze elektronicznych maszyn. Przekrzykiwali się nawzajem, przyklejeni do telefonów komórkowych, sprzedając deski, gwoździe i całe domy, ładując taczki, samochody i oceaniczne statki, wysyłając ludzi do kiosku za rogiem, w kosmos lub na bruk, zaczynając i kończąc spotkania, mecze piłki nożnej, a może i wojny. Dice miał czasami wrażenie, że świat oszalał w pogoni za natychmiastowością. Ten brak skupienia, refleksji, dystansu do rzeczywistości nie mógł na dłuższą metę prowadzić do niczego dobrego.

Adnotacja przy ich rezerwacji wskazywała, że będą korzystać z „Sommerset Suite" zarezerwowanej przez przedstawicieli belgijskiej spółki browarniczej Eurobrew. Drobna recepcjonistka z twarzą, która przywołała w jego wyobraźni obraz kota z Cheshire, gdyż nienaturalnie szeroki uśmiech zdawał się nieodłączną jej częścią, poinformowała ich, że panowie Hans Van Boer i Jan Hilmaan przybyli samolotem rejsowym z Brukseli o godzinie 8.30 oraz zapraszają ich na lunch, który zostanie podany w „Sommerset Suite" o godzinie 13.00. Prawdę mówiąc, wolałby rozpocząć rozmowy natychmiast, ale, spoglądając krytycznie na siebie i na Steina, uznał, że kilkugodzinny odpoczynek po 12-godzinnym locie dobrze im zrobi. Stein poprosił o pokój dla palących i przysłanie kogoś, kto odprasuje jego koszule i odświeży garnitur. Dice nie wyraził żadnych życzeń, co zdawało się nie mieć najmniejszego wpływu na nieusuwalny uśmiech recepcjonistki. Kot z Cheshire wręczył im klucze i życzył miłego pobytu. Boy hotelowy wziął ich bagaże i zniknął za drzwiami windy towarowej.

Dice miał ochotę na drinka. Stein nie oponował, skierowali się zatem do baru, gdzie zamówili Glenlivet z wodą oraz dwie kawy. Stein zanurzył dłoń w miseczce z orzechami na barze.

– Nie rób tego – powiedział Dice, wpatrując się zielone naczynie z nieukrywanym obrzydzeniem, a potem rozglądając się po zatłoczonym lobby. – Tysiące dłoni dotykały wcześniej tego świństwa.

Uniósł szklankę ze szkocką do góry.

– Za powodzenie rozmów.

Obserwował, jak na twarzy Steina pojawia się sceptyczny uśmieszek.

– Daję jeden do ośmiu, że nam się nie uda – powiedział, rozpinając poły płaszcza i energicznym ruchem ściągając z szyi kaszmirowy szalik.

15

„Biedny Stein, myśli, że ma jakiś wybór".

Dice wyciągnął z kieszeni banknot jednodolarowy.

– Jesteś niepoprawnym pesymistą, Max. – Rozprostował banknot w palcach. – To rzadka cecha u hazardzisty. Coś jak instynkt samozachowawczy u leminga.

– Przyjmujesz zakład?

Dice przekrzywił głowę, wychylił resztę alkoholu i uderzył pustą szklanką o gładką powierzchnię baru. Kilka głów przy stolikach zwróciło się w ich stronę.

– Jeden do dziesięciu?

– CHCĘ TYLKO TEGO, co należy do mnie.

Słowa Marii, wzmocnione pogłosem w akustycznej przestrzeni sali, brzmiały jak zwykle stanowczo. Jej krótko ostrzyżone, kruczoczarne włosy lśniły w zimnym świetle jarzeniówek. Stała prosto, z dłońmi splecionymi z przodu, ubrana w ciemny dwuczęściowy kostium przylegający do ciała jak naskórek i kremową jedwabną bluzkę ze stójką – prezent z podróży służbowej do Rzymu. Jej prawa stopa wykonywała drobne piruety na wysokim obcasie czarnych, błyszczących pantofli. Mimo że wyciągał szyję, nie mógł dostrzec jej torebki – mężczyzna w brudnoszarym garniturze stał między nim a krzesłem, na którym położyła ją po wejściu do sali. Gucci lub Ferragamo, zaryzykował, kolor musi pasować do butów. Nawet z odległości kilku metrów czuł zapach Marii, a właściwie całą gamę zapachów. Zamknął oczy i wciągnął powietrze nosem. Szampon o aromacie sandałowca, waniliowy krem do ciała i kwietny bukiet Samsary.

– Czy pozwany zgadza się z proponowanym podziałem?

Czy zgadzał się z proponowanym podziałem? Marcin otworzył oczy. Rozglądając się po wpatrzonych w siebie twarzach, zdał sobie sprawę, że oczekują od niego odpowiedzi. *Podziałem czego?* Ciągle pamiętał Marię z pokoju w akademiku, stojącą z wysłużoną patelnią nad palnikiem gazowym, który zainstalował naprędce, ignorując wszystkie możliwe przepisy przeciwpożarowe. Jej włosy były wtedy dłuższe i miały naturalny brązowy połysk. Nosiła je spięte w koński ogon spinką w kształcie skarabeusza z pozłacanym grzbietem. Kilka dni temu plastikowy owad zaplątał się pod jego butem podczas pijanego powrotu do domu. Głośny chrzęst oznajmił mu śmierć skarabeusza. Kiedy zbierał z podłogi złoto-czarne okruchy, poczuł, jak bardzo tęskni za tamtą Marią: Marią z czasów, kiedy jedynymi rzeczami, które posiadali, były sprężynowy materac i fiński otwieracz do butelek. Maria odeszła dwa miesiące temu, a on nadal sypiał po prawej stronie łóżka.

Jej wzrok zatrzymał się na jego pomiętej koszuli z rozpiętym kołnierzykiem. Przypomniał sobie, że krawat nadal spoczywa w kieszeni marynarki i że miał go włożyć tuż przed rozprawą. Znalezienie miejsca na parkingu zajęło mu cały kwadrans. Kiedy wreszcie dotarł do budynku sądu, wszyscy byli już na sali. Wbiegł spóźniony i szybko zajął wskazane mu miejsce. Może nie jest za późno, aby wyjąć krawat i szybko go zawiązać? Bał się, że nie da rady. Wciąż drżały mu ręce.

– Czy pozwany zgadza się z proponowanym podziałem majątku? – Sędzia miała mocno tlenione włosy z liliowym połyskiem na skroniach i krwistoczerwoną szminkę na górnej wardze. Mimo pięćdziesięciu siedmiu lat trzymała się niezwykle sztywno, a jej słowa, wypowiadane z urzędową intonacją, przypominały swą monotonią krople deszczu spadające w równych odstępach na głowy zebranych. Marcin spotkał ją kilkakrotnie na przyjęciach organizowanych przez kancelarię Kesslinga. Pracownicy sądowi i koledzy po fachu nazywali ją Lolą. Jeżeli wierzyć plotkom, pod fałdami togi Loli nie kryło się nic prócz jej nagiego i równie pofałdowanego ciała.

– Nie wiem, wysoki sądzie – odpowiedział, zwracając się do siedzącej za stołem sędziowskim kobiety. Od kiedy porzucił prawo, znajomi zaczęli traktować go z wyrozumiałością okazywaną dzieciom lub śmiertelnie chorym. Lola nie była wyjątkiem. Utracił resztki jej szacunku, gdy pojawił się na sali sądowej, oświadczając, że zamierza obejść się bez adwokata. Teraz wpatrywała się w jego twarz, przekrzywiając na bok platynowy hełm włosów. Na jej ustach pojawił się cień uśmiechu.

– Czy pozwany rozumie pytania sądu?

– Moja żona dobrze wie, że może dowolnie rozporządzać

wszystkim, co posiadamy – odpowiedział i wyciągnął z kieszeni zwinięty krawat, ostentacyjnie kładąc go na krześle obok. – Bez wyjątku. Nie musi niczego dzielić. Wystarczy, że powie mi, czego chce.

– Wysoki sądzie, powódka chce tylko tego, co prawnie należy do niej. – Mężczyzna w brudnoszarym garniturze stawał na palcach, aby zrównać się wzrostem z Marią. Jego wysokie czoło było zroszone kropelkami potu. Głos miał pisklliwy, z nutą histerii, jakby się obawiał, że ustępliwość Marcina uczyni go zbytecznym w oczach klientki.

„Jesteś tu po to, żeby nie musiała ze mną rozmawiać", pomyślał Marcin. „To praca na całe życie".

– Czy powódka utrzymuje z pozwanym kontakty seksualne?

Sprawy majątkowe wyraźnie nużyły ławnika siedzącego za stołem sędziowskim po prawej stronie Loli. Jego twarz w ciemnych okularach przeciwsłonecznych od początku rozprawy skierowana była w stronę jedynego okna, przez którego mlecznie barwione szyby przedostawały się anemiczne promienie grudniowego słońca. Marcin podejrzewał, że do tej pory pod osłoną okularów mężczyzna miał zamknięte oczy, a jego nieruchome ciało pozostawało pogrążone w płytkim, administracyjnym śnie. Teraz jednak jego słowa zdawały się odbijać echem w akustycznym pomieszczeniu sali sądowej. Marcin z niejakim rozbawieniem zauważył, że sylwetka Marii odbijała się w parze zwróconych na nią ciemnych szkieł okularów ławnika. Maria poprawiła dłonią włosy i zwróciła w jego stronę zimny wzrok.

– Nasze pożycie seksualne nie układało się najlepiej.

W sali zapanowała absolutna cisza. Zdawało się, że wszyscy prócz Marcina wstrzymali na chwilę oddech, aby nie uronić najmniejszego dźwięku z dramatycznego szeptu Marii.

– Proszę mówić głośniej – to była Lola, z dłońmi ułożonymi na stole, przypominająca wszystkim, że intymna interrogacja wsparta jest autorytetem sądu.

– Marcin… Powód – poprawiła się, wymawiając ostatnie słowo, tak jakby zawierało w sobie nieprzyzwoite skojarze-

18

nia – miał pewne potrzeby, których nie byłam w stanie zaspokoić. Dlatego unikałam stosunków z powodem od ponad roku.

Nawet plecy Marii próbowały ukryć się teraz przed jego wzrokiem. Jej prawnik wertował nerwowo plik dokumentów, jakby zamierzał zaprezentować dowody wspierające jej słowa. Zdjęcie pustego łóżka?

– Jakiego rodzaju „potrzeby"? – Ławnik w okularach pochylił się w jej stronę.

– To tylko przypuszczenie. – Marcin mógłby przysiąc, że usta prawnika Marii poruszały się w pełnej synchronizacji z jej ustami. – Pozwany nie rozmawiał ze mną na ten temat. Odczułam jednak, że w naszym związku nastąpiła wyraźna zmiana zainteresowań. Nie zadowalałam już pozwanego jako partnerka.

– Czym objawiała się ta „zmiana zainteresowań" pozwanego? – Ławnik drążył temat, wyraźnie nieusatysfakcjonowany dotychczasowym przebiegiem przesłuchania.

Marcin patrzył, jak prawa dłoń Marii zgarnia niewidoczny kosmyk włosów z czoła i przesuwa go za ucho. Dobrze znał ten gest. Jego żona była fatalnym kłamcą.

– Pozwany nie był w stanie osiągnąć satysfakcji seksualnej w regularnym pożyciu.

„Kiedy to było?", pomyślał. „Kiedy wracałem o trzeciej nad ranem z kancelarii i zasypiałem na krześle, ściągając buty? Czy kiedy nocowałem na kanapie w pokoju, bo przeżywałaś jeden ze swoich powtarzających się okresów «prywatności»? A może kiedy wyjechałaś, by zamieszkać u ojca, i nie dawałaś znaku życia przez sześć tygodni?".

Okulary ławnika zwróciły się w stronę Marcina.

– Dlaczego pozwany nie osiągał satysfakcji w pożyciu małżeńskim?

Maria stała nieruchomo, plecami do niego. Jej prawnik bawił się długopisem, przerzucając go między palcami. Marcin miał dość tego przedstawienia. Cokolwiek tych dwoje uknuło wspólnie w mrocznych zakamarkach jakiejś zawszonej kancelarii, postanowił odebrać im satysfakcję z przedstawienia godnego Oscara.

– Jestem frotteurystą, wysoki sądzie – powiedział, nie rozpoznając własnego głosu.

Usta Loli rozsunęły się na centymetr, ukazując ślady czerwonej szminki na górnych zębach.

– Czym? – zapytała, kierując wzrok w stronę ławnika w okularach, jakby obwiniała go za nagły i nieoczekiwany zwrot, jaki przyjęła rozpoczęta przez niego interrogacja.

Maria odwróciła głowę, szukając jego spojrzenia. Był przekonany, że stara się go powstrzymać – grymasem twarzy, wyszeptanym słowem. Zignorował ją, skupiając całą swoją uwagę na coraz bardziej podirytowanej sędzi.

– Frotteurystą – powtórzył, poddając się teraz całkowicie impulsowi samodestrukcji, który nim zawładnął. – Osobiście preferuję anglosaskie określenie „toucherizm". Niestety, fonetycznie jest ono łudzące podobne do wyznania ideologicznego neoliberalnej Anglii. A ja – uniósł lekko dłonie, obserwując ich dramatyczne drżenie – nigdy nie łączę seksu i polityki.

Długopis prawnika Marii wysunął się z jego dłoni, uderzył o stolik i potoczył po podłodze w stronę stołu sędziowskiego. Dobrze wiedział, że się pogrąża, ale nie potrafił się powstrzymać. Nie potrafił powstrzymać potoku słów wydobywających się z jego ust.

– Termin „frotteuryzm" sugestywnie oddaje naturę przypadłości – kontynuował, patrząc na Lolę, jakby była jedynym adresatem jego słów. – Słowiańskie „ocieractwo" ma zbyt turpistyczny posmak.

W oczach sędzi pojawiły się złowrogie błyski.

– Cierpi pan na ocieractwo? – zapytała, z wyraźnym trudem powstrzymując drżenie głosu.

Zdawał sobie sprawę, że jej słowa były ostatnim ostrzeżeniem, ostatnią daną mu szansą, aby wycofał się z tej idiotycznej konfabulacji i przywrócił całej sytuacji oczekiwane decorum rozprawy sądowej. Był przecież kiedyś prawnikiem. *Noblesse oblige* i tak dalej. Ale prawnik, nawet jeżeli kiedyś zamieszkiwał jego ciało i umysł, był dziś dalekim echem znienawidzonej przeszłości.

– Trudno to nazwać cierpieniem, wysoki sądzie – powiedział, uśmiechając się lekko i natychmiast się za to nienawidząc. – Ale tak, rozumiem, co wysoki sąd ma na myśli. W tym sensie słowa zdecydowanie tak.

„Czy naprawdę wszystkie te brednie wychodziły z jego ust?". Ławnik w okularach głośno wypuścił powietrze i opadł na oparcie fotela.

Lola uniosła się z miejsca. Jej obie dłonie mocno oparte na stole, ciało wychylone do przodu, wściekłe spojrzenie spuszczone z łańcucha i pędzące z pianą na pysku w jego kierunku.

– Wynocha z mojego sądu!

JAZDA SAMOCHODEM Z SĄDU do Hilke Towers, gdzie mieściła się redakcja „Głosu", zajęła mu prawie godzinę. Maria nie zamieniła z nim ani słowa. Nie podała mu ręki na pożegnanie. Patrzył, jak oddala się ciemnym korytarzem sądu z uniesioną głową. Obcasy jej pantofli wybijały miarowy rytm o kamienną podłogę. Nienawidziła go. Nienawidziła jego słabości. Byłaby gotowa wybaczyć mu wszystko – zdradę małżeńską, grubiaństwo, a nawet przemoc. Ale nie słabość. Słabość w jej oczach była gorsza od śmiertelnej choroby. Gorsza od kalectwa.

Przedstawienie, które urządził w sądzie, spotkało się z jej całkowitą dezaprobatą – czego się zresztą spodziewał. Nieważne, że temat ich pożycia seksualnego został podniesiony przez nią samą, z wyraźną premedytacją jako ostateczny dowód rozpadu związku małżeńskiego. Nigdy się nie dowie, o co zamierzała go oskarżyć, aby udowodnić własne oddanie i rzekomy brak zainteresowania z jego strony. Nie żeby go to specjalnie interesowało. Wspominając szczurzą twarz jej prawnika, uznał, że cokolwiek tych dwoje wymyśliło, aby udowodnić jego „zmianę zainteresowań" seksualnych, ocieractwo mimo wszystko wydawało się w miarę niewinnym rozwiązaniem.

Dla Marii nie miał nawet znaczenia fakt, że dzięki jego przedstawieniu osiągnęła dokładnie to, czego chciała – szybki rozwód. Był przekonany, że nigdy nie wątpiła, by mogło być inaczej. Odbierając jej inicjatywę i pogrążając się w oczach sądu, nie zyskał jej wdzięczności czy choćby sympatii. W jej mniemaniu zrobił dokładnie to, co było przyczyną ich rozwodu – wykazał się słabością. Maria była silna, on był słaby. Jego samobójcza tyrada, jakkolwiek skuteczna w osiągnięciu jej celu, nie była przejawem jego szlachetności, ale braku woli walki. Najgorsze, że sam nie był pewien, czy nie miała racji.

„Powinieneś się leczyć", powiedziała mu którejś nocy, kiedy zbudził się spocony i drżący, poszukując bliskości jej ciała, aby odepchnąć od siebie resztki snu. Od pewnego czasu, kiedy jej dotykał, jej ciało sztywniało, jakby przygotowywało się na ukąszenie insekta. „Powinieneś się leczyć", powtórzyła.

Leżeli w ciemności, jego prawa ręka wsunięta pod jej ramiona, jej głowa dotykająca jego piersi, tak ostrożnie, jak dotykają się kolana przypadkowych podróżnych. „Odchodzę od Kesslinga", powiedział i poczekał, aż znaczenie tych słów do niej dotrze. Odsunęła się, jakby mimo panujących w sypialni ciemności chciała przyjrzeć się jego twarzy i upewnić, że nie żartuje. Nie żartował. Oswobodziła dłoń i zapaliła nocną lampkę. Jej oczy, całkowicie rozbudzone, wpatrywały się w niego z niedowierzaniem.

„Co to znaczy, że odchodzisz od Kesslinga?".

ZACZĄŁ PRACOWAĆ W KANCELARII Kesslinga na trzecim roku studiów. Porządkował akta spraw, dostarczał wnioski sądowe, wystawał w urzędach po kopie dokumentów i coraz częściej przygotowywał wewnętrzne opinie na użytek prawników firmy. Był pracowity, ambitny i biedny – cechy, które w opinii Kesslinga gwarantowały wysoką liczbę roboczogodzin.

Po aplikacji radcowskiej otrzymał 120 tysięcy rocznie, własne biurko, miejsce parkingowe i sekretarkę, którą dzielił z dwoma innymi prawnikami. Kessling stał się jego opiekunem i doradcą. Maria zaprzyjaźniła się z jego drugą żoną, niewiele starszą od siebie, i od tej pory cała czwórka wyjeżdżała na wspólne weekendy i wakacje.

Kesslingowie lubili luksus. Wybierali drogie hotele i restauracje i spędzali długie godziny na kosztownych zakupach. Przebywanie z nimi znacząco uszczuplało skromny budżet Marcina i Marii, ale Maria, pozostająca pod wyraźnym wrażeniem ich stylu życia, za nic nie godziła się na ograniczenie wydatków. Zaczęli żyć życiem „pożyczonym" od Kesslingów. Ubierali się w ich sklepach, jadali w ich ulubionych restauracjach i wymieniali z nimi uwagi na temat zalet i wad hoteli w Prowansji.

Kessling przyjął Marcina pod swoje opiekuńcze skrzydła, wprowadzając go w tematykę fuzji i przejęć. Towarzystwo głośno mówiących, używających twardego języka mężczyzn, którzy decydowali między sobą o losach całych przedsiębiorstw i setek zatrudnionych w nich osób, musiało zaimponować młodemu chłopakowi z prowincji. W ciągu roku Marcin zmienił całą garderobę i zaczął palić kubańskie cygara. Rok później miał własną rakietę do squasha i komplet kijów golfowych.

„Właśnie, co stało się z kijami golfowymi?", pomyślał, czekając na zmianę świateł, wyraźnie rozbawiony kierunkiem swoich myśli. Mógłby podarować je Walderowi i patrzeć z uśmiechem, jak naczelny „Głosu", wywijając siódemką, roztrzaskuje mu czaszkę. Temat na pierwszą stronę.

WŁĄCZYŁ KIERUNKOWSKAZ i wjechał na strzeżony parking obok biurowca. Tuż nad jego głową wyrastały bliźniacze 50-metrowe wieże, pokryte szarą granitową elewacją. Zbudowane w 1999 roku za niebagatelną kwotę 50 milionów dolarów, były własnością spółki Hilke Ventures oraz namacalnym świadectwem potęgi finansowej jej pryncypała, Jana Hilkego. Każdego dnia, kiedy w drodze do redakcji przechodził przez wyłożone czarnym granitem foyer, Marcin niezmiennie miał poczucie osobistej klęski. Twarz Hilkego uśmiechała się do niego z kolorowej fotografii nad recepcją, upamiętniającej wkopanie kamienia węgielnego pod budowę wież. Na ile było to możliwe, próbował ignorować jej obecność, skupiać się na jakimś punkcie w bocznym korytarzu prowadzącym do wind. Jednak w utrzymanym w czarnej tonacji pomieszczeniu kolorowa fotografia Hilkego rzucała się w oczy, zawsze i wszędzie widoczna – bez względu na to, gdzie kierował wzrok.

Dzisiaj było podobnie. Jan Hilke, z uśmiechem skierowanym ku kamerze, ale tak naprawdę przeznaczonym dla czegoś wyższego i większego, dla jego gigantycznego ego, które z trudem mieściło się pod żółtym kaskiem ochronnym, stał w rozkroku, ze szpadlem w dłoni, na tle błękitnego nieba. Nic więcej. Tylko Hilke i błękitne niebiosa. Jeżeli nie był to wystarczający powód, aby natychmiast sięgnąć po kieliszek, to nie znał lepszego.

Zanim Marcin wszedł do windy, jego telefon komórkowy powiadomił go o otrzymanej wiadomości. Walder chciał go natychmiast widzieć w swoim biurze. Jak na razie, jego dzień przybierał wymiar żałosnej, osobistej apokalipsy. Najpierw stracił żonę. Teraz miał szansę stracić pracę. Przynajmniej ból głowy zdawał się ustępować.

„CZY KTOŚ MÓGŁBY WRESZCIE wyłączyć tę przeklętą muzykę?", pomyślał Trevor Dice, biorąc ostatni kęs strudla z jabłkiem i wycierając usta serwetką. Siedzieli przy okrągłym stole w „Sommerset Suite" i od godziny słuchali przebojów Beatlesów w wykonaniu kogoś lub czegoś, co brzmiało jak Boston Pops na tranzystorach. Ten idiota Hilmaan nawet nucił jedną z piosenek!

Ponad godzina w zamkniętym pomieszczeniu bez okien i ani słowa o zakupie Browaru! Dice, mimo przyjętej pozy wystudiowanego rozluźnienia, zaczynał się poważnie obawiać, że ich międzykontynentalna podróż może się okazać całkowitą stratą czasu. Belgowie zdawali się bardziej zainteresowani przeglądaniem raportów operacyjnych – ba, nawet zdjęć nowej linii rozlewniczej – niż tematem akwizycji. Czyżby naprawdę był winny Steinowi dziesięć dolarów? Spoglądał teraz na Maksa, odchylonego na krześle i balansującego na jego tylnych nogach jak niesforny chłopiec. Zdawało mu się, że opowiada jakąś anegdotę. Uwaga Dice'a zamiast na opowieści Steina skupiła się na twarzach siedzących naprzeciwko Belgów. Cała trójka wyczekiwała z uprzejmymi uśmiechami na pointę. O ile Dice znał opowieści Maksa, mogli czekać na próżno.

Hinduski kelner w białej kamizelce uprzątnął ze stołu talerze, postawił termosy z kawą i wyszedł z pokoju, życząc im miłego dnia.

Hans Van der Boer, prezes Eurobrew, wyjął z kieszeni marynarki fajkę, torebkę z tytoniem i metalową ubijarkę. Ułożył je starannie na stole, jakby był chirurgiem przygotowującym narzędzia do skomplikowanego zabiegu. Z precyzją jego ruchów kontrastowały ogromne, owłosione dłonie przeznaczone raczej do zgniatania orzechów niż prowadzenia ostrza skalpela.

– Panie Van der Boer... – rozpoczął Dice, powstrzymując ruchem dłoni Steina, który najwyraźniej przygotowywał się do rozpoczęcia kolejnej ze swych niekończących się opowieści.

– Hans – powiedział Belg, wyjmując fajkę z ust.

Dice, jakkolwiek niechętnie, poczuł się w obowiązku odwzajemnić uprzejmość prezesa Eurobrew.

– OK, Hans. Trevor... – Mężczyźni uścisnęli dłonie nad stołem, jakby spotykali się po raz pierwszy. Dice pomyślał, że jeśli sprawy dalej potoczą się w tym tempie, to do wieczora uda im się ustalić menu na kolację. – Czy macie dla nas jakąś propozycję?

Belgowie, spoglądając na siebie, przez chwilę wydawali się szczerze zaskoczeni jego pytaniem, i Dice zaczął w duchu przeklinać chwilę, w której za namową Steina kupił bilet do Londynu i zdecydował się na spotkanie na Heathrow. Zawsze wiedział, że Londyn to zły pomysł. Tak czy inaczej, musiał się dowiedzieć, dokąd zmierzają ich dzisiejsze rozmowy. Zdając sobie sprawę z teatralności swego gestu i trochę zażenowany jego dosłownością, sięgnął do aktówki leżącej na krześle, wyciągnął z niej skórzany folder i położył go na stole przed sobą. Miał nadzieję, że wszyscy zebrani przyjrzeli się dokładnie złotemu, tłoczonemu logo na okładce: HV Breurei. Największa grupa browarnicza w Holandii. Konkurencja nie śpi.

I zdarzył się cud. Przynajmniej w kategoriach uznawanych przez Dice'a w jego długoletniej i zawiłej karierze inwestora, począwszy od fabryki zapałek w Dunkeld po operacje Browaru – Belgowie nagle się ożywili. Van der Boer opuścił głowę i sięgnął po torebkę z tytoniem. Kiedy zaczął nabijać fajkę, Jan

Hilmaan odchrząknął dwukrotnie i odstawił filiżankę z kawą. Dobrze znany Dice'owi taniec miał się właśnie rozpocząć, a on był w roli przyjmującego zaproszenie.

– Jesteśmy upoważnieni przez radę nadzorczą Eurobrew do złożenia wam oferty nabycia akcji Browaru – powiedział Hilmaan.

– Browar nie jest na sprzedaż – przerwał mu Stein i wszystkie spojrzenia zgromadzonych skupiły się na nim. Hilmaan zamarł z półotwartymi ustami, Van der Boer przestał nabijać fajkę, a towarzyszący im smutny prawnik zakrztusił się kawą.

– Max ma rację – powiedział Dice. – Przedmiotem oferty są akcje Polbrew International BV – spółki kontrolującej siedemdziesiąt procent akcji Browaru.

Hilmaan zamknął usta i spojrzał na Dice'a z głębokim wyrzutem człowieka, który stał się ofiarą okrutnego żartu.

– To właśnie miałem na myśli, panie Dice. Przepraszam za mój skrót myślowy, ale przyjąłem, że wszyscy tu obecni są znakomicie obznajomieni ze szczegółami technicznymi oferty. Jak panowie wiedzą, przedmiotem naszego zainteresowania jest Browar, a nie spółka holdingowa. Stąd mój brak precyzji.

– Lepiej być dokładnym od początku – powiedział Stein, przyglądając się swoim wypielęgnowanym paznokciom.

– Racja – zgodził się wyraźnie podirytowany Hilmaan. – Chcielibyśmy złożyć wam ofertę zakupu akcji Polbrew BV.

Dice pod stołem zacisnął dłonie na kolanach. „Cokolwiek teraz powie, odrzuć pierwszą ofertę. Pierwsza oferta jest jak pierwszy seks – szybka, nieprzemyślana i bez zabezpieczeń".

– Szczegóły naszej oferty poznacie panowie później, wraz z przesłankami rynkowymi, które leżą u jej podstaw. To, co jest istotne dla kontynuowania naszych rozmów, to cena, jaką jesteśmy gotowi zaoferować za... Browar. – Hilmaan spojrzał wyzywająco w stronę Steina, który tylko wzruszył ramionami i dalej przyglądał się swoim paznokciom. – Jeżeli nasze wzajemne oczekiwania cenowe różnią się w sposób diametralny, dalsze rozmowy nie mają sensu.

Van der Boer włożył napełnioną fajkę do ust i uniósł głowę, błądząc wzrokiem po ich stronie stołu. Na wszelki wypadek, gdyby barczysty Belg szukał oznak zrozumienia, Dice skinął lekko głową, zgadzając się ze słowami Hilmaana.

– Po długich rozważaniach jesteśmy gotowi złożyć wam ofertę cenową.

Żaden z mężczyzn przy stole nie miał pojęcia – a przynajmniej miał taką nadzieję – że pod maską nonszalancji, którą przybrał, kryły się emocje silniejsze niż odczucia skazańca przed egzekucją. No, może trochę przesadzał, ale nawet jeśli tak, to niewiele. Udana transakcja oznaczała dla niego wolność. Wolność od Maksa Steina, od jego pieniędzy, jego prymitywnej powierzchowności, jego niekończących się historii bez pointy, jego uciążliwej, nieustannej obecności w życiu Dice'a. Tyle lat dźwigania go na plecach i oto wreszcie stoi przed realną szansą zrzucenia irytującego ciężaru i życia na własny rachunek. Co mówił ten gruby Belg?

Van der Boer uniósł dłoń z fajką.

– W zeszłym roku rynek piwa urósł zaledwie o pięć procent – powiedział, spoglądając na Dice'a przez obłok dymu. – Sprzedaż Browaru zanotowała jeszcze mniejszy wzrost, trzyprocentowy. Wasz flagowy produkt M.O.C. stracił całe dwa procent, a inne produkty są zbyt mało znaczące, aby warto było liczyć ich udział w rynku. M.O.C. – gruby palec Belga zawisł w powietrzu, wycelowany w zmarszczone czoło Steina – M.O.C. traci rynek, choć w zeszłym roku wydaliście na jego promocję prawie trzydzieści milionów złotych! Trzydzieści milionów złotych!

Zamilkł i pozwolił, aby ciężar jego słów opadł na wszystkich obecnych. Hilmaan odebrał chwilową ciszę jako znak do zabrania głosu.

– Jesteśmy gotowi zaoferować... – powiedział, rozglądając się po zebranych. – Jesteśmy gotowi...

Van der Boer nie zamierzał oddać głosu Hilmaanowi. Jego ogromne ramiona, jak ramiona wędkarza, uniosły się w powietrzu, aby pokazać im rozmiary niewidzialnej zdobyczy.

– Zadłużenie Browaru jest większe niż połowy krajów Trzeciego Świata. Koszty obsługi kredytów zjadają zysk, który i tak jest rozczarowujący, jeżeli porównać go do naszych operacji w Belgii. – Cybuch fajki zniknął teraz w potężnej dłoni Belga, a ustnik wskazywał odległy punkt na ścianie. – Wasze linie do butelkowania piwa wyglądają jak dziewiętnastowieczne manufaktury, a wasze ciężarówki jak eksponaty z Muzeum Techniki.

Czy to możliwe, aby Van der Boer... Hans postradał na chwilę zmysły? Bez względu na to, co było przyczyną nieoczekiwanego ataku Belga, instynkt podpowiadał Dice'owi, że tego typu niezapowiedziane preludium do oferty cenowej nie może pozostać bez jego stanowczej odpowiedzi. Chwile prawdy miały to do siebie, że niemal do końca nie wiedziało się, w co wierzyć ani komu ufać. W tej chwili ufał tylko sobie.

– Hans – powiedział głosem, w którym pobrzmiewał syk zdradnicy śmiercionośnej, choć był przekonany, że będzie zrozumiały nawet dla tych, którzy nie znali gatunków australijskich węży. – Czy wiesz, ile pisuarów znajduje się w toalecie na hali produkcyjnej?

Wyraźnie zaskoczony, Van der Boer pokręcił przecząco głową.

– Jak tak dalej pójdzie, to nigdy się nie dowiesz – powiedział Dice i demonstracyjnie sięgnął po swoją aktówkę. Czy przeszarżował? Odwrócony tyłem do stołu, nie był w stanie ocenić reakcji Belgów na jego słowa. Ktoś głośno odchrząknął. Hilmaan? Popatrzył na niego, stawiając aktówkę na stole. Na górnej wardze Hilmaana dostrzegł krople potu. Nie drobną kropelkę wilgoci, ale całe pojezierze błyszczących, ciężkich kropel. Mój Boże, miał rację – Belgowie blefowali.

– Jesteśmy gotowi zaoferować sto pięćdziesiąt milionów dolarów – słowa Hilmaana były jak seria z karabinu maszynowego, wystrzelona przez kogoś ogarniętego śmiertelną paniką.

Dice miał przygotowaną odpowiedź. Pogardliwie wygiął wargi i nonszalanckim ruchem dłoni strzepnął ze stołu niewidzialne okruchy.

– To poniżej naszych oczekiwań – powiedział. – Browar wart jest o wiele więcej.

Belgowie spojrzeli po sobie z wyraźnym niesmakiem. Van der Boer wyglądał na rozdrażnionego.

– Sto pięćdziesiąt milionów dolarów za czterdzieści dziewięć procent akcji Polbrew International to uczciwa cena – powiedział Hilmaan, kręcąc z niedowierzaniem głową.

Dice poczuł, że krew odpływa mu z rąk i z nóg i powoli traci władzę nad swoimi członkami. A więc mieli na myśli akcje Polbrew BV, a nie Browaru! 150 milionów dolarów za 49 procent akcji Polbrew to blisko 450 milionów za cały Browar! *Can't Buy Me Love* sączyło się z głośników nad ich głowami w aranżacji na smyczki i okarynę. Dice mógłby przysiąc, że było to najlepsze wykonanie, jakie kiedykolwiek słyszał w całym swoim dotychczasowym życiu. I w nowym życiu!

– Nie twierdzę, że to nieuczciwa cena – zaczął ostrożnie, testując struny głosowe. – Powiedziałem tylko, że Browar jest wart dużo więcej. To dwie różne rzeczy.

Przez chwilę nikt nie odważył się przerwać milczenia, jakie zapanowało po jego słowach. Mężczyźni siedzieli nieruchomo, wsłuchując się w usypiający szmer klimatyzacji i crescendo smyczków. Kiedy Dice był już prawie gotów oświadczyć, że cena, jakkolwiek rozczarowująca, pod określonymi warunkami może być jednak akceptowalna, Van der Boer, błędnie odczytując jego milczenie jako oznakę uporu, a nie ogarniającej go chwilowej paniki, uprzedził go, rozkładając dłonie w geście pojednania.

– Uczciwi ludzie znajdą wspólne rozwiązanie. Czyż nie tak, Trevor?

Dice skinął głową dużo energiczniej, niż to planował.

PIOTR WALDER NIE UCZYŁ SIĘ prowadzenia gazety ani w szkole, ani tym bardziej z kolorowych slajdów śledzących poziom wykształcenia, zamożności, religijności czy też chutliwości ich statystycznych czytelników. Jego pierwsza gazeta miała dwie strony i wychodziła spod ręcznie obsługiwanej powielarki ukrytej w podmiejskim warsztacie samochodowym ojca. Przy nakładzie od stu do dwustu egzemplarzy – w zależności od ilości papieru, jaką udało mu się zdobyć – była objęta ścisłą reglamentacją przez lojalną rzeszę anonimowych subskrybentów.

Recenzje jego pracy redakcyjnej przyjęły formę częstych wizyt na komendzie milicji, przeplatanych okresami odosobnienia w celi na Rakowieckiej, dzięki którym zyskiwał czas na przemyślenia i zbierał materiały do nowych edycji samizdatu. Z drobnymi wyjątkami, kiedy przyjmował teksty towarzyszy niedoli z aresztu, jego wydawnictwo miało charakter autorski i Walder przywykł przez lata dziennikarskiej konspiracji do bycia dziennikarzem, wydawcą, zaopatrzeniowcem, drukarzem i dystrybutorem w jednej osobie. Teraz, kiedy był redaktorem naczelnym „Głosu", drugiego co do wielkości dziennika ogólnopolskiego, nawyk kontrolowania wszystkiego i wszystkich – mimo nieporównywalnej do jego samizdatu skali przedsięwzięcia – sprawiał, że jego życie osobiste ograniczało się do codziennych rozmów telefonicznych z matką i sporadycznych wizyt w redakcji jego jedynej córki, Marii. Walder kochał córkę niemal tak bardzo jak gazetę. Teraz, kiedy Maria rozwodziła się z Marcinem, jej wizyty w redakcji niemal ustały – jeszcze jeden powód, aby nieukrywana niechęć do eks-zięcia zamieniła się w otwartą wrogość.

Marcin stał na środku pokoju i coś do niego mówił. Słowa. Nienadające się do druku słowa.

Walder podniósł się z fotela i podszedł do okna. Zawsze lubił przyglądać się miastu z wysokości swojego biura na siódmym piętrze, z czołem przyklejonym do grubej tafli szyby, z dłońmi wciśniętymi w kieszenie spodni. W dole, pod jego stopami, wydarzenia zamieniały się w kolumny jutrzejszego wydania gazety. Całe miasto było tysiącami historii czekających na opowiedzenie. Od niego zależało, które z nich choć na chwilę staną się fragmentem zbiorowego złudzenia, przez niektórych nazywanego rzeczywistością. Był kolekcjonerem historii, kronikarzem banałów. Dziennikarzem z krwi i kości.

Historia Marcina zaczęła go nużyć. Nie lubił, gdy jeden akapit zamieniał się w całą kolumnę.

– Jesteś głupcem – odezwał się, przerywając opowieść o rozprawie sądowej i ulicznych korkach. – A ja nie mam poczucia humoru. Spóźniasz się ponad godzinę, wyglądasz jak zwierzę, cuchniesz, jakbyś wpadł do cysterny ze spirytusem i myślisz, że wyłgasz się sytuacją rodzinną. Za kogo mnie bierzesz? Za swoją żonę?

Naczelny stał odwrócony do niego plecami. Niski, dominujący głos, który wypełniał pokój jak scenę teatru, był jego najmocniejszym atutem. Głos Waldera często rozbrzmiewał w korytarzach redakcji niczym akustyczna zbrojna awangarda siejąca terror i spustoszenie, zanim jeszcze imponująca sylwetka naczelnego pojawiała się w zasięgu wzroku przerażonych pracowników.

– To, że moja córka cię poślubiła – wbrew moim radom – to jej prywatny dramat.

Tak długo, jak żył Walder, w życiu Marii było miejsce tylko dla jednego mężczyzny – jej ojca.

Naczelny odwrócił się od okna i spojrzał na Marcina z nieukrywaną pogardą.

– To, że postanowiła od ciebie odejść, to znak, że mimo wszystko jesteśmy genetycznie spowinowaceni. Spójrz na siebie. Jesteś nędznym pijaczkiem, który spada ze schodów i łamie sobie kark albo zadławia się własnymi wymiotami na ławce w parku. Jesteś dwuwierszem na ostatniej stronie „Głosu". „M.Z. zachlał się na śmierć ze współczucia dla samego siebie. Podpisano: Wdzięczni krewni i przyjaciele".

– Nie mam przyjaciół.

– Uważasz, że to zabawne? – Walder zrobił krok w jego kierunku jak bokser na ringu, próbujący zapędzić przeciwnika do narożnika. – Śmieszy cię to, że wszyscy unikają cię jak kurwy z opryszczką?

Mężczyźni stali przez chwilę w milczeniu, mierząc się spojrzeniami, jakby próbowali odgadnąć, który z nich odważy się wyprowadzić pierwszy cios. Walder opuścił głowę i wzruszył ramionami.

– Jesteś głupcem – powiedział. – Bo tylko głupiec świadomie rujnuje swoje życie. I życie swoich bliskich.

Marcin patrzył na niego wzrokiem, w którym Walder próbował odnaleźć choćby cień dawnego sprzeciwu, wewnętrznego buntu, czegoś, co w przeszłości pozwalało mu traktować go jak partnera w rozmowie, a nie worek treningowy. Nigdy nie łączyły ich specjalnie ciepłe relacje – w końcu to dla Marcina Maria wyprowadziła się z domu, zostawiając go samego ze starzejącą się i coraz bardziej wymagającą matką – ale dawniej była w nim przynajmniej chęć zdrowej, męskiej rywalizacji. Marcin nie ustępował łatwo pola i opiekował się jego córką w sposób, który Walder, w rzadkich przypływach ojcowskiego obiektywizmu, uznawał za zadowalający. OK – może nawet ją kochał. Ale mężczyzna stojący teraz przed nim w pomiętej koszuli i z niechlujnym zarostem na twarzy w niczym nie przypominał energicznego, młodego człowieka, którego poznał dwa lata temu na zorganizowanej przez Marię kolacji. Coś w nim pękło, zepsuło się. Coś zjadało go od środka jak rak.

– Dałem ci moją córkę – Walder mówił teraz bardziej do siebie, nie szukając kontaktu wzrokowego z Marcinem – a ty nie potrafiłeś jej uszanować. Zawiodłeś ją i siebie. Byłeś zbyt delikatny, żeby bawić się z dużymi chłopcami? Nie ma sprawy – tatuś dał ci pracę w redakcji. A ty rzuciłeś mi ją w twarz jak zużytą ścierkę!

Jego własne słowa i emocjonalny ton trochę go zaskoczyły. Czyżby przeżywał osobiste rozczarowanie? Ale to by oznaczało, że w jakimś wymiarze przejmował się losem Marcina – pomysł równie absurdalny, jak internetowe wydanie „Głosu"! Nie. Walder miał dość tej jednostronnej dyskusji.

– Gdybyś choć połowę czasu, który trawisz na użalanie się nad sobą, poświęcał na pracę w redakcji – powiedział, siadając za biurkiem, co było hasłem do zakończenia spotkania – może pisałbyś o czymś innym niż szczepionki przeciw wściekliźnie i miejskie wodociągi. Nie chcę przez to powiedzieć, że masz talent. Byłeś i jesteś przeciętniakiem. Jeśli wywalę cię na zbity pysk, ani jedna linijka gazety nie wyjdzie z opóźnieniem. Nikt nie zatrzyma maszyn drukarskich. Nie będzie złotych zegarków. Żadnych toastów. Niczego. Nie smuci cię to?

– Tak bardzo, że muszę się napić.

Walder uniósł głowę znad biurka, jakby chciał się upewnić, że słowa, które usłyszał, zostały wypowiedziane przez realną osobę, że nie były jedynie jego złudzeniem.

– Jesteś gnojkiem – powiedział po chwili, wpatrując się

w Marcina wzrokiem wolnym od obrazów przeszłości i chłodnym jak stalowe ostrze noża do papieru, na którym położył
dłoń. – Niereformowalnym gnojkiem. Gdyby nie strach, że kiedy cię wywalę, pójdziesz żebrać do Marii, byłby to twój ostatni
dzień w „Głosie".

Na co jeszcze czekał, stojąc tam z dłońmi opuszczonymi
wzdłuż ciała, jak na więziennej odprawie? Na kopniaka?

– Wynoś się stąd! – Walder machnął ręką, jakby odganiał
natrętną muchę. – I dziękuj ślepej Opatrzności. Ciągle masz
pracę. Nie wiem, na jak długo, ale ciągle ją masz.

KIEDY MARCIN ZAMKNĄŁ ZA SOBĄ DRZWI gabi-
netu, Walder zdecydował, że potrzebuje dziesięciu minut na
mechanicznej bieżni, aby wypocić z siebie resztki absurdalnego spotkania. Starał się do tego nie przyznawać, ale oczekiwał
czegoś więcej od dzisiejszej rozmowy z Marcinem: czegoś więcej niż własnej tyrady zawiedzionego ojca i wydawcy i niemalże milczącego męczeństwa jego niedawnego zięcia.

Gdy Walder – bez marynarki, z ręcznikiem owiniętym wokół szyi i w sportowych butach, które nosił nawet do garnituru – wchodził na bieżnię, nie umknęła mu ironia całej sytuacji. W końcu bieżnia była prezentem od Marcina. No, może
prezentem niezamierzonym – była podarunkiem od Marii dla
Marcina i delikatnym komentarzem do jego formy fizycznej,
dramatycznie się pogarszającej pod wpływem niezliczonych
godzin morderczej pracy w kancelarii Kesslinga – ale ostatecznie to nie kto inny tylko Marcin zorganizował dostawę bieżni
do jego biura. Załączony list wyjaśnił, że sprzęt zamontowa-
ny w ich sypialni wbrew swemu przeznaczeniu stał się w krótkim czasie podręczną garderobą i że Walder spędził na nim
więcej czasu podczas ostatniej wizyty w ich domu niż Marcin
przez cały czas jej posiadania. Bieżnia była jego. Na zdrowie.

To były czasy, kiedy jeszcze potrafili ze sobą rozmawiać.
Czasy przed skandalem Hilkego. Doskonale pamiętał nagłó-
wek w „Głosie", anonsujący całą aferę. „Filantrop czy przestępca?". A może „Filantrop przestępca"? Jakkolwiek brzmiał
tytuł artykułu, jego treść zapadła głęboko w jego pamięć.

Walder szczerze gardził ludźmi pokroju Hilkego. Jan Hilke należał do grona baronów transformacji, małej grupy wpływowych osobowości, które zdominowały proces pierwotnej akumulacji kapitału w kraju, w którym jeszcze do niedawna Iwan mierzył z AK-47 do każdego wróbla, który naruszył przestrzeń powietrzną. W nie do końca dla Waldera jasnych okolicznościach tacy ludzie jak Hilke budowali swoje majątki, przejmując prywatyzowane przedsiębiorstwa państwowe i mimo instytucjonalnej konkurencji składane przez nich oferty zawsze zwyciężały. Nielegalne transakcje, przekupstwa, a nawet zastraszanie często dostarczały tematów jego gazecie, ale mimo wielu prób jego dziennikarzy Jan Hilke pozostawał jeśli nie nieskazitelnie białą, to co najwyżej jedną z szarych osobistości zamieszkujących peryferie światów polityki i pieniędzy.

I tak by pewnie pozostało, pomyślał Walder zwiększając prędkość bieżni, gdyby nie sprawa Moniki Wandyk.

STANOWISKO LIGI WOLNOŚCI OD UPOKORZENIA W SPRAWIE ZNISZCZENIA BILLBOARDÓW

Wydarzenia ostatniego wieczora dowodzą, że w społeczeństwie istnieją głębokie poparcie i sympatia dla filozofii Ligi oraz zrozumienie wagi jej misji społecznej. Choć w swych operacjach Liga nie wspiera działań pozostających w konflikcie z prawem, zwłaszcza prowadzących do uszkodzenia lub zniszczenia mienia, to jednak ostrzega, że brak przeciwdziałania instrumentalizacji wizerunku kobiety w społeczeństwie może w przyszłości skutkować nasileniem aktów leżących poza ramami obowiązującego systemu prawnego.

Liga Wolności od Upokorzenia (LiWU) jest organizacją otwartą, zrzeszającą wszystkich, którzy nie godzą się z traktowaniem wizerunku kobiet w sposób instrumentalny, a przede wszystkim jako obiektu seksualnego zaspokojenia dążeń, ambicji i pragnień męskiej populacji. Zadaniem Ligi jest aktywne przeciwdziałanie wszelkim objawom wyzysku słownego lub

34

wizualnego odnoszącego się wyłącznie do seksualności kobiet. W szczególności Liga sprzeciwia się komercjalizacji seksualności jako instrumentu sprzedaży lub szeroko pojętej promocji produktów konsumenckich.

Przewodnicząca Ligi Wolności od Upokorzenia

Diana Fuks

KIEDY WRÓCIŁ DO SWOJEGO BIURKA, leżał na nim wydruk stanowiska Ligi i koperta z fotografiami. Na faksie przyklejona była żółta karteczka z charakterystycznie pochylonym w lewą stronę pismem Waldera: „150 słów". Otworzył kopertę i wyjął cztery kolorowe odbitki w formacie 10×15 centymetrów. Przedstawiały billboardy Browaru, z blond pięknością leżącą na futrze rozłożonym na ukwieconej łące. Wszystkie bez wyjątku były pokryte napisami z czerwonej farby.

Napis, który spodobał się Marcinowi najbardziej, głosił: „Kutas Art Kaput". Pozostałe brzmiały bardziej konwencjonalnie: „Seksistowskie świnie", „Precz z seksizmem" oraz „Tylko S.E.X." – hasło najwyraźniej nawiązujące do sztandarowego produktu Browaru, piwa M.O.C.

Sto pięćdziesiąt słów na temat zbezczeszczenia plakatów Browaru przez stado rozjuszonych sufrażystek! Czyżby naprawdę upadł aż tak nisko? Co to, do cholery, jest ta Liga Wolności od Upokorzenia? Wyszukiwarka wyrzuciła tylko dwa adresy. Drugi okazał się oficjalną stroną Ligi. Marcin wpatrywał się w jej prymitywną grafikę, amatorską nawigację i portret przewodniczącej, łudząco przypominający zdjęcie do akt policyjnych. W jednej z zakładek odnalazł adres i numer telefonu. Po trzech sygnałach usłyszał niski kobiecy głos.

– Liga Wolności od Upokorzenia, słucham?

Przedstawił się i poprosił o rozmowę z Dianą Fuks. Kobieta obiecała sprawdzić, czy „pani przewodnicząca" jest osiągalna. Mógłby przysiąc – sądząc z szeptów dochodzących do niego przez przesłonięty dłonią mikrofon – że „pani przewodnicząca" siedziała przy biurku obok i cały oficjalny proceder połączenia polegał na zwykłym fizycznym przekazaniu słuchawki. Najwyraźniej biura Ligi były na podobnym poziomie rozwoju technologicznego jak jej strona internetowa.

Głos w słuchawce wydał mu się dziwnie znajomy. Po chwili zorientował się, że przypomina mu nagrania informujące o zaległym rachunku za telewizję kablową. Ta sama wystudiowana intonacja, ta sama cyfrowa precyzja wyprana z wszelkiej emocji.

Fuks potwierdziła wysłanie stanowiska i oświadczyła, że Liga nie ma nic więcej do powiedzenia w sprawie billboardów.

– Czy członkowie Ligi brali udział w akcie wandalizmu? – zapytał Marcin, wyciągając z szuflady torebkę Alka Seltzer.

– Wszystko, co mieliśmy do powiedzenia na temat wczorajszego incydentu, zawarliśmy w naszym stanowisku – powtórzyła Fuks znudzonym tonem. – Liga nie popiera działań niezgodnych z obowiązującym prawem.

– Jesteście pierwszymi, którzy przesłali swoje stanowisko. Dlaczego zareagowaliście tak szybko? Nikt jeszcze nie wskazuje na nikogo palcem…

Marcin usłyszał głębokie westchnienie po drugiej stronie.

– Nasz stosunek do kampanii reklamowych Browaru jest powszechnie znany – powiedział cyfrowy głos. – To przykład konsekwentnej i bezwstydnej eksploatacji treści erotycznych kosztem wizerunku współczesnej kobiety. Wielokrotnie zwracaliśmy się do przedstawicieli Browaru o zaprzestanie obrazoburczych działań promocyjnych – bez skutku. Nasze stanowisko wyraźnie podkreśla związek między tym, co stało się wczoraj, a uporem Browaru w wykorzystywaniu kobiecego ciała do podniesienia sprzedaży. Chcieliśmy powiedzieć jasno – ostrzegaliśmy was, że coś takiego może się zdarzyć.

– Czy zdaniem pani nie brzmi to jak groźba?

– Groźba? – Fuks zamilkła na chwilę. – Raczej głos rozsądku. Zamiast trzymać ręce w majtkach, decydenci Browaru powinni przyjrzeć się badaniom konsumenckim. Kobiety stanowią najdynamiczniej rosnącą grupę klientów w kraju. Czy myśli pan, że przekonają je do zakupów gołe biusty dzierlatek?

Biały proszek rozpuszczał się w szklance. Setki pęcherzyków powietrza pędziło ku powierzchni, eksplodując miniaturowymi kropelkami wody.

– Moje najlepsze wspomnienia szkolne łączą się z tą tematyką – zaryzykował Marcin. Głos po drugiej stronie zamilkł, a potem Marcin usłyszał trzask odkładanej słuchawki.

PREZES SLIM nie mógł z nim rozmawiać, poinformował go uprzejmy głos sekretarki. Prezes Slim będzie na spotkaniach przez resztę dzisiejszego dnia. Browar prześle mu swoje oficjalne stanowisko dotyczące incydentu po spotkaniu zarządu. Kiedy odbędzie się spotkanie? W dniu jutrzejszym. Za późno? Bardzo jej przykro, ale to wszystko, co może mu obecnie przekazać.

Po godzinie skończył artykuł. Na zakończenie wybrał cytat z rozmowy z Fuks o trzymaniu rąk w majtkach i zdjęcie „Kutas Art Kaput". Był pewien, że Walder je odrzuci.

Czy powódka utrzymuje z pozwanym kontakty seksualne? Szczurza twarz ławnika mignęła mu przez sekundę na ekranie monitora. Chciało mu się pić. Księgowa mogłaby dać mu zaliczkę. Jeśli nie księgowa, to może ktoś z działu sprzedaży byłby gotów udzielić mu małej pożyczki. Spłaci ją. Ciągle miał pracę. Nie wiadomo na jak długo, ale ciągle miał.

SEKRETARKA PREZESA SLIMA nie do końca była z nim szczera. Z drugiej strony, gdyby Marcin lepiej orientował się w pracach redakcji i planowanych artykułach, wiedziałby, że właśnie Andy Slim – a właściwie jego fotografia – ma ozdobić okładkę ich sobotniego kolorowego dodatku i że prezes Slim od ponad godziny cierpliwie znosi impertynencje młodego fotografa z żółtymi włosami i irytującym nawykiem klaskania w dłonie po każdym zakończonym ujęciu.

Andy Slim, niekwestionowany twórca potęgi Browaru, był pierwszym zagranicznym przedsiębiorcą, którego pismo „Głos" zdecydowało się umieścić na okładce sobotniego magazynu. Było to niewątpliwie wyróżnienie, dlatego Andy znosił z pokorą niekończącą się sesję zdjęciową i pokłady pudru na twarzy. Tego dnia założył najlepszy garnitur od Zegni, błękitną koszulę Pinka, krawat Hermès w delikatne żółte wzory i spinki Fabergè. Był wyraźnie rozczarowany, że planowane ujęcie pominie nowiutkie mokasyny Bruno Magli, w których poruszał się z widocznym trudem, po raz któryś z rzędu obiecując sobie zapamiętać, że włoska dziewiątka nijak ma się do jego australijskiej stopy.

Jego młoda narzeczona stała wsparta o ścianę studia, czekając na swoją kolej. Patrząc na jej głęboką opaleniznę, długie nogi, których doskonałe kształty widoczne były nawet pod ciemną wełnianą spódnicą, kasztanowe włosy nieco przysłaniające twarz, olbrzymie piwne oczy, kształtny nos, wysunięty podbródek i pełne różowe usta, Slim musiał przyznać, że jest wspaniałym egzemplarzem swojej rasy. Jak klacz wyścigowa czystej krwi. Efekt pokoleń selektywnej prokreacji. Wkrótce miała zostać jego czwartą żoną i urodzić mu syna. Kiedy spojrzał w jej stronę, uśmiechnęła się do niego, odsłaniając dwa rzędy śnieżnobiałych zębów.

Ujęcia wyświetlone na ekranie komputera były zadowalające i wbrew swoim wcześniejszym postanowieniom Andy uścisnął miękką i lepką dłoń fotografa. Wstępnie wybrali pięć zdjęć, które uznali za najlepsze i Slim, już spokojny i rozluźniony, poddał się zabiegowi zmywania makijażu. Narzeczona stanęła tuż za jego plecami, kładąc mu dłoń na prawym ramieniu. Slim z ostentacyjną czułością, przeznaczoną dla zgromadzonego w garderobie personelu, dotknął jej długich palców zakończonych ostrymi, umalowanymi na czarno paznokciami. Z satysfakcją odnotował, że z piersi jednej z kobiet dobyło się głębokie nostalgiczne westchnienie.

Andy Slim był na szczycie, a świat u jego stóp odzianych w eleganckie skórzane mokasyny zdawał się oferować wszystko, czego tylko zapragnął. Na jednej ze ścian Browaru widniała jego 10-metrowa podobizna: kolorowy fresk uwieczniający go w australijskim kapeluszu z dużym rondem, w skórzanej myśliwskiej kamizelce, w dżinsach spiętych pasem ze srebrną klamrą i wysokich kowbojskich butach. Teraz nadszedł czas, aby jego twarde zdecydowane rysy, wysokie czoło i mocny podbródek za sprawą „Głosu" stały się znane całemu krajowi. Pan na Browarze. Geniusz biznesu. Czyż sprawy mogły układać się lepiej?

GŁOS PIELĘGNIARKI BYŁ SUCHY i rzeczowy. Jego żona obudziła się wcześnie, zjadła śniadanie – jogurt i mus z melona, które zwróciła pół godziny później – wzięła leki i zapadła w drzemkę. Zeszłej nocy spała niespokojnie, bóle nasiliły się nad ranem i trzeba było zwiększyć dawkę morfiny. W południe przychodził doktor Shankhar z jej zmienniczką. Miała nadzieję, że do tego czasu pacjentka będzie spała. Czy pan Dice życzył sobie czegoś? Nie, pan Dice nie miał żadnych życzeń. Odłożył słuchawkę i sięgnął po leżące na stole cygaro.

Rutynowe telefony do domu, aby sprawdzić, jak czuje się żona, zawsze nacechowane były pewną ambiwalencją. Z jednej strony Dice czuł się w obowiązku dowiadywać się regularnie o stan jej zdrowia, kiedy podróżował, z drugiej zaś, gdziekolwiek był, głos pielęgniarek po drugiej stronie telefonu niezmiennie przenosił go do ich dawnej sypialni, od ponad roku zamienionej w prywatne ambulatorium, do zapachu środków dezynfekujących, kroplówki podłączonej do wychudłego ramienia, pokrytego skórą tak bladą, że zdawała się nie odróżniać od bieli prześcieradła. Kiedy jej ostatni raz dotykał? Nie pamiętał, ale musiało to być dawno. Z pewnością zanim doktor Shankhar zamienił ich prywatną sypialnię w oddział onkologiczny.

Sen nie nadchodził. Mimo swych pięćdziesięciu trzech lat Trevor Dice dobrze znosił trudy podróży i rzadko cierpiał z powodu takich przypadłości jak zmęczenie wywołane zmianą stref czasowych. Na podróż brał melatoninę i zakładał aksamitną opaskę na oczy. Już w samolocie starał się przystosować organizm do nowej strefy czasowej. Jeżeli zawodziła melatonina, sięgał po podwójną whisky z wodą. Jeżeli zawodziła podwójna whisky, przerzucał się na calvados. Jego profilaktyka do tej pory okazywała się skuteczna. Dziś jednak nie mógł zasnąć. Elektroniczne cyfry hotelowego czasomierza wyświetlały 1.30.

Za oknem stalowy ptak poderwał się do lotu. Czerwone światła skrzydeł migotały hipnotycznie, aż samolot, unosząc się w górę, zniknął z pola widzenia. Dice otworzył lodówkę i wyciągnął z niej butelkę wody gazowanej.

Van der Boer był głupcem. W grubej wełnianej marynarce ze skórzanymi łatami na łokciach, koszuli z krótkimi rękawami i zniszczonych butach na gumowej podeszwie przypominał Dice'owi hodowlanego warchlaka, który wyrwał się z domowej zagrody i popędził na oślep w busz. Dice dobrze wiedział, co przydarzało się zwierzętom hodowlanym, które uciekały z bezpiecznej zagrody do bezkresnego buszu. Dzikie zwierzęta rozszarpywały je na strzępy, pozostawiając na ziemi nagie kości, bielejące w promieniach bezlitosnego australijskiego słońca.

„Są dwa rodzaje ludzi na ziemi", często powtarzał Steinowi. „Jedni potrafią ukryć swoje pragnienia i konsekwentnie dążą do celu, krok po kroku osaczając przedmiot swego pożądania. Ich twarze są chłodne, ich wzrok zwrócony do wewnątrz. Ich spokój i determinacja fascynują ofiarę jak taniec kobry przed ukąszeniem. Gdy osiągają to, czego pragną, konsumują to i zwracają się ku nowemu pragnieniu. Drugich zaślepia żądza posiadania, ulegają jej. Ich mowa ciała zdradza ich bardziej niż jakiekolwiek słowa. Ich ręce drżą, oczy błyszczą chorobliwie. Dla tych nie ma odwrotu. Muszą posiąść to, czego pragną, albo zginąć".

Dice zaliczał siebie do pierwszej kategorii, a Van der Boera do drugiej. Sto pięćdziesiąt milionów dolarów! „Nigdy nie przyjmuj pierwszej oferty". Tym razem zrobi wyjątek. Zachowa zimną krew, nie da się zaślepić pożądaniu i osiągnie dokładnie to, co sobie zaplanował: wolność.

Trzydzieści procent akcji Browaru nadal należało do wojewody reprezentującego Skarb Państwa. Po dzisiejszym spotkaniu 49 procent akcji Polbrew International BV – spółki, która miała 70 procent akcji Browaru – było warte 150 milionów dolarów. Tyle wpłynie na konta jego i Steina. Van der Boer zobowiązał się zapłacić jemu i Steinowi bonus w wysokości 2 milionów dolarów, jeżeli uda im się dokupić pozostałe 30 procent akcji Browaru. Zakładając więc, że wszystko potoczy się zgodnie z planem i do końca roku nabędą akcje Skarbu Państwa, otrzymają 152 miliony dolarów w gotówce oraz będą posiadaczami 51 procent akcji Browaru wycenionego według kwoty transakcji na 440 milionów dolarów!

Wolność. Wolność od wyrzeczeń i kompromisów. Wolność od Steina. Jego długoletni związek ze Steinem stawał się dla niego coraz większym obciążeniem. Max był uparty, porywczy i nieroztropny. I trwonił pieniądze na hazard – namiętność, której Dice, mimo licznych prób, w żaden sposób nie potrafił zrozumieć. „Dlaczego nie przyjmujesz zakładów na siebie?", pytał Steina ściskającego w dłoni zakłady psiej gonitwy. „Jaką kontrolę możesz mieć nad przypadkiem?". „Żadnej", potwierdzał Stein z uśmiechem, jakby w tej absurdalnej konstatacji kryła się odpowiedź na jego pytania.

„Gdyby nie ja", pomyślał, „Max byłby jeszcze jednym z tych smutnych spadkobierców rodzinnych fortun, w lnianym garniturze, z głęboką opalenizną i kokainowym uśmiechem, inwestującym w rodzimą kinematografię dla dorosłych". Stein dużo mu zawdzięczał. To prawda, że przez pierwsze lata Max był „bankierem" w ich związku, ale to jego, Dice'a, konie przybiegały do mety pierwsze i pozwalały im zgarniać wysokie wygrane. To Dice odkrył Slima, a Slim odkrył Browar.

I wreszcie nie kto inny tylko on wprowadził Steina do Harold's Club – najbardziej ekskluzywnego męskiego klubu w Sydney, zrzeszającego trzech byłych gubernatorów, dwóch obecnych ministrów i byłego premiera Wspólnoty – klubu, którego honorowym członkiem był książę Walii. Trevor użył wszystkich swoich wpływów, aby zwykły *jid* mógł zasiąść obok *crème de la crème* lokalnej socjety. Wielu członków klubu nigdy mu tego nie wybaczyło. Nadal spotykał się z perfidnym ostracyzmem z ich strony, przejawiającym się przesadną uprzejmością i pełnym kurtuazji dystansem.

Niekiedy miał serdecznie dosyć złośliwych komentarzy w lobby klubu, gdy szept dyskutujących mężczyzn, gdy tylko się pojawiał, unosił się o kilka decybeli ponad gwar rozmów – wystarczająco wysoko, aby mógł go usłyszeć, i wystarczająco nisko, aby nie miał wątpliwości co do jego konfidencjonalnego charakteru! Ostatnio nawet Adolph Ramsey, *barrister* z wątrobą wielkości i kształtu suszonej śliwki, głosem, którego ostatnie sylaby spowalniał czwarty tego popołudnia gin z tonikiem, zasugerował, że obu mężczyzn łączy coś więcej niż interesy i męska przyjaźń. Cóż za niewiarygodna bezczelność!

Sto pięćdziesiąt milionów dolarów zamknie usta nie tylko Ramseyowi, ale także setkom jemu podobnych członków klubu, których jedyną podstawą do wyjątkowości był fakt, że urodzili się po dobrej stronie ulicy i potrafili samodzielnie zawiązać muszkę. Wolność. Wolność od Steina. Wolność od Harold's Club i parady jego żywcem pogrzebanych członków.

Pierwsze promienie słońca wdarły się przez panoramiczne okna apartamentu. Dice siedział w fotelu z butelką wody gazowanej w jednej ręce i niezapalonym cygarem w drugiej. Dzień zapowiadał się bez mgieł i opadów. Piękny dzień na początek nowego życia.

MARCIN ZAPALIŁ NOCNĄ LAMPKĘ i oparł się o zagłówek łóżka. Poduszka była mokra od potu. Oddychał spokojnie, próbując spowolnić pracę serca. Scenariusz powracającego snu był zawsze podobny.

Szedł przez ciemny korytarz, którego ściany pokrywała brudnozielona farba olejna. Nad głową świeciła pojedyncza naga żarówka, zdająca się przesuwać z każdym jego krokiem. Podłoga była śliska i nierówna z powodu odklejającego się linoleum. Po obu stronach korytarza mijał rzędy ciężkich drewnianych drzwi. Gumowe podeszwy butów skrzypiały na nierównym podłożu. Słyszał głębokie oddechy śpiących, dochodzące spoza zamkniętych drzwi. Jego uwagę przykuwał dobiegający z końca korytarza odgłos wody spadającej na twarde podłoże. Przyspieszył kroku. Korytarz wydłużał się w nieskończoność. Żarówka nad głową migotała, jakby miała za chwilę zgasnąć. Kiedy spoglądał w górę, widział spływające po niej strużki wody. Woda gromadziła się na suficie i ściekała po ścianach.

Korytarz się kończył, a on stał w progu dużej ciemnej łazienki, wyłożonej szarymi kafelkami. Po lewej stronie widział ścianki kabin natryskowych. Cementowa podłoga zbiegała się pośrodku pomieszczenia w pokryty żeliwną kratką odpływ. W świetle księżyca wpadającym przez zamalowane farbą okno spływająca woda była gęsta i prawie czarna jak smoła. Szedł powoli w stronę ostatniej kabiny. Jego stopy brodziły w płynącej coraz szybciej, wlewającej się do butów wodzie.

Najpierw dostrzegał oczy – zwrócone ku światłu księżyca, nieruchome i fosforyzujące jak świetliki. Potem jego wzrok wyławiał z ciemności postać dziewczynki siedzącej w kącie kabiny z plecami opartymi o ścianę i nogami oblepionymi mokrą tkaniną spódnicy. Ramiona miała opuszczone wzdłuż ciała, dłonie oparte o cementową podłogę i zwrócone ku górze. Na wysokości nadgarstków widniały dwie szerokie rany, z których wypływała gęsta ciemna ciecz. Kiedy pochylał się, aby dotknąć jej mokrych włosów, głowa dziewczynki zwracała się ku niemu i na jej twarzy pojawiał się uśmiech. „Nie powinien pan tutaj przychodzić", szeptała. „Żadnych odwiedzin po dwudziestej drugiej – tak mówi regulamin". Jej martwe oczy spoglądały na niego przez chwilę. „Niech się pan nie boi. Nikomu nie powiem". Jej dłoń nagle uniesiona, palec na ustach.

Z przerażeniem dostrzegał, że jej dłoń łączy z przedramieniem zaledwie kawałek skóry, gotowy przerwać się w każdej chwili. Miał ochotę krzyczeć, ale nie mógł wydobyć głosu. Woda spływała po jego głowie, ubraniu, wylewała się z butów. Drżał z zimna. Potem zwykle się budził.

Sięgnął po paczkę papierosów, którą trzymał pod poduszką. Nieśmiałe światło świtu przedzierało się przez zasłony w oknie. Papieros smakował jak rtęć.

Czy to wszystko wydarzyło się naprawdę? Czasami miał wątpliwości. Czyż mogło być coś bardziej absurdalnego od fundacji charytatywnej Hilkego organizującej obozy terapeutyczne dla ociemniałych dzieci na polach golfowych? Oczywiście znał odpowiedź, dostarczoną osobiście przez Kesslinga, na oficjalnym papierze kancelarii, z wielką literą „K" otoczoną wiązanką liści laurowych. Tego typu rozwiązanie było korzystne podatkowo. Korzystne podatkowo dla prezesa fundacji oraz członków rady, w tym jej przewodniczącego, Kesslinga.

„Ale golf ci nie wystarczał, ty chory sukinsynu", pomyślał Marcin, zmywając wodą resztki snu z twarzy. Takim ludziom jak Hilke nigdy nie wystarczało to, co posiadali. Albo kogo posiadali. Powinien wiedzieć, bo jeszcze nie tak dawno był jednym z najemników w garniturze, zaprzysiężonym strzec jego tajemnic. Tajemnic, które teraz zjadały go za życia. Kropla po kropli. Kieliszek po kieliszku.

Rozdział drugi

DIANA FUKS SIEDZIAŁA NA PARAPECIE okna Miejskiego Ośrodka Kultury w Józefowie, paląc trzeciego tego dnia papierosa. OK, czwartego, jeżeli liczyć trzy zaciągnięcia się przed wyjściem z domu. Czyżby wycofywała się z postanowienia ograniczenia się do dziesięciu papierosów dziennie? Absolutnie nie. Trzy i pół, zdecydowała, zamykając ostatecznie wewnętrzne negocjacje z własną wolą.

Potężna sylwetka Krystyny wynurzyła się z czerwonej hondy na parkingu. Fuks przetarła szybę rękawem swetra. Mój Boże, ta dziewczyna była olbrzymem! Prawie 190 centymetrów wzrostu i ramiona wyczynowej pływaczki. Ubrana w czarne dżinsy, czarną puchową kurtkę, wełnianą czapkę i wysoko sznurowane buty wyglądała jak bohaterka sensacyjnego filmu. Fuks z niejakim rozbawieniem przyglądała się dwóm młodym mężczyznom siedzącym, pomimo zerowej temperatury, na drewnianej ławce, z na pół opróżnioną butelką wódki, wpatrzonym w mijającą ich postać w czerni. Jeden z nich najwyraźniej coś powiedział do Krystyny, bo ta zatrzymała się nagle i zwróciła w ich stronę. Cokolwiek było przedmiotem ich krótkiej rozmowy, argumenty Krystyny musiały być nie do odparcia, gdyż mężczyźni wstali pospiesznie z ławki i zdecydowanym, choć chwiejnym krokiem ruszyli w stronę niewielkiego parku.

Uśmiech wciąż widniał na twarzy Fuks, kiedy Krystyna, wciskając wełnianą czapkę do kieszeni kurtki i zdejmując skórzane rękawiczki, wyciągnęła do niej dłoń na powitanie.

– Jakieś kłopoty? – zapytała, czując, jak jej dłoń ginie w mocnym uścisku.

Krystyna zdawała się nie rozumieć pytania. Dopiero po chwili, gdy Fuks skierowała spojrzenie w stronę okna, szeroki uśmiech pojawił się na jej twarzy.

– Masz na myśli tych dwóch na ławce? – Machnęła lekceważąco dłonią. – Nie ma o czym mówić.

Twarz Krystyny nie przestawała jej fascynować. Dopiero z czasem zrozumiała dlaczego. W ciemnych piwnych oczach dziewczyny nieustannie płonął ten wewnętrzny płomień, którego źródło Fuks znała lepiej niż ktokolwiek inny. Drapieżny, nienasycony i wyniszczający ogień idei.

Kiedy w maju 1968 roku studenci paryskiej Sorbony zalecali otwieranie umysłu równie często jak rozporka i natychmiast obrazowali swoją tolerancyjność wobec zastanego porządku świata za pomocą argumentów z kostki brukowej, Diana Fuks studiowała prace Karla Poppera, czytała Ottona Pavla i protestowała przeciw cenzurze w mediach. Miała dwadzieścia lat, nosiła importowane dżinsy i nie znała wspanialszego uczucia niż marsz ulicami miasta z dłonią zaciśniętą na dłoni towarzyszki z szeregu i ustami wypełnionymi okrzykiem protestu: „Ręce precz od Pragi!". Mimo groźnie wyglądających milicjantów, opancerzonych samochodów i działek wodnych, które zamykały flanki ulicznego pochodu, chwile spędzone w grupie demonstrantów należały do najbezpieczniejszych w jej życiu. Już wtedy, powoli przeczuwając kierunek, w jakim poniosą ją niespokojne wiatry przyszłości, odkryła niebywałe uczucie komfortu, jakie przynosi utożsamienie się z ideą – egzystencjalną *zona securitas*.

Z każdą ideą. W przeciwieństwie do swoich rówieśników Fuks czerpała prawdziwą radość z wielości krążących w powietrzu idei. Walczyła za robotników, którzy nie chcieli walczyć za siebie, i przeciw wymuszonej emigracji swych niedawnych „towarzyszy broni" do Izraela. Protestowała przeciwko czołgom na moście Karola i podmiejskiej garbarni na lęgowisku żurawi. Sprzeciwiała się chlorowaniu wody pitnej, używaniu dezodorantów w aerozolu, doświadczeniom na zwierzętach, doświadczeniom na roślinach, emisji spalin, korkom ulicznym, falom radiowym, falom powodziowym i tysiącom innych rzeczy, które wymagały czyjegoś zdecydowanego sprzeciwu.

Była członkinią organizacji międzynarodowych, stowarzyszeń, kilkudziesięciu fundacji i trustów walczących przeciw wszelkim możliwym formom barbarzyństwa, jakie niesie ze sobą rozwój cywilizacji. Była niezmordowana i całkowicie oddana idei. Każdej idei. Była prawdziwym krzyżowcem naszych czasów. I była zmęczona. Czasy, kiedy pikietowała urzędy, rzucała pomidorami w polityków i kładła się w poprzek drogi, aby powstrzymać ciężarówki wiozące zwierzęta do rzeźni, minęły bezpowrotnie. Miała pięćdziesiąt cztery lata i była znużona wymachiwaniem transparentami i stawaniem z kamieniami w rękach u wrót *polis*. Diana Fuks chciała spokoju. I szacunku. I służbowego samochodu.

Krystyna przypominała ją samą sprzed lat, z czasów kiedy walka o „sprawę" wypełniała całą jej tożsamość, ba, była jej tożsamością. Czyżby ich wzajemna bliskość wynikała z jej ukrytego pragnienia odzyskania tej niezachwianej pewności, jaką daje jedynie wiara? Wiara w cokolwiek. Nie, uznała po chwili, to zaślepienie było już poza nią. Jakkolwiek cynicznie mogłoby to zabrzmieć, potrzebowała Krystyny, żeby funkcjonować, żeby nie dać za wygraną, żeby robić to, co robi.

TO MIAŁO BYĆ SPOTKANIE PIĘTNUJĄCE *SATI* – okrutną, starohinduską tradycję nakazującą żonom zmarłych mężów rzucać się na stos z płonącymi zwłokami małżonków. Zaprzyjaźniona organizacja Ligi z Londynu donosiła z niepokojem, iż w Wielkiej Brytanii powstały dwie nowe świątynie, w których ortodoksyjni wyznawcy hinduizmu, niepomni na protesty, składali hołd ofiarom tej praktyki i modlili się za przetrwanie rytuału samopalenia. Aczkolwiek niechętnie i bez przekonania co do celowości poruszania tematyki *sati* w Polsce Diana Fuks zdecydowała się przyłączyć do, jak ją zapewniały koleżanki z Londynu, paneuropejskiej kampanii.

Materiały paneuropejskiej kampanii okazały się niewielką przesyłką, zawierającą pięćdziesiąt ulotek powielonych na szarym papierze i taśmę VHS, której Diana Fuks, po otwarciu kartonowego pudełka, przyglądała się z niedowierzaniem, ale i z odrobiną nieskrywanego sentymentu. Gdzie, do diabła, znajdą odtwarzacz VHS w dzisiejszych czasach?

Po kilku telefonach Krystyny okazało się, że MOK w Józefowie, oprócz rozsądnych cen na wynajem sali, dysponował także odtwarzaczem VHS, z zastrzeżeniem, iż sprzęt nie był w użytku od pięciu lat i nikt z pracowników MOK-u nie mógł zagwarantować jego technicznej sprawności. Cóż, będą musiały zaryzykować.

Tak jak się spodziewała, wynajęta sala, pomimo swych niezbyt imponujących rozmiarów, była wypełniona jedynie do połowy. Około tuzina kobiet siedziało na rozstawionych w półkolu krzesłach, zwróconych w stronę drewnianej szafy w kącie, z którą mocował się podirytowany pracownik ochrony z pękiem kluczy w dłoni, ściągając z niej archaiczną kłódkę z łańcuchem łączącym uchwyty drzwiczek.

— Na pani odpowiedzialność – powiedział, wręczając Krystynie pęk kluczy.

Ekran telewizora zamigotał, zgasł na chwilę, zabłysnął ponownie i pokrył się poprzecznymi pasami wyglądającymi jak smugi białej farby na czarnym tle. Diana Fuks spojrzała pytająco na stojącą u jej boku wysoką muskularną brunetkę. Krystyna rozłożyła bezradnie ręce i nacisnęła kilkakrotnie trzymany w prawej dłoni pilot. Odtwarzacz wydał kilka dźwięków przypominających trzaski łamanych gałęzi i zapłonął rzędem zielonkawych cyfr.

Jakiekolwiek miało być przesłanie odtwarzanego filmu, Diana Fuks straciła całkowite zainteresowanie jego treścią po niespełna minucie oglądania amatorskich obrazów i słuchania głosów kobiet, z przedziwnym, śpiewnym i lekko synkopowanym akcentem. Patrząc po sali, miała wrażenie, że i tak poświęciła produkcji więcej uwagi niż zebrane przed ekranem kobiety, na których twarzach rysowały się wyrazy zaskoczenia, niezrozumienia, a najczęściej zwykłego znudzenia. Kilka z nich spoglądało na swoje telefony, jeszcze inne w głąb swoich torebek, dwie lub trzy śledziły ruch na ulicy

Kardynała Wyszyńskiego, widocznej przez boczne okna sali. Równie dobrze prezentacja na temat *sati* mogła być opowieścią o wszach na księżycu! Czy mogła im się dziwić? W ich życiu temat samospalenia hinduskich małżonek nie miał żadnego znaczenia. Ba, w jej życiu także. Obchodził ją tyle, co zeszłoroczny śnieg.

Nie po raz pierwszy, rozglądając się po twarzach nielicznych członkiń Ligi i dostrzegając ich narastającą apatię, Diana Fuks poczuła się jak dinozaur, jak przeżytek w czasach globalnej komunikacji, elektronicznych narzędzi i sieci społecznościowych. Czy naprawdę zmuszała je do wpatrywania się w archaiczny ekran kineskopu, w przygnębiającej salce miejskiego ośrodka kultury w Józefowie? Czyżby do tego stopnia utraciła już kontakt z rzeczywistością, aby wierzyć, iż zbuduje organizację na bazie łez hinduskich wdów, których portrety pojawiały się i znikały na ekranie, jakby ich twórca po raz pierwszy w życiu trzymał kamerę w ręku? Musiała coś zrobić. Coś zmienić. Spojrzała na Krystynę. Jako jedyna kobieta na sali, potężna brunetka u jej boku wpatrywała się w ekran telewizora z intensywnością oficera śledczego. Jej krew. Diana Fuks desperacko potrzebowała transfuzji.

PO PROJEKCJI FUKS SIEDZIAŁA przy uchylonym oknie, wydmuchując dym z trzymanego w ustach papierosa. Krystyna stała obok, ze szklanką wody w dłoni, trzymając ją pod światło i po raz któryś z rzędu upewniając się, że wymyła dokładnie znalezione w prowizorycznej kuchni naczynie. Spotkanie było absolutną klęską i Fuks nie potrzebowała drugiej opinii od swojej rosłej towarzyszki, aby wiedzieć, że rzeczy muszą ulec zmianie albo jej kariera etatowej aktywistki skończy się całkowitym osamotnieniem.

Zanim zebrane kobiety opuściły salę gminnego ośrodka kultury, Krystyna, torując ciałem drogę przez szpaler zwolenniczek Ligi, wyprowadziła Fuks do małego pomieszczenia na tyłach budynku. Pokój wypełniony był piramidami zakurzonych krzeseł i rzędami stolików z uszkodzonymi nogami. Na jednym z nich stała wypchana wiewiórka, trzymająca w uniesionych łapkach plastikową popielniczkę. Jej ocalałe szklane oko patrzyło na Dianę Fuks wzrokiem pełnym oskarżenia i dezaprobaty.

– Jak ci się podobało? – zapytała przewodnicząca, nie spuszczając wzroku ze szpary w oknie, przez którą wydmuchiwała nerowowo dym z papierosa.

Krystyna podała jej szklankę wody.

– Materiał nie należał do najciekawszych... – rozpoczęła ostrożnie.

Fuks skrzywiła się, wyjmując papierosa z ust.

– Totalne gówno – powiedziała, gasząc papierosa pod pyszczkiem wyleniałej wiewiórki. – Sama wepchnęłabym do ognia te cholerne baby, które nam to przesłały. VHS? Możesz w to uwierzyć?

JEJ PALEC POSTUKIWAŁ w rozłożoną na kolanach gazetę. Artykuł o zniszczonych plakatach Browaru znalazł się na drugiej stronie „Głosu". Na drugiej stronie! Dla Diany Fuks ten fakt był następnym niezaprzeczalnym dowodem na to, jak mało wiedziała o tym, czym interesują się media w dzisiejszych czasach. Zezwalając kilka dni temu na akcję Krystyny, zrobiła to z ironicznym uśmiechem, traktując propozycję jako nieszkodliwy przejaw życiowej nadaktywności jej towarzyszki. Nigdy by się nie spodziewała, że zaplanowane działania zaowocują wydrukiem stanowiska Ligi w ogólnokrajowym dzienniku! Czyżby Krystyna odkryła coś, co było warte dalszej eksploatacji?

– Znakomita robota – powiedziała, wpatrując się w swoje imię i nazwisko w gazecie.

– Dziękuję.

– Naprawdę. – Fuks odwróciła głowę od okna i spojrzała na Krystynę. – Jestem z ciebie dumna. Obecność w mediach jest bardzo istotna dla naszej sprawy. Dziś być znaczy być dostrzeżonym. Spisałaś się na medal. To znaczy... – Fuks strzepnęła niewidzialną nitkę z piersi Krystyny – ...byłoby tak, gdyby Liga rozdawała medale. Niestety, oficjalnie twoja akcja nigdy się nie wydarzyła.

Krystyna przekrzywiła głowę i spojrzała na nią z uśmiechem, który kiedyś często pojawiał się na twarzy przewodniczącej. Uśmiechem kogoś, kto wie lepiej.

– A co by było – powiedziała, siadając na krześle obok i splatając dłonie na piersiach – gdyby akcja z plakatami nie była odosobnionym przypadkiem?

Fuks zmarszczyła czoło.

– Mów dalej.

Krystyna poprawiła się na krześle.

– Moja grupa spisała się znakomicie, mimo że są amatorami. To prawda, że zadanie nie było wymagające, ale... Są młodzi, sprawni, wierzą w ideały Ligi i są dla nich gotowi wejść nawet w konflikt z prawem. Gdyby ich odpowiednio przeszkolić, mogliby stanowić ramię uderzeniowe organizacji.

Fuks uśmiechała się od dłuższego czasu, wpatrując się w twarz Krystyny.

– „Ramię uderzeniowe"? – powiedziała, szczerze rozbawiona wybranym przez Krystynę epitetem. – Czyim ramieniem i w co uderzającym?

W oczach Krystyny zapłonął wewnętrzny ogień, który w niej dawno już wygasł. Mój Boże – ta dziewczyna mogła ją jeszcze uratować! Lub zgubić – pomyślała natychmiast.

– Browar jest idealnym celem – powiedziała Krystyna, wyrzucając z siebie słowa, jakby wcześniej wielokrotnie ćwiczyła swą przemowę. – Są widoczni. Ich kampanie oscylują na granicy pornografii. Tylko w zeszłym roku wydali ponad trzydzieści milionów złotych na wsparcie piwa M.O.C. Trzydzieści milionów złotych! Nasze działania mogłyby ich naprawdę zaboleć. Mogłyby coś wreszcie zmienić!

– Jakie działania? – zapytała podejrzliwie Fuks.

Krystyna machnęła lekceważąco ręką.

– Pomyślę o czymś.

Diana Fuks była rozdarta. Miała ochotę sięgnąć po następnego papierosa, ale to zbliżyłoby ją niebezpiecznie do dziennego limitu jeszcze przed południem. Czy naprawdę miała zamiar upoważnić Krystynę do stworzenia „ramienia uderzeniowego" Ligi? Pomysł wcale nie wydawał jej się absurdalny.

– Zdajesz sobie sprawę, że nie mogę nic o tym wiedzieć – powiedziała ostrożnie, wciąż unikając słów, które sugerowałyby jawną akceptację. – Ani teraz, ani w przyszłości. Liga nigdy się do nich nie przyzna.

Krystyna stanowczo potrząsnęła głową.

– To nie ma dla nich znaczenia, jeśli tylko będą mogli przysłużyć się sprawie.

Fuks uniosła brwi i przyjrzała się uważniej swojej rozmówczyni.

– Zanim podejmiemy ważkie decyzje o zbawieniu świata przy pomocy członkiń Ligi w ramach naszej małej prywatnej intifady, muszę cię o coś zapytać.

Krystyna pytająco popatrzyła na Fuks.

– Wszystko u ciebie w porządku? W domu? W głowie? Żadnych kłopotów ze zdrowiem? Bierzesz jakieś leki?

Krystyna zaprzeczyła ruchem głowy.

– Bo ostatnia rzecz, o jakiej chciałabym się dowiedzieć, to to, że prowadzę poufną rozmowę z osobą, która słyszy tajemnicze głosy i widzi ogniste znaki na ścianie.

Krystyna schwyciła dłoń Fuks w swoje dłonie.

– Nie jestem szalona, ale wierzę w to, co robię. Podobnie jest z nimi. Czy każdy, kto gotów jest poświęcić się dla sprawy, jest dla ciebie szaleńcem?

Nie, nie każdy, pomyślała Fuks. Tylko ci, którzy utracili instynkt samozachowawczy.

– Jeśli was złapią… – rozpoczęła.

Ironiczny uśmiech, który pojawił się na twarzy Krystyny po jej słowach, odebrała jako impertynencję. Czyżby traciła nad nią kontrolę?

– Wiem, wiem… – Krystyna wyprostowała się na krześle. – Liga nie ma z tym nic wspólnego. Coś jeszcze?

Diana Fuks zawahała się.

– Chyba nie – powiedziała i wzięła papierosa, uznając, że tego dnia wszelkie limity zostały przekroczone. – A więc za Ligę i Allacha?

– Za Ligę.

Fuks zapaliła papierosa, trzymając zapałkę w skulonych

dłoniach. Jej skupioną twarz rozświetliło na kilka sekund pomarańczowe światło płomienia.

– Muszę być niespełna rozumu – powiedziała, gasząc zapałkę i wypuszczając nosem obłok błękitnawego dymu.

SAMOLOT WYLĄDOWAŁ BEZPIECZNIE w Alice Springs o świcie. Mimo ostatnich dwudziestu godzin spędzonych w powietrzu Trevor Dice, po śniadaniu składającym się z jajka w aluminiowej folii i dwóch szklanek szkockiej z lodem, czuł się względnie wypoczęty i gotowy do zejścia na stały ląd. Kiedy samolot przestał kołować, wziął do ręki neseser ze skóry aligatora i schował do kieszeni torebkę z orzeszkami ziemnymi. Czubek prawego buta otarł o nogawkę spodni, upewniając się, że odzyskał wymagany połysk.

Po klimatyzowanym wnętrzu samolotu pierwszy krok w wilgotne i gorące, mimo wczesnej pory, powietrze Czerwonego Środka był jak spacer do bram piekła. Dice zatrzymał się na stopniach, poszukując właściwego rytmu oddechu. Zamknął oczy i powoli wypełniał płuca rozgrzanym do czerwoności powietrzem.

Symbolika tego zdarzenia nie umknęła jego uwadze. Następny krok był krokiem w nowe życie, ku nowej przyszłości. Przyszłości bez Maksa Steina. Przyszłości bez Browaru. Bez Hansa Van der Boera i jego grubych wełnianych marynarek ze skórzanymi łatami na łokciach. Bez upokarzających chwil w Harold's Club.

Mężczyzna, który trzymał kartkę z jego nazwiskiem, był Aborygenem. Miał długą siwą brodę i grube okulary w ciemnoniebieskich oprawkach. Mimo upału był ubrany w czarny garnitur, białą koszulę i absurdalną bordową muszkę w białe groszki. Kiedy Dice zbliżył się do niego, wskazując palcem swoje nazwisko, mężczyzna ściągnął z głowy przepocony filcowy kapelusz i schował go za plecami.

– Dice? – zapytał, dotykając dłonią brody. – Trevor Dice?

Samochód z logo Dreamtime Genetics Laboratories był czerwonym fordem explorerem ze skórzaną tapicerką i z hałaśliwie pracującą klimatyzacją. Stojąc na parkingu z neseserem w dłoni, Dice wahał się przez chwilę, patrząc na puste wnętrze wozu. W końcu otworzył przednie drzwi i wdrapał się na miejsce pasażera, obok brodatego kierowcy. Mężczyzna zdjął z głowy kapelusz i rzucił go na tylne siedzenie.

– Pierwszy raz w DGL?

Dice kiwnął potakująco głową.

– Z Heavytree Gap mamy około dwustu mil do Erldunda. Stamtąd około piętnastu mil do siedziby DGL. Jakieś trzy do trzech i pół godzin jazdy, mam nadzieję.

Mężczyzna odchylił się i sięgnął dłonią na tylne siedzenie samochodu. Kiedy wyprostował się i spojrzał na Dice'a, trzymał w dłoni grubą niebieską teczkę.

– Doktor Argyle przygotował dla pana lekturę. Na drogę. Żeby się pan nie nudził. Z tyłu leży *cooler* z zimnymi napojami. I kilka *samiches*, gdyby pan zgłodniał.

– Ma pan jakieś imię?

– Jimmy.

– Miło cię poznać, Jimmy – powiedział Dice i otworzył niebieską teczkę. – A teraz postaraj się omijać większe kamienie, OK?

Pierwszym z dokumentów ułożonych starannie w tekturowej teczce był raport roczny Dreamtime Genetics Laboratories. Przez środek okładki biegła skręcona biała wstęga DNA, tworząc delikatny ażurowy wzór. W centrum, na czarnym tle z błyszczącego kredowego papieru, widniało zdjęcie skały Ayers, lśniącej pomarańczową poświatą w promieniach zachodzącego słońca. Sześćset milionów lat ruchów górotwórczych wspomagało wizerunek pięcioletniej spółki założonej przez doktora Argyle'a i jego współpracowników.

– *Mr. Say-so.* – Jimmy odwrócił wzrok od drogi i uśmiechnął się, pokazując rząd pożółkłych od nikotyny zębów. – Czy ma pan coś przeciwko temu, żebym zapalił?

Dice spojrzał na torebkę z tytoniem leżącą na półce koło kierowcy i wrócił do wertowania dokumentów.

– Prawdę mówiąc, Jimmy, to tak.

Krzywy uśmiech zniknął z ciemnej twarzy mężczyzny i jego

usta ukryły się w gęstwinie siwego zarostu. Długie pomarszczone palce zaczęły nerwowo bębnić o kierownicę.

Z pierwszej strony raportu spoglądała na Trevora Dice'a para przenikliwych oczu doktora W.C. Argyle'a, ukrytych za prostokątnymi szkłami okularów, spiętych lśniącą oprawą z białego złota. „Drodzy akcjonariusze", czytał Dice, „spółka DGL w ciągu ostatnich pięciu lat zanotowała wzrost przychodów o 6000%, dziesięciokrotnie powiększyła laboratoria badawcze, zwiększyła zatrudnienie o 80% i ukończyła budowę jednego z najnowocześniejszych kompleksów analizy genów nie tylko w Australii, ale na całym świecie. DGL jest dziś właścicielem 17 powszechnie stosowanych patentów dotyczących technik analizy genów. Nasz zespół badawczy liczy obecnie 65 osób, które przybyły do nas z instytutów badawczych w Australii, Stanach Zjednoczonych i Wielkiej Brytanii. Ta prestiżowa grupa naukowców tylko w ubiegłym roku zdołała nam zapewnić rządowe programy badawcze na kwotę 70 milionów dolarów australijskich".

Pozostałe papiery były starannie skatalogowanymi wycinkami prasowymi na temat osiągnięć DGL-u, budowy nowego centrum w Erldunda, analizami finansowymi sektora badań genetycznych, szczegółowymi biogramami wybranych członków zespołu, z sześciostronicowym *curriculum vitae* doktora Argyle'a na czele.

Kiedy Dice zamknął niebieską teczkę, starannie sznurując okładkę, majestatyczna Ayers Rock wyrastała na piaszczystym horyzoncie jak skalista wyspa ze spokojnej tafli oceanu. Zabłąkana chmura wisiała nad szczytem niczym pierwszy oddech budzącego się wulkanu.

– Uluru – usłyszał niski głos Jimmy'ego.

– Słucham?

– Uluru. Ayers Rock – powtórzył mężczyzna, wskazując palcem na płaskie, kamienne wzgórze w oddali. – Djang. Święte miejsce mojego plemienia.

Dice uśmiechnął się i przesunął dłonią po okładce niebieskiej teczki.

– Z ust mi to wyjąłeś, Jimmy.

DOKTOR ARGYLE OKAZAŁ SIĘ niskim mężczyzną z pokaźnym brzuchem w kształcie piłki do koszykówki, lekko utykającym na lewą nogę. Włosy szatyna z fotografii w rzeczywistości miały rudawy odcień. Zniknęły też eleganckie okulary w oprawce z białego złota, zastąpione przez okrągłe szkła w grubych czarnych oprawkach. Mężczyzna, który powitał Trevora Dice'a w okazałym gabinecie z widokiem na górę Ayers, unikał jego wzroku i błądził wąskimi ruchliwymi oczami po jego podbródku. Dłoń, którą mu podał na powitanie, była miękka i wilgotna.

– Bardzo mi przyjemnie, panie Dice. Czy to prawda, że *czytał* pan prawo w Oksfordzie?

– Owszem, doktorze.

– Ależ to wspaniale! – ucieszył się mężczyzna i wskazał Dice'owi stolik z kremowymi fotelami Mies Van der Rohe, stojący tuż obok panoramicznego okna. – Doktor Hubris z genetyki prenatalnej uczęszczał do Dartmuth College. Jesteście praktycznie kolegami!

Mężczyźni pokiwali w milczeniu głowami nad tym niebywałym zbiegiem okoliczności.

– Przepiękny widok. – Dice przerwał milczenie, wskazując na majestatyczną skałę wyrastającą z płaskiego podłoża. – Uluru. Święta skała.

Argyle uniósł brwi i przyjrzał się uważnie podbródkowi Dice'a.

– Zna pan wierzenia Aborygenów?

– Na tyle, na ile przybliżył mi je pański kierowca.

– Ach, Jimmy. – Argyle westchnął ze zrozumieniem. – Jimmy należy do plemienia Yankuntjatjara, prawdziwych władców tego miejsca – w głosie doktora dało się wyczuć wyraźną nutę ironii. – Budynek DGL stoi w granicach parku narodowego Uluru i musieliśmy uzyskać zgodę starszyzny na jego budowę. Jimmy pomógł nam zdobyć poparcie plemienia dla naszego projektu. Czy wie pan, że według wierzeń Aborygenów monolit powstał w okresie Tjukurrpa, w Czasie Snu?

– Czas Snu? Dreamtime?

– Jest pan bardzo spostrzegawczy – przytaknął Argyle. – Czas Snu to okres przed powstaniem naszego świata – wtedy gdy nasi przodkowie, wielkie duchy przeszłości, ocknęli się ze snu i znaleźli w przestrzeni spowitej całkowitą ciemnością. Rozpoczęło się wielkie dzieło kreacji. Duchy przeszłości pod postacią węży zwanych Akurra żłobiły koryta rzek i tworzyły spiętrzenia górskie, nazywały rośliny i zwierzęta, nadawały światu fizycznemu taki kształt, jaki znamy dzisiaj. Nie nudzę pana tą opowieścią?

Nawet gdyby opowieść doktora Argyle'a uśpiła wszystkich pracowników DGL, Dice nie dałby tego po sobie poznać.

– Wręcz przeciwnie. To pasjonująca historia.

Argyle uśmiechnął się, zadowolony z reakcji gościa.

– Zbyt często ignorujemy w tym kraju symbolikę mitów. A ona bywa pomocna w określeniu granic naszego poznania.

– A więc węże stworzyły Uluru? – zapytał Dice rzeczowo, bez cienia ironii w głosie, jakby omawiali niedawną budowę laboratoriów.

– Niezupełnie. Według legendy było to dwóch chłopców bawiących się w błocie po deszczu – powiedział Argyle, uśmiechając się szeroko. – Najwidoczniej bez opieki dorosłych.

Argyle złożył razem dłonie, jakby zamykał strony księgi, z której wyczytał przed chwilą opowiedzianą historię.

– Czy mogę panu zaoferować coś do picia? Kawę? Coś zimnego?

Dice pokręcił przecząco głową.

– W takim razie proponuję, abyśmy obejrzeli nasze skromne królestwo. Zaczniemy od zwiedzania obiektu. Potem chciałbym pokazać panu jeden z zabiegów analizy genetycznej, które przeprowadzamy w DGL, aby lepiej zrozumiał pan naszą pracę. A później... – Argyle wzruszył ramionami, jakby pozostawiał wszystko decyzji swojego gościa – proponuję, abyśmy spotkali się na lunchu z głównymi członkami naszego zespołu badawczego. Czy ten plan panu odpowiada?

– Jak najbardziej, doktorze.

– A zatem proszę się do nas przyłączyć – powiedział Argyle, podając Dice'owi biały fartuch.

TREVOR DICE BYŁ ZACHWYCONY Dreamtime Genetics Laboratories. Ani przez chwilę nie miał wątpliwości, że dane mu było podejrzeć fragment przyszłości. Oglądając błyszczące stalą i szkłem laboratoria, drzwi bezszelestnie rozsuwające się i zasuwające za dotknięciem dłoni, świecące podłogi korytarzy, szklane tafle, na których pojawiały się powiększone twarze wirtualnych recepcjonistek i setki innych drobnych, acz oszałamiających rozwiązań, czuł się jak mały chłopiec uchylający drzwi do sypialni rodziców, aby w sekrecie zajrzeć do środka. Jego twarz pokryła się nawet rumieńcem nieskrywanego podniecenia.

– Muszę przyznać, że obiekt wygląda imponująco – powiedział, zataczając dłonią szeroki łuk. Doktor Argyle uśmiechnął się lekko i utkwił wzrok w podłodze.

– Staramy się stworzyć przyjemną atmosferę pracy – powiedział, dotykając czubka nosa. – Oczywiście to, co pan widzi na zewnątrz, to tylko ułamek aktywów firmy. Prawdziwe bogactwo tkwi w głowach zebranych tu ludzi. To oni tworzą potęgę DGL. Nasz zespół badawczy. Nasza rodzina.

– Genialna rodzina.

– Jest pan zbyt uprzejmy – odparł doktor i zatrzymał się przed stalowymi drzwiami z numerem 17. – Czy ma pan jakieś pojęcie o genetyce, panie Dice?

– Liznąłem to i owo w Oksfordzie – powiedział, rozkładając dłonie. – Czysta amatorszczyzna.

Argyle pokiwał ze zrozumieniem głową i położył dłoń na szklanej płytce. Stalowe drzwi rozsunęły się bezszelestnie.

– Pokażemy panu nową metodę pobierania komórek płodu – powiedział, wchodząc do zaciemnionego wnętrza pokoju. – CVS. Biopsja kosmówki. To jest doktor Jason Brown z Northwestern University w Chicago – wskazał dłonią na kształt w rogu pokoju, który po jego słowach podniósł się z krzesła i zrobił krok w ich kierunku. Dice ujrzał najpierw biały fartuch, a potem przymocowaną do niego kwadratową głowę zapaśnika z odstającymi uszami i dużym siwym wąsem.

– *G'day* – powiedział doktor Brown, wyciągając do Dice'a potężną dłoń.

– Doktor Brown objaśni panu szczegóły zabiegu, który za chwilę obejrzymy. Jestem przekonany, że będzie znakomitym przewodnikiem, zważywszy na to, że to on właśnie przeprowadził pierwszą biopsję kosmówki na świecie.

– Gratuluję, doktorze.

Wąsaty zapaśnik złożył tułów w przesadnym dworskim ukłonie.

– *Merci*, ale gratulacje należą się całemu zespołowi. Jesteśmy jedną wielką rodziną. Genetyka nie jest panu obca? – zapytał, powracając do pionu.

– Pan Dice jest pilnym obserwatorem zagadnień współczesnej genetyki – wyjaśnił doktor Argyle. Brown wymienił z nim krótkie spojrzenie i pokiwał ze zrozumieniem głową. Mężczyźni najwyraźniej znaleźli uprzejmą formę na opisywanie dyletantów.

– Zabieg, który obejrzymy – powiedział Brown, dotykając niewidocznego punktu na ścianie – pozwala stwierdzić, czy płód, który nosi nasza pacjentka, nie jest naznaczony chorobą genetyczną.

Ciemna płaszczyzna ściany ożyła powoli, jakby zdejmowano z niej kolejne warstwy tynku, okazując się na koniec grubą szklaną taflą. Po drugiej stronie znajdował się pokój zabiegowy, z dwójką lekarzy i kobietą ułożoną w fotelu ginekologicznym. Mężczyźni mieli seledynowe fartuchy i czepki tego samego koloru na głowach. Ich twarze zakrywały białe chirurgiczne maski. Twarz kobiety ginęła w gęstwinie czarnych kręconych włosów. Jej ciało przykryte było seledynowym prześcieradłem.

– Czy oni nas widzą? – zapytał Dice, nieco zaskoczony bliskością postaci za szybą.

Doktor Brown przecząco pokręcił głową.

– Szkło jest jednostronne. Po stronie laboratorium wygląda jak olbrzymia lustrzana ściana.

Mężczyzna zbliżył się do Dice'a i Trevor poczuł jego oddech na twarzy, chłodny i aseptyczny jak wnętrze, w którym przebywali.

– Jeszcze do niedawna, aby stwierdzić istnienie chorób genetycznych płodu, stosowaliśmy zabieg zwany aminiopunkcją.

Pobieraliśmy igłą próbkę płynu owodniowego, który otacza i chroni płód w macicy. To dobra metoda i pozwala na wykrywanie wielu dziedzicznych zaburzeń metabolicznych płodu. Szkopuł w tym – doktor Brown rozłożył ręce – że aminiopunkcję można przeprowadzić dopiero między czternstym a piętnastym tygodniem ciąży. Dla niektórych matek to za późno, aby bawić się w Pana Boga.

Śmiech Browna zabrzmiał jak terkot staroświeckiego telefonu. Jedna z postaci za szklaną ścianą podeszła do leżącej kobiety i delikatnym ruchem podciągnęła prześcieradło, odsłaniając jej zaokrąglony gładki brzuch.

– Dzięki CVS możemy rozpocząć diagnostykę prenatalną już w ósmym tygodniu ciąży. Ta Aborygenka – palec Browna dotknął szyby – jest w dziesiątym tygodniu. Zgodziła się poddać badaniom w naszym instytucie.

Dice podejrzewał, że za „zgodą" kobiety kryła się niebagatelna motywacja finansowa, ale świadomie postanowił nie odwracać uwagi doktora Browna od wyjaśnień na temat planowanego zabiegu. Na pytania dotyczące finansów DGL przyjdzie jeszcze pora.

– Gdy dochodzi do implantacji jaja płodowego w jamie macicy – kontynuował Brown – od strony płodu zaczyna się tworzyć kosmówka, z której w późniejszym etapie ciąży powstanie łożysko. Kosmówkę tworzą komórki zewnętrznej otoczki jaja płodowego.

Mężczyzna spojrzał na Argyle'a, a potem na Dice'a, którego twarz wyrażała największe skupienie.

– Jeżeli mówię niezrozumiale, proszę mnie powstrzymać. – Prawa dłoń zapaśnika opadła na pierś w geście skruchy. – Naszym grzechem jest częste odwoływanie się do naukowego żargonu – języka, który wymyślamy tylko po to, aby ukryć przed światem, jak oczywiste są nasze tak zwane odkrycia.

Doktor Argyle uśmiechnął się i położył dłoń na szerokim ramieniu Browna.

– Obawiam się, że Jason ma rację. Gdybyśmy mówili bardziej zrozumiale, nie moglibyśmy liczyć na programy rządowe.

Mężczyźni roześmiali się krótkim, hałaśliwym, scenicznym

śmiechem. Za szklaną ścianą jedna z postaci w fartuchu nasmarowała brzuch kobiety błyszczącym żelem i przyłożyła do niego okrągły przedmiot, którego sztywny biały przewód znikał gdzieś w kolumnach ze sprzętem medycznym.

– USG pozwala na dokładną kontrolę zabiegu. – Brown dotknął niewidocznego dla Dice'a punktu na szklanej ścianie. – Zaraz uzyskamy obraz.

Po prawej stronie, na wysokości ich głów, zamigotał prostokąt o przekątnej 19-calowego telewizora. Obraz miał kształt odcisku, jaki zostawia na szybie wycieraczka samochodowa – fragment niedokończonego koła w różnych odcieniach szarości.

– Za chwilę pobierzemy komórki kosmówki za pomocą strzykawki – powiedział Brown, dotykając szklanej tafli. – Strzykawkę wprowadzimy przez pochwę i szyjkę macicy aż po jamę macicy, aby dosięgnąć... o tutaj... – Jego palec uderzał teraz w coś, co w oczach Dice'a wyglądało jak fragment dziąsła z wyrwanymi zębami. – Kosmówka. Z jednej takiej próbki możemy uzyskać do stu mikrogramów DNA. Taka ilość pozwala nam skrócić proces diagnostyczny do dwóch, trzech dni.

– Niebywałe – wyszeptał Dice, rozpoznając w oglądanym obrazie jedynie gruby i owłosiony palec wskazujący doktora.

Postać w zielonym fartuchu pojawiła się przed ich oczami nie dalej niż na wyciągnięcie ręki. W jej dłoniach, osłoniętych gumowymi rękawiczkami, tkwiła potężna strzykawka ze srebrzystą igłą. Jej metaliczny srebrny połysk przykuwał teraz całą uwagę Dice'a. Wpatrując się w stalowy przedmiot, z niejakim zdziwieniem poczuł, że mięśnie jego nóg nabierają galaretowatej konsystencji, a jego głowa, do tej pory skierowana w stronę postaci w laboratorium, odrywa się nagle od ciała i opada w stronę nieskazitelnie białej i potwornie twardej podłogi.

Ostatnim obrazem, który Trevor Dice zapamiętał, zanim jego ciało, podążając za głową, osunęło się bezwładnie na zimną kamienną powierzchnię pomieszczenia, była zdziwiona twarz doktora Argyle'a – twarz olbrzymiego węża w fartuchu, patrzącego na niego przez ciemne okulary tańczącej kobry.

OBSERWOWAŁA GO OD KILKU DNI. Ćwiczył zawsze samotnie i w skupieniu, co było rzadkością w klubie, w którym większość członków była zaprzyjaźniona i traktowała popołudnie w siłowni jako uzupełnienie cotygodniowego rytuału towarzyskiego. Zwracał na siebie uwagę potężną budową; miał prawie 190 centymetrów wzrostu, szerokie, muskularne ramiona i nogi, które przypominały Krystynie nogi wyścigowego ogiera. Ale bardziej niż imponujące rozmiary jej uwagę przykuła twarz mężczyzny. Zimne niebieskie oczy patrzyły spośród delikatnych, niemal chłopięcych rysów z precyzją obiektywu kamery, równie pozbawione wyrazu, co grube szklane soczewki aparatu.

Podeszła do niego pierwsza. Założył ciężary na sztangę i szukał asysty. Zaczęli od sześćdziesięciu kilogramów w trzech równych seriach po dziesięć. Ćwiczyli bez słowa, w skupieniu, zamieniając się miejscami tak sprawnie, jakby byli drużyną olimpijską szlifującą formę do walki o medal. Po każdej serii mężczyzna dokładał dwa pięciokilogramowe ciężarki. Przy osiemdziesięciu kilogramach wykonała ostatnią serię. On dorzucił jeszcze dziesięć i skończył na dziewięćdziesięciu. Miała wrażenie, że mógłby podnieść znacznie więcej.

– Dziękuję – powiedział, wycierając głowę ręcznikiem. – Dobrze się z tobą ćwiczy.

– Założę się, że mówisz to każdej dziewczynie.

Uśmiechnął się po raz pierwszy i Krystyna zauważyła, że jego górną wargę przecina lekka jasna kreska. Najprawdopodobniej blizna, ale nie miała odwagi go o to zapytać.

– Wiktor – powiedział, wyciągając do niej rękę.

Mocno ścisnęła jego dłoń. „Zbyt mocno", pomyślała.

– Krystyna.

W klubowym barze zamówili dwa soki z marchwi i sałatę z kiełkami. Rozmawiali o treningu. Wiktor okazał się znawcą anatomii. Z uznaniem przyglądał się jej muskulaturze i doradzał serie ćwiczeń dla poszczególnych partii mięśni. Wymienili krytyczne uwagi na temat klubowego sprzętu i kilka uszczypliwości na temat jego bywalców. Odkryła, że ma poczucie humoru, a kiedy się uśmiecha, jego twarz łagodnieje i staje się jeszcze bardziej chłopięca. Po półgodzinie rozmowy, zaskakując samą siebie, powiedziała mu, że ma siedmioletniego syna. Pokiwał głową ze zrozumieniem. Szukała znajomego grymasu paniki, który zaczynał się od lekko uniesionych brwi, a kończył na mocno zaciśniętych wargach, ale jego twarz pozostała spokojna, a oczy pełne zainteresowania i wyrozumiałości.

– Jak ma na imię?

Opowiedziała mu o Pawle, jego szkole, zielonym rowerze, alergii na truskawki i psie, którego zamierza mu kupić na Gwiazdkę. Słuchał uważnie, od czasu do czasu przerywając jej krótkim rzeczowym pytaniem. Zachowywał się zupełnie inaczej niż mężczyźni, z którymi do tej pory miała do czynienia. Przez cały czas czuła na sobie jego uważne spojrzenie.

Rozmowa z nim była jak narkotyk i Krystyna kilka razy musiała ugryźć się w język, aby powstrzymać się od coraz intymniejszych zwierzeń. Nie dlatego żeby obawiała się powiedzieć mu o swoich tajemnicach – Bóg jeden wie, że miała ich zbyt wiele nawet na tak potężne barki jak jej własne! Raczej nie chciała odstraszyć go nadmierną i niekontrolowaną wylewnością. Mężczyźni zawsze źle rozumieli te rzeczy.

– Czy słyszałeś kiedyś o Lidze?– zapytała, aby zmienić temat na mniej osobisty.

Nie był pewien. Pocierał prawą dłonią potężny biceps lewej ręki i patrzył na nią z chłopięcym uśmiechem.

– A powinienem?

Liga była najważniejszą rzeczą w jej życiu, powiedziała z przekonaniem. Oczywiście po Pawle. Liga to coś więcej niż tylko miejsce pracy. Może to brzmiało śmiesznie, ale naprawdę identyfikowała się z organizacją, dzieliła poglądy jej członkiń i czuła się częścią jednej wielkiej rodziny. Co tam robiła? Była szefową ochrony przewodniczącej Ligi, Diany Fuks.

– A więc jesteśmy kolegami po fachu – powiedział Wiktor i odsłonił w uśmiechu rząd śnieżnobiałych zębów.

Teraz była jego kolej, żeby opowiadać. Krystyna oparła brodę na splecionych dłoniach i wpatrywała się w chłodne niebieskie oczy mężczyzny.

Był kiedyś zawodowym żołnierzem. Gdzie? Błękitne Berety.

Opowiedział jej o karierze w wojsku i nocnych skokach na spadochronie.

– Skoki były najgorsze. Nigdy się do nich nie przyzwyczaiłem. Każdy następny był gorszy od poprzedniego. Im dłużej skakałem, tym większy odczuwałem strach.

– Szybowanie na spadochronie wydaje się takie romantyczne… – przerwała mu, natychmiast żałując swojej naiwnej uwagi.

– Na bojowym spadochronie nie szybujesz, ale spadasz jak worek ziemniaków. – Wiktor uderzył otwartą dłonią w stół, a Krystyna aż odskoczyła, zaskoczona jego nagłym gestem. Na jej twarzy pojawiły się uśmiech zażenowania i rumieniec, których mimo starań nie potrafiła powstrzymać.

– Ostatnie skoki musisz wykonać w nocy – kontynuował, wyraźnie rozbawiony jej reakcją. – To prawdziwy akt wiary. Zanurzasz się w ciemność jak w otchłań jaskini, której dna nie jesteś w stanie zobaczyć. Pamiętasz tylko spadanie i uderzenie o ziemię, które wbija ci nogi do gardła. Nic przyjemnego.

Kim był ten mężczyzna, który bez zażenowania przyznawał się do własnego strachu? Pijąc przez słomkę sok z marchwi, patrzyła na niego z coraz większym zainteresowaniem. Miała nadzieję, że jej rosnąca fascynacja Wiktorem była mniej widoczna niż jej niedawne zażenowanie.

Dobrze zapamiętał swój ostatni skok. Lecieli nocą, w deszczu, w środku burzy. Gdy zobaczył błysk piorunu rozświetlającego wnętrze samolotu, jego ciało zamieniło się w sopel lodu. Nie wie, jak udało mu się stanąć na nogi, podejść do wyjścia i wyskoczyć w rozdzierane błyskawicami niebo. Wie, że spadał nieskończenie długo, jakby nigdy nie miał dotknąć ziemi; w zupełnej ciemności i ogłuszającej ciszy.

Kiedy się ocknął, leżał w szpitalu wojskowym z otwartym złamaniem kości podudzia obu nóg. Sześć miesięcy później został wypisany z wojska z drugą grupą inwalidzką. Od tego czasu zajął się profesjonalnie ochroną i doradztwem. Szło mu całkiem nieźle. Coraz więcej bogatych ludzi bało się samotnie wychodzić na miasto, przechodzić przez ulicę, iść bez ochrony do toalety…

Krystyna pokiwała ze zrozumieniem głową.

– A może przyszedłbyś któregoś dnia na spotkanie Ligi?

Spojrzał na nią, przekrzywiając lekko głowę.

– Dla ciebie – powiedział, dotykając jej dłoni. – Z pewnością. Rumieńce na jej twarzy były jak dwa okręgi szalejącego ognia. Nie do ugaszenia.

JEJ OJCIEC BYŁ OLBRZYMEM. Tak go przynajmniej zapamiętała. Despotyczny, zmienny w nastrojach. Jego ogromny cień był zawsze obecny w jej wspomnieniach z dzieciństwa jak skaza na fotografii. Jego buty stojące w sieni były jak łodzie, jego płaszcz rzucony na krzesło wyglądał jak pokrycie cyrkowego namiotu.

Kiedy spotkała go po latach – łysiejącego, przygarbionego mężczyznę z zaawansowanym płaskostopiem – w niczym nie przypominał postaci z przeszłości – kogoś, na czyj widok w domu cichły rozmowy i w czyjej obecności nie wolno było zostawiać zabawek na podłodze. Patrzyła na starcze plamy na jego dłoniach, zapadniętą klatkę piersiową, przymrużone oczy krótkowidza i pomyślała, że mogłaby go złamać w dłoniach jak wyschniętą gałąź.

Była silna. Silniejsza od wielu mężczyzn, których spotykała. Jej ciało było dobrze naoliwionym mechanizmem do biegania, pływania i podnoszenia ciężarów. Budziła respekt. Ludzie patrzyli na nią jak na wybryk natury, ale rzadko zdobywali się w jej obecności na złośliwy komentarz. Czuła ich strach. Upajała się nim jak zapachem perfum. Czuła strach w ich pocie, w miękkiej dłoni podanej w powitalnym uścisku, widziała go we wzroku unikającym jej spojrzenia. Ojciec miał rację – strach był afrodyzjakiem.

„Już nigdy mnie nie skrzywdzisz", powiedziała, ściskając jego ramię. Patrzył na nią, nie rozumiejąc, nie rozpoznając jej. Jego smutna twarz wykrzywiła się w grymasie bólu, a na ustach pojawiła się mała bańka z powietrza i śliny. Jego przerażone oczy próbowały uciec w tył głowy.

Po tym przypadkowym spotkaniu podjęła decyzję, że chce urodzić dziecko. Sama nie bardzo rozumiała powody swego postanowienia. Miała jednak już dwadzieścia osiem lat i wydawało jej się, że słyszy tykanie biologicznego zegara równie wyraźnie jak bicie własnego serca.

Paweł urodził się dwanaście miesięcy później. Jego ojcem był szatniarz z klubu, w którym ćwiczyła – niepozorny mężczyzna z dużymi uszami i lekką wadą wymowy. Kiedy była w trzecim miesiącu ciąży, stwierdziła z ulgą, że szatniarz zniknął bez słowa, porzucając pracę w klubie z dnia na dzień i nigdy nie zgłaszając się po ostatnią wypłatę. Po roku miała trudności z przypomnieniem sobie, jak wyglądał. Od tej pory, mówiąc o ojcu Pawła, używała zwrotu: „anonimowy dawca nasienia". W miarę upływu czasu coraz bardziej dochodziła do przekonania, że jej fikcyjny opis tylko w niewielkim stopniu mijał się z prawdą.

Do samego końca wierzyła, że urodzi dziewczynkę. Nie była gotowa na następnego mężczyznę w swoim życiu. Paweł był jednak taki bezbronny – urodził się miesiąc przed terminem – i wymagał tyle opieki, że zaakceptowała go natychmiast i bezwarunkowo. Ostatni mężczyzna w jej życiu. Tak postanowiła.

Układając swoje rzeczy na krześle w sypialni, pomyślała o Wiktorze i po raz pierwszy od dawna przyjrzała się swemu ciału w lustrze. Mężczyźni mieli rację. Była dziwadłem, wybrykiem natury.

Zgasiła światło i zamknęła powieki. Uśmiechnięta twarz Wiktora spoglądała na nią z góry, bliska i odwrócona, jak wtedy, gdy pomagał jej unosić ciężar, pochylając się nad ławką, a ona napominała samą siebie: „Skup się na ćwiczeniu!". Jego prawa dłoń gładziła naprężony biceps lewego ramienia, w jego chłodnych oczach odbijała się jej twarz – inaczej niż w lustrach, których unikała. Spoglądając na siebie jego oczami, miała wrażenie, że patrzy na siebie po raz pierwszy.

Zapomniany dreszcz przebiegł po jej ciele jak zapowiedź nadchodzącej gorączki. Jej chłodna dłoń dotknęła naskórka i zamarła w bezruchu, schwytana w żelazny chwyt zaciśniętych ud.

Zapaliła nocną lampkę. Jej czoło było wilgotne od potu. W mieszkaniu panowała cisza – wyraźnie słyszała tykanie kuchennego zegara. Nasłuchiwała przez chwilę, próbując usłyszeć oddech Pawła – miarowy oddech spokojnie śpiącego dziecka. Pokój Pawła był jednak za daleko, a jego drzwi jak zawsze zamknięte. Wyjęła poduszkę spod głowy i przycisnęła ją do ust. Jej ciałem targnęły spazmy niekontrolowanego szlochu.

„Już nigdy mnie nie skrzywdzisz", słyszała własny głos z przeszłości, tracący na sile, jakby ktoś przekręcał niewidzialną gałkę.

Cień ojca wpełzał na ścianę sypialni jak postać z chińskiego teatru cieni, rosnąc w jej w oczach, zajmując całą przestrzeń ściany.

„Byłaś niegrzeczną dziewczynką, Krystyno".

DO DUNKELD WRÓCIŁ PO ZMIERZCHU. Tuż za progiem, ciągle jeszcze w płaszczu i z neseserem w dłoni, wyłuskał z kieszeni wizytówkę doktora Argyle'a i wybrał numer telefonu. Doktor zgłosił się po trzech sygnałach.

Miał z tym poczekać do jutrzejszego dnia, ale uznał, że nie ma sensu zwlekać. Był gotów zainwestować w DGL 50 milionów dolarów. Czy doktor dobrze go słyszał? Tak, panie Dice, to znakomita wiadomość. Rozważą to na najbliższym zebraniu zarządu. Dlaczego tak późno? Czyżby nie potrzebowali pieniędzy na rozwój badań? Jego oferta była bardzo szczodra, ale widzi pan, panie Dice, akcjonariusze DGL planowali zdobyć sto milionów dolarów. Byli małą i dobrze rozumiejącą się „rodziną", nie przepadali za „obcymi" („Jeśli pan wie, co mam na myśli, panie Dice"). Dlatego woleliby pozyskać fundusze z jednego źródła. Rozmawiają jeszcze z dwoma partnerami, z których każdy wyraził...

– Jaki przedział czasowy ma pan na myśli, doktorze? – przerwał mu Dice, lekko poirytowany niezbyt subtelnym szantażem Argyle'a.

Po drugiej stronie zapanowało milczenie.

– Dwanaście miesięcy. Z tym, że pierwsze dwadzieścia pięć milionów musielibyśmy uzyskać najpóźniej do końca roku.

Dice nie był pewien, czy się nie przesłyszał.

– To już za trzy tygodnie!

– Panie Dice – głos doktora zdradzał oznaki rozdrażnienia. – Jesteśmy naukowcami, nie finansistami. Nie wiem, czy to jest długi, czy też krótki okres na podjęcie decyzji. Mówię tylko o naszych obiektywnych uwarunkowaniach. DGL musi otrzymać pieniądze przed końcem roku, aby ruszyć z planowanymi programami badawczymi.

A więc wolność miała swoją cenę. I to niebagatelną, biorąc pod uwagę apetyt finansowy prezesa DGL. Na wszelki wypadek Dice postanowił upewnić się raz jeszcze, czy jego rozmówca nie zamierzał przypadkiem z niego zażartować.

– Dwadzieścia pięć? – powiedział dobitnie, sylabizując słowa.

– Tak jest – powiedział Argyle.

Poprosił o dzień na zastanowienie. Przynajmniej ta ostatnia prośba, ku jego wyraźnej uldze, spotkała się z aprobatą doktora. Jeszcze raz podziękował za gościnę i przeprosił za swoją chwilową niedyspozycję.

– Proszę się niczym nie martwić – usłyszał głos doktora. – Mam nadzieję, że guz nie doskwiera panu za bardzo?

Mężczyźni pożegnali się serdecznie. Dice odłożył słuchawkę i usiadł na krześle w przedpokoju. Sto milionów dolarów to więcej, niż dostanie za Browar. Skąd weźmie resztę? Powinien porozmawiać ze Steinem. Nie, pokręcił energicznie głową. To była jego transakcja. Wyłącznie jego.

Zdjął płaszcz i powiesił go w szafie. Ściągnął buty i wziął je w dłonie. W skarpetkach wspiął się po schodach na pierwsze piętro. Już w połowie schodów poczuł znajomy zapach środków dezynfekcyjnych.

UCHYLIŁ LEKKO DRZWI SYPIALNI i wpuścił strumień światła z korytarza. W głębi pokoju drobna kobieta w fartuchu pielęgniarki i białym czepku na głowie podniosła się z krzesła i spojrzała w jego kierunku, mrużąc oczy. Z palcem na ustach wszedł do środka, zamykając za sobą drzwi. Głęboki półmrok pokoju odebrał mu na chwilę zdolność widzenia. Gdy jego wzrok przyzwyczaił się do ciemności, ujrzał ciężką bryłę mahoniowego łóżka i leżącą na nim postać żony. Pielęgniarka nadal stała obok łóżka, z dłońmi splecionymi z przodu, wyczekująca i pełna szacunku. Dice skinął jej głową. Kobieta odpowiedziała opuszczeniem powiek.

– Zasnęła – powiedziała w odpowiedzi na gest jego dłoni, wskazującej łóżko. – Zwiększyłam dawkę do dziesięciu miligramów.

Podszedł do łóżka i jak mógł najdelikatniej, przysiadł na krawędzi. Pierś jego żony unosiła się w ciężkim nierównym oddechu. Dotknął dłonią jej czoła – było wilgotne od potu. Patrząc na drobne ciało, otulone prześcieradłami i kocem, zdał sobie nagle sprawę, że nie pamięta nawet, jak się poznali. Nie pamiętał ich pierwszej kolacji we dwoje, pierwszego tańca, pierwszego wieczoru w teatrze ani nawet pierwszego filmu, który wspólnie obejrzeli. Przeszłość skurczyła się, zmalała, została zredukowana do ostatnich pięciu lat zmagania się z chorobą.

Jego żona była pacjentką, ich małżeństwo od zawsze wypełniały stojaki z kroplówkami, armia plastikowych pojemników z lekami, materace, które można regulować, aby poprawić krążenie i zapobiec odleżynom, głos pielęgniarki budzącej go w środku nocy, bo jego żona miała krwotok i trzeba wezwać doktora Millera, Shankhara lub jeszcze kogoś innego – tylu już ich było, tylu już przewinęło się przez ich dom, że mogliby otworzyć prywatną klinikę.

To była jego rzeczywistość – a nie albumy z fotografiami z ich ślubu, podróży poślubnej, pierwszych wspólnych wakacji, remontu farmy i setki innych zwyczajnych momentów, których historia, choć udokumentowana w formie nieruchomych obrazów, wydawała mu się teraz równie odległa i nierealna jak opowieści doktora Argyle'a o Czasie Snów. Doktor Brown miał rację. Nieśmiertelność jako suma powtórzeń byłaby nieznośna. A to dlatego, że za każdym razem musiałby z powrotem znaleźć się w tym samym punkcie, na krawędzi łóżka, wymieniając spojrzenia z drobną pielęgniarką, poprawiającą teraz poduszki pod głową jego śpiącej żony i otaczającą go na krótki moment zapachem tanich perfum i śmierci.

ROZPOZNANIE: RAK MACICY z przerzutami do kości i tkanek miękkich miednicy. W okolicy lewego nadbrzusza stomia jelitowa, w okolicy kroczowo-krzyżowej rozległa niezagojona rana zmieniona martwiczo, tworząca przetokę w głąb do miednicy małej. Otrzewna, sąsiadujące pętle jelit oraz tkanki miękkie pokryte martwiczo-ropnymi masami. Największy wymiar zmiany – dwadzieścia pięć centymetrów. Pozostałe pętle jelit w zrostach, stan po usunięciu odbytnicy.

Jego żona umierała. Nie było dla niej ratunku. Choroba zjadała jej ciało, dzień po dniu, godzina po godzinie. Gdy dotykał wargami jej zimnej skóry i czuł niespokojny oddech na policzku, ogarniało go uczucie ulgi i wstydu.

Oczywiście wiedział, że choroba trawiąca jego żonę nie jest zaraźliwa i że przebywanie w jej obecności nie stwarza dla niego żadnego zagrożenia. Wciąż był silnym i sprawnym mężczyzną potrafiącym dosiąść konia lub przebiec pięć mil przed śniadaniem. A jednak, jakkolwiek irracjonalne i nieuzasadnione medycznie mogłyby się wydawać jego doznania, Trevor Dice był przekonany, że każdy dłuższy pobyt w obecności umierającej żony miał dla niego nie tylko psychiczne, ale i fizyczne konsekwencje. Może jej choroba nie była zaraźliwa, ale sama śmierć z pewnością tak. „Umieranie", poprawił się. Gdyż śmierć wydawała mu się trywialnym przeżytkiem po jego wizycie w DGL.

„Ja żyję", pomyślał, zamykając bezszelestnie drzwi sypialni. „Do cholery, żyję!".

Wyszedł z domu, żeby zaczerpnąć świeżego powietrza.

ODCISK DŁONI NA BRAMIE REZYDENCJI Dunkeld należał do jego pradziada, szacownego Gordona Lee. Lewa dłoń z rozpostartymi szeroko palcami, zawieszona na wysokości dwóch mosiężnych klamek otwierających żelazne odrzwia, z daleka wyglądała jak wyrzeźbiony egzotyczny kwiat. W czasie swoich wieczornych spacerów Dice zwykł przystawać przed bramą i wsuwać dłoń w zagłębienia metalu, w których wciąż można było dostrzec zagięcia i pofałdowania naskórka, linię życia i linie papilarne jego wielkiego przodka. Wieczorne powietrze przepełniały zapachy ziemi tak intensywne, że otwierał szeroko usta, aby móc swobodnie oddychać. Chłód brązu łaskotał jego naskórek, jego palce poruszały się lekko na gładkich krawędziach odlewu.

Dłoń Gordona Lee była większa od jego dłoni. Kciuk – nienaturalnie spłaszczony i z odciętym po wypadku z maczetą opuszkiem. Pomimo deformacji o centymetr przerastał kciuk Trevora. Podobnie było z innymi palcami. Palec wskazujący wyrastał o cal nad paznokciem Dice'a, miejsce po palcu serdecznym było jak koryto rzeki, w którym ledwo zaznaczał się strumień śnieżnobiałej skóry prawnuka. Choć Dice rzadko się do tego przyznawał, dłoń Gordona Lee, wieloletniego przewodniczącego Australian Natives Association z Dunkeld, największego plantatora trzciny cukrowej w regionie, handlarza żywym towarem, mężczyzny, o którym mówiono, że był stworzony ze skały trwalszej niż góry Grampians, służyła mu do odmierzania własnego sukcesu. Dłoń Gordona Lee była dla Trevora Dice'a jak kreski na framudze, którymi rodzice oznaczają powolny wzrost swoich dzieci, jak pierwsza para długich spodni, która zamyka wiek chłopięcy i zaczyna wiek męski, jak inicjacja seksualna i jak pierwszy zarobiony dolar. Przez lata obserwował, jak jego dłoń wypełnia coraz bardziej kontury odcisku, a palce zbliżają się do krawędzi rysunku z brązu, i z nadzieją oczekiwał tego dnia, w którym obie formy zewrą się wreszcie w historycznym uścisku. Z biegiem lat nadzieja ustąpiła zwątpieniu. Jego ciało przestało rosnąć, jego dłoń pozostała dłonią dziecka w zimnym uścisku pradziada Lee. Jakkolwiek niechętnie, Trevor Dice musiał w końcu pogodzić się z faktem, że Gordon Lee był wytworem innej epoki, innych czasów. Czasów herosów.

Dziś jednak Dice nie mógł się oprzeć pragnieniu zmierzenia się po raz kolejny z dłonią pradziada. W przezroczystym powietrzu wieczoru, z tysiącami gwiazd świecących nad jego głową jak lampki na bożonarodzeniowym drzewku, Dice stanął przed bramą i wsunął dłoń w odlew z brązu. Chłód metalu był równie przyjemny jak ten, który zapamiętał z młodości. Zamknął oczy. Gdzieś w bezkresnym wymiarze czasu, którego był nieodłączną cząstką, obraz jego pradziada tkwił w zatrzymanej przestrzeni niczym trójwymiarowy hologram zawieszony w galerii dziejów. Jego duża głowa z czupryną kręconych włosów wyglądała jak głowa greckiego herosa, jego potężna pierś unosiła się rytmicznie w równym, władczym oddechu, jego ogromne dłonie spoczywały wzdłuż ciała, kciuk ukrywał się w kieszeni spodni wpuszczonych w wysokie skórzane buty z cholewami. Akurra, zielonkawy i błyszczący na tle garbowanej skóry butów wąż wił się między stopami Gordona Lee w kształcie ósemki albo symbolu nieskończoności. Jego spłaszczony łeb z mocno zaznaczoną linią ruchomych szczęk przebitych wewnętrznym kanalikiem zębów jadowych spoglądał na Trevora wzrokiem doktora Argyle'a. Mimo że źrenice gada były ustawione w pionie, Dice nie miał wątpliwości, iż jego łeb do złudzenia przypomina głowę prezesa Dreamtime Genetics Laboratories. Wysunięty język badał powietrze, poszukując zapachu nowej zdobyczy.

Każda nowa ósemka kręcona przez węża wokół stóp Gordona Lee odkrywała coraz większy fragment krajobrazu, jakby niewidoczna podłoga, na której spoczywały ciała mężczyzny i gada, była ekranem projekcyjnym. Przed oczami Dice'a rozciągały się pola ze strzelistymi łodygami trzciny cukrowej, smagane wiatrem i wypełnione zgiętymi plecami ciemnoskórych kanaków, kupionych przez pradziada od bandy buszmenów. Dice unosił się nad tą wizją, spoglądając z góry, jakby jego ciało szybowało po niewidocznym nieboskłonie. Z góry czupryna zmierzwionych czarnych włosów jego przodka wyglądała jak bezpieczne gniazdo, w którym mógłby na chwilę przysiąść. Gordon Lee uniósł głowę i skierował twarz ku górze. Ich oczy skrzyżowały się i twarz pradziada rozjaśnił uśmiech.

„Myślisz, że skombinujesz te sto milionów dolarów, T.D.?", zapytał.

„Spróbuję, dziadku".

„Mów mi Lee", powiedział pradziad i oblizał górną wargę. „Ta antropotechnologia to niezła rzecz. Duża szansa dla naszej rodziny, jeśli wiesz, co mam na myśli".

„Wiem".

Gordon Lee splunął w potężne dłonie, potarł je jedna o drugą i wyciągnął prawą rękę w stronę Trevora.

„W takim razie powodzenia, T.D".

Mężczyźni spojrzeli sobie głęboko w oczy i uścisnęli swe dłonie jak równy z równym.

„Dziękuję, Lee".

„Do zobaczenia. Wkrótce".

– KUTAS ART KAPUT? Uważasz, że to śmieszne?

Mężczyźni stali przy pisuarach redakcyjnej toalety i Marcin, mimo nieznośnego bólu głowy i srogiej miny Waldera stojącego po jego prawej stronie i mierzącego go wściekłym wzrokiem, zareagował na uwagę naczelnego salwą niepowstrzymanego śmiechu. Nawet Walder, do tej pory poważny usiłujący nie wyjść z roli oburzonego pracodawcy w konfrontacji z niekompetentnym pracownikiem, zawtórował mu krótkim chichotem, zdając sobie sprawę, jak musiały zabrzmieć jego słowa w kontekście miejsca, w którym się znajdowali.

– Dobrze... dobrze – powiedział Walder po chwili, powracając do roli podirytowanego szefa. – Rozumiem, *genius loci* i te rzeczy. To nie zmienia faktu, że starasz się zrobić wszystko, żebym cię wywalił.

Ich spotkanie w męskiej toalecie było równie przypadkowe jak ich jeszcze niedawne powiązania rodzinne. Marcina zawsze bawił fakt, że Walder, choć miał własną toaletę naprzeciwko swego okazałego gabinetu, z uporem korzystał ze wspólnej łazienki, przeznaczonej dla pracowników. Podobnie było z kuchnią, gdzie od czasu do czasu można go było spotkać, jak parzył własną kawę w ekspresie. Marcin podejrzewał, że naczelny chciał w ten sposób zademonstrować swoją przynależność do zespołu i swój egalitaryzm, kultywowany na własne wewnętrzne potrzeby, których Marcin nie do końca rozumiał. Cokolwiek nim kierowało, jego wizyty w obu miejscach paraliżowały pracowników, którzy mieli nieszczęście znaleźć się tam w tym samym czasie. Może dlatego toaleta była całkowicie pusta, jeśli nie liczyć Marcina i Waldera.

– Sam mnie uczyłeś, że prawdziwy reporter nie zataja faktów – powiedział Marcin, obmywając dłonie nad umywalką. – To był dosłowny cytat.

– Reporter? – Usta Waldera wygięły się w grymasie zniesmaczenia. – Awansowałeś się w czasie mojej nieobecności?

Walder zakręcił kran i sięgnął po papierowy ręcznik wiszący nad umywalką.

– Powiem ci, co zrobiłby prawdziwy reporter. – Skierował palec wskazujący w stronę Marcina. – Prawdziwy reporter wziąłby się do roboty. Zamieniłby swoje doświadczenia na historię. Dobrze udokumentowaną historię.

– Tej historii nie da się opowiedzieć – powiedział Marcin, wycierając twarz w szorstki ręcznik.

– Bzdura. Każdą historię da się opowiedzieć.

– Nie tę. – Marcin zwinął ręcznik w papierową kulę, celując w stronę kosza na śmieci w rogu toalety. – Słuchaj, wiem, co próbujesz zrobić. I nawet to doceniam, ale... – Papierowa kula odbiła się o metalową obudowę kosza i potoczyła po jasnych kaflach podłogi. – Są rzeczy, o których nie masz pojęcia. O których ja nie mam pojęcia... Tak jest lepiej.

Walder spoglądał na niego z wyrazem nieskrywanego rozczarowania na twarzy. Marcin znał to spojrzenie. Pierwszy raz zobaczył je w dniu swego ślubu.

– Ktoś, kto traci wolę walki, traci duszę – powiedział Walder.

– Sun Tzu?

„Gdyby wzrok potrafił zabijać", pomyślał Marcin, „byłbym martwy". Walder najwyraźniej nie miał ochoty na dalszą rozmowę. Sięgnął do klamki i otworzył drzwi, w ostatniej chwili zatrzymując się na progu.

– Sprzątnij po sobie. – Wskazał dłonią na kulkę papieru na podłodze, a może i na Marcina stojącego tuż obok. – Miasto stołeczne nakłada kary za zaśmiecanie.

BYĆ MOŻE DLA MARCINA istniały historie, których nie można opowiedzieć, ale nie dla Waldera. Gdyby dzielił ze swoim byłym zięciem podobne poglądy, musiałby zmienić profesję. A tego nie zamierzał zrobić do końca swojej wydawniczej kariery, co w jego przekonaniu i cichym marzeniu oznaczało ni mniej, ni więcej jak śmierć za redakcyjnym biurkiem. „Głos" był jego dzieckiem, jego alter ego, jego DNA. Bez „Głosu" nie było

Waldera i – w co wierzył bez cienia wątpliwości – bez jego obecności za sterami „Głos" nie miał żadnych szans na przetrwanie. Materiały, o które poprosił swoją asystentkę, leżały przed nim w postaci plastikowego pudełka z dyskietką w środku i adnotacją na żółtej przylepnej karteczce: „Proces Hilkego". Wsuwając dysk do komputera, nie do końca potrafił odpowiedzieć sobie na pytanie, dlaczego ta historia sprzed dwóch lat nagle nabrała dla niego znaczenia i dlaczego właśnie teraz zdecydował się przyjrzeć jej ponownie. Może, jakkolwiek brzmiało to absurdalnie i nieprawdopodobnie, odczuwał jednak swoistą potrzebę osobistego zakończenia związku z Marcinem; związku, którego prawne aspekty zostały rozstrzygnięte dzień wcześniej na sali sądowej. Czyżby losy Marcina obchodziły go bardziej, niż się do tego przyznawał? Po krótkiej chwili namysłu uznał tego typu spekulacje za śmieszne i niedorzeczne. Ich historia, choć niepozbawiona chwil intymności i męskiego porozumienia, daleka była od emocjonalnych więzów, które uzasadniałyby jakiekolwiek głębsze zainteresowanie osobą eks-zięcia niż... „Ciekawość", zdecydował po chwili, wreszcie usatysfakcjonowany konkluzją, do której doszedł. Był po prostu ciekawy. Czyż można winić dziennikarza za ciekawość?

Tak jak się spodziewał, jego asystentka zebrała sporo materiałów, skatalogowanych w osobnych plikach w zależności od mediów, które relacjonowały ówczesne wydarzenia. Ich liczba nie zdziwiła go, gdyż dobrze pamiętał, że proces Hilkego odbył się w czerwcu, w czasie największej posuchy medialnej. Wszystkie gazety, łącznie z „Głosem", rzuciły się z determinacją na jedyny tłusty kąsek sezonu, nie szczędząc czytelnikom szczegółów z życiorysów zainteresowanych stron ani żadnych, nawet najobrzydliwszych detali całego zdarzenia. Zdjęcia Hilkego i jego ofiary widniały na pierwszych stronach dzienników, trafiły na okładki brukowców i pism finansowych, stały się przedmiotem poważnych dyskusji i niewybrednych dowcipów powtarzanych w radio i telewizji.

Według artykułu zamieszczonego w „Głosie" – z oczywistych powodów zaczął lekturę od tych właśnie materiałów – w połowie lat dziewięćdziesiątych Jan Hilke utworzył charytatywną fundację organizującą obozy terapeutyczne dla ociemniałych dzieci. Częścią terapii była gra w golfa – idea, która pozwalała prezesowi fundacji oraz członkom jej rady organizować coroczne wyprawy na pola golfowe całego świata, oszczędzając przy okazji na podatkach. Podczas gdy ociemniałe dzieci zmagały się na *practice range* z małymi piłkami, których nie były w stanie dostrzec, i machając z determinacją aluminiowymi kijami, Hilke wraz z zaproszonymi gośćmi przemierzał zielone połacie krótko przystrzyżonej trawy w elektrycznym pojeździe, pracując nad swoim handicapem.

Patrząc na ekran i czytając treść artykułu, Walder nie potrafił powstrzymać się od ironicznego uśmiechu. Co za niebywała bezczelność! Od zawsze uważał Hilkego za aroganckiego sukinsyna, nieliczącego się z nikim i niczym, ale idea golfa dla ociemniałych w kategoriach moralnych naczelnego „Głosu" stawiała go na równi z tasiemcem.

Celem ostatniej podróży zorganizowanej przez fundację były pola golfowe Playa de Nord na Dominikanie. Krótko po powrocie z wakacji wybuchł skandal. Dwunastoletnia Monika Wandyk zdradzała oznaki depresji i rozdrażnienia. Miała kłopoty ze snem i rodzice zauważyli, że boi się towarzystwa mężczyzn, nawet najbliższych krewnych. Po kilku wizytach u psychologa Monika wyznała lekarce, że padła ofiarą molestowania seksualnego. Rodzice zawiadomili prokuraturę. Dalsze rozmowy prowadzone w obecności psychologa i przedstawiciela prokuratury pozwoliły ustalić, że sprawcą był znany finansista i filantrop, Jan Hilke. Został zatrzymany i przesłuchany. Dwa dni później prokurator zdecydował się na wniesienie oskarżenia.

Tak się zaczęło. Kancelaria Kesslinga trafiła w sam środek sprawy, nie mogąc – mimo usilnych starań – pozbyć się jednego ze swych największych klientów. Jur Kessling przejął nadzór nad sprawą. Marcin był jego prawą ręką.

Walder wpatrywał się w fotografię Hilkego na polu golfowym, ubranego w idiotyczne spodnie w żółto-zieloną kratę, cytrynową koszulkę i zielone nakrycie głowy, które w jego opinii równie dobrze mogło być czapką, jak i emaliowanym garnkiem kuchennym. Pomyślał, że drelich więzienny bez wątpienia byłby niekwestionowanym krokiem naprzód w edukacji estetycznej eks-filantropa. A jednak Hilke nigdy nie trafił do więzienia. Walder od zawsze podejrzewał, że Marcin jest jedną z nielicznych osób zaangażowanych w tę sprawę, które wiedziały, dlaczego tak się stało. Na co liczył, przeglądając stare artykuły o skandalu, o którym prawie wszyscy już zapomnieli? Że znajdzie coś, co pozwoli mu opowiedzieć tę historię na nowo, czy zrozumieć dramatyczny upadek eks-zięcia?

Po następnej godzinie spędzonej przed ekranem komputera Walder dał za wygraną. Cokolwiek trapiło Marcina, nie było informacją dostępną w domenie publicznej. „Może to i lepiej", pomyślał, wyłączając komputer i kierując się w stronę bieżni. Na wypadek gdyby tego typu wiedza była zaraźliwa.

Rozdział trzeci

SIEDZIELI NA TARASIE Harold's Club, zwróceni w stronę połyskujących w porannym słońcu wód zatoki. Białe żagle opery wznosiły się ponad błękitem wody i odbijały w jej tafli. Majestatyczny gmach zdawał się dryfować lekko w stronę oceanu. Delikatna bryza szarpała raz po raz fałdami białego obrusa i owiewała ich twarze wilgotnym słonawym powietrzem.

Trevor Dice, wyraźnie zmęczony podróżą z Dunkeld i porannym lotem z Melbourne, pił trzecią tego dnia kawę, zastanawiając się, jak najlepiej przekazać Steinowi decyzję o ich nieuchronnym rozstaniu. O rozwodzie, pomyślał, uśmiechając się lekko w stronę młodej kelnerki serwującej im właśnie śniadanie – jajka na bekonie i sok pomarańczowy. Spojrzał na Maksa, który, nie podejrzewając, o czym Trevor chce z nim rozmawiać, rzucił się na posiłek z determinacją człowieka, który nic nie jadł przez ostatni tydzień. Doszedł do wniosku, że nie ma sensu bawić się w jakiekolwiek subtelności. Stein był troglodytą w garniturze. Jego pozorna ogłada i drogie ubrania w niczym nie zmieniały faktu, że w gruncie rzeczy był chciwym prostakiem z niezaspokojonym apetytem. W głębi ducha Dice musiał przyznać, że przez wszystkie lata ich dotychczasowej współpracy powierzchowność Steina, jego brak pryncypiów i bezwzględność często pomagały w osiągnięciu zamierzonych celów. Ale nie teraz. Nie teraz, kiedy doktor Argyle uchylał przed nim wrota wieczności. Stein nigdy nie pojąłby ogromu projektu, jakim był DGL. Co więcej, Dice był przekonany – choć się do tego nie przyznawał – że ktoś taki jak Stein po prostu na niego nie zasługiwał.

– Max – powiedział wreszcie, kiedy mężczyzna skończył jeść i wycierał kawałkiem tostu resztki jajek na talerzu. – Browar jest naszą ostatnią wspólną transakcją. Po niej nasze drogi się rozchodzą.

Stein spojrzał na niego znad talerza. W jego wzroku zaskoczenie mieszało się z niedowierzaniem.

– Coś się stało, Trevor? – zapytał, porzucając kawałek tostu na talerzu.

– Ile to już lat, Max? Siedem? – Dice patrzył na zatokę, unikając wzroku swojego partnera. – Czas, aby każdy z nas zaczął żyć na własny rachunek.

– Ale dlaczego? Idzie nam tak dobrze...

– Muszę coś zrobić sam – przerwał mu Dice, nadal nie odwracając oczu od błękitu wody, jakby odczytywał wypowiadane słowa z błysków promieni słonecznych na jej powierzchni. – Coś, co jest dla mnie ważne. Osobiście. Coś, czym nie chcę się dzielić.

Zdawał sobie sprawę, że ostatnie słowa musiały zaskoczyć Steina swoją bezwzględną szczerością. Spojrzał na twarz swego partnera. Ku jego zdziwieniu Stein zdawał się rozbawiony nieoczekiwanym wyznaniem. Cień uśmiechu wykrzywił jego pełne usta.

– Nie chcesz się dzielić... – jego słowa były bardziej stwierdzeniem faktu niż pytaniem. – Od kiedy to mamy przed sobą tajemnice, Trevor?

Czyżby usłyszał w głosie Steina nutę groźby? Nie po raz pierwszy Dice skonstatował, że jego partner potrafi przyprawić go o ciarki na skórze. Jeszcze jeden powód, aby ich długotrwały związek dobiegł wreszcie końca.

PATRZĄC NA HANSA VAN DER BOERA, na jego przygarbioną sylwetkę z piętnastokilogramową nadwagą i zmęczoną twarz zdradzającą słabość do alkoholu i ciężkich potraw, mało kto odgadłby, że ten ponad pięćdziesięciosiedmioletni mężczyzna z rosnącymi zakolami i spojrzeniem krótkowidza zdobył kiedyś czarny pas w judo. Co więcej, przeszło trzydzieści lat młodszy (i prawdopodobnie tyleż kilogramów lżejszy) Van der Boer był reprezentantem swego kraju na Uniwersjadzie w Moskwie, o czym wiedzieli tylko jego najbliżsi i kilku przyjaciół z Universite Libre, z którymi nadal utrzymywał kontakt. Choć jego udział w uniwersyteckich igrzyskach nie zaowocował żadnym medalem, udało mu się zająć całkiem przyzwoite, bo siódme miejsce. Zamiast medali młody Hans wrócił do kraju z obrazami rzeczywistości za żelazną kurtyną, które na trwałe odmieniły jego spojrzenie na świat i wstrząsnęły jego dotychczasowym systemem wartości. Jeszcze do niedawna ten przeciętny student, bardziej zainteresowany lokalnym barem niż uniwersytecką biblioteką, wykorzystujący do maksimum swój status popularnego atlety, aby bez wysiłku zaliczać kolejne zajęcia (i kolejne dziewczyny), niemal z dnia na dzień stał się jednym z najbardziej pilnych i zdyscyplinowanych studentów na roku. Świadomy ograniczeń swego intelektu, Van der Boer nadrabiał braki wzmożoną pracą, ucząc się więcej niż koledzy, więcej niż ktokolwiek, kogo znał. Ukończył studia z wynikami, które w Moskwie uplasowałyby go na pozycji medalowej – jako trzeci student na roku.

Gdyby Hans Van der Boer miał zadecydować, który z obrazów Moskwy z początku lat siedemdziesiątych wywarł na nim największe wrażenie, co w tym szarym zmęczonym mieście przykuło jego uwagę i odmieniło na zawsze jego stosunek do własnego życia, po chwili namysłu wybrałby zapewne niedzielną wycieczkę do mauzoleum Lenina. Do dziś potrafił przywołać w szczegółach wspomnienie tamtego popołudnia, gdy wysłużonymi autokarami zawieziono ich na plac Czerwony i wysadzono przed kamienną, nieregularną piramidą, która na tle fantazyjnej architektury Kremla wyglądała jak obcy twór – statek kosmiczny, który wylądował w sercu miasta. Ich opiekunowie z dumą wyjaśnili, że spotyka ich rzadki przywilej obejrzenia nowego sarkofagu wodza rewolucji, niedawno zainstalowanego i wykonanego z pancernego szkła. Już sama budowla wydała mu się monstrualnym marnotrawstwem przestrzeni i surowca. Słuchał o wykorzystanych do jej konstrukcji tonach porfiru, czerwonego i czarnego granitu, marmurów, labradorytu, i nie mógł się nadziwić, że ktokolwiek przy zdrowych zmysłach porwał się w XX wieku na tego rodzaju projekt. Przyglądając się drobnej, ptasiej twarzy wodza rewolucji, którego parafinowa skóra napawała go obrzydzeniem, jakby dotykał czegoś mokrego i śliskiego zarazem, obcując z jego oniryczną obecnością w przypominającym akwarium sarkofagu, zastanawiał się, jak nieprzystająca jest ta niepozorna postać z niemal komicznym krawatem w białe groszki do ogromu formy, która ją otaczała. Pomyślał, że system, który coś takiego stworzył, musi odczuwać głęboką niepewność własnej egzystencji, skoro w tak desperacki sposób próbuje legitymizować własne istnienie. Od tego dnia Hans Van der Boer stał się wrogiem wszelkiej ostentacji.

Jego oddanie temu, co Brytyjczycy nazywają *understatement*, nabrało niemalże religijnych wymiarów. Pomimo niekończących się nagabywań żony nalegającej na przeprowadzkę od ponad dwudziestu lat mieszkali w tym samym 120-metrowym domu na przedmieściach Brukseli. Od ośmiu lat dzielili się tym samym granatowym volvem kombi. Do biura Eurobrew, szklanego sześcianu na Square de Meeus w Quartier Leopold, niezmiennie dojeżdżał publicznym transportem – najpierw podmiejską kolejką, a potem metrem. Z jego inicjatywy wyposażenie biura ograniczało się do funkcjonalnego minimum i uderzało gości niemalże skandynawską surowością i prostotą. Jego własny gabinet był niewiele większy od biur jego współpracowników i jedynym elementem, który odróżniał go od pozostałych pomieszczeń, były skórzane meble Eamesa, zamówione nieopatrznie przez jego asystentkę, nieświadomą niechęci przełożonego do obnoszenia się ze swoim statusem. Na ścianach nie było żadnych obrazów. Jedynie w lobby biura powieszono kopię XIX-wiecznej ryciny przedstawiającej pierwszy zakład produkcyjny rodziny Boxmeerów, do dziś utrzymującej pakiet kontrolny Eurobrew.

Jego ubranie, o którym Trevor Dice myślał z pogardą i nieukrywanym rozbawieniem, mimo swego targowego charakteru i wyprzedażowej jakości było w istocie świadomym i konsekwentnym wyborem, nawet jeżeli strój jako całość cechowała daleko idąca swoboda kompozycji. Hans Van der Boer przedkładał wygodę ponad styl i przeciętność ponad oryginalność. Przeżył ponad dwadzieścia lat w korporacji, zaczynając od linii produkcyjnej, a kończąc na stanowisku prezesa, pozostawił w tyle dziesiątki swych mniej lub bardziej arystokratycznych przełożonych, którym wydawał się niegroźnym plebejuszem, a potem bezczelnym *arivist*, i nie zamierzał dokonywać żadnych zmian w swojej powierzchowności tylko dlatego, że osiągnął kolejne wysokie stanowisko w firmie. Wręcz przeciwnie, był przekonany o skuteczności swojej życiowej strategii. Ci, którzy mylili jego pospolitość z prostactwem, a jego bezpośredniość z głupotą, z czasem nauczyli się żałować własnej ignorancji. Hans Van der Boer czerpał swą siłę i przewagę strategiczną z faktu bycia niedocenianym.

Siedząc teraz za biurkiem i wpatrując się w zaciągnięte chmurami brukselskie niebo za oknem i słuchając monotonnego głosu Hilmaana wyliczającego opcje finansowania zakupu Browaru – opcje, które sam już dawno przeanalizował, toteż słowa mężczyzny siedzącego po drugiej stronie biurka na krawędzi fotela, jakby w każdej chwili obawiał się nagłej odprawy, docierały do niego tylko we fragmentach, pozbawione wszelkiego kontekstu – Van der Boer powracał myślami do spotkania w Londynie, do Trevora Dice'a i Maksa Steina. Był przekonany, że cena, jaką zaoferował za Browar, musiała wywrzeć na nich ogromne wrażenie. Nawet jego samego przyprawiała o zawrót głowy. Mimo to ta para arogantów z antypodów postanowiła urządzić jego kosztem żałosne przedstawienie z Dice'em w roli głównej, z Dice'em raczącym go pseudofilozoficznymi bredniami, które nawet jego asystentka uznałaby za zwykłe impertynencje. Bóg jeden wie, że Van der Boer walczył z impulsem, by chwycić dłonią biały ptasi kark Trevora Dice'a i złamać go niczym barową słomkę, zanim usta Dice'a dotkną drinka. Wizja siwej głowy Australijczyka leżącej bezwładnie na kamiennym blacie baru sprawiła, że jego usta wygięły się w lekkim uśmiechu. OK, dość fantazji. Prawda była taka, że potrzebowali Browaru. I to bardzo. Lokalna sprzedaż już od dawna osiągnęła maksymalny poziom. Eksport, choć znaczący, stanowił zaledwie ułamek produkcji. Jedynym miejscem, gdzie mogli liczyć na wzrost, były nowe rynki. A nieustający wzrost był jedyną rzeczą, która interesowała jego udziałowców. Ba, wszystkich udziałowców tego świata. Browar oferował wzrost. Za bardzo wysoką cenę. Zastanawiał się, jak ją uzasadni przed swoją radą nadzorczą i czy może liczyć na wsparcie młodego Boxmeera, na to, że będzie chciał wykazać się spektakularnym sukcesem, który uciszy rodzinne głosy krytyki na temat jego pasji do gry w polo i nieustannego przewożenia z kontynentu na kontynent trzydziestu czterech argentyńskich kuców. Powinien umówić się z nim na lunch i delikatnie przygotować grunt. Co mówi Hilmaan?

– Jakkolwiek by na to patrzeć, ta transakcja wyczerpie nasze zdolności kredytowe.

Hilmaan zamilkł, wpatrując się w niego z napięciem i nerwowym oczekiwaniem, jakby przyznał się przed chwilą do popełnienia karygodnego błędu – błędu, który mógłby przekreślić jego przyszłość w Eurobrew.

– Spokojnie, Janie – powiedział Van der Boer, odwracając twarz od okna i spoglądając na swego współpracownika. – Nie wydaliśmy jeszcze ani grosza.

Zdawał sobie sprawę, że przy tak wysoko postawionej poprzeczce, tak wyśrubowanej cenie nie może sobie pozwolić na najmniejszy błąd. Korytarze Eurobrew były zasłane ciałami aroganckich pracowników, którzy w ferworze transakcji obiecali więcej, niż potrafili dostarczyć. Głowy niektórych z nich ścinał osobiście. Obiecał sobie, że cokolwiek się wydarzy, jego głowa pozostanie tam, gdzie być powinna – na jego karku.

TYM RAZEM MIELI SIĘ SPOTKAĆ w wietnamskim barze w podziemnym pasażu Dworca Centralnego. Spotkania z Matjasem, dawnym kolegą szkolnym Marcina, a obecnie inspektorem Wydziału Dochodzeniowo-Śledczego stołecznej policji, zawsze odbywały się w miejscach wybranych przez tego ostatniego ze względu na ich anonimowość i nikłą szansę, że ktokolwiek ich tam zauważy. Tani bar szybkiej obsługi, serwujący wietnamską wersję fast foodu w bliskiej odległości od peronów dworcowych, nie mógł raczej liczyć na stałą lokalną klientelę. Według Matjasa przypadkowi podróżni stanowili właściwe tło dla ich poufnego spotkania.

Cała ta konspiracja nieco bawiła Marcina, biorąc pod uwagę tematy, które były przedmiotem ich sporadycznych spotkań. Matjas dostarczał mu od czasu do czasu wiadomości na temat lokalnych przestępstw, kradzieży, włamań, uszkodzeń mienia, rzadziej tak łakomych kąsków jak morderstwa. Trudno byłoby zakwalifikować te kryminalne drobiazgi jako informacje wagi państwowej, jednakże Matjas – czy to z prawdziwej potrzeby, czy też z chęci zaimponowania dawnemu koledze swoją pozycją – nalegał na pseudoszpiegowskie decorum.

Bar okazał się małym ciemnym, zatłoczonym lokalikiem z wysokimi stolikami bez krzeseł i unoszącym się wszędzie zapachem taniego tłuszczu. Podchodząc do stolika, przy którym dojrzał zgarbioną sylwetkę Matjasa, Marcin miał szczerą nadzieję, że informacje, które dziś usłyszy, będą warte nieuniknionego rozstroju żołądka. Jego wątroba pracowała bardzo ciężko zeszłej nocy, a teraz musiała stanąć przed następnym wyzwaniem.

Matjas powitał go lekkim skinieniem głowy.

– Wyglądasz jak gówno – powiedział, uśmiechając się lekko z wyrazem irytującej satysfakcji na twarzy.

– Nie wszyscy możemy mieć twoje geny, Klaus.

Matjas, mimo że był jego rówieśnikiem, łysiał w zastraszającym tempie, a jego desperacka chęć ukrycia tego faktu przejawiała się w komicznym zaczesywaniu włosów z tyłu głowy do przodu. Ponadto od czasu ich wspólnych szkolnych meczów piłki nożnej zdołał przytyć jakieś dwadzieścia kilogramów. Komentarze na temat swojej fizjonomii przyjmował bez krzty humoru.

– Hej, Szekspir. Jak tam życie rodzinne?

Marcin uznał, że to dobry moment, aby zostawić na chwilę Matjasa i uniknąć dalszej eskalacji wzajemnych złośliwości. W końcu jego dawny kolega szkolny robił mu przysługę, godząc się na poufne spotkania i wymianę informacji. Oprócz kilku biletów na mecze Polonii i zaproszenia na koncert chińskiej filharmonii, które w nie do końca zrozumiały sposób trafiło na jego redakcyjne biurko, niewiele miał do zaoferowania swojemu informatorowi.

Z bufetu, za którym krzątał się energiczny Wietnamczyk w nieokreślonym wieku, wybrał sałatkę warzywną i krokiety z ryby. Z jakiej ryby? Mężczyzna za bufetem był wyraźnie zdziwiony jego pytaniem.

Kiedy powrócił do stołu, Matjas wgryzał się w coś, co przypominało skrzydło kurczaka połączone ze stopą.

– Co nowego na mieście? – zapytał obojętnie. Ton ich rozmów zawsze cechowała swoista nonszalancja, mająca zatuszować niestosowność tych spotkań.

– Możesz wybierać między korupcją w miejskich wodociągach a podpaleniem garażu na Pradze – odparł Matjas, wycierając usta papierową serwetką. – Chyba że interesuje cię facet z fujarą w dłoni, terroryzujący kobiety na podziemnym parkingu w Arkadii?

Krokiety z ryby smakowały jak drewniane wióry. Walder byłby wściekły, gdyby przyniósł mu historię o ekshibicjoniście z galerii handlowej. Szczególnie po wpadce z Ligą.

– Temat na pierwszą stronę – powiedział, uśmiechając się do Matjasa. – Macie jakieś zdjęcia?

PIERWSZE SPOTKANIE „ODWETU" Krystyna postanowiła zorganizować w swoim mieszkaniu. Nazwa nowego projektu nie była jeszcze znana czterem członkom jej małej grupy, którzy tłoczyli się teraz w wąskim korytarzu, ściągając buty i kurtki, ale Krystyna miała szczerą nadzieję, że przypadnie im do gustu. Czyż ich celem nie była zemsta nad przedstawicielami Browaru, którzy bezkarnie wykorzystywali wizerunek kobiet w sprzedaży swoich produktów?

Z trudem udało jej się przekonać Pawła, aby na czas spotkania zamknął się w swoim pokoju. Niespodziewana liczba nowych twarzy w domu budziła jego ciekawość. W końcu jednak niechętnie, z tabliczką czekolady w dłoni i ze wzrokiem pełnym nieskrywanego wyrzutu na tak oczywistą formę przekupstwa, dał się odprowadzić do swego pokoju.

Trzy dziewczyny usadowiły się na sofie, a jedyny chłopak w grupie usiadł w czerwonym fotelu po lewej stronie niskiego stolika, na którym nie wiedzieć czemu rozstawiła talerze z kruchymi ciasteczkami i pokrojony makowiec z cukierni za rogiem. W kontekście planowanego tematu rozmowy leżące na stole słodycze wydały jej się teraz absurdalnym i komicznym zarazem dysonansem. Ramię uderzeniowe Ligi, omawiające następną operację przy herbatnikach i kawie! Diana Fuks pękłaby ze śmiechu.

Ale Fuks – z oczywistych powodów – nie uczestniczyła w ich tajemnym spotkaniu i Krystyna nie musiała przejmować się jej reakcją. To byli jej rekruci. Nie Ligi, ale jej. Choć rzadko się do tego przyznawała, jej lojalność w stosunku do przewodniczącej miała swoje granice. Zgoda – Diana Fuks była jej mentorką, kobietą z imponującym doświadczeniem i założycielką organizacji. Coraz częściej jednak Krystyna odnosiła wrażenie, że pod jej rządami Liga stopniowo popada w sklerotyczną inercję, dryfując w stronę niebytu. W przeciwieństwie do Fuks, którą zaczęła podejrzewać o narastające zmęczenie, a nawet rezygnację, Krystyna kultywowała w sobie pokłady gniewu, będące inspiracją wszystkich jej działań.

Jej rekruci byli podobni do niej. Patrząc na ich młode, napięte i zdeterminowane twarze, odczuwała dumę, że zaraziła ich swoim oddaniem sprawie, swoim wewnętrznym ogniem, swoim gniewem. Liga nie byłaby w stanie zrekrutować ich nawet przez sto lat! Nieuchronnie zmierzała ku samozagładzie. Nie miała nic do zaoferowania oprócz nudnych prelekcji, podczas gdy jedna ich skoordynowana akcja niszczenia plakatów zdołała zwrócić uwagę mediów.

Jej „Odwet" będzie czymś więcej niż Liga, zdecydowała Krystyna. Będzie początkiem czegoś o wiele potężniejszego i znaczącego niż anemiczna organizacja prowadzona przez Dianę Fuks. „Odwet" będzie przedmiotem strachu, a strach, jak nauczyło ją doświadczenie własnego życia, budzi szacunek.

Jej mała armia wpatrywała się w nią wyczekująco. Uśmiechnęła się, sięgając po talerz z makowcem i częstując gości.

– Kto prosi kawę? A kto herbatę?

W TRAKCIE WIELOLETNIEJ KARIERY zawodowej Hans Van der Boer nauczył się zawsze ufać swojemu instynktowi i teraz, wpatrując się w roześmianą i zaczerwienioną od alkoholu twarz prezesa banku, raz jeszcze pogratulował sobie trafności własnych intuicji. Sprowadzenie Krystiana Lukki do Brukseli uważał za strzał w dziesiątkę. Już w chwili gdy po raz pierwszy ujrzał niskiego bruneta z ptasimi rysami twarzy i zaczesanymi do tyłu włosami, w czarnym garniturze, koszuli i jaskrawopomarańczowych szelkach, wiedział doskonale, z kim ma do czynienia.

Hilmaan okazał się pomocny w zbieraniu informacji na temat instytucji prowadzonej przez Lukkę. GIB, czyli Global Investment Bank, był dziwnym tworem, podobnie jak i jego warszawska siedziba – dawny budynek Komitetu Centralnego Polskiej Zjednoczonej Partii Robotniczej, gmach kamienny, surowy i pełen socrealistycznego patosu. Bank powstał na początku lat dziewięćdziesiątych jako wspólna inicjatywa sześciu banków europejskich, dla których przemiany w Polsce były na tyle interesujące i obiecujące, by pomyśleć o lokalnym przyczółku, a jednocześnie na tyle chaotyczne i nieprzewidywalne, by którykolwiek z nich samodzielnie odważył się na ryzyko tej operacji. Co do europejskiej centrali, to być może inspirująca okazała się perspektywa bliskości administracji Unii Europejskiej, albo też, jak głosiła środowiskowa plotka, zadecydowało ciągnięcie zapałek podczas jednego z niekończących się i frustrujących spotkań założycieli – w każdym razie wybór padł na Brukselę i siedzibę jednego z akcjonariuszy banku, B&B. Szczęśliwy zbieg okoliczności, pomyślał Van der Boer, biorąc pod uwagę, że Eurobrew należał do jednego z głównych klientów banku.

Duża liczba akcjonariuszy od początku miała wpływ na charakter instytucji, którą według Hilmaana cechowały daleko idący amorfizm, bizantyjskość stosunków wewnętrznych oraz całkowita przypadkowość działań, skutkująca równie przypadkowym doborem klientów. Zazdrośni o swoje relacje, akcjonariusze GIB rzadko zezwalali biznesmenom z własnych krajów na bezpośrednie kontakty z pracownikami polskiego oddziału, traktując warszawską siedzibę jak lokalną salę konferencyjną i ograniczając skalę operacji oddziału do otwierania i obsługi rachunków. Konsekwencją takich działań stała się rozpaczliwa akcja kredytowa pracowników banku, rozdartych między sześcioma instytucjami finansowymi i sześcioma odmiennymi wizjami rzeczywistości rynkowej. W jej efekcie klientami GIB stawali się mniej lub bardziej przypadkowi przedsiębiorcy, ofiary masowej łapanki, od właścicieli straganów na Stadionie Dziesięciolecia, przez handlarzy towarami o podejrzanej proweniencji, producentów wysokokalorycznych napojów gazowanych z nieznanych składników, aż po lokalnych deweloperów z niezwykłym darem do pozyskiwania miejskich nieruchomości. Nic więc dziwnego, że opinia środowiska na temat operacji Global Investment Bank nie należała do najlepszych, a jak twierdził Hilmaan, prezesa banku Krystiana Lukkę traktowano z dużą dozą sceptycyzmu, jeśli nie otwartej pogardy.

W każdych innych okolicznościach Van der Boer zapewne zignorowałby zarówno GIB, jak i jego pretensjonalnego prezesa ze złotym rolexem, gdyby nie jeden istotny szczegół: bank dostarczał finansowania Browarowi.

Zanim jeszcze dotarli do restauracji „Comme Chez Soi", której secesyjny wystrój, a jeszcze bardziej bandyckie ceny wywarły najwyraźniej duże wrażenie na prezesie Global Investment Bank, Van der Boer zdołał przejść z Lukką na „ty", poznać markę jego służbowego samochodu i wszystkie najdrobniejsze szczegóły wystroju willi na Mokotowie. Był rubaszny i prostolinijny, gotowy wybuchnąć głośnym śmiechem w reakcji na każdy, nawet najmniej udany żart ze strony swego nowego towarzysza. Hilmaan zdawał się szczerze zaskoczony jego zachowaniem, raz po raz rzucając w jego stronę niespokojne spojrzenia, które jednak Van der Boer z premedytacją ignorował.

Przebieg kolacji jeszcze bardziej utwierdził go w przekonaniu, że spotkanie z Lukką było znakomitym posunięciem. Kilka luźno rzuconych nazwisk członków zarządu banku B&B i opis wspólnych potyczek golfowych z jego prezesem wystarczyły, by prezes GIB, wyraźnie pozostając pod wrażeniem nieustającej uwagi i zainteresowania ze strony Van der Boera, bez oporów szczegółowo opisał sytuację finansową Browaru.

– Z tego, co słyszę – powiedział Van der Boer, pozwalając sobie na rzadki tego dnia przypadek przerwania opowieści Lukki i wysyłając w jego kierunku uśmiech zdający się prosić o wybaczenie – ponad siedemdziesiąt procent finansowania operacji Browaru bazuje na transakcjach rynkowych.

Lukka przytaknął pospiesznie, odwzajemniając uśmiech prezesa Eurobrew.

– To bardzo ryzykowna strategia – kontynuował Van der Boer, spoglądając w końcu w stronę Hilmaana, który zareagował na jego słowa energicznym skinieniem głowy. – Jeżeli... gdyby – Van der Boer poprawił się, kierując ponownie spojrzenie na Lukkę – z jakiegoś powodu rynek uznał, że Browar stał się zbyt ryzykowną inwestycją, nasi australijscy przyjaciele mieliby duże kłopoty.

Lukka wytarł usta serwetką i przybrał profesjonalny wyraz twarzy. Jego wystudiowana powaga była na tyle komiczna, że Van der Boer aż uszczypnął się pod stołem w udo, aby powstrzymać wybuch niekontrolowanego śmiechu.

– Rynek ma duże zaufanie do Browaru – powiedział Lukka autorytatywnie. – Trudno mi sobie wyobrazić sytuację, w której Browar miałby kłopoty z odnowieniem finansowania – poza... załamaniem rynku. Choć... – uniósł palec wskazujący prawej dłoni do góry – teoretycznie wszystko jest możliwe.

„Teoretycznie" zupełnie wystarczało Van der Boerowi.

LUKKA OKAZAŁ SIĘ BARDZIEJ PRZYDATNY, niż Van der Boer mógł się kiedykolwiek spodziewać. Był wart każdego euro wydanego na nieprzyzwoicie drogą kolację w „Comme Chez Soi", zakrapianą suto czterema butelkami Petrusa. Już przy trzeciej Hilmaan zdawał się zdradzać pierwsze oznaki zbliżającego się zawału, ale Van der Boer, obejmujący Krystiana Lukkę przy kolejnym tego wieczoru toaście, nie zamierzał psuć sobie humoru trywialnymi kwestiami wydatków. Przynajmniej takimi się wydawały w kontekście systematycznie dostarczanych przez Lukkę rewelacji, których szczegółowość i zasięg paradoksalnie zdawały się wzrastać wraz ze zwiększaniem się ilości spożywanego tego wieczora alkoholu.

Z tego, co zdołał zrozumieć z opowieści prezesa Global Investment Bank, który siedział teraz naprzeciwko niego z wypiekami na twarzy, rozluźnionym krawatem pod szyją i jego najlepszą Cohibą w ustach, Max Stein miał poważne kłopoty finansowe. Przy czwartej butelce Petrusa, kiedy Lukka, charakterem pisma zdradzającym narastający stan upojenia alkoholowego, podsumował bieżące zobowiązania Steina wobec banku, Van der Boer doszedł do wniosku, że sytuacja przedstawiała się o wiele lepiej dla niego: Max był po prostu spłukany! Był winny bankowi blisko 30 milionów dolarów! Co więcej, ku dobrze skrywanej euforii Van der Boera Lukka powiadomił ich, że jedynym znaczącym zabezpieczeniem udzielonych Steinowi pożyczek były jego akcje w Polbrew BV. Pierwsze pytanie, które cisnęło się Belgowi na usta, kiedy usłyszał o akcjach Polbrew BV – a z którym strategicznie postanowił poczekać, do chwili gdy podano desery – brzmiało: „Czy Trevor Dice wie o wszystkim? O pożyczkach, o akcjach?". Lukka, wycierając serwetką usta i kręcąc przecząco swoją jajowatą głową z przylizanymi włosami, zapewnił go, że nie.

– Skąd ta pewność? – Van der Boer wpatrywał się w bankiera z intensywnością drapieżnika.

– Pewność? – Lukka wydawał się rozbawiony jego pytaniem. – Stein nalegał na klauzulę w umowie o zachowaniu absolutnej poufności.

Nawet gdyby Dice zapytał go wprost – a tak się nie stało, zapewnił Lukka – musiałby mu odpowiedzieć, że relacje między Global Investment Bank a Steinem objęte są ścisłą tajemnicą bankową. Van der Boera kusiło przez chwilę, aby zapytać, czy jego odpowiedź byłaby podobna, gdyby Dice zadał to samo pytanie przy czwartej butelce Petrusa, ale uznał, że jakiekolwiek złośliwości pod adresem dostarczyciela dobrych wieści byłyby czystą impertynencją.

Pozwalając Hilmaanowi przejąć pałeczkę coraz bardziej chaotycznej rozmowy z Lukką, która koncentrowała się teraz głównie na frustracjach tego ostatniego związanych z bizantyjską strukturą zarządzanego przezeń banku, Van der Boer wybiegł myślami w przyszłość, do planowanej i nieuniknionej rozmowy ze Steinem. Jak ją rozpocznie? Czy już na samym początku zaskoczy swojego rozmówcę wiedzą na temat jego długów, czy też rozpocznie powoli, badając teren i sprawdzając, dokąd może ich zaprowadzić wspólna rozmowa? No właśnie: dokąd? Van der Boer nie był pewien, ale przeczuwał – w przeciwieństwie do Hilmaana, który nadal zdawał się całkowicie sparaliżowany perspektywą zbliżającego się rachunku i niezdolny do docenienia wagi informacji przekazywanych im przez Lukkę – że rozmowa ze Steinem może mieć kolosalny wpływ na przyszłość ich transakcji.

– Są jak wilki – usłyszał spowolnione alkoholem słowa Lukki. – Akcjonariusze? To bestie, a nie akcjonariusze.

Van der Boerowi potrzebował dłuższej chwili, aby powrócić z własnych rozmyślań do coraz gorętszej i głośniejszej atmosfery przy ich stoliku w „Comme Chez Soi" i zrozumieć, że emocjonalna wypowiedź Lukki dotyczy akcjonariuszy Global Investment Bank. A może wszystkich akcjonariuszy... Wilki? Wilki kierują się instynktem samozachowawczym, pomyślał, patrząc z niejakim rozbawieniem na pobladłą twarz Hilmaana, wpatrującego się z przerażeniem w rzędy cyfr na doręczonym rachunku. Jaką cenę gotów był zapłacić Max Stein za własne przetrwanie? Będzie się musiał o tym przekonać.

Alicja Wrzos cierpiała z powodu chronicznej migreny. Bóle głowy towarzyszyły jej od dzieciństwa i rzadko kiedy ustępowały całkowicie. Co najwyżej różniły się natężeniem. Lekkie bóle były chlebem powszednim i te nauczyła się znosić z pokorną rezygnacją, popijając zioła i smarując skronie maścią. Cięższe pojawiały się wraz ze zmianą pogody i spadkiem ciśnienia. Te były trudniejsze do zniesienia i powodowały mdłości. Wymagały mocniejszych środków i dłuższego odpoczynku w środku dnia. Na szczęście bóle, które przykuwały ją do łóżka, zdarzały się rzadko i trwały stosunkowo krótko, więc nadal radziła sobie z prowadzeniem domu i pracą u Maksa Steina.

Pan Stein był dżentelmenem w każdym calu i Alicja lubiła przebywać w jego przestronnym, wypielęgnowanym apartamencie w centrum miasta. Sprzątanie nie było uciążliwe: gospodarz sypiał w mieszkaniu tylko wtedy, gdy przyjeżdżał do Warszawy, co nie zdarzało się zbyt często. Dbał o porządek i bardzo rzadko jej cotygodniowe obowiązki wykraczały poza staranne odkurzanie mebli i prasowanie pięknie skrojonych koszul. Tak było i dzisiaj. Ścierając niewidoczny kurz ze złoconej rzeźby Buddy w sypialni, Alicja zastanowiła się po raz któryś z rzędu, dlaczego taki mężczyzna jak pan Stein żyje samotnie. „A mówią, że dobrzy mężczyźni są jak dobre miejsca na cmentarzu – zawsze zajęci", pomyślała. Gdyby tylko miała córkę, Max Stein tańczyłby teraz na własnym weselu!

Tego dnia pan Stein poprosił ją o drobną przysługę. Miała nadać przesyłkę kurierską do Australii. Siedziała teraz przy stalowym stole kuchennym, którego kształty kojarzyły jej się ze spłaszczonym durszlakiem, i trzymała w dłoniach szarą, zaadresowaną kopertę z czcią, jaką okazywała koralom jasnogórskiego różańca. Australia! Ten szary kawałek papieru miał odbyć podróż przez pół świata – o wiele dalej, niż sięgały granice jej wyobraźni!

Zagryzając kanapkę z metką i ogórkiem i popijając ją kefirem z plastikowego kubka, Alicja Wrzos zastanawiała się, co jedzą ludzie w Australii. Australia kojarzyła jej się z kangurami – śmiesznymi zwierzętami, które widziała w telewizji i które nosiły swoje potomstwo w torbach na brzuchu. Czy Australijczycy jedzą kangury? Przypominając sobie sympatyczne torbacze, podskakujące radośnie w promieniach zachodzącego słońca, pomyślała, że byłoby to czyste barbarzyństwo.

Gwizdek czajnika wyrwał ją z zamyślenia. Podrywając się od stołu, zahaczyła nogą o jego stalową krawędź. Blat uniósł się o kilka centymetrów i opadł z trzaskiem, stojący na nim pojemnik z kefirem wywrócił się. Biała ciecz zalała szarą kopertę.

Kiedy osuszała kopertę ścierką do naczyń, litery adresu wyglądały, jakby zanurzono je pod kilkucentymetrową warstwą wody. W kopercie ze zdumieniem i ulgą znalazła tylko dzisiejsze wydanie magazynu „Głosu" z uśmiechniętym mężczyzną na okładce. Upewniła się jeszcze raz, że w środku nie ma żadnego listu, i położyła wilgotną kopertę na żeberkach kuchennego kaloryfera.

Po godzinie miała gotowy nowy egzemplarz „Głosu", który kupiła w pobliskim kiosku na rogu, i nową, szarą kopertę. Ze starannością osoby nienawykłej do częstego pisania wykaligrafowała na niej dane adresata, za każdym razem mozolnie odcyfrowując zamazane litery.

Tego samego ranka pryszczaty młodzieniec ze skórzaną torbą na ramieniu przyjął od niej kopertę, nie okazując ani odrobiny zdziwienia, tak jakby szary prostokąt był najzwyklejszą przesyłką i nie miał podróżować na drugi kraniec globu, do kraju, gdzie sympatyczne torbacze podskakują radośnie w promieniach zachodzącego słońca.

Rozdział czwarty

– NIE-PRAW-DO-PO-DO-BNE! – Dennis Hogan, prokurator Korony w biurze stanowym Nowej Południowej Walii, wpatrywał się w okładkę „Głosu", którą jego szef, James Woodry, rzucił przed chwilą na biurko. – Skurwysyn śmieje się z nas w najlepsze. Co to za język?

– Polski. – Woodry zdjął okulary i zaczął czyścić szkła końcówką krawata. – Możesz uwierzyć, że facet ukrył się w Polsce?

Pod kolorowym magazynem leżała wciąż ta sama szara koperta, którą DPP James Woodry znalazł na swoim biurku wraz ze stertą codziennej korespondencji. Kiedy wszedł dziś rano do biura z nadgryzionym pączkiem w ustach i plastikowym kubkiem kawy w ręku, od razu zauważył jej nietypowy kształt i staranną dziecięcą kaligrafię. Czytając adres, nie mógł się nie uśmiechnąć.

Dyrektor Of Pubic Prosekution
265 Caslerear Steet
Lokd Bag a8
Sydne Suth NSW1232
Australia

Rozerwał kopertę, pełen uznania dla inteligencji pracowników poczty federalnej, którzy mimo błędów zdołali dostarczyć przesyłkę pod wskazany adres, i ze spóźnionym poczuciem winy przypomniał sobie po raz któryś z rzędu, że nie użył noża do kopert R&B, podarowanego mu przez żonę w dniu objęcia przez niego urzędu. Wrzucił do kosza oderwany skrawek papieru – namacalny dowód małżeńskiej niewdzięczności – i wyjął z koperty kolorowy magazyn.

Przez chwilę nie mógł uwierzyć własnym oczom. Mężczyzna, którego poszukiwał od miesięcy, uśmiechał się do niego triumfalnie ze zdjęcia na okładce, jakby Woodry był członkiem fan klubu Andy'ego Slima, a nie prokuratorem stanowym z ważnym nakazem aresztowania w ręku. Trzymany w zębach pączek wypadł mu z ust, odbił się o blat biurka, spadł na jego spodnie, a potem potoczył się po podłodze.

– Gdzie to jest? – usłyszał głos Hogana.

– Co?

– Ta Polska.

Dennis Hogan znał się na wielu rzeczach. Był jednym z najlepszych krajowych ekspertów prawa papierów wartościowych, byłym profesjonalnym rugbistą, wielbicielem kubańskich cygar i zapalonym kajakarzem. Nigdy jednak nie twierdził, że zna się na geografii.

– Jakieś trzy godziny lotu z Londynu. Między Niemcami a Rosją.

Dopisywało im szczęście. Paul Voychik, młody prawnik zatrudniony w biurze, zidentyfikował język przesyłki jako język swojej skłóconej rodziny z Melbourne. Wystarczył telefon do sekretarki w konsulacie w Canberze, aby uzyskać imię i nazwisko tłumacza przysięgłego. W ciągu dwóch ostatnich godzin James Woodry dowiedział się więcej o Polsce niż przez całe czterdzieści pięć lat swego życia.

– Co teraz? – Hogan, podobnie jak większość prawników w biurze, miał niewielkie doświadczenie w postępowaniach o ekstradycję. – Jedna rzecz to wiedzieć, gdzie jest, a druga – sprowadzić go tutaj. Z tego, co wiemy o Polsce, równie dobrze mógłby być na Marsie.

– Pracuj więc nad swoim marsjańskim. Po południu masz spotkanie z pierwszym sekretarzem ambasady.

JEGO OJCIEC POWTARZAŁ: „Jeżeli myślisz – rób to na stojąco. Poprawiasz krążenie i dostarczasz więcej tlenu szarym komórkom". Nie miał pojęcia, czy to prawda. Ojciec mówił wiele rzeczy, które nie wytrzymały konfrontacji z rzeczywistością dorastania, pracy i krótkiego, acz burzliwego małżeństwa. Wiele z nich zapomniał. Niektóre odrzucił świadomie jako zbyteczny i krępujący balast. Kilka jednak pozostało, jak wysłużona ojcowska doxa, przekazywana w rodzinie z pokolenia na pokolenie, z czcią odwrotnie proporcjonalną do jej wartości rynkowej.

Bez względu na to, na ile czuł się związany z ojcem – a Dennis Hogan z trudem potrafił sobie wyobrazić dwóch ludzi bardziej od siebie różnych niż on i Hogan senior – zawsze gdy pracował nad sprawą, robił to na stojąco, jakby przez cały czas przebywał na sali sądowej.

Po wyjściu DPP wstał z fotela, wziął do ręki magazyn i uważniej przyjrzał się kolorowej fotografii. Andy Slim. Cudowne dziecko antypodów. Hogan znał jego życiorys na pamięć.

Slim był pierwszym i jedynym synem hodowcy owiec z Nowej Południowej Walii, który ukończył prawo w Sydney, w dodatku z najlepszymi ocenami na roku. Po studiach wytrzymał tylko dwa lata w lokalnej firmie prawniczej i za oszczędności własne, ojca oraz kilku przyjaciół ze szkoły założył firmę Good Times Investments.

Good Times Investments kupowało udziały we wszystkim, co w opinii jego prezesa i pryncypała przedstawiało jakąkolwiek wartość. Portfel zakupów obejmował producentów wełny i drucianych wieszaków do ubrań, wytwórców Aborygeńskich pamiątek i mikroprocesorów, sprzedawców świeżych ryb i nieruchomości przeznaczonych do rozbiórki.

Po trzech latach działalności Good Times Investments zostało przejęte za okrągłą sumę dziesięciu milionów dolarów australijskich przez lokalnego miliardera, Allana Starsky'ego. Głównym przedstawicielem finansowym Starsky'ego w Australii była spółka Starsky Financial Corporation, której dyrektorem finansowym w wieku trzydziestu lat został Andy Slim.

Przez następne lata Starsky, z aktywną pomocą Andy'ego, pomnażał swój pokaźny majątek, inwestując głównie w nieruchomości, media i przemysł stoczniowy. W przypływie nowobogackiej pychy otworzył uniwersytet w Canberze i nazwał go swoim imieniem – Starsky University.

W tamtych czasach Andy czterokrotnie zmieniał dom na większy i trzykrotnie się żenił, za każdym razem z coraz młodszą kobietą. Z treści artykułu wynikało, że jego ostatnia wybranka miała dwadzieścia jeden lat i była modelką.

Pod koniec lat osiemdziesiątych w idyllicznym obrazie zaczęły pojawiać się pierwsze rysy. Władze miejskie Canberry przejęły ziemię oraz budynki Starsky University, aby zabezpieczyć roszczenia miasta z tytułu niezapłaconych podatków. W gazetach zaczęły ukazywać się pierwsze artykuły na temat słabości finansowej imperium. Starsky zaprzeczał pogłoskom i twierdził, że padł ofiarą niechęci władz miejskich. Utrzymywał, że inwestycje Starsky Corporation miały się dobrze i firma była w przededniu bezprecedensowej globalnej ekspansji, która miał objąć swym zasięgiem rynki Ameryki Północnej i Azji.

Pod koniec 1987 roku Starsky Financial Corporation podjęła decyzję o emisji nowej serii akcji, z której przychody oceniano na dwa miliardy dolarów australijskich. Slim i Starsky z uporem i determinacją przekonywali rzesze potencjalnych inwestorów do ich zakupu. Gazety należące do Starsky'ego rozpisywały się o planach strategicznych spółki, obejmujących inwestycje w zagraniczne nieruchomości i ekspansję na rynki całego świata. Medialny blitz okazał się skuteczny: sprzedano wszystkie nowe akcje za ponad 2 miliardy dolarów australijskich.

W 1989 roku, w niecałe dwa lata po spektakularnym powodzeniu emisji, zarząd spółki (w tym także Andy Slim) złożył w sądzie wniosek o upadłość. Kiedy pełnomocnicy sądowi otworzyli księgi spółki, okazało się, że prawie cała gotówka pozyskana przez Starsky Financial Corporation z tytułu sprzedaży akcji w tajemniczy sposób wypłynęła z jej kont. Głównym beneficjantem okazała się spółka handlu nieruchomościami, Land Partners Inc.

Land Partners Inc. kupowała nieruchomości wyłącznie od dwóch właścicieli: Global Estate i Garrimax International z siedzibami na Antylach Holenderskich po mocno zawyżonych cenach. Hogan miał dowody, że obie spółki były kontrolowane przez Allana Starsky'ego. Jedyną osobą, która wiedziała wszystko o przepływach pieniężnych w imperium Starsky'ego, był Andy Slim.

Problem w tym, że Andy Slim zniknął bez śladu pewnego styczniowego poranka 1993 roku. Po ośmiu latach Hogan stwierdził z satysfakcją, że zguba się znalazła.

PAUL VOYCHIK BYŁ PRYWATNYM PROJEKTEM Maxa Steina. Dice'a nie do końca przekonało tłumaczenie jego partnera, że młody pracownik prokuratury może być źródłem użytecznych informacji. Podejrzewał raczej, że przyczyną nieoczekiwanej i nagłej zażyłości obu mężczyzn była ich wspólna pasja do hazardu. Jak zdołał się zorientować podczas dwugodzinnego lunchu zorganizowanego przez Steina, Voychik obstawiał konie, wyścigi chartów, futbol australijski i mecze krykieta. Nie stronił od ruletki, black jacka, bakarata czy sic-bow i pai-gow – azjatyckich atrakcji oferowanych przez miejscowe kasyno. Najbardziej jednak, ku wyraźnej dezaprobacie Dice'a, spodobała mu się perspektywa uczestnictwa w czwartkowym pokerze w Harold's Club.

Zapraszanie osób spoza członkostwa klubu do stołu pokerowego należało do rzadkości – nie dlatego że sprzeciwiał się temu regulamin, ale niepisana zasada nakazywała, aby tego rodzaju wydarzenie poprzedzone było spotkaniem z uczestnikami gry na gruncie czysto towarzyskim. Najlepiej przy butelce dwudziestoletniego bourbona sponsorowanej przez pozaklubowego aspiranta. Stein, z premedytacją niezrozumiałą dla Dice'a, postanowił zignorować etykietę, narzucając pozostałym graczom obecność młodego prawnika z nonszalancją graniczącą z bezczelnością. Kilka głów odwróciło się w jego kierunku z wyrazem zaskoczenia i dezaprobaty, ale wszyscy byli zbyt przejęci perspektywą gry, by psuć ją protestami na temat niestosowności zaproszenia Voychika. Jego obecność przy stole została skwitowana krótkimi, zrezygnowanymi skinieniami głowy. Dice był przekonany, że po zakończonej rozgrywce Steinowi przyjdzie słono zapłacić – w ten czy inny sposób – za swoją impertynencję.

Voychik zachowywał się, jakby uczestniczył w pokerowych wieczorach od zawsze: wymieniał żarty ze Steinem, śmiał się hałaśliwie i od czasu do czasu przerywał wypowiedzi pozostałych uczestników gry. Był pewny siebie, głośny i arogancki. Dice'owi, który z trudem ukrywał podirytowanie obecnością przy stole młodego pracownika prokuratury, przypominał jego dawnych kolegów z Oksfordu. Ich wersję bez pieniędzy.

Po kilkunastu rozdaniach gra zaczęła go nudzić. Wygrywał jakieś trzysta dolarów, co wydawało mu się niewystarczającą rekompensatą za dwie godziny spędzone w towarzystwie Voychika i braci Gordonów, opowiadających nieustannie o swojej niedawnej wyprawie do Singapuru. Kiedy po wyczerpaniu kwestii jedzenia na pokładzie, standardu lokalnych taksówek, stanu dróg i miejscowej infrastruktury przeszli do tematu toalet publicznych, Dice wymówił się bólem głowy i opuścił towarzystwo. Ku jego zdziwieniu i lekkiej irytacji Voychik postanowił zrobić to samo, usprawiedliwiając się ciężkim dniem w pracy. Skrzętnie zebrał ze stołu wygraną, a potem pożegnał się ze Steinem zbyt poufałym, w opinii Dice'a, klepnięciem w plecy.

Dice, niepomny na niedawno deklarowany ból głowy, przeszedł do pomieszczenia, w którym przechowywano cygara, i wysunął szufladę z wygrawerowanym na metalowej płytce swoim nazwiskiem. Kiedy sięgał po cygaro, usłyszał za sobą delikatny gwizd podziwu. Paul Voychik stał za jego plecami z dłońmi w kieszeniach spodni taniego garnituru i z uśmiechem na twarzy, który równie dobrze mógł być przyjaznym grymasem, jak i wyrazem impertynencji. Dice uznał, że był tym drugim. Ignorując młodego mężczyznę, z cygarem w dłoni skierował się w stronę skórzanego fotela pod ścianą. Kiedy usiadł wygodnie, Voychik nadal stał w tej samej pozycji, wpatrując się w szuflady szafki na cygara z błyszczącymi plakietkami ich właścicieli.

– Z kim trzeba się przespać, żeby zasłużyć na coś takiego?

Dice zignorował niewybredny dowcip. Kim był ten nowy protegowany Steina i co sobie wyobrażał, zachowując się w najbardziej ekskluzywnym klubie w mieście jak w portowej spelunce? Voychik nie był członkiem klubu, a jedynie gościem Steina. Nie miał własnej szuflady z cygarami, własnej szafki z whisky ani własnej szafy na ubrania. Odźwierny nie rozpoznawał jego twarzy, a kelnerzy ignorowali mowę jego ciała. Był człowiekiem z zewnątrz, nieoswojonym intruzem. Dice miał wszelkie prawo traktować go jak powietrze.

– Czy nie reprezentował pan kiedyś Andy'ego Slima?

Pytanie zaskoczyło go, kiedy zapalał cygaro. Przez chwilę zakrztusił się wciąganym dymem.

– Tak. Dawno temu.

Voychik uśmiechnął się.

– Mogę? – zapytał, wskazując dłonią na fotel obok Dice'a. Po krótkiej chwili zastanowienia Dice skinął przyzwalająco głową. Oburzenie walczyło w nim z narastającą ciekawością. Voychik usadowił się w fotelu obok z pewnością siebie bywalca klubu.

– Slim uciekł z kraju – powiedział. Dice zastanawiał się, czy było to pytanie, czy zwykłe stwierdzenie faktu. Na wszelki wypadek postanowił skomentować słowa młodego prawnika, choć czynił to z niechęcią.

– Nasi klienci robią czasem rzeczy, które nam, ich doradcom, bardzo trudno zrozumieć.

Voychik pokiwał głową z profesjonalną solidarnością. Jego gest na krótką chwilę przywołał uśmiech rozbawienia na twarzy Dice'a.

– Czy wie pan, gdzie on teraz przebywa?

Pytanie zostało rzucone od niechcenia, w stronę dymu kłębiącego się nad głową Dice'a, ale mimo pozornej nonszalancji sparaliżowało go na chwilę. Dłoń Dice'a zawisła w połowie drogi między ustami a popielniczką. Do czego zmierzał cholerny pracownik prokuratury, przywleczony tu przez Steina? Dlaczego zadawał mu pytania dotyczące Slima? Czy ich rozmowa nie była przypadkiem ukrytym przesłuchaniem?

– Nie mam pojęcia – powiedział, po raz pierwszy spoglądając uważnie na swego rozmówcę. – Zbiegli klienci rzadko przesyłają kartki świąteczne.

Voychik roześmiał się hałaśliwie. Głowy kilku członków klubu siedzących w sali obok zwróciły się w ich stronę.

– W Polsce – powiedział. – Wyobraża pan sobie?

Ku wyraźnej uldze Dice'a nic w głosie pracownika prokuratury nie wskazywało na to, że poprzednie pytanie miało być testem na jego prawdomówność. Voychik, mimo swej irytującej powierzchowności, zdawał się po prostu dzielić z nim informacjami na temat, który mógł go zainteresować jako byłego adwokata Slima. Najwyraźniej nowy projekt Steina zaczął przynosić natychmiastowe i nieoczekiwane korzyści. Kto by pomyślał...

TREVOR DICE rzadko poddawał się emocjom. Ale informacje, że prokuratura interesuje się ekstradycją Slima, wstrząsnęły nim bardziej, niż sam się do tego przyznawał. Skandal wokół prezesa Browaru, kiedy finalizowali umowę zakupu z Van der Boerem, był ostatnią rzeczą, jakiej potrzebował. Choć Dice miał ochotę zadać Voychikowi setki pytań dotyczących działań prokuratury – zwłaszcza zorientować się, na jakim były etapie – wrodzona ostrożność podpowiadała mu, aby nie eksploatować przesadnie tematu, gdyż mogłoby to wzbudzić podejrzliwość młodego prawnika. Po kilku uwagach na temat prognoz deszczowego weekendu i tytoniowego nałogu Hogana Dice pozwolił Voychikowi powrócić do stołu pokerowego.

Teraz, siedząc w klubowym fotelu z dopalającym się cygarem w dłoni, patrzył, jak mężczyzna zgarnia wygraną, nie potrafiąc zapanować nad drżeniem rąk. Był pewien, że Stein zadbał o to, aby jego nowy podopieczny odebrał właściwą zachętę finansową do dalszej współpracy.

A więc prokuratura Nowej Południowej Walii namierzyła Slima! Wcześniej czy później musiało to nastąpić. Nagły wyjazd w trakcie dochodzenia prowadzonego przeciwko zarządowi Starsky Financial Corporation był dla Andy'ego ostatnią deską ratunku. Ale nie ocaleniem. Prokuratura miała po swojej stronie dwa atuty: nieograniczony czas i nieograniczone fundusze podatników. „Wcześniej czy później", Trevor zwykł ostrzegać Andy'ego, „wcześniej czy później dopadną cię jak myśliwskie charty". Andy bagatelizował zagrożenie. Teraz zagrożenie stało się rzeczywistością. DPP wiedział, że Slim przebywa w Polsce.

Kto by pomyślał, że macki Woodry'ego sięgną tak daleko! Rozglądając się po przygnębiająco wiktoriańskim wnętrzu sali klubowej, Trevor Dice zaczął się zastanawiać, jakie konsekwencje sprawa Slima może mieć dla Browaru.

Browar nie był już dziurą w ziemi sprzed ośmiu lat, kiedy to namówił Maksa Steina na wspólną inwestycję. Pamiętał tamten dzień, jakby to było wczoraj. Ich wypożyczony samochód ugrzązł w błocie tuż przed bramą wjazdową. Musieli wysiąść i przebiec pół kilometra w strugach deszczu do szarego betonowego biurowca z płaskim dachem. Kiedy tam dotarli, jego czarne skórzane mokasyny były do wyrzucenia, a garnitur pachniał psią sierścią. Nikt na nich nie czekał. W sekretariacie biura prezesa usiedli na krzesłach, które kobieta z włosami w kolorze denaturatu zapobiegliwie przykryła gazetą.

Po półgodzinie oczekiwania wyrysował na kartce papieru trójkąt i pokazał go kobiecie. Bez słowa otworzyła szufladę i wręczyła mu klucz z przywiązanym do niego ciężkim wisiorem z metalu. Nie zrozumiał. Kobieta chwyciła go za ramię, wyprowadziła na korytarz i wskazała drzwi z zielonym trójkątem. Toaleta była brudna i pachniała tanim środkiem dezynfekcyjnym. Umył ręce w pękniętej umywalce i wytarł je w wiszący na gwoździu ręcznik. Na wysokości ręcznika zobaczył okno do połowy zamalowane zieloną farbą. Podsunął pod ścianę kosz na śmieci, wspiął się na niego i wyjrzał na zewnątrz. Ujrzał wewnętrzny dziedziniec Browaru – szare bryły budynków magazynowych z popękanym tynkiem i powybijanymi oknami. Dwie zdezelowane ciężarówki stały pod mokrą od deszczu rampą. Na rampie robotnik okryty rozdartym foliowym workiem pchał wózek załadowany brudnymi drewnianymi skrzynkami z piwem.

Tak było jeszcze wczoraj! Dzisiaj Browar był jedną z najnowocześniejszych inwestycji w tej części świata, produkował prawie czctery miliony hektolitrów piwa rocznie i miał pozyskać wspólnika strategicznego w postaci Eurobrew. Eurobrew było gotowe zapłacić 150 milionów dolarów jemu i Steinowi i oznajmić w ten sposób światu, że operacje Browaru warte są prawie pół miliarda dolarów! Pół miliarda dolarów! To lepsze niż wygrana w pokera. Kwota, której nie sposób zgarnąć ze stołu i schować do kieszeni spodni. Prawdziwe pieniądze. Pół miliarda dolarów zarządzane przez człowieka, którego poszukuje prokurator Nowej Południowej Walii! Andy Slim nieuchronnie przyciągnie uwagę biura DPP do Browaru. I do jego akcjonariuszy.

Podobnie jak wielu ludzi sukcesu, dla których, w miarę rosnącego bogactwa, aparat państwowy z jego arogancką administracją staje się zbędnym obciążeniem, Dice odnosił wrażenie, że pieniądze było łatwiej zarobić, niż ukryć je przed urzędem skarbowym. Wraz ze Steinem wydawali corocznie pokaźne kwoty na usługi księgowe i prawne, których jedynym celem było stworzenie struktur własnościowych pozwalającym im egzystować poza jurysdykcją fiskusa. Ich właścicielską wieżę Babel zbudowano na fundamentach Polbrew BV w Holandii – spółki posiadającej 70 procent akcji Browaru. Wszystkie akcje Polbrew BV należały do Visar Investments NV, której ojczyzną były Antyle Holenderskie. Akcjonariat Visaru należał do spółek z Irlandii, Cypru i Trynidadu i Tobago, w których z kolei głównym udziałowcem był doktor Gunther Miller ze Szwajcarii i jego luksemburski Anstalt. Dice wątpił, żeby prokuratura zabrnęła aż tak daleko. Jednak na wszelki wypadek postanowił tego samego wieczora porozmawiać z doktorem Millerem o potencjalnym zagrożeniu.

Problem Slima był o wiele bardziej złożony. Nie mógł liczyć na to, że prokuratura Nowej Południowej Walii, zachęcona niedawnym odkryciem, porzuci dochodzenie przeciwko Slimowi i zajmie się czymś innym. Nie po tym, jak gubernator stanu ogłosił krucjatę przeciwko przestępcom w „białych kołnierzykach". Należało działać, zanim będzie za późno. Przede wszystkim musi ograniczyć udział Slima w operacjach Browaru. I zrobić to tak, żeby Van der Boer niczego nie zauważył, a Andy nie domyślił się, że jest odsuwany. Dice spojrzał na zegarek. W Brukseli wskazówki pokazywały kwadrans po ósmej. Trochę za wcześnie, aby zbudzić Van der Boera i wywlec go z łóżka żony, kochanki, kochanka czy kogokolwiek lub czegokolwiek, z czym Belgowie sypiali w tym sezonie. Poczeka kilka godzin.

Wyjął notes z kieszeni marynarki, otworzył go na właściwej stronie i powoli wybrał numer DGL. Oczekując na połączenie, pomyślał z rozbawieniem, że ktoś słabszy duchem mógłby się przejąć drobnym dylematem, z którym przyjdzie mu się wkrótce uporać. Doktorowi Argyle'owi miał do zakomunikowania dobrą wiadomość – DGL dostanie do końca roku swoje dwadzieścia pięć milionów dolarów. Te same dwadzieścia pięć milionów, których Trevor Dice nie posiadał.

DENNIS HOGAN NIE POCZUŁ SYMPATII do pierwszego sekretarza ambasady. Nie lubił polityków. Zbyt wiele razy w swojej pracy spotykał ich w okolicznościach, które zmuszały go do kompromisów. A Hogan nienawidził kompromisów. Wierzył, że jego prawdziwą misją na tym świecie jest ściganie przestępców, gdziekolwiek się ukrywają i kimkolwiek są. Nie potrafił zrozumieć szacunku, jaki niektórzy z jego kolegów żywili dla przestępców w „białych kołnierzykach". Syn mechanika samochodowego i pielęgniarki, Hogan był gotów spojrzeć łagodniejszym okiem na złodzieja bydła niż na maklera wykorzystującego poufne informacje. W świecie jego wartości pierwszym kierował głód, drugim – chciwość.

Wnętrze konsulatu, w którym przyjął go pierwszy sekretarz, wyglądało jak wnętrze małej domowej owczarni. Ściany i sufit wyłożono drewnianą boazerią, poprzecinaną poziomymi pasami grubych belek. Na środku pokoju, którego podłogę pokrywały zielone ceramiczne kafle, boleśnie kontrastujące z rustykalnym otoczeniem, stał drewniany zdobiony stół z krzesłami. Wyposażenie pokoju przywołało w Hoganie wspomnienie średniowiecznych narzędzi tortur, które oglądał podczas wycieczki do Londynu. Z niejasnych powodów na brzegach krzeseł i stołu wypalono metalem proste naiwne ornamenty. Meble wyglądały, jakby przeniesiono je z dziecięcego pokoju albo namiotu Oktoberfest.

Stanisław Wyszohrodzki był szczupłym, lekko łysiejącym blondynem po trzydziestce. Kiedy mówił, przekrzywiał usta na lewą stronę, jakby w ich kąciku przyczepiono haczyk z ciężarkiem. Miał granatowy garnitur, czerwony krawat i białą koszulę. Hogan zauważył, że materiał na mankietach był mocno przetarty.

– Musi pan zrozumieć, że sytuacja nie jest tak prosta, jak pan ją przedstawia – powiedział, uśmiechając się do niego pobłażliwie, jakby miał do czynienia z nierozgarniętym petentem, a nie przedstawicielem prokuratury stanowej.

– Sytuacja jest piekielnie prosta. – Hogan oparł się dłońmi o drewniany blat stołu, zdając sobie sprawę, że jego zachowanie bardziej pasuje do pokoju przesłuchań niż biura konsulatu. – Andy Slim dopuścił się przestępstw gospodarczych, okradając akcjonariuszy Starsky Corporation na blisko dwa miliardy dolarów australijskich. Jeżeli nie jest to wystarczający powód, aby organa ścigania pańskiego kraju zdecydowały się z nami współpracować, to budujecie sobie cholerną bananową republikę!

Wyszohrodzki zacisnął wargi i Hogan instynktownie zdecydował się złagodzić swoją retorykę.

– Niech pan zrozumie – kontynuował, tym razem z dłońmi spoczywającymi nieruchomo na kolanach. – Slim jest oskarżony o poważne przestępstwa. Dzięki naszym kontaktom w Europie udało nam się ustalić z całą pewnością, że przebywa w Polsce. Co więcej, mamy powody podejrzewać, że zajmuje się działalnością gospodarczą na wielką skalę. – Ton Hogana stał się konfidencjonalny, niemal przyjacielski. – Nie chcecie chyba, aby Slim okradł waszych obywateli na dwa miliardy dolarów. Jeśli nie będziemy współpracować, z pewnością do tego dojdzie.

Wyszohrodzki przyjrzał mu się uważnie. Hogan zauważył, że lekki uśmiech, do tej pory nieopuszczający jego twarzy, zniknął nagle, przez co twarz sekretarza wyglądała na starszą i bardziej zmęczoną.

– Drogi panie – powiedział dyplomata, pochylając się w jego stronę z łokciami wspartymi na blacie stołu. – Chciałbym pana zapewnić, że demokratyczny rząd Rzeczypospolitej Polskiej i jego organy administracyjne są gotowe współpracować ze swymi australijskimi odpowiednikami. Podobnie jak wam, tak i nam leży głęboko na sercu dobro i bezpieczeństwo naszych obywateli. Ale...

– „Ale" śmierdzi polityką – Hogan przerwał Wyszhrodzkiemu, natychmiast żałując swojej zapalczywości. Twarz pierwszego sekretarza zamieniła się w nieruchomą maskę. Nawet jego usta jakby się wyprostowały.

– Polska jest krajem demokratycznym i krajem prawa – kontynuował po chwili, spoglądając gdzieś ponad głową Hogana. – A prawo każe nam chronić nie tylko naszych obywateli, ale także wszystkich, którzy przebywają na naszym terytorium. Nasza koncepcja gościnności wyklucza polowanie na obywateli obcych krajów.

– Wasz gość jest pospolitym przestępcą! – Hogan nie wytrzymał i uderzył otwartą dłonią w drewniany stół. Następny teatralny gest, którego szybko pożałował. Co też przyszło Woodry'emu do głowy, żeby kazać mu bawić się w dyplomację, z jego niekontrolowanym temperamentem? – Chronicie pospolitego przestępcę! To nie ma nic wspólnego z demokracją. Ani z praworządnością.

– Proszę się uspokoić – głos Wyszohrodzkiego, mimo kontrolowanego spokoju, zabrzmiał nieco groźniej. Najwyraźniej pierwszy sekretarz ambasady nie zamierzał dać się zastraszyć tanimi procesowymi chwytami. – Andy Slim jest przestępcą według pana. I, jak na razie, tylko pana. Rząd, który reprezentuję, chce panu wierzyć. To jednak nie znaczy, że chwycę za słuchawkę i nakażę prezydentowi Rzeczypospolitej, aby wyszedł z pałacu i schwytał pana Slima na lasso. Czy wyrażam się wystarczająco jasno?

Wyszohrodzki miał rację. Hogan był na terytorium wroga i powinien zachowywać się bardziej powściągliwie. Lekko skinął głową.

– Jeszcze raz zapewniam pana o daleko idącej chęci współpracy mojego rządu z pańskim w tej sprawie. Ale na Boga! – Wyszohrodzki rozłożył ręce. – Niech mi pan da coś konkretnego, abyśmy mogli rozpocząć wspólną pracę.

Hogan schylił się, sięgnął dłonią po teczkę, którą trzymał przy nogach, i wyciągnął z niej gruby plik papierów w błękitnej tekturowej okładce.

– Co pan powie na traktat o ekstradycji między Rzecząpospolitą Polską a Królestwem Wielkiej Brytanii z tysiąc dziewięćset trzydziestego trzeciego roku?

Wyszohrodzki wyglądał na szczerze zaskoczonego jego słowami. Po prawdzie, sam Hogan miał wątpliwości co do zasadności ich roszczenia. Ani on, ani Woodry nie byli do końca pewni, czy prawa Wspólnoty Brytyjskiej rozciągały się na traktaty ekstradycyjne. Ale czyż królowa brytyjska nie była zwierzchnikiem ich państwa?

Lekki uśmiech powrócił na twarz pierwszego sekretarza ambasady.

– Że to dobry początek, panie Hogan.

ORANŻERIĘ, ZWANĄ STARĄ POMARAŃCZARNIĄ, zbudowano pod koniec lat osiemdziesiątych XVIII stulecia na planie wydłużonego prostokąta, doczepiając do niej dwa skrzydła nazywane pawilonami.

Andy Slim i jego młoda narzeczona wybrali Starą Pomarańczarnię na miejsce swych zaślubin, kierując się mało szlachetną chęcią przepełnienia serc i umysłów swych weselnych gości nieskrywanym uczuciem zawiści.

Druhny panny młodej, w różowych szyfonowych sukienkach i białych szpilkach, stąpały po pomarańczowym dywanie jak po chybotliwym pokładzie statku w czasie sztormu. Ich kroki były niepewne, a głowy zwracały się w stronę niskiego mężczyzny w zielonym garniturze, biegnącego wzdłuż rzędów krzeseł i machającego rozpaczliwie dłońmi obwieszonymi niezliczoną liczbą srebrnych bransolet.

– Nie, nie i nie! – krzyczał mężczyzna, a jego słowom towarzyszyło głośne dzwonienie biżuterii. – Po stokroć nie!

Andy Slim od ponad godziny oczekiwał na znak mistrza ceremonii; znak, aby wstał z krzesła i dostojnym krokiem przeszedł dziesięć metrów do miejsca, w którym dwóch robotników w granatowych kombinezonach montowało ogromny dębowy stół.

Jego telefon zadzwonił, kiedy korowód druhen ruszył ponownie, starając się dostosować do instrukcji wykrzykiwanych przez mężczyznę w zielonym garniturze. Po drugim sygnale korowód zatrzymał się w pół kroku. Mężczyzna w zielonym garniturze spojrzał w jego stronę z nieskrywanym oburzeniem na twarzy. Ignorując go, Slim wstał z krzesła i wyjął z kieszeni telefon.

– Tu się pracuje! – wysoki głos mężczyzny ścigał go jeszcze na progu drzwi. – Skandal!

Krystian Lukka z Global Investment Bank przepraszał za kłopot, ale nalegał na natychmiastowe spotkanie.

– Musimy się zobaczyć, Andy. I to dzisiaj.

– Miej serce!

– Rozmawiasz z bankierem.

– Za godzinę w banku – odparł Slim i przerwał połączenie.

Kiedy powrócił na salę, mężczyzna w zielonym garniturze stał z dłońmi wspartymi na biodrach w różowym otoczeniu szyfonowych sukienek druhen.

– Czekamy, panie Slim, czekamy.

ŚWIAT BYŁ NIESPRAWIEDLIWY. Najświeższy, namacalny dowód niesprawiedliwości świata miał 175 centymetrów wzrostu, dwadzieścia dwa lata, jasne włosy związane w koński ogon, zielone oczy i wygenerowaną bez udziału komputera sylwetkę Lary Croft.

Miała na imię Sylwia i nosiła oficjalny tytuł asystentki redaktora naczelnego. Stała przed nim, uśmiechając się i celując w niego czerwonym zaostrzonym paznokciem.

– Szukałam cię.

– A ja ciebie – powiedział Marcin. – Całe moje życie.

Dziewczyna uniosła lekko brwi. „Słyszała to", pomyślał. „Wiele razy".

W ich redakcyjnym uniwersum Sylwia była ucieleśnieniem doskonałości. Kończyła dziennikarstwo, znała trzy języki, była instruktorką narciarstwa, a w weekendy wspinała się na skałkach i grała na wiolonczeli w kwartecie smyczkowym. Marcina męczyło samo wyliczanie jej pozaredakcyjnych zajęć.

W innych, lepszych czasach być może spróbowałby się z nią umówić... Nie, uznał po chwili. Nawet przed jego poczęciem byłaby poza zasięgiem.

Dziewczyna trzymała w dłoni pomarańczową kopertę.

– Mam dla ciebie zaproszenie na ślub Andy'ego Slima. Dostarczone przez posłańca w smokingu. Możesz w to uwierzyć?

– Walder chce, żebym poszedł na ślub Slima? – zapytał z niedowierzaniem.

– Na ślub i przyjęcie weselne w Starej Pomarańczarni – odczytała z trzymanej w ręce kartki. – Naczelny nie ma z tym nic wspólnego. Zaproszenie przyszło do ciebie. Imiennie.

Wziął kopertę do ręki i przejechał dłonią po sztywnym kredowym papierze. Prezes Browaru przysyła mu zaproszenie na ślub?

– Wyglądasz na zaskoczonego – powiedziała, poprawiając dłonią fałdy spódnicy.

– Bo jestem – odparł, rozrywając kopertę. – Nie znam Slima ani jego narzeczonej. To nie jest głupi dowcip? – zapytał, spodziewając się dojrzeć za plecami dziewczyny rozbawione twarze pracowników redakcji.

Pokręciła przecząco głową i wskazała palcem sufit.

– Ktoś tam musi cię lubić. Pójdziesz?

– Nie wiem – powiedział i wsunął zaproszenie do szuflady biurka.

– To wydarzenie sezonu! – Sylwia wydawała się szczerze oburzona jego obojętnością.

– Miałabyś ochotę?

Położyła mu dłoń na ramieniu.

– Dziękuję za zaproszenie, ale mam inne plany.

– K-2 czy Mount Everest?

– Kuzynka z Poznania.

Przez chwilę odprowadzał ją wzrokiem. Zastanawiał się, ile lat ma kuzynka z Poznania. I czy nosi wąsy.

ANDY SLIM BYŁ MOCNO ZIRYTOWANY niezaplanowanym spotkaniem w banku. Miał nadzieję, że powody, dla których Lukka wyciągnął go z próby, były rzeczywiście tak ważne. Kiedy opuszczał próbę, mistrz ceremonii demonstracyjnie zamknął się w toalecie, odmawiając kontaktów z kimkolwiek mimo żarliwych negocjacji prowadzonych przez jego narzeczoną przy wsparciu co najmniej połowy śmiertelnie wyczerpanych druhen. Obiecał, że wróci tak szybko, jak tylko uda mu się załatwić sprawy w banku. Zimne spojrzenie przyszłej pani Slim, którym odprowadziła go do wyjścia, było równoznaczne z dzisiejszym noclegiem na sofie.

Kiedy drzwi windy otworzyły się na czwartym piętrze, Lukka stał w korytarzu z ramionami szeroko rozwartymi w geście powitania.

– Andy, cieszę się, że mogłeś do nas zajrzeć.

– Cała przyjemność po mojej stronie – powiedział Slim, mając nadzieję, że Lukka zarejestrował ironiczny ton jego głosu.

Nawet jeśli tak było, to prezes Global Investment Bank postanowił go zignorować i nie przestawał się uśmiechać.

– Otrzymaliśmy pewne materiały, które chcielibyśmy z tobą przedyskutować – powiedział, biorąc Slima pod ramię i prowadząc go przez zabezpieczone drzwi banku. – Po pierwsze dlatego że nie wiemy, co o nich sądzić. A po drugie – Lukka zatrzymał się i spojrzał Slimowi głęboko w oczy – że musimy zdecydować, jakie działania należy przedsięwziąć, aby zapobiec potencjalnemu kryzysowi.

Prezes Browaru zauważył ze zdziwieniem, że zatrzymali się przed główną salą konferencyjną banku. Nie pamiętał, aby kiedykolwiek jego rozmowy z Lukką toczyły się gdzie indziej niż w czterech ścianach bogato wyposażonego gabinetu prezesa.

– Brzmi to strasznie poważnie. – Slim spróbował żartobliwego tonu, ale Lukka nie zareagował, co jeszcze bardziej zaniepokoiło prezesa Browaru.

– Po dzisiejszym spotkaniu chcielibyśmy wiedzieć, z jak poważną sytuacją mamy do czynienia. – Lukka otworzył drzwi sali konferencyjnej i gestem dłoni zaprosił go do środka. Przy długim stole wypełniającym niemal całą powierzchnię sali Slim dostrzegł dwóch mężczyzn w czarnych garniturach o powierzchowności miejskich grabarzy, siedzących nieruchomo w skórzanych fotelach. Jego pytający wzrok powędrował w stronę Lukki.

– Poprosiłem na spotkanie dyrektora departamentu ryzyka oraz radcę prawnego – powiedział prezes i głowy grabarzy po kolei skinęły w stronę Slima w geście powitania.

– Chryste, Krystian. – Prezes Browaru wykrzywił usta w grymasie niedowierzania. – Mam zadzwonić po prawnika!?

VAN DER BOER LEŻAŁ NA STOLE DO MASAŻU. Jego ogromne, zaróżowione po półgodzinnej saunie ciało przykrywał biały ręcznik z wyszytym błękitnym konikiem morskim. Masażysta, śniady mężczyzna o imieniu Khalid, siedział w kącie pokoju, przeglądając gazetę i czekając, aż jego klient skończy rozmawiać przez telefon. Van der Boer chciał poznać wszystkie szczegóły spotkania.

– Był zaskoczony?

– Pierwszy raz widziałem Slima tak wytrąconego z równowagi – powiedział Lukka z nieukrywaną satysfakcją. – Odebrało mu mowę.

Entuzjazm nowo pozyskanego sprzymierzeńca czasem przerażał Van der Boera – tym bardziej że jego obecna lojalność została pozyskana dzięki niewiążącym obietnicom awansu w strukturach B&B i czterem butelkom Petrusa. Nie była to wygórowana cena i Van der Boer obiecał sobie systematycznie dopieszczać Lukkę nieprzerwaną atencją i dalszymi obietnicami – na wypadek gdyby druga strona odkryła słabości prezesa Global Investment Banku i starała się je wykorzystać.

– Jak się tłumaczył? – zapytał, przerywając relację Lukki na temat drżących dłoni Slima.

– Z początku próbował wszystko bagatelizować. Kiedy pokazaliśmy mu wycinki prasowe, nieco poblad ł i zaczął tłumaczyć, że padł ofiarą nagonki medialnej. Prasa poszukiwała kozła ofiarnego, a że on akurat opuścił Australię, stał się łatwym celem. Wtedy zapytałem go – Lukka zrobił dramatyczną pauzę – czy planuje wyjazd do Australii, aby wyjaśnić nieporozumienie.

Van der Boer wybuchnął śmiechem.

– A co on na to?

– Powiedział, że w obecnej atmosferze skandalu byłoby mu trudno liczyć na bezstronną ocenę jego udziału w interesach Starsky Corporation. Musi poczekać, aż opadną emocje.

– Przy dwóch miliardach dolarów manka emocje nie opadną przez następne sto lat – wtrącił Van der Boer. – Podpisał zobowiązanie?

– Z trudem. Jakby mu wyrywano ząb. Najpierw nalegał, że musi skonsultować to ze swoim prawnikiem. Ale kiedy wspomnieliśmy o kłopotach z odnowieniem linii kredytowej, wyraźnie spuścił z tonu.

Van der Boer poczuł niepohamowaną chęć rzucenia się swemu rozmówcy w ramiona. Całe szczęście, że na przeszkodzie stała dzieląca obu mężczyzn fizyczna odległość, inaczej spontaniczna reakcja Belga, okrytego jedynie ręcznikiem kąpielowym, mogłaby szczerze przerazić prezesa Global Investment Banku.

– Chciałbym zobaczyć kopię dokumentów.

– Zaraz prześlę.

– Czy niczego nie podejrzewa? – Van der Boer zamilkł na chwilę, szukając właściwych słów. – Byłoby fatalnie, gdyby…

– Byliśmy bardzo przekonujący. – Lukka przerwał mu w pół słowa. – Uwierzył, że oddział B&B w Hongkongu przesłał nam materiały prasowe i że nikt poza nami o nich nie wie.

Czyżby jego dwugodzinna rozmowa z Maksem Steinem zaczęła przynosić rezultaty? Jej ton i przebieg nie należały do najprzyjemniejszych i Van der Boer wielokrotnie obiecywał sobie, że będzie podchodzić do jej nieoczekiwanych konkluzji z dużą dozą ostrożności. Operacje na tyłach wroga zawsze niosły ze sobą duże niebezpieczeństwo. Tym bardziej musiał się postarać, aby zabezpieczyć nowo otwarte fronty.

– Znakomicie. – Van der Boer dał znać mężczyźnie w rogu pokoju, że jest gotowy na masaż. Khalid zwinął gazetę, odłożył ją i ruszył w kierunku stołu. – Słyszałem, że B&B poszukuje nowego przedstawiciela w Nowym Jorku.

Nagła cisza, która zapadła po drugiej stronie telefonu, upewniła go, że trafił w dziesiątkę. Centralnie.

– Jest wielu chętnych… – usłyszał niepewny głos Lukki. – Wszyscy marzą o Nowym Jorku.

– Twoja skromność, Krystian – powiedział, zsuwając ręcznik z pleców – tylko mnie upewnia, że jesteś świetnym kandydatem.

Odkładając słuchawkę, Van der Boer poczuł w plecach przyjemne rozluźnienie. Khalid miał naprawdę magiczne palce.

– TO BOLSZEWICKIE NASIENIE będzie nam robić trudności – gorączkował się Hogan, wydmuchując dym nad głową Woodry'ego.

Stali na parkingu przed biurami prokuratury. Woodry czuł się niezręcznie na tej zaimprowizowanej naradzie na świeżym powietrzu. DPP Nowej Południowej Walii preferował miękki fotel swojego biura, kawę w porcelanowej filiżance (a nie polietylenowym kubku) i widok zza przyciemnionego panoramicznego okna na ekskluzywne butiki przy Castlereagh. Zamiast tego stał na zalanym słońcem parkingu, z plecami opartymi o rozgrzaną maskę czarnej furgonetki, i mrużąc oczy, wpatrywał się w ginącą raz za razem w kłębach dymu kwadratową twarz Hogana.

Dennis Hogan był niereformowalnym palaczem, spędzającym każdą wolną chwilę na zewnątrz biura i oddającym się tam przyjemnościom nałogu, którego śmiertelność udowadniał jeszcze rok temu w sprawie przeciwko Oceanic Tabacco Company. Od kiedy Woodry wprowadził całkowity zakaz palenia w biurach prokuratury, ich spotkania dotyczące Slima przeniosły się na parking. Woodry zastanawiał się nawet, czy na czas prowadzonego dochodzenia nie przywrócić wydzielonych miejsc dla palaczy.

– Jak przyjął nasze argumenty?

– Jakby był cholernym George'em Washingtonem! Dał mi wykład na temat demokracji i praworządności! – Hogan był wyraźnie podirytowany.

– Co robimy dalej?

– Zapędziłem Voychika do pracy nad wnioskiem o ekstradycję. Wertuje wszystkie możliwe porozumienia międzynarodowe. Rozmawia też z Anthonym Taftem. Znasz go?

– Miałem u niego zajęcia.

To Taft naprowadził ich na traktat z 1933 roku, którego kopię Hogan wręczył Wyszohrodzkiemu podczas spotkania w konsulacie. Być może, pomyślał, członkostwo we Wspólnocie ma jednak swoje zalety.

Wyciągnął z paczki następnego papierosa, ignorując pełen dezaprobaty wzrok Woodry'ego.

– Byłem na roku z Bobbym Hawkesem – powiedział Woodry, odsuwając się od Hogana i obłoków dymu wydobywających się z jego ust i nosa.

Robert Hawkes III był obecnym szefem rządu.

– Za dwa dni do Australii przylatuje z wizytą polski minister spraw zagranicznych. Jestem przekonany, że prośba premiera w tej sprawie mogłaby pomóc w przyspieszeniu działań lokalnej administracji.

Twarz Hogana rozjaśnił szeroki uśmiech.

– Dlatego właśnie ślubuję ci dozgonną wierność.

– Jeśli nie rzucisz tego świństwa – powiedział Woodry, wskazując na papierosa – twój zgon może nastąpić bardzo szybko.

SIEDZĄC W SZKOLNEJ ŁAWCE, z kolanami wciśniętymi pod niski blat, prokurator Prokuratury Okręgowej w Warszawie Bożydar Wąsik miał wrażenie, że czas wykonał nitzscheańskie salto i umieścił go na powrót w nieprzyjaznych murach jego starej szkoły. Drobna brunetka, z puszkiem wąsów pod nosem, wertowała kartki szkolnego dziennika, rzucając mu raz po raz krótkie spojrzenia zza opuszczonych na nos szkieł. Ich grubość przyprawiała go o lekki zawrót głowy.

– Trzy dni, panie Wąsik – powiedziała, jakby wyjawiała mu czas, który pozostał do końca jego życia. Trzy dni!

Trzy dni, które dobrze pamiętał. Każdego z nich wstawał po siódmej, kupował gazetę i bułki, robił śniadanie i podwoził swoją córkę pod bramę szkoły. Każdy z nich oznaczono w dzienniku szkolnym jako „nieusprawiedliwioną nieobecność". „Zabiję gówniarę", pomyślał.

– To moja wina.

Kobiety uniosła twarz znad dziennika i spojrzała na niego z niekłamaną dezaprobatą.

– Pana?

– W całym tym zamieszaniu zapomniałem powiadomić szkołę. Bardzo mi przykro.

Zauważył, że jego dłonie obejmują końce ławki, jak wtedy gdy przemawia w sali sądowej. Kobieta słyszała wszystkie możliwe wykręty czternastolatków. Ten łysiejący czterdziestolatek z krzywym wąsem nie mógł jej niczym zaskoczyć.

– O jakim „zamieszaniu" pan mówi?

„O jakim zamieszaniu mówię?". Ukrył twarz w dłoniach, a łokcie oparł na ławce.

– Wypadek.

– Wypadek, panie Wąsik?

– Nasza kuzynka... Bliska kuzynka. Miała wypadek.

Był nieudolnym kłamcą. Prawdziwym amatorem. Powinien pobierać lekcje od swojej córki.

– Bardzo mi przykro – powiedziała kobieta i Wąsik wreszcie rozluźnił spięte ramiona i odsłonił twarz.

– Sama pani rozumie. Takie rzeczy... wypadki, zdarzają się nagle. Nie sposób ich przewidzieć. Wciąż trudno mi o tym mówić.

Kobieta pokiwała ze zrozumieniem głową.

– Pańska córka wspominała coś o chorej babci...

Rozłożył bezradnie dłonie.

– Przez tę sprawę z kuzynką zapomniałem o babci.

Oczy za ogromnymi szkłami wyglądały jak oko Boga z fresku na ścianie w kaplicy, w której służył jako ministrant. „Ta kobieta powinna pracować w moim biurze", pomyślał.

„Tym razem cię oszczędzę", zdawał się mówić wzrok kobiety.

– Dziękuję – powiedział, ściskając na pożegnanie jej żylastą dłoń.

TYLE CZASU ZMARNOWANEGO z powodu córki, kiedy sam prokurator generalny siedział mu na karku!

„Samotni ojcowie to najbardziej patetyczne stworzenia na świecie", pomyślał Wąsik, wjeżdżając w ulicę ze znakiem zakazu i rozpędzając służbowy samochód do prędkości, do której wóz nie był przyzwyczajony i przeciwko której protestował głośnym wyciem rozpadającego się silnika.

Miał wrażenie, że traci kontrolę nad córką. Od dwóch lat stawała się zupełnie inną osobą. Tajemniczą, rozdrażnioną, unikającą jego towarzystwa i dopuszczającą się tysiąca drobnych kłamstw i przewinień, na których co dzień ją przyłapywał. Nie znał dobrze jej przyjaciół. Nie miał czasu, aby ich poznać. Nie wiedział, czy mieli na nią dobry, czy zły wpływ.

Dźwięk telefonu przywrócił go do rzeczywistości. Głos, który zaczął już rozpoznawać (mężczyzna w średnim wieku, ślad śląskiego akcentu), powiedział mu, że „Wojciech" skontaktuje się z nim jeszcze dzisiaj i przekaże mu dalsze instrukcje. Kiwnął głową, jakby rozmówca mógł zobaczyć jego reakcję, i przerwał połączenie.

Nie rozumiał całej tej konspiracji. Jego praca i działania często opierały się na poufności. Zarówno on, jak i ludzie, z którymi pracował, byli w stanie dochować tajemnicy. Oczywiście w historii prokuratury zdarzały się przecieki, ale oceniając dotychczasową pracę swojego departamentu, Bożydar musiał przyznać, że były rzadkością i dotyczyły zwykle drobnych spraw. A z pewnością nie takich, w które byłby zaangażowany prokurator generalny. Jego ludzie znali swoje miejsce i umieli trzymać gęby na kłódkę.

On sam nigdy nie zawiódł zaufania swoich przełożonych i doczekał się awansu za czasów nowej władzy. Był profesjonalistą, a nie politycznym najemnikiem. Tym bardziej więc dziwiły go procedury dotyczące obecnej sprawy, jakby żywcem wyjęte z filmów sensacyjnych.

Prokurator generalny miał być osobiście informowany o wszystkich krokach dotyczących operacji „World Travel". O działaniach departamentu wiedział tylko jego najbliższy przełożony. Wszystkie dokumenty miały być katalogowane i gromadzone osobno. Instrukcje otrzymywał przez telefon od mężczyzny, który przedstawiał się jako „Wojciech" i którego za każdym razem miał identyfikować za pomocą hasła przesyłanego mu „ściśle tajną" pocztą wewnętrzną z biura prokuratora generalnego. Ostatnie odebrane instrukcje przyprawiły go o zawrót głowy.

Po pierwsze, miał odebrać z lotniska funkcjonariusza AFP z Australii, przekazać mu informacje dotyczące Andy'ego Slima, wręczyć plan miasta i zawieźć go do hotelu. Szczegółowe informacje dotyczące przybysza, daty spotkania oraz znaków rozpoznawczych miały być mu przekazane w odpowiednim czasie pocztą wewnętrzną. Wszystko to brzmiało jak niezbyt wymagające zadanie dla początkującej sekretarki. Po drugie, miał ustalić datę ślubu Slima.

Bożydar Wąsik pracował w prokuraturze ponad dwadzieścia lat, z których pierwsze dwanaście przypadło na czasy socjalistycznej melancholii. Przebrnął przez te upolitycznione czasy, trzymając się z dala od wielkiej polityki, a blisko przyziemnej zbrodni. Czasem myślał, że w niemałym stopniu była to zasługa jego imienia, które powstrzymywało decydentów od przydzielania mu bardziej prestiżowych spraw. Jedna rzecz nie zmieniła się od pierwszego dnia jego pracy w prokuraturze – ignorancja przełożonych.

Datę ślubu Andy'ego Slima ogłoszono przynajmniej w dwóch najbardziej poczytnych tygodnikach i w jednym ogólnokrajowym dzienniku. Ostatni magazyn „Głosu" poświęcił temu wydarzeniu całą okładkę. Każdy mógł wejść w posiadanie informacji, która była przedmiotem tajnej instrukcji „Wojciecha" nr 5/098.

Wąsik obiecał sobie, że wyśle jednego ze swych najlepszych ludzi do kiosku z gazetami na rogu.

Benny Talbot miał za sobą dwa nieudane małżeństwa, zabieg usunięcia kamieni nerkowych oraz osiemnaście lat pracy dla AFP w Sydney, w tym ostatnie trzy lata współpracy z biurem prokuratora. Do emerytury pozostało mu sześć lat, które zamierzał spędzić jak najbliżej swego biurka, a jak najdalej od niebezpiecznych ulic miasta. Nawet jeżeli oznaczało to, że będzie musiał podróżować na drugi koniec świata. Z dwojga złego wolał ryzyko katastrofy lotniczej od ryzyka spotkania z nieletnim ćpunem uzbrojonym w AK-47. Doświadczenie ostatnich lat podpowiadało mu, że pierwsza opcja daje większe prawdopodobieństwo przeżycia.

Samolot wylądował w nocy. Talbot był zmęczony, spocony i cierpiał na rozstrój żołądka wywołany posiłkami na pokładzie. Czekał na swoim miejscu, próbując zwalczyć ból uszu spowodowany lądowaniem. Mężczyzna pojawił się nagle. Wynurzył się zza pleców ostatniego z pasażerów opuszczających samolot i skierował się wprost do jego fotela. Uścisnęli sobie dłonie. Mężczyzna mówił słabo po angielsku, co Talbot przyjął z ulgą – nie miał najmniejszej ochoty na rozmowę. Przez kontrolę paszportową przeszli szybko i bez problemów. Jego paszport został pobieżnie obejrzany, a bagaże dostarczone do małego pomieszczenia za budkami strażników. Przy wyjściu z lotniska czekała na nich granatowa lancia. Wydawało mu się, że drzemał przez całą drogę do hotelu, oparty czołem o szybę. W hotelowym lobby mężczyzna wręczył mu szarą kopertę formatu A4 i wizytówkę. Pożegnali się bez słowa. W kopercie Talbot znalazł plan miasta z zaznaczonymi czerwonym flamastrem punktami oraz plastikowy identyfikator z własnym imieniem i logo instytucji pod nazwą „World Travel".

Zamówił budzenie na 7.30 następnego dnia. Był tak zmęczony podróżą, że zasnął w ubraniu.

Nazajutrz, po śniadaniu złożonym z płatków kukurydzianych i mleka, wypatrzył w lobby hotelu mężczyznę trzymającego kartkę z napisem „World Travel" i podszedł do niego, pokazując swój identyfikator. Mężczyzna skinął głową i zaprowadził go do zaparkowanego przed wejściem granatowego forda sierry. Talbot z ulgą stwierdził, że samochód ma automatyczną skrzynię biegów. Położenie kierownicy zdumiało go, choć przez cały lot usiłował oswoić się z myślą o ruchu prawostronnym. Mężczyzna, niepomny na jego konsternację, wręczył mu kluczyki i odszedł bez słowa. Dzień był mroźny i bezchmurny. Na poboczach drogi Talbot ze zdziwieniem dostrzegł hałdy brudnego, zamarzniętego śniegu. Wcześniej widział śnieg tylko na zboczach stoków narciarskich w Nowej Zelandii i kojarzył go z luksusem wakacji. Tu piętrzył się na poboczu, brudny i zbyteczny.

Po godzinie kluczenia po mieście dotarł do pierwszego miejsca zaznaczonego na planie. Wyłączył silnik i sięgnął po torbę podróżną leżącą na tylnym siedzeniu. Wyjął z niej profesjonalny aparat Canona z teleobiektywem – własność biura prokuratury w Sydney. Przypomniał sobie instrukcję obsługi i zrobił dwa zdjęcia bramy, przed którą zaparkował, upewniając się, że czytnik daty i czasu jest włączony i wskazuje poprawne dane. Czas zgadzał się z godziną wyświetlaną przez zegar w samochodzie i Talbot stwierdził, że to powinno wystarczyć. Nie czuł się na siłach, aby przeliczać różnicę czasu pomiędzy Warszawą a Canberrą. Zapalił papierosa i próbował opanować ogarniającą go senność. Szczęście uśmiechnęło się do niego około południa. Mężczyzna, którego sylwetkę i twarz studiował przez długie godziny lotu, pojawił się w drzwiach domu. Miał na sobie smoking i koszulę z rozpiętym kołnierzem. Pomimo mrozu był bez płaszcza. Obok niego stał potężny mężczyzna w granatowym garniturze, żywo gestykulując. Talbot wycelował oko obiektywu w mężczyznę w smokingu, kiedy ten kładł dłoń na ramieniu swego towarzysza.

Przez resztę dnia śledził mężczyznę, starając się zrobić jak najwięcej zdjęć i pozostać niezauważonym. Nie było to trudne, ponieważ każde miejsce, w którym mężczyzna się pojawiał, roiło się od fotografów. Mężczyzna najwyraźniej nie podejrzewał, że wśród licznie przybyłych gości weselnych może być ktoś niezaproszony. Talbot z dużą łatwością zrobił kilkadziesiąt zdjęć, nie zwracając niczyjej uwagi. Musiał przyznać, że pomysł Hogana, aby zrobić zdjęcia Slima w dniu ślubu, był genialny. Tej nocy w hotelu zabezpieczył aparat i włożył na spód walizki.

Forda sierrę zaparkował w tym samym miejscu, z którego odebrał go dzień wcześniej. Z lekkim uczuciem dumy stwierdził, że zdołał przejechać samochodem po złej stronie drogi ponad sto kilometrów bez żadnej stłuczki. Kluczyki zostawił w recepcji, w kopercie zaadresowanej na „World Travel". W ciągu godziny był na lotnisku Okęcie, a trzy godziny później wsiadał do samolotu rejsowego British Airways do Londynu. Tam czekała go przesiadka na lot do Singapuru. W Singapurze miał ponad dwie godziny do odlotu maszyny linii Quantas do Canberry. Po starcie, kiedy uśmiechnięty steward BA podał mu tacę z posiłkiem, obiecał sobie wykorzystać przynajmniej część tego czasu na płukanie żołądka.

Rozdział piąty

PAPARAZZI BYLI WSZĘDZIE. Oślepiające flesze ich aparatów błyskały na miejscu do parkowania, gdzie wciąż podjeżdżały nowe samochody, strzelając spod kół kamykami ze żwirowej alejki i wypluwając ze swych wnętrz dostojnie wyglądających gości. Trzej zmarznięci chłopcy w czarnych płaszczach z pomarańczowymi szalikami na szyjach biegali między pojazdami, otwierając drzwi, wypuszczając przybyłych gości i zbierając napiwki, które zręcznym ruchem dłoni chowali do kieszeni spodni. Jeden z nich nosił wełniane nauszniki i przez chwilę szarpał się bezskutecznie z klamką samochodu Marcina.

– Nie myślał pan o nowej bryce? – powiedział, opierając się o otwarte kopniakiem od wewnątrz drzwi i zaglądając do środka. – Zniszczy pan sobie buty.

Drogę do oranżerii oznaczono pochodniami wbitymi w zwały odgarniętego śniegu. Marcin szedł za kobietą w złotych klapkach, których obcasy wbijały się w zmarznięty żwir alejki. Kobieta z trudem utrzymywała równowagę, przechylając się niebezpiecznie w kierunku wąskich ramion karykaturalnie niskiego partnera.

Zaproszenie podał barczystemu mężczyźnie przy wejściu, który krytycznie przyjrzał się jego skórzanej kurtce.

W okrągłym przedsionku grupa zdezorientowanych gości tłoczyła się jak stado laboratoryjnych szczurów próbujących znaleźć wyjście z labiryntu. Czyjeś ręce sięgały po płaszcze, futrzane czapki i kapelusze, unosząc je po chwili nad głowami zebranych, jakby były cennym łupem wystawianym na pokaz pozostałym członkom plemienia. W kącie żeński kwartet smyczkowy próbował wygospodarować sobie miejsce na zamaszyste ruchy smyczków, których wymagała kompozycja Haendla. Drogę do głównej sali blokował następny szpaler paparazzich, oślepiający szarżujący tłum gości fleszami aparatów. Marcin, schowany za plecami ogromnego mężczyzny wymachującego w powietrzu czymś, co przez chwilę wydawało mu się ludzką głową, a okazało się blond peruką jego żony, zdołał minąć zagradzających drzwi reporterów i wejść do środka.

W porównaniu do ciasnego i zatłoczonego pierwszego pomieszczenia główna sala oranżerii wydała się niebywale przestronna. Po obu jej stronach ustawiono rzędy krzeseł przystrojonych pomarańczowymi różami. Przejście przykryto pomarańczowym dywanem i oświetlono sznurem migoczących świec. Na końcu długiego pomieszczenia, na podwyższeniu obsypanym płatkami róż, stał ogromny stół z błyszczącą statuetką orła w koronie na pokrytym czarnym suknem blacie. Nad stołem, wysoko u sufitu, zawieszono czarną, muślinową tkaninę w kształcie kokardy. Jej długi koniec unosił się nad przejściem jak gigantyczna moskitiera.

Ktoś bardzo się postarał, aby wystrój oranżerii nawiązywał do atmosfery kościoła. Nawet gipsowe kopie starożytnych rzeźb i płaskorzeźby zdobiące ściany pomieszczenia oświetlono w taki sposób, aby sprawiały wrażenie małych ołtarzy porozrzucanych po zakamarkach zaimprowizowanej, ekumenicznej katedry. To było czwarte przyjęcie ślubne Andy'ego Slima, ale pierwsze jego młodej wybranki. Bez względu na bogatą przeszłość swojego partnera, przyszła pani Slim nie zamierzała rezygnować z atmosfery małżeńskiego *sacrum*.

Rodzina panny młodej, stojąca w grupie po prawej stronie sali, prezentowała się wspaniale. Wysocy i szczupli, z głowami uniesionymi lekko do góry, wyglądali jak stado chartów przed gonitwą. W ich otoczeniu Andy Slim, mimo smokingu od Brioniego i włosów przyczesanych zgodnie ze stylem maklerów giełdowych przy samej skórze, wyglądał jak przedsiębiorca pogrzebowy, który pomylił przyjęcia, albo kelner ustalający ostatnie szczegóły planowanej kolacji.

Marcin usiadł obok drobnej kobiety z olbrzymią rokokową fryzurą, w sukni, która pachniała Desą, i wachlarzem w dłoni. Kiedy w odpowiedzi na lekkie stuknięcie wachlarzem w ramię odwrócił głowę w jej stronę, jego wzrok napotkał parę szklanych oczu lisa zdobiącego szyję damy.

– Jest pan z rodziny pana młodego?

Ani przez chwilę nie dopuściła możliwości, że mógłby być spokrewniony z rodziną chartów.

– Nie. Z gazety – odpowiedział.

Kobieta pokiwała współczująco głową, a potem znów dotknęła jego ramienia wachlarzem i ściszyła głos do szeptu.

– Mogła mierzyć dużo wyżej – powiedziała. – Podobno wymieniła listy z młodym Thurn-und-Taxis.

Marcin pochylił się w stronę kobiety, a jego głos z trudem przebił się przez gwar otaczających ich dźwięków.

– Pytanie, czy wziąłby ją z bękartem?

Szklane oczy lisa zamigotały ostrzegawczo, zanim ich właścicielka, rozpostarłszy wachlarz niczym ogon pawia, odgrodziła się od niego na resztę ceremonii.

RZEŹBY LE BRUNA WPATRYWAŁY SIĘ w niego oczami bez źrenic. Sześcioramienne, złocone świeczniki w ich gipsowych dłoniach oświetlały ściany, podzielone za pomocą bliźniaczych pilastrów na dziewięć lóż otaczających salę teatru.

Widownię zakryto zaimprowizowaną podłogą, która schodziła czterema tarasami do sceny, na której urządzono miejsce do tańca. Tarasy i loże wypełniały grupy gości ściskających dłonie, wymieniających powietrzne pocałunki, poklepujących się po plecach i starannie planujących towarzyską nawigację według bieżącej wartości rynkowej zgromadzonych gości. Państwo młodzi, z kieliszkami szampana w dłoniach, stanowili dogodny punkt odniesienia w komplikującej się z godziny na godzinę topografii wnętrza.

Marcin stanął blisko sceny, obserwując kłębiący się tłum i próbując upodobnić się do iluzjonistycznych malowideł tworzących drugie piętro widowni.

Jan Hilke stał z cygarem w dłoni, w towarzystwie dwóch

mężczyzn w smokingach. Zanim Marcin dojrzał go po drugiej stronie sali, najpierw usłyszał jego śmiech, głośny i zaraźliwy. Śmiech z chłopięcej szatni w szkole, śmiech, jakim kwituje się sprośne kawały.

Hilke wcisnął cygaro do ust, stanął w rozkroku, pochylił górną część ciała, złożył dłonie w uchwyt golfowy i uderzył niewidzialną piłeczkę potężnym ruchem wahadła. Kiedy odprowadzał ją wzrokiem w stronę osiemnastego dołka, ich spojrzenia skrzyżowały się na kilka sekund. Na twarzy Hilkego pojawił się grymas uśmiechu.

Marcin podniósł do ust trzymaną w dłoni szklankę i opróżnił ją do dna. Alkohol rozchodził się po ciele jak pierwsza fala snu. Kostka lodu w ustach parzyła go w podniebienie.

Kiedy opuścił głowę, Hilke szukał jego wzroku z wyciągniętą przed siebie dłonią uzbrojoną w dymiące cygaro. Jeden ze stojących obok mężczyzn, wysoki brunet ze śniadą twarzą, przerwał mały krąg i ruszył w kierunku wskazanym przez Hilkego. Marcin odwrócił się na pięcie i poszukał wzrokiem kelnera z tacą.

– Marcin Zięba?

W głosie mężczyzny wyraźnie pobrzmiewał obcy akcent.

Marcin postawił szklankę na parapecie okna, odwrócił się i uścisnął wyciągniętą w jego kierunku dłoń.

– Max Stein.

– Jan mówił mi, że razem pracowaliście. – Dłoń Steina wykonała nieokreślony ruch w kierunku Hilkego. – Nie wiedziałem, że był pan prawnikiem.

– W poprzednim życiu.

– Dobrym prawnikiem, z tego, co słyszałem. Nie żal panu?

Kelner z tacą pojawił się za plecami Steina. Marcin nie pozwolił mu odejść, dopóki nie wypił dwóch kieliszków wódki i nie wziął do ręki trzeciego. Stein spoglądał na niego z rozbawieniem.

– Dobrze się pan bawi?

Marcin skinął głową.

– Wie pan, jaka jest różnica między kurwą a prawnikiem?

Stein rozłożył ręce.

– Prawnicy robią to bez zabezpieczeń.

Roześmiali się. Marcin, który odczuwał już skutki wypitego alkoholu, długo i hałaśliwie.

– Woli pan dziennikarstwo?

– Dużo pan o mnie wie.

– Układałem listę gości. Pracuje pan w „Głosie"?

– „Tylko nagie fakty". – Marcin wyrecytował motto dziennika. – Z naciskiem na „nagie". Gdzie ten kelner?

Stein położył mu dłoń na ramieniu.

– Powinien pan trochę zwolnić – poradził.

– Kończy się alkohol?

– Nie. Ale wieczór dopiero się zaczyna.

– Nie dla mnie.

NIE POTRAFIŁ POWIEDZIEĆ, kiedy nabrał pewności, że hilke jest winny. Może wiedział o tym od samego początku? Z pewnością nie stało się to za sprawą pojedynczego słowa, gestu czy też spojrzenia Hilkego, rzuconego podczas długich sesji przygotowawczych do procesu. Wystarczyło jednak pozbierać wszystkie drobne szczegóły, połączyć punkty, poskładać rozsypane elementy zdarzeń i relacji, aby w wyniku dochodzenia pojawiła się twarz ich klienta, powoli, kreska po kresce, jak portret pamięciowy sprawcy. Marcin zrozumiał, że aby obronić Hilkego, muszą zaburzyć następstwo zdarzeń, rozłączyć to, co połączone, skupić się na tym, co nieistotne i odrzucić – jako nic nieznaczący przypadek – to, co kluczowe.

Hilke twierdził, że po kolacjach suto zakrapianych alkoholem wracał do swojego pokoju. O dziewiątej rano musiał być na polu golfowym, gdzie wraz z gośćmi fundacji rozpoczynał gonitwę za małą białą piłką. Zajęcia z dziećmi prowadziło dwoje opiekunów. Dzieci jadły kolację o siódmej w sali konferencyjnej hotelu, po czym wracały do swoich pokojów. O ósmej gaszono światło. Oprócz przypadkowych spotkań w hotelowym lobby dzieci i goście nie stykali się ze sobą. Hilke nie potrafił jednak powiedzieć, dlaczego Monika Wandyk, jako jedyna z grupy ociemniałych dzieci, miała własny pokój hotelowy i dlaczego on dysponował dodatkowym kluczem do niego.

Co gorsza, Hilke swoją arogancją i butą zrażał opinię publiczną. We wszystkich rozmowach z przedstawicielami prasy konsekwentnie nazywał ociemniałą dziewczynkę „małą zdzirą", a siebie określał jako ofiarę „skandalicznego szantażu". Rodzice skrzywdzonej dziewczynki, jego zdaniem, kierowali się chęcią do „wzbogacenia się jego kosztem", dokonania bezwzględnego „skoku na kasę", jak to określał.

Ale to Marcin, a nie rodzice dziewczynki, gonił za bogactwem i władzą. To on wkładał co dzień świeżo nakrochmaloną koszulę, wiązał krawat i zapinał spinki do mankietów, jak guziki munduru tajemnej armii Hilkego; jeszcze jeden z jego sępów, z zaostrzonym piórem w dłoni i cynicznym uśmiechem na ustach.

„Zachowujesz się jak dziecko", usłyszał głos Marii.

– MA PAN DZIECI? – Stein patrzył na niego, dotykając dolnej wargi palcem wskazującym.

– Dzieci? – Marcin znów trzymał w dłoni kieliszek z wódką. – Powinien pan o to spytać moją eks. Ona zajmuje się całym pomałżeńskim inwentarzem. Nie. – Potrząsnął głową. – Na liście podziału majątku nie było dzieci.

– Przykro mi.

– Widzi pan...

Zanim zdążył dokończyć, mężczyzna z gładko przyczesanymi wybrylantynowanymi włosami i w okularach w metalowej oprawce położył dłoń na ramieniu Steina.

– Max!

Stein powoli odwrócił się w jego stronę.

– Krystian – powiedział, jakby diagnozował ból głowy. – Panowie się nie znają.

Marcin ścisnął dłoń Krystiana Lukki, który nie spojrzał na niego dłużej niż przez jedną setną sekundy.

– Musimy porozmawiać – powiedział Lukka, rozciągając słowa. W prawej ręce trzymał szklankę ze szkocką. – Rynki poszły na południe! Głęboko na południe. Prawdziwa rzeź, Max.

Uniósł dłonie, jakby chciał pokazać mężczyznom, że są splamione krwią. Marcin dojrzał tylko mokrą plamę na mankiecie koszuli.

– Jesteśmy na przyjęciu – powiedział Stein i chwycił Lukkę za ramię. – To nie miejsce na dyskusje o biznesie.

Lukka wyrwał ramię z uścisku Steina. „Zbyt gwałtowanie jak na przyjacielską wymianę zdań", pomyślał Marcin. Jego prawa dłoń ze szklanką uniosła się na wysokość twarzy Steina; palec wskazujący odstawał od szkła w karcącym geście.

– Unikasz mnie, Max. Nie możesz mnie wiecznie unikać, do kurwy nędzy! Bruksela dzwoni bez przerwy, a ja nie wiem, co im powiedzieć. Kto pokryje *margin calls*, Max? Może ta mała z wibratorem, co?

Twarz Lukki skrzywiła się w grymasie bólu. Stein ściskał jego prawe ramię z taką siłą, że kostki lodu zaczęły postukiwać o ścianki szklanki.

– Spokojnie, Krystian – powiedział. – Może zabierzesz to gówno do łazienki?

Twarz zwróconą w stronę Marcina rozjaśnił uprzejmy uśmiech.

– Miło było pana poznać. Jestem pewien, że jeszcze się spotkamy.

Lewą dłoń uniósł do góry w przyjacielskim pozdrowieniu. Prawą nadal zaciskał jak żelazną obręcz wokół ramienia pobladłego Lukki.

MUSIAŁ ZACZERPNĄĆ ŚWIEŻEGO POWIETRZA. Z dodatkiem nikotyny.

Szedł w stronę żarzącego się, pomarańczowego ognika. Mężczyzna z aparatem na kolanach siedział na stopniach oranżerii i palił papierosa.

– Ma pan jeszcze jednego?

Mężczyzna spojrzał na niego zmęczonym wzrokiem i skinął głową. Jego dłoń zniknęła na chwilę w połach kurtki i wynurzała się, trzymając paczkę papierosów.

– Jak tam jest?

– Niebezpiecznie – powiedział Marcin, wkładając papierosa do ust i spoglądając na oświetlone drzwi oranżerii.

Siedzieli przez chwilę w milczeniu, wydmuchując dym z papierosów. W zimnym powietrzu nocy mieszał się z parą ich oddechów.

– Zmarznie pan – powiedział mężczyzna i wskazał ruchem głowy nędzną kurtkę Marcina. – Jest poniżej zera.

– Mam grubą skórę.

Ciepły dym przyjemnie rozchodził się w płucach. Mężczyzna obok wypuścił dwa kółka dymu, które zawisły w powietrzu jak aureole nieobecnych świętych.

Od strony parku ktoś nadchodził szybkim krokiem. Najpierw usłyszeli odgłos kroków na żwirowej ścieżce, a potem ujrzeli zarysy wysokiej, kobiecej sylwetki. W świetle migoczących płomieni pochodni wiotka postać poruszała się, jakby zarejestrowano ją na zdartej kliszy niemego filmu.

Mężczyzna spojrzał na niego, marszcząc czoło.

– Spóźniony gość?

Marcin wzruszył ramionami i zgasił papierosa.

Kobieta podeszła do oświetlonego wejścia, stając na stopniach przed barczystym ochroniarzem, którego długi cień wyrósł na kamiennym tarasie i ścieżce. Światło z wnętrza zatrzymało się na niej jak punktowy reflektor. Z miejsca, w którym siedzieli, widzieli jej szczupłą sylwetkę w ciemnym długim płaszczu i mały okrągły kapelusz, który przesłaniał część jej twarzy. Ochroniarz stał nieruchomo, z dłońmi splecionymi na piersi.

Dobiegały ich strzępy rozmowy. Ochroniarz stanowczo potrząsał głową. Głos kobiety wznosił się raz po raz, jakby ćwiczyła gamy, chcąc wziąć górne C. Jej ramiona wystrzeliły w powietrze w kierunku twarzy mężczyzny.

Odepchnięcie zachwiało nią, jakby miała za chwilę stracić równowagę i spaść ze stopni oranżerii. Jej ciało wygięło się do tyłu. Wyprostowanymi ramionami usiłowała chwycić się napastnika. Czarny kapelusz zsunął się z głowy i potoczył w ciemność.

– O kurwa! – Mężczyzna siedzący obok Marcina poderwał się na równe nogi z dłońmi mocno zaciśniętymi na aparacie.

Kobieta zdołała uchwycić ramię ochroniarza i odzyskać równowagę. Prostując się, krzyknęła – pojedynczy, ogłuszający wybuch wściekłości.

Mężczyzna z aparatem wycelował obiektyw w kierunku drzwi oranżerii. Marcin stał dwa kroki za nim, przyglądając się całej scenie.

– Max! Ty skurwysynu! Wyłaź natychmiast!

W ciszy panującej dookoła krzyk kobiety był jak zgrzyt kredy na suchej tablicy. Ochroniarz zrobił krok w jej stronę i otwartą dłonią uderzył ją w twarz. Błysk flesza spotęgował odgłos uderzenia. Mężczyzna stał przez chwilę oślepiony światłem, a potem złożył prawą dłoń w daszek nad oczami.

Kobieta z dłońmi przy twarzy stała zgięta wpół, jakby dostała mocny cios w brzuch. Kiedy ochroniarz, podążając za źródłem światła, zrobił krok w ich stronę, wyprostowała się i rzuciła na niego, wbijając mu paznokcie w twarz. Ochroniarz krzyknął z bólu i zatrzymał się wpół kroku.

Ich połączone ciała poruszały się w krótkich gwałtownych błyskach pracującego niemal bez przerwy flesza. Marcin przyglądał się całej scenie bez ruchu, zafascynowany zwierzęcą dynamiką ciał, wdychając mroźne powietrze i trzeźwiejąc pod jego wpływem.

Potężny cień wybiegł z oranżerii jak wyścigowy ogier z boksu startowego. Marcin kątem oka dojrzał szarżującą sylwetkę, przysłoniętą przez złączone w tańcu świętego Wita postacie kobiety, ochroniarza i fotografa.

Nie widział uderzenia. Usłyszał tylko głuche uderzenie, potem głośny, przeciągły jęk fotografa, jakby uchodziło z niego powietrze. Jego nieruchome ciało upadło na ziemię, twarzą zarył w brudnym śniegu.

Pierwszy cios spadł na niego z impetem, jak dzikie zwierzę z ciemności, odbierając mu oddech i zmuszając do przyklęknięcia. Śnieg był zimny i mokry; w ciągu kilku sekund nogawki spodni nasiąkły wodą. „Jak ja wrócę na przyjęcie?", pomyślał i próbował podnieść się z kolan.

Drugi cios odebrał mu przytomność.

– NIKOMU NIE POWIEM, ŻE TU JESTEŚ.

Dziewczynka wyciągała rękę w jego kierunku. Instynktownie przycisnął plecy do ściany i oparł dłonie o ociekające wodą kafelki. Jego powieki z całych sił zacisnęły się – dziecięcy sposób na unikanie niebezpieczeństwa.

– Gdzie jesteś?

Był na sali sądowej. Siedział obok Kesslinga i starał się na nią nie patrzeć, tak jakby mogła zobaczyć jego twarz i dostrzec rysujące się na niej wstyd i pogardę dla samego siebie.

Kessling zadawał pytania o szczegóły anatomii Hilkego, jakby przepytywał ją z zadanej lekcji. Jego beznamiętny i znudzony głos miał uśpić czujność sędziego i ławników, aby nie przypomnieli sobie, że świadek ma dopiero dwanaście lat i nie powinien odpowiadać na pytania, które wprawiłyby w zażenowanie portową dziwkę.

– Czy penis oskarżonego miał charakterystyczny kształt? Przypomnij sobie, proszę, to bardzo ważne.

Wujaszek Kessling próbujący swego poczytam-ci-do-snu głosu. Wszyscy na sali wydają się uśpieni hipnotyczną intonacją Kesslinga. Jakby oglądali tańczącego węża. Prokurator budzi się na chwilę i podrywa z krzesła. „Nareszcie", myśli Marcin. „Nareszcie".

Świadek nie może mieć takiej wiedzy, argumentuje, patrząc niepewnie w stronę Kesslinga. Taka wiedza zakłada znajomość męskich narządów rozrodczych, której świadek z racji swego wieku i doświadczenia życiowego nie może posiadać. Kessling rozkłada bezradnie ręce. Czyżby on coś takiego sugerował? On, praktykujący katolik i ojciec trojga dzieci? Nie chodzi mu o ustalenie różnicy pomiędzy narządami jego klienta a narządami innych osób – charakterystykę porównawczą, jak sugeruje prokurator – a jedynie o podanie opisu narządów klienta, które mają, co zamierza udokumentować, cechy odróżniające organ pana Hilkego od pozostałych organów; różnice, które staną się jasne dla sądu, kiedy zostaną przedstawione jako dowód niewinności jego klienta. Jeżeli to, co zarzuca się panu Hilkemu, jest prawdą, to świadek musi znać pewne specyficzne cechy jego anatomii. Jeżeli nie, cóż – sąd sam zadecyduje, co o tym sądzić.

– Niech świadek odpowie – mówi sędzia.

– ODEZWIJ SIĘ! PROSZĘ!

Ktoś potrząsał jego ciałem.

„Nic nie mów!", krzyczał. „Nic im nie mów!".

Ktoś uderzał otwartą dłonią w jego twarz.

– Obudź się! No, dalej!

Najpierw zobaczył profil kobiety („Mój lepszy profil", powiedziała mu później, sącząc gorącą kawę z kubka) oświetlony żarówką nocnej lampki okrytej różową tkaniną, a zaraz potem wirujące nad głową kształty gwiazd, księżyca i słońca w podwieszonym pod sufitem tanim papierowym mobilu.

Kiedy wciągnął powietrze, poczuł wyraźny zapach sandałowca. Przestrzeń wypełniały dźwięki sitar i ogłuszający gwizd czajnika.

– Gdzie ja jestem? – zapytał, usiłując poruszyć głową. Głowa implodowała na tysiąc kawałków i spłynęła w głąb jego brzucha.

Brak odpowiedzi.

Unosząc się lekko na czymś, co mogło być poduszką lub ołowianą skrzynką, skierował wzrok w stronę źródła światła przed sobą – prostokątnego otworu drzwi. Gwizd czajnika ustał. Po kilku taktach muzyki sitar zaczął żałować, że tak się stało. Zamknął powieki.

Kiedy je otworzył, jej „lepszy profil" pochylał się nad nim ponownie z wyrazem troski w jedynym widocznym oku.

– Mój pieprzony błędny rycerz – powiedziała, wyciągając do niego rękę. – Nie wyglądasz najlepiej.

Nie czuł się najlepiej.

– Boli? – Palce dziewczyny dotknęły jego wargi.

Gdzieś widział jej twarz.

– Muszę iść do łazienki.

Próbowała pomóc mu podnieść się z łóżka, ale odtrącił jej dłoń. Usiadł z wysiłkiem, opierając się dłońmi o miękką powierzchnię materaca. Kiedy uniósł głowę, stała nad nim z wyciągniętym ręcznikiem.

– Może ci się przydać.

Nie pamiętał, co się wydarzyło ani jak się znalazł w tym dziwnym miejscu pachnącym sandałowcem. Nie wiedział, kim była samarytanka podająca mu ręcznik, choć był pewien, że widział już gdzieś jej twarz. Noc była zlepkiem obrazów miejsc, twarzy i wydarzeń, jak popartowski collage. Próbował poruszyć głową i poczuł tępy ból. Miał wrażenie, że jego głowę umieszczono w imadle i dokręcono klamry. Dotknął dłonią czoła i poczuł, że pokrywają je kropelki potu.

Siłą woli zsunął się z łóżka i prawie na czworakach dotarł do łazienki, potykając się o stolik i krzesło. Gdy zaciskał powieki, ból wydawał się znośniejszy. Po omacku odszukał słuchawkę prysznica i odkręcił wodę. Na początku lodowaty strumień powiększał jego cierpienia i Marcin jęknął, z trudem powstrzymując wymioty. W jego głowie eksplodowała supernowa, nakłuwając powieki setkami maleńkich iskier. Woda rozpryskiwała się i zalewała koszulę na plecach, spływała lodowatym strumieniem po brzuchu i spodniach.

Po minucie wodnej terapii, kiedy świat przestał niebezpiecznie wirować, zaryzykował otwarcie oczu. W pierwszej chwili nie rozpoznał swojej twarzy w lustrze. Odbicie, które wpatrywało się w niego znad umywalki, należało do boksera wagi ciężkiej albo ofiary chirurgii plastycznej. Prawa część twarzy była mocno spuchnięta. W kąciku ust brązowa plama zakrzepłej krwi wyglądała jak mapa tajemniczego lądu. Na lewej skroni dostrzegł ślady zadrapań. U nasady szyi rozchodziły się dwa potężne siniaki, których kolor zmieniał się od brudnej czerwieni po błękit.

Rozejrzał się po niewielkiej łazience pomalowanej na wściekle różowy kolor. Nad jego głową na rozciągniętych żyłkach suszyła się damska bielizna – błękitne koronkowe majtki, czarny trykot i biały biustonosz. Na półce przed lustrem stała bateria słoiczków i pudełeczek w różnych kształtach i kolorach, wypełnionych kosmetykami do codziennej walki z czasem i zmęczeniem. Jeśli w tym domu mieszkał mężczyzna, to albo był w długotrwałej delegacji, albo tańczył w balecie.

Namydlił dłonie i z trudem usunął krwawe ślady. Rana na wardze była niewielka i od biedy mogła wyglądać jak zacięcie przy goleniu. Zadrapanie na skroni ukrył pod plastrem, który znalazł w szafce nad lustrem obok środków antykoncepcyjnych i witaminy C. Gorzej było z opuchlizną. Miał nadzieję, że kompres z lodu pomoże ją zmniejszyć.

KIEDY WYSZEDŁ Z ŁAZIENKI, miał na sobie czarną, aksamitną podomkę, ściągniętą wąskim paskiem na wysokości bioder.

Dziewczyna siedziała na łóżku z nogami podwiniętymi pod siebie, w lewej dłoni trzymając przy twarzy ręcznik, w prawej parujący kubek. Na jego widok zagwizdała lekko. Odruchowo poprawił dłońmi fałdy podomki.

– Wrzuciłem rzeczy do suszarki – powiedział.

– Jak się czujesz? – W jej głosie słychać było troskę.

Spojrzał na nią dłużej, niż powinien.

– Jeszcze pięć lat temu, zanim zacząłem gubić włosy i zanim moja żona... eks-żona – poprawił się – pozbawiła mnie dobrych manier, uznałbym nasze spotkanie za preludium do czegoś na wskroś współczesnego i zwierzęcego. Byłbym wzruszony twoją opiekuńczością i oszołomiony własnym magnetyzmem. Wykrzesałbym resztki osobistego uroku, który niestety przez ostatnie lata zaczął się wymykać spod ograniczeń spodni i marynarek. – Jego dłoń spoczęła na brzuchu, jakby sprawdzał ruchy płodu. – Mam trzydzieści siedem lat i nieudane małżeństwo za sobą. Ostatnie trzy lata przeżyłem, nie trzeźwiejąc, co mogło mieć wpływ na przebieg mojego związku i mojej kariery, która nie ruszyła się ani o centymetr, od czasu kiedy zająłem drugie miejsce w szkolnym konkursie krasomówczym. Wszystko, co posiadam, należy do mojej żony. Łącznie z moim nazwiskiem. Praca przyszła w posagu i jeżeli bardzo się postaram, stracę ją przed zakończeniem postępowania rozwodowego. Mam trzysta dwanaście złotych na rachunku bankowym i dwa tysiące długu wobec różnych działów redakcji, które tworzą moją prywatną piramidę finansową. Wszyscy, którzy mnie znają, unikają mnie jak trędowatego. Nawet mój pies, gdybym go posiadał, wybrałby moją żonę. Czy na pewno chcesz wiedzieć, jak się czuję?

Dziewczyna odrzuciła ręcznik na łóżko i przesunęła dłonią po gładkich włosach. Światło nocnej lampki oświetliło jej twarz, a on nagle pojął, skąd ją zna.

– „Tylko M.O.C." – powiedział, przyglądając się jej regularnym rysom. – Jesteś dziewczyną z plakatu...

– Brawo. – Jej krótki śmiech nie miał w sobie nic z wesołości. – Bardziej rzeczywista niż w rzeczywistości. Większa niż życie.

„Niezupełnie", pomyślał, przyglądając się jej dziewczęcym kształtom.

– A więc mój rycerz okazał się pijanym barbarzyńcą – powiedziała, zapalając papierosa. – Nie pierwszy raz i nie ostatni.

Jej dłoń zniknęła pod łóżkiem i pojawiła się po chwili, trzymając plastikową torebkę z lodem.

– Przyłóż do wargi. Powinno pomóc. – Dłonią odgarnęła włosy opadające na jej lewy profil. – Ja nie miałam tyle szczęścia.

Na jej policzku widniały świeże zadrapania. Pod okiem czerwona opuchlizna wielkości pięciozłotówki zaczęła ciemnieć na obrzeżach.

– Kurwa mać, to moje narzędzie pracy! – jej głos brzmiał histerycznie. Pochyliła się, żeby sięgnąć po leżący na łóżku ręcznik. – Nie mam nic prócz tej twarzy.

– Jesteś dziewczyną z plakatu – powtórzył, jakby chciał powiedzieć: „Uspokój się. Wszystko będzie dobrze".

Spojrzała na niego z błyskiem politowania w oczach.

– Na przepustce w prawdziwym świecie. Zeszłam z plakatu, żeby spotkać dziennikarza lokalnej gazety i wyznać mu miłość. Niestety. Nieszczęśnik całkowicie stracił pamięć.

– Pamiętam błysk flesza. Mężczyznę biegnącego w moją stronę. – Marcin potarł skronie dłońmi. – Niewiele więcej. Wszystko wydarzyło się tak szybko. Może to wina alkoholu, a może... – Wskazał palcem na twarz dziewczyny. – Kto ci to zrobił?

– Ta sama osoba, która ponosi odpowiedzialność za twój wygląd – powiedziała, gasząc gwałtownie papierosa w popielniczce. Marcin zauważył, że jej zachowanie uległo nagłej zmianie. Była teraz oszczędna w gestykulacji. Coraz rzadziej spoglądała w jego stronę.

Zapaliła następnego papierosa. Spostrzegł, że drżą jej dłonie.

– Jesteś dziennikarzem?

134

Wzruszył ramionami.

– Piszę o pijanych kierowcach i bezdomnych psach albo na odwrót. Mój ostatni artykuł doprowadził do ujęcia sześćdziesięcioletniej staruszki, która zapychała zsyp w bloku na Ochocie. Na drabinie ewolucyjnej dziennikarstwa jestem amebą.

– Jesteś dziennikarzem – powtórzyła z uporem, jakby nie słuchała, co do niej mówi. – Powinno cię zainteresować, co mam do powiedzenia. Dziennikarze piszą o takich rzeczach.

– O jakich rzeczach?

Zdusiła papierosa w popielniczce. Przechyliła się na łóżku i wyciągnęła rękę w stronę nocnego stolika. Otworzyła szufladę i zaczęła mówić, zwrócona do niego plecami.

– O brudnych interesach. O podejrzanych transakcjach. – Wyszarpnęła z szuflady żółtą kopertę i rzuciła w jego kierunku. Koperta opadła na krawędź łóżka i zsunęła się na podłogę. – Piszecie o takich rzeczach. Takie historie sprzedają gazety.

Usiadła wyprostowana z dłońmi wczepionymi w poduszkę.

– Takie historie sprzedają gazety – powtórzyła.

Schylił się po kopertę, ściskając w dłoniach poły kusej podomki. Otworzył ją i wyciągnął z niej plik zadrukowanych stron. Wyglądały jak zestawienie wyciągów bankowych, kopie faktur, listy adresowane do firm i osób, których nazw ani nazwisk nie rozpoznawał.

– Będę z tobą szczery – powiedział, wkładając dokumenty z powrotem do koperty. – Nie wiem, czym zasłużyłem sobie na twoje zaufanie albo też nie pamiętam – wszystko jedno. – Chciała mu przerwać, ale powstrzymał ją ruchem dłoni. – Pochlebia mi to, że mnie wybrałaś. Naprawdę. Zaufanie to ważna rzecz w naszym zawodzie. Podstawa. Ale jeśli chodzi o to... – Wskazał palcem na kopertę. – Nie wiedziałbym nawet, jak się do tego zabrać.

– Wszystko jest w papierach – mówiła teraz szybko, jakby bała się, że jej przerwie. – Cała historia.

– Nie słuchasz mnie – powiedział, kładąc dłoń na jej ramieniu. Jej ciało było napięte jak struna harfy. – Gdybyś chciała donieść na sąsiada, który obnaża się na twój widok – nie mogłabyś wybrać lepiej. W chwilach względnej trzeźwości piszę sto do dwustu słów na tematy, które nie zasługują na niczyją uwagę. Jestem koszem na śmieci mojego zawodu. Nikt nie kupuje gazet z powodu historii, które piszę, i prawdę mówiąc, wcale mi na tym nie zależy. Na świecie i tak jest już za dużo historii. Za dużo wszystkiego.

– Znasz Maksa Steina? – zapytała, wzruszając ramieniem i strząsając jego dłoń jak zbędne okrycie.

– Poznałem kogoś o tym imieniu na weselu Slima. Wysoki brunet z wyraźnym obcym akcentem. Czy o niego chodzi?

Przytaknęła.

– Max Stein jest... – przerwała na chwilę. Marcinowi wydawało się, że dojrzał lekkie drżenie ust. – Stein prowadzi rozległe interesy. Tutaj, w Stanach Zjednoczonych, w Szwajcarii. Ma cichego wspólnika...

– Jak cichego? – zażartował.

– Bardzo cichego. Widziałam go tylko dwa razy. Dziś w nocy omal nie złamał ci karku. Razem obracają milionami. Takie historie sprzedają gazety – powtórzyła z naciskiem. W jej głosie usłyszał nutkę histerii. – Wszystko jest w papierach. Przecież piszecie o takich rzeczach.

Marcin miał dość tej rozmowy. Sięgnął po leżącą na stoliku kopertę.

– Przejrzę to – powiedział. – Nie mogę niczego obiecać, ale przejrzę dokładnie. Jeżeli znajdę coś, co może zainteresować moją gazetę, zadzwonię. – Uśmiechnął się do dziewczyny – Nawet nie znam twojego imienia.

– Lidia – powiedziała szybko i zapaliła następnego papierosa.

– OK, Lidio. – Spojrzał w stronę łazienki, a później poszukał wzrokiem telefonu. – Moje rzeczy pewnie już wyschły. Jeśli zadzwonisz po taksówkę, ubiorę się szybko i wyniosę stąd, zanim zaczniesz żałować, że mnie sprowadziłaś.

– Zostawili cię w parku, na ziemi, z dala od gości weselnych – powiedziała, nie patrząc na niego. – Nie wiedziałam, co z tobą zrobić. Chciałeś mi pomóc. Nie mogłam cię zostawić samego. Mogłeś zamarznąć.

Poczuł nagłe ukłucie winy. Tępy, nieprzyjemny ból w płucach.

136

– Obiecuję, że przejrzę papiery i dam ci znać. – Potrząsnął trzymaną w dłoni kopertą i poszukał oczami jej wzroku. – Dziękuję za pomoc.

Obracała głową na boki jak wahadłem zegara.

– Zobacz, co zrobili z moją twarzą. Nie mam nic więcej. Nic oprócz twarzy.

Przeraczkowała po łóżku w jego stronę, łapiąc go za ramię i podnosząc głowę, aby spojrzeć mu w twarz.

– Ile mogę dostać za tę historię? Jeśli zdecydujecie się wydrukować?

– Co masz na myśli?

– Takie historie sprzedają gazety – powiedziała, zaciskając paznokcie na jego skórze. – Chcę wiedzieć, ile to jest warte.

– Czy mogę cię o coś zapytać?

Przytaknęła skinieniem głowy. Szybko, jakby bała się, że chwila zwłoki spowoduje jego odmowę.

– Dlaczego to robisz?

Puściła jego ramię i odsunęła się na drugi koniec łóżka.

– To sprawa osobista – powiedziała po krótkiej chwili milczenia, przyciskając poduszkę do ciała. – I tak byś nie zrozumiał.

– Tego się obawiałem. – Zrobił krok w stronę łazienki. – Przejrzę papiery i dam ci znać.

– Takie historie sprzedają gazety – usłyszał za plecami.

Rozdział szósty

SIC TRANSIT GLORIA MUNDI. Tak przemija ziemska chwa-
ła. Tytus Tyszko nie chciał, żeby cokolwiek przemijało, a przede
wszystkim jego urząd. Jednak nie pozostawało mu nic innego, jak dokonać krótkiej inwentaryzacji przedmiotów osobi-
stych, które trzymał w biurze (łącznie z listą kilku „co nieco"
od wdzięcznych petentów) i poczynić szybkie plany urlopowe.
Właśnie znalazł się na bruku. Jego następca miał objąć urząd
za dwa miesiące, ale jego forpoczta – dwóch aroganckich młodzieńców w garniturach – już krążyła po korytarzach budynku,
zaglądając w każdy kąt i przewracając każdy kamień. Gabinet
pozostał jedynym azylem. Jak do tej pory barbarzyńcy tylko raz
przestąpili jego progi i wydawali się mało zainteresowani za-
wartością. Na razie był więc tutaj bezpieczny. Ale na jak długo?
Jego partia wypadła fatalnie w wyborach i zeszła na margines
życia politycznego. Utracili dziewiętnaście miejsc i zdołali umieścić tylko sześciu przedstawicieli w sejmie. W senacie mogli się
pochwalić jednym fotelem. Politycznie byli bezbronni jak kret
na lodowisku. Ślepi i po omacku poszukujący kierunku.

Polityka! Od kiedy władza stała się nieustannym sprzyja-
niem pospólstwu, pochlebianiem głupocie i zaspokajaniem
oczekiwań tych, którzy byli zbyt naiwni lub pijani, aby posiadać jakiekolwiek oczekiwania, Tytus Tyszko z nostalgią wspominał czasy „podziemnych" spotkań, nielegalnych protestów
i zakazanych publikacji, które z drżeniem kolan przemycał za
paskiem spodni. Wtedy czuł się wybrańcem narodu, bohaterem w służbie uciemiężonej Ojczyzny!

Spojrzał na zegarek. Była za kwadrans dziesiąta. Stół, przy którym przyjmował gości, zastawiono „nieśmiertelnikami" – słone paluszki, kruche ciasteczka, dzbanek soku pomarańczowego, termos z kawą. Wszystko było przygotowane na jego ostatnie znaczące wystąpienie w roli wojewody – sprzedaż Browaru.

Browar był bajecznym sukcesem, pod którym chętnie i często się podpisywał. Browar był głównym sponsorem corocznych targów miejskich, na które dwukrotnie udało mu się sprowadzić premiera. Browar sfinansował budowę nowego przedszkola oraz zaopatrzył miasto w pięć znakomicie wyposażonych karetek pogotowia. Pierwszoligowa kobieca drużyna hokeja na trawie, w której grała jego siostrzenica, nosiła na koszulkach logo Browaru i utrzymywała się dzięki jego corocznym dotacjom. Ale to nie wszystko. Oprócz tego były sztandary dla straży pożarnej, nowy dach dla komendy policji, dwa maszty dla jednostki wojskowej, zbiory biblioteczne dla kuratorium wojewódzkiego, wózek inwalidzki, proteza ortopedyczna i wiele, wiele innych rzeczy. Codziennie do Browaru napływały dziesiątki listów z prośbą o pomoc, wsparcie lub sponsoring.

Miasto nie mogło funkcjonować bez Browaru, pomyślał Tyszko. Dlatego należało go sprzedać.

Umowa sprzedaży gwarantowała nie tylko okrągłą sumę dwunastu milionów złotych dla Skarbu Państwa, ale także przewidywała wypłatę czterech milionów na cele społeczne wskazane przez wojewodę. Prasie bardzo się to spodobało. A co podobało się prasie... Poza tym Browar, w którym wojewoda miał 30 procent udziałów, był zbyt dużym atutem politycznym, żeby Tyszko chciał go pozostawiać swemu następcy. Nikt oprócz niego nie będzie doił tej krowy. Jeśli on, Tytus Tyszko, musi odejść ze stanowiska wojewody, aby zrobić miejsce dla jakiegoś urzędasa z politycznego nadania, to niech tak będzie, ale Browar odejdzie razem z nim. Ręka w rękę, w promieniach zachodzącego słońca. Amen.

MROCZNE WNĘTRZA BUDYNKÓW administracyjnych były dla Andy'ego Slima jak brzuch olbrzymiej ryby. Ich wąskimi korytarzami – niczym kanalikami przewodu pokarmowego – przemykali w tę i z powrotem petenci i urzędnicy – plankton i enzymy ponurego systemu trawiennego.

Wnętrze ryby było królestwem współczesnego Jonasza, wojewody Tytusa Tyszki. Slim nie lubił Tyszki.

Wojewoda był niskim korpulentnym mężczyzną, z wiecznie zaróżowioną twarzą dziecka, małymi oczkami i złośliwym uśmiechem kogoś, kto właśnie poznał twój najintymniejszy sekret. Miał krótkie i grube palce, które w uścisku dłoni składały się jak rolki plasteliny. Wszędzie, gdzie się pojawiał, towarzyszył mu szofer, Wiktor, ogromny mężczyzna z krótko, na wojskową modłę ostrzyżonymi włosami. Slim nie lubił Wiktora.

– Miło cię widzieć, Andy. – Tyszko rozłożył ramiona, jakby zamierzał uściskać Slima.

Wyciągnięte ramię powstrzymało go w pół kroku.

– Dziękuję za zaproszenie.

Usiedli przy stole konferencyjnym, na jego przeciwnych końcach. Wiktor stanął dwa kroki za plecami Tyszki. Światło padające z okna za jego plecami uwypuklało muskularne ciało szofera.

– Jeszcze raz chciałbym powiedzieć, jak bardzo cieszę się z naszego spotkania. Małżeństwo wyraźnie ci służy. Wyglądasz wspaniale.

Slim podziękował skinieniem głowy. Komplementy Tyszki były jak osad na ścianach wanny. Lepkie i trudne do usunięcia.

– Sądzę, że nie przyszedłeś tu, żeby usłyszeć, jak gorąco wspieramy zagraniczne inwestycje w regionie ani jak bardzo staramy się być atrakcyjnym partnerem dla światowego biznesu? – Tyszko uśmiechnął się do Slima. – Tak też myślałem. W takim razie żadnych przemówień.

Siedząc za stołem konferencyjnym, Tyszko – pomimo swych mizernych 168 centymetrów wzrostu – był uosobieniem powagi urzędu, który piastował. Skupiony, ze splecionymi dłońmi, ogniskował w sobie jak w soczewce całą administracyjną moc swego stanowiska.

– Ile to już lat, Andy? Siedem? Osiem! – wykrzyknął, patrząc na uniesione palce Slima. – Mój Boże! Aż tyle? A wydaje się, że zaledwie wczoraj siedziałeś w tym samym gabinecie, przy tym samym stole, na tym samym krześle, mówiąc mi, że chcesz kupić Browar.

Pokręcił głową, jakby prawdopodobieństwo całego zdarzenia było mniejsze niż jeden do miliona.

– Osiem lat... – Złączył palce, wycelowując je w Slima. – Wiele się zmieniło w twoim życiu. Mój syn powiesił twoje zdjęcie nad łóżkiem. Możesz w to uwierzyć?! A wiesz, co zrobił z moim? – Odwrócił głowę w stronę Wiktora. – Używa go jako tarczy strzelniczej! Jak Boga kocham!

Mężczyźni zaśmiali się, kiwając z niedowierzaniem głowami. Dzieci!

– Akcje Browaru będą cię kosztować dwanaście milionów złotych – powiedział Tyszko, jakby kontynuował rozpoczętą anegdotę. – Dodatkowo Browar zobowiąże się przez następne dwa lata przeznaczyć co najmniej cztery miliony złotych na cele społeczne, wskazane przeze mnie. Obawiam się, że ten punkt nie podlega dyskusji.

Slim próbował coś powiedzieć, ale po ostatniej uwadze Tyszki powstrzymał się. Dice dał mu upoważnienia na dwadzieścia milionów złotych.

– Cieszę się, że się zgadzamy. Osobiście będę nalegał dodatkowo na dotację dla oddziału szpitala dziecięcego, którym opiekuje się moja żona. Mam nadzieję, że jesteś otwarty na propozycję pomocy polskim dzieciom. Szczególnie teraz, gdy masz młodą żonę.

Slimowi zdawało się, że Wiktor zaśmiał się lekko po ostatnich słowach wojewody.

– Ile?

– Czy wszyscy Australijczycy są tacy rzeczowi? – Wojewoda rozłożył ręce i uniósł głowę, poszukując odpowiedzi na białym tynku sufitu. – Niełatwo jest wycenić miłosierdzie. Powiedzmy, milion. Góra milion pięćset przez następne dwa lata.

Mężczyźni wymienili spojrzenia.

– Jesteśmy gotowi zaproponować dwanaście milionów złotych za trzydzieści procent akcji Browaru – rzekł Slim, jakby zbijał kwotę proponowaną przez wojewodę o połowę. Jego surowy wzrok nie napotkał żadnego sprzeciwu ze strony

Tyszki. – Dodatkowe cztery miliony złotych umieścimy w utworzonej przez Browar i wojewodę fundacji, której prezesem zostanie osoba wskazana przez pana. Celem fundacji będzie wspieranie inicjatyw gospodarczych na terenie województwa.

– Czy mogę wskazać siebie jako prezesa fundacji?

Slim potwierdził skinieniem głowy.

– Mów dalej, Andy.

– Jeżeli transakcja dojdzie do skutku przed piętnastym grudnia, Browar przekaże dodatkowo na konto oddziału szpitala dziecięcego w tym roku i w roku następnym po milionie złotych.

– Szczodra propozycja. – Wojewoda uśmiechnął się szeroko. – Ale prawdę mówiąc, niczego innego się po tobie nie spodziewałem.

Tyszko klasnął w dłonie i zatarł je energicznie.

– Możemy to zaakceptować, prawda?

Slim nie był pewien, do kogo wojewoda skierował swoje pytanie. Wiktor trwał nieruchomo przy parapecie okna.

– Co do piętnastego grudnia – Tyszko spojrzał w terminarz – mam pewne wątpliwości. Ale jeśli ustalimy datę na dwudziestego, to pewnie zdążymy.

– Zgoda – powiedział Slim.

Tyszko wpisał coś do kalendarza i zamknął go z teatralnym trzaskiem. Chowając długopis do kieszeni, spojrzał na Slima, a potem na Wiktora.

– Pozostały nam jeszcze techniczne szczegóły transakcji.

– Techniczne?

– Nudne rzeczy. Gwoździe i śrubki. Wiktor ci wytłumaczy.

Slim spojrzał w kierunku mężczyzny przy oknie, który zrobił krok do przodu i stanął za krzesłem Tyszki, kładąc prawą dłoń na oparciu.

– Czy chcecie zrobić sobie krótką przerwę przed drugą rundą?

Wojewoda wstał z krzesła, przesuwając wzrok od Slima do Wiktora.

Andy Slim nie dałby za to głowy, ale wydawało mu się, że dłoń Tyszki, zanim wojewoda podniósł się z krzesła i szybkim wystudiowanym krokiem przepracowanego urzędnika wyszedł z pokoju, zatrzymała się na chwilę na palcach Wiktora w geście zrozumienia i intymności. Pieszczocie równie nieistotnej i przypadkowej jak uderzenie skrzydeł motyla.

PO WYJŚCIU TYSZKI WIKTOR OPUŚCIŁ miejsce przy oknie i usiadł naprzeciwko Slima. Andy po raz pierwszy zauważył, że ogromne dłonie Wiktora są starannie wypielęgnowane. Nie znał zbyt wielu szoferów, którzy regularnie robili manicure.

– Czy możemy kontynuować?

Andy skinął głową i sięgnął po notes i pióro.

– Proszę nie notować – ton mężczyzny był stanowczy.

– Myślałem, że mamy porozmawiać o szczegółach technicznych transakcji.

– Zapamiętanie tego mechanizmu nie sprawi panu żadnego kłopotu. Mam pan na to moje słowo, panie Slim.

Slim zakręcił skuwkę wiecznego pióra i schował je do wewnętrznej kieszeni marynarki.

– Opłata transakcyjna od zakupu akcji Browaru – powiedział Wiktor, przyglądając się Slimowi – wynosi dwieście tysięcy dolarów. Kwota nie podlega negocjacji.

Slim patrzył na niego, zdając się nie rozumieć.

– Jeżeli potrzebuje pan chwili na zastanowienie, możemy odejść od stołu i powrócić do rozmowy później. Niech mi pan wierzy – Wiktor mówił z przekonaniem kogoś, kto wielokrotnie uczestniczył w podobnych rozmowach – kwota opłaty nie ulegnie zmianie. Jeżeli więc zależy panu na szybkim zakończeniu sprawy…

– Jaką mam pewność, że transakcja dojdzie do skutku?

Wiktor uśmiechnął się szeroko. Sprzedawca samochodów z najlepszą ofertą na rynku.

– A jakby pan ocenił prawdopodobieństwo interwencji sił wyższych?

– O czym pan myśli? – Slim był wyraźnie zaskoczony pytaniem.

Wiktor spojrzał mu w oczy.

– O Stwórcy.

– Jestem agnostykiem.

– A więc ma pan stuprocentową pewność, że wszystko zakończy się sukcesem.

– Nie tak szybko. – Slim skierował wskazujący palec w stronę Wiktora. – Chciałbym panu przypomnieć, że sprzedaż łączy się także z uzyskaniem zgody Urzędu Antymonopolowego. Jaką mamy pewność, że transakcja nie zostanie pogrzebana na szczeblu urzędu?

Na twarzy Wiktora pojawił się grymas zniecierpliwienia.

– Panie Slim, opłata transakcyjna dotyczy jedynie zakupu akcji *od nas*. Nie jesteśmy w stanie zapewnić panu przychylności wszystkich urzędów w państwie. Mieszka pan tu wystarczająco długo, żeby to rozumieć. Każdy z urzędów ma swoją jurysdykcję, której strzeże. I każdy ma swój cennik.

Slim wyglądał na niezdecydowanego.

– Jesteśmy gotowi zmniejszyć ryzyko transakcyjne– powiedział wreszcie Wiktor z westchnieniem, które miało podkreślić wagę proponowanej koncesji. – Aby doprowadzić do parafowania warunków umowy, otrzymamy pięćdziesiąt tysięcy dolarów w gotówce. Pieniądze odbiorę osobiście. Bez pokwitowania. – Mrugnął porozumiewawczo do Slima. – Jeżeli uzyskacie zgodę urzędu na zamknięcie transakcji, wpłacicie dodatkowe sto pięćdziesiąt tysięcy dolarów na konto wskazane przeze mnie przed podpisaniem umowy sprzedaży.

– A co się stanie z pięćdziesięcioma tysiącami dolarów, jeśli nie otrzymamy zgody? – zapytał Slim.

– Musicie się upewnić, że ją uzyskacie.

Telefon na stole zadzwonił i Wiktor sięgnął po słuchawkę.

– Pan wojewoda nas oczekuje. Dobrze się składa, bo chyba skończyliśmy?

Patrząc na szerokie plecy mężczyzny wypełniające drzwi, Slim wyjął z kieszeni telefon komórkowy i wybrał numer Trevora Dice'a.

OBUDZIŁ GO SYGNAŁ TELEFONU, dochodzący jakby z głębi trzewi. Leżał w fotelu, okryty skórzaną kurtką. Jej kieszeń przesunęła się na wysokość brzucha. Dobiegał z niej uporczywy elektroniczny jazgot. Która to godzina? Wzrokiem poszukał zegara na półce bibliotecznej, ale w pokoju panował mrok i nie mógł dostrzec niczego oprócz zarysu okna rozświetlonego bladą poświatą. Prawą ręką wyłowił telefon z kieszeni kurtki. Na zielonkawym ekranie cyfry wskazywały kwadrans po dziesiątej.

– Marcin? – Głos Sylwii dochodził z innego świata: świata długiego snu, pięciokilometrowych biegów przed śniadaniem i codziennego zestawu witamin zamiast papierosa. – Jak minął weekend?

Butelka białego wina, którą popił aspirynę, obciążyła wątrobę. Zadrapanie na skroni pulsowało tępym uporczywym bólem. Na klatce piersiowej, gdzie odkrył siniaki, ktoś położył stukilowy odważnik, który uciskał go i spowalniał oddychanie. W sumie czuł się nieźle.

– To dobrze – powiedziała dziewczyna. – Musisz mi koniecznie opowiedzieć o ślubie. Chcę poznać wszystkie szczegóły.

„Co z kuzynką z Poznania?". „Wyjechała zadowolona". „Jakże mogło być inaczej", pomyślał.

– Naczelny chce, żebyś był w biurze wojewody w ciągu pół godziny.

Co się stało? Nie była pewna.

– Jakieś oświadczenie na temat Browaru. Sekretariat wojewody obdzwania od godziny wszystkie redakcje w mieście, zapraszając dziennikarzy. Trudno było cię znaleźć. Szukałam w redakcji.

– Byłem u lekarza – skłamał.

– Jesteś chory?

Poślizgnął się na mydle.

– Musiałeś zrobić wrażenie na Steinie.

Na dźwięk nazwiska Stein podniósł się z tapczanu i mocniej przycisnął aparat do ucha.

– Jak to?

– Dzwoniła jego sekretarka. Stein zaprasza cię na lunch. W Polskiej Radzie Biznesu. Na piętrze. Tylko ty i on. – Marcin?

– Tak? – Ciągle próbował rozszyfrować znaczenie ostatnich słów.

– Nie zapomnij o zabezpieczeniu. I znajdź sobie sekretarkę.

Spojrzał na ekran telefonu. Kiedy skończyli rozmowę, było

dwadzieścia po dziesiątej. Miał pięć minut na doprowadzenie się do porządku.

Był pewien, że nieoczekiwane zlecenie było pomysłem Waldera, który z pewnością spodziewał się, że wyrwie go z łóżka po weselnym przyjęciu u Slima. Naczelny najwyraźniej postanowił zamienić jego życie w redakcji w piekło.

W drodze do łazienki potknął się o karton z rzeczami Marii. Coś zachrzęściło w środku i przez chwilę zastanawiał się, czy nie powinien zajrzeć i upewnić się, czy niczego nie zniszczył. „Nie potrafisz niczego uszanować", usłyszał głos swojej żony. Stała tuż przed nim, trzymając skorupy kolorowego wazonu, który musiał zrzucić ze stolika, wchodząc do mieszkania: oczy rozszerzone gniewem, grzywka czarnych włosów spadająca na czoło. Odsunął ją ruchem ręki i ruszył do kuchennego, gdzie zostawił szklankę z wódką i sokiem pomarańczowym. Nawet nie zauważył, że o mało jej nie przewrócił. W ostatniej chwili jej dłoń znalazła oparcie krzesła.

Usiadł w fotelu, przyglądając się jej drobnej postaci rozsadzanej gniewem. Minął już czas, kiedy to, co zrobił lub powiedział, miało wpływ na jej zachowanie. Gniew Marii karmił się samym jego widokiem, jego fizyczną obecnością. „Jak możesz pozwolić, aby ta sprawa rujnowała nasze prywatne życie?", usłyszał jej podniesiony głos. „Prywatność?", jego wymowę spowalniał wypity alkohol. „Prywatność zakłada intymność. To deficytowy towar w naszym związku". Patrzyła na niego jak na bezużyteczny przedmiot. „Jesteś nieprzyzwoity!". Rozsiadł się wygodniej w fotelu i położył nogi na szklanym stoliczku. „Przyzwoitość? Masz chyba na myśli cynizm i obłudę. Trwałe cnoty rodzinne. Twój ojciec jest ich najwierniejszym wyznawcą". Jej oczy ponownie rozbłysły wrogością. Temat ojca zawsze przywoływał wzmożoną agresję i Marcin wiedział, że wspominając naczelnego, balansuje na linie bez asekuracji. „Nie mieszaj w to mojego ojca!", wrzasnęła, z trudem kontrolując wybuch. „Gdyby nie on, nie miałbyś dachu nad głową!". Fragment porcelanowego wazonu poszybował w jego stronę. „Nie dorastasz mu nawet do pięt!". Wyszła z pokoju, trzaskając drzwiami.

Marcin odkręcił prysznic i spojrzał na zegarek. Była 10.22.

– TO HISTORYCZNA CHWILA. Dla mnie osobiście, przyjaciela Browaru, to zamknięcie pewnej karty w życiu.

Tyszko przebiegł wzrokiem po twarzach zebranych w sali osób.

Było ich siedmioro. Trzy kobiety siedziały po prawej stronie stołu konferencyjnego – dwie były pogrążone w rozmowie prowadzonej scenicznym szeptem, trzecia trzymała w dłoni mikrofon skierowany w kierunku wojewody.

Marcin, odchylony do tyłu na oparciu krzesła, zdzierał naklejkę z butelki wody mineralnej, którą przed chwilą opróżnił. Dziennikarz „Kuriera", szczupły blondyn z trzydniowym zarostem, usiadł obok niego, po lewej stronie, i rysował coś w notatniku.

Tyszko stał u końca stołu. Po jego prawej stronie zajął miejsce Andy Slim z twarzą człowieka wystawionego na próbę ognia.

– Tego typu wydarzenia zawsze mają wymiar uniwersalny, ale także, a może przede wszystkim, wymiar ludzki. Siedzimy tu dziś razem – Tyszko skierował wzrok na stojącego obok Slima – wszyscy, którzy nieskromnie mogą powiedzieć, że w dużym stopniu przyczynili się do sukcesu Browaru. Browar *jest* sukcesem, proszę państwa. Po pierwsze, sukcesem ekonomicznym. W ciągu pięciu lat udało nam się stworzyć w naszym mieście przedsiębiorstwo, które rozmiarami produkcji i sprzedaży może konkurować z powodzeniem z firmami zagranicznymi, a nawet je przewyższyć!

Cichy śmiech na sali. Tyszko uniósł dłonie, jakby chciał uciszyć zebranych, i kontynuował po chwili, nie dając po sobie poznać, że próba rozbawienia uczestników konferencji zakończyła się fiaskiem.

– Po drugie, a może i najważniejsze, Browar jest sukcesem społecznym. – Tyszko skinął głową w stronę Slima, który strzepywał niewidoczną nitkę z rękawa marynarki. – Tak, miłe panie i panowie. Browar jest ważną częścią lokalnej społeczności. I to nie tylko dlatego że daje zatrudnienie dużej liczbie mieszkańców miasta. Ale także i przede wszystkim dlatego że w ciągu ostatnich lat stał się jego pełnoprawnym obywatelem.

Kobieta z mikrofonem chciała coś powiedzieć, ale rozmyśliła się w połowie słowa. Marcin patrzył przez chwilę, jak jej półotwarte usta zamykają się powoli i bańka powietrza w ich kąciku pęka bezgłośnie.

– Browar stał się jednym z najaktywniejszych i najbardziej szanowanych obywateli naszego miasta. Dzięki Browarowi mamy drużynę hokeja na trawie z prawdziwego zdarzenia. Dzięki hojności Browaru całe miasto uczestniczy w corocznym pikniku. Dzięki zaangażowaniu Browaru nasze szpitale są lepiej przygotowane do obsługi chorych i potrzebujących. Lista dobrych uczynków jest długa i wyliczenie wszystkich zajęłoby sporo czasu. Poprzestańmy na tych, o których już wspomniałem, bo dają wystarczające świadectwo wspaniałomyślności i szlachetności naszego korporacyjnego obywatela. I w tym, miłe panie i panowie, postrzegam nasz największy sukces. Wspólnymi siłami udało nam się wychować wzorowego obywatela miasta i stworzyć żywy przykład harmonijnej koegzystencji korporacji i społeczności. To droga przyszłości. To nasza droga.

Pierwszy zaczął klaskać Tyszko, zwracając się demonstracyjnie w stronę Slima. Dziennikarz „Kuriera" wypuścił długopis z dłoni i dołączył do owacji, porzucając na chwilę rysunek tańczącego indyka z gigantyczną erekcją.

– Owacje należą się przede wszystkim prezesowi Browaru – powiedział Tyszko i skłonił się w stronę Slima.

Tylko kobieta z mikrofonem w dłoni wstrzymała się od oklasków, nie spuszczając oczu z taśmy przewijającej się w podręcznym magnetofonie. Uprzedzając agonię anemicznego aplauzu, Tyszko wzniósł dłonie do góry, prosząc o ciszę.

– Przedstawię teraz państwu szczegóły finansowe transakcji.

Zanim Tyszko zdążył powiedzieć następne słowo, Andy Slim odchrząknął, spojrzał po zebranych i głosem człowieka nieprzyzwyczajonego do publicznych wystąpień zaczął odczytywać tekst z niewidzialnej kartki umieszczonej gdzieś nad głową Marcina.

– Panie wojewodo. Jestem przekonany, że mówię w imieniu wszystkich, dziękując panu za te słowa.

Tyszko skromnie skinął głową.

– Przez wszystkie te lata był pan dla Browaru bliską osobą. I to nie tylko jako wspólnik tego przedsięwzięcia – ta rola niedługo się skończy – ale przede wszystkim jako jego duchowy ojciec.

Tyszko uniósł dłoń, ale Slim nie pozwolił sobie przerwać.

– Proszę nie zaprzeczać. Dowody tego widzieliśmy nieraz i oglądamy je po dziś dzień. Byłoby hańbą, gdyby ta rola zakończyła się wraz ze zbyciem przez państwo akcji Browaru. Być może wybiegam zbyt daleko w przyszłość – Slim kontynuował, nie zważając na desperackie wysiłki kobiety z magnetofonem, która usiłowała założyć czystą taśmę do opierającego się tym próbom urządzenia – ale nie mogę nie zadać tego pytania. Gdybym go dziś nie zadał, wyrzucałbym to sobie w przyszłości. Panie wojewodo, czy byłby pan gotów uczynić nam ten zaszczyt i objąć prezesurę fundacji, która powstanie w wyniku naszej transakcji?

Tyszko próbował coś powiedzieć, ale Slim najwyraźniej nie zamierzał jeszcze kończyć.

– Proszę nie oponować – powiedział. – Ja wiem, że to za wcześnie, aby można było składać wiążące zobowiązania. Nie mamy jeszcze statutu, struktury, niewiele wiemy o celach fundacji. Ale proszę zrozumieć, że właśnie z tych powodów pańskie uczestnictwo w całym projekcie wydaje nam się nieocenione.

– Zgadzam się. – Tyszce wreszcie udało się dojść do głosu. – Będę zaszczycony, mogąc współpracować z Browarem w celu rozwoju naszej społeczności.

Pierwszy zaczął klaskać Slim. Pozostali dołączyli do niego chwilę później; oprócz kobiety z magnetofonem, która demonstracyjnie zwinęła mikrofon i wyszła z sali, trzaskając drzwiami.

PRZEWODNICZĄCA NIE CHCIAŁA rozmawiać z wiktorem w siedzibie ligi.

– Niech to wygląda na przypadkowe spotkanie znajomych – powiedziała Krystynie. – Niezbyt bliskich znajomych.

W Centrum Sztuki Współczesnej otwarto nową ekspozycję.

– Wymarzona sceneria na konspiracyjne *rendez-vous*, nie uważasz?

Krystyna przytaknęła i zgodziła się porozmawiać z Wiktorem.

Zamek Ujazdowski, siedziba Centrum Sztuki Współczesnej, był przykładem wyobrażeń pokolenia betonowej płyty i prefabrykatów lat siedemdziesiątych XX wieku o latach pięćdziesiątych wieku XVII, przy ograniczonym budżecie społecznych datków. Miejsce, które w przeszłości dawało schronienie pocztówkowym płótnom Bellotta, Bacciarellego, Smuglewicza, Plerscha, Pillementa i wielu innych malarzy, schlebiających konserwatywnym gustom Stanisława Augusta, przerodziło się w labirynt surowych pobielanych pomieszczeń i korytarzy, na których ścianach, podłogach i sufitach testowano skromną wyobraźnię współczesnego bourgois.

„Le corps du femme / Il corpe della donna / The Body of a Woman / Ciało kobiety" – oznajmiał transparent nad bramą wejściową.

Krystyna przyszła pierwsza. Nie zauważyła Wiktora. Stanął za nią i dotknął jej ramienia, kiedy strzepywała okruchy tynku z rękawa kurtki. Odwróciła się plecami do wejścia. Miał na sobie granatowy sweter z dekoltem w serek, eksponujący muskularny tors, i dżinsy wypuszczone na długie kowbojskie buty. Krystynie spodobało się, że pachniał dobrą wodą toaletową. „Lepszą niż moje perfumy", pomyślała z uczuciem lekkiej zawiści.

– Spóźniłem się?

Dobrze wiedział, że przeszedł punktualnie. Potrząsnęła przecząco głową.

– To dobrze. Nie lubię się spóźniać.

Mechanizm kopiarki przesunął się w jej głowie. Od pewnego czasu wszystko, czego Wiktor nie lubił, trafiało na półki jej pamięci, starannie zaszeregowane. Nie potrafiła powiedzieć, dlaczego tak się działo.

Stanęli pod ścianą, przyglądając się drzwiom wejściowym, przykrytym ciężką ciemną kotarą. Krystyna upewniła się, że jej plecy znajdują się w bezpiecznej odległości od białego tynku.

Wchodzące osoby rzucały w ich kierunku zaciekawione spojrzenia, jakby nie były pewne, czy nie patrzą na pierwsze eksponaty odwiedzanej ekspozycji. „Wyglądamy jak para gladiatorów przed wejściem na arenę", pomyślała Krystyna i wytrzymała nerwowe spojrzenie pryszczatego młodzieńca w okularach.

Dwóch mężczyzn w granatowych kombinezonach wniosło do środka zielony manekin, okryty przedartym szarym papierem do pakowania. Diana Fuks, ubrana w puchową kurtkę i wełnianą czapkę, zamykała mały orszak, stąpając głośno po kamiennej posadzce i strzepując śnieg z wysokich skórzanych butów.

– Czyżby to był słynny Wiktor?

Krystyna poczuła, że lekko się czerwieni.

– Wiktor, to Diana Fuks, przewodnicząca Ligi.

Z satysfakcją zarejestrowała krótki żołnierski uścisk, w jaki Wiktor schwycił uniesioną w górę dłoń Fuks. Żadnej kokieterii. Przewodnicząca miała na twarzy lekki makijaż. Jej paznokcie były pomalowane na głęboki fiolet.

– Wejdziemy?

Na piętrze młoda dziewczyna stała z tacą napojów w kolorowych aluminiowych puszkach.

– Płyny kobiety – oświadczyła śpiewnym głosem.

Fuks chwyciła jedną z puszek, drugą podała Wiktorowi.

– Spragniony?

Wiktor uśmiechnął się i podał napój Krystynie.

– Może trochę później.

„Woda, cukier, dwutlenek węgla, pot, łzy", przeczytała Krystyna na aluminiowym opakowaniu.

Skręcili do pomieszczenia po lewej stronie, idąc za wskazaniem dużej czarnej strzałki przyklejonej do bielonej ściany. Fuks szła pośrodku, Krystyna i Wiktor po jej bokach.

Wiktor zatrzymał się przed fotografią nagiej kobiety, umocowaną na zdartej oponie samochodowej.

– A więc Liga planuje powołać własne ramię zbrojne? – powiedział ściszonym głosem, nie kierując pytania bezpośrednio do żadnej z kobiet.

Fuks rozejrzała się dokoła. Na krześle pod ścianą kobieta w granatowym kostiumie zdawała się drzemać; jej oczy były zamknięte, dłonie splotła na kolanach. W końcu sali chłopak i dziewczyna przyglądali się zawieszonej na ścianie instalacji z dmuchanych manekinów ubranych w pasiaste koszulki Legii Warszawa; ich dłonie były złączone, a twarze zainteresowane wyłącznie sobą.

– Czyta pan zbyt wiele kryminałów – powiedziała przewodnicząca, pochylając się w jego stronę. – Liga jest organizacją społeczną, a nie podziemną. Ramię zbrojne... – Fuks wydęła wargi. – Zbrojne jak co? Jak papieska gwardia szwajcarska czy jak jednostka SPECNAZ-u?

Wiktora najwyraźniej rozbawiła retoryka Fuks, bo uśmiechnął się lekko, powracając do studiowania fotografii nagiej kobiety.

– Być może źle pan zrozumiał nasze intencje – kontynuowała przewodnicząca, otwierając ostrożnie puszkę z napojem, jakby odbezpieczała granat, i prowadząc swój mały orszak ku dalszym eksponatom wystawy. – Nam chodzi o wzmocnienie naszego społecznego przekazu, a nie dokonanie przewrotu majowego.

Stali teraz naprzeciw piramidy kineskopów wyświetlających obrazy nagich kobiet w łaźni. Poszczególne ujęcia, w przypadkowej kolejności, wypełniały jeden, dwa lub wszystkie ekrany jednocześnie tym samym kadrem. Na tle ciemnego podbrzusza ociekającego wodą Fuks wzięła do ust łyk napoju.

– Każda rzecz powtarzana zbyt często dewaluuje się, traci na mocy, staje się kulturowym środkiem nasennym. Nawet okrzyk „Pożar!" w pełnym teatrze, wykrzyczany cztery wieczory z rzędu, spotka się w końcu z pobłażliwą reakcją widzów, nauczonych doświadczeniem, że siostrą ostrożności często bywa histeria. Wiara w słowa jest rzeczą coraz rzadszą w naszym świecie. Prawdziwa wiedza głupców to doświadczenie.

Fuks zmarszczyła czoło, jakby ta ostatnia konstatacja szczerze ją zmartwiła.

– I cóż z tego, że wilk krąży wokół zagrody, zagrażając

wszystkim, skoro nikt go dotąd nie widział? – kontynuowała po chwili, wpatrując się w twarz Wiktora. – Jak długo zdoła pan zmuszać domowników, aby zamykali okna i drzwi, spuszczali psy z łańcuchów i nabijali strzelbę, skoro nikt z nich nie poznał bestii?

Potrząsnęła głową, dając upust chwilowej frustracji.

– Tylko taka bestia, która kąsa, wzbudza strach i szacunek – odezwała się milcząca do tej pory Krystyna, ściągając na siebie zaskoczone spojrzenia Fuks i Wiktora. Czyżby źle odczytała intencje przewodniczącej?

Fuks dotknęła czubkiem palca fotografii nagiej kobiety leżącej wśród zielonych główek kapusty.

– Prawda jest taka, że kobiety osiągnęły punkt wrzenia – powiedziała, kierując swoje słowa wyłącznie w stronę Wiktora. – Jesteśmy oburzone własnym wizerunkiem w mediach. Zniesmaczone komercjalizacją kobiecości. Wkurzone służeniem za opakowanie dla tysięcy produktów.

Fuks przekręciła przycisk oświetlający abażur sklejony z podpasek higienicznych. Żarówka zamigotała kilkakrotnie i zgasła.

– Czy byłby pan zdziwiony, gdyby w takiej atmosferze doszło do niekontrolowanych wybuchów agresji przeciwko największym obrazoburcom, przeciwko symbolom ich władzy, przeciwko przyczynom ich dobrego samopoczucia?

Spojrzała na Wiktora, jakby zadała mu pytanie o prognozę pogody albo ulubioną markę samochodu. Mężczyzna dotknął dłonią podbródka i przeniósł wzrok z Krystyny na Fuks, a potem z Fuks na Krystynę.

– Pyta pani, czy dziwiłbym się, gdyby w tych okolicznościach doszło do spontanicznych, niekontrolowanych aktów sprzeciwu?

Fuks skinęła głową.

– Jest pan bystrym człowiekiem. I ma pan ładną twarz. Krystyna miała rację.

Krystyna poczuła, że znów się czerwieni.

– Gdyby nawet działania tych grup godziły w ustanowiony porządek prawny lub odwoływały się do metod, które mogą wzbudzać społeczne kontrowersje, czy dziwiłoby to pana – biorąc pod uwagę ignorancję naszych decydentów i powszechną inercję systemu sprawiedliwości – że tego typu rzeczy się zdarzają?

– Uznałbym je za nieuniknione. Za skutek przemilczenia i zaniedbania.

Fuks położyła mu dłoń na ramieniu.

– Oczywiście Liga nie pochwala takich działań. Ale je rozumie. I postara się ze wszystkich sił wytłumaczyć społeczeństwu ich przyczynę, a ich uczestników zawrócić na drogę praworządności.

Zatrzymali się przed białym prostopadłościanem wybudowanym w środku sali. „*Here Comes Richard*. Instalacja Danielle Sawborne. Nowy Jork 1998".

Zewnętrzne ściany pokryte były setkami lepów na muchy, powiewających jak girlandy w przeciągu. Fuks weszła pierwsza w wycięty otwór drzwi. Wiktor poczekał, aż Krystyna podąży jej śladem, a następnie sam wsunął się do ciemnego pomieszczania rozświetlonego jednym punktem światła, które zdawało się docierać do nich z długiego i wąskiego tunelu.

– *Woman is a Nigger of the World*. Zna pan tę piosenkę? – głos Fuks, pozbawiony ciała, wypełniał pomieszczenie instalacji jak zapach. – Yoko Ono miała rację. Choć niefortunne użycie słowa „czarnuch" wystawiło utwór na łup liberalnej autocenzury. Najlepszy dowód na to, że poprawność polityczna obowiązuje także uciemiężonych. Co pan robił wcześniej, Wiktorze?

– Byłem zawodowym żołnierzem.

– Gdzie?

Poczuli powiew powietrza na twarzach, a potem usłyszeli dźwięk młota pneumatycznego wypełniającego mroczne pomieszczenie ogłuszającym hukiem. Światło na końcu tunelu stawało się coraz jaśniejsze wraz z narastającym hałasem pracującego na coraz wyższych obrotach narzędzia. Ich twarze oświetlone oślepiającym strumieniem światła wyglądały blado i płasko jak twarze aktorów teatru kabuki.

Ściany pomieszczenie zaczęły drżeć. Dźwięk młota stawał się coraz głośniejszy.

Krystyna zakryła dłonią uszy. Światło na końcu tunelu błysnęło jak piorun i zgasło. Stali oślepieni wewnątrz instalacji. Wysoki głos Diany Fuks przebił się przez zasłonę dłoni.

– Brawo!!! Brawo!!!

DIANA FUKS ZOSTAWIŁA ich przy stoliku w qchni artystycznej.

– Mam nadzieję na owocną współpracę – powiedziała, ściskając na pożegnanie dłoń Wiktora. – Jest pan człowiekiem czynu. To widać. Takich nam potrzeba.

Potrząsnęła kilkakrotnie jego dłonią, jakby chciała nadać gestowi specjalną symbolikę.

– Do zobaczenia.

Krystyna odprowadziła ją wzrokiem i spojrzała na Wiktora. Uśmiechał się, przyglądając się swoim paznokciom.

– Coś cię tak rozbawiło?

Uniósł głowę i spojrzał jej w oczy. Poczuła lekkie mrowienie na plecach.

– A więc masz się zająć spontanicznymi wybuchami sprzeciwu społecznego?

Kiwnęła potakująco głową.

– Mój Boże. Historia lubi się powtarzać.

Co miał na myśli?

– Nic takiego. Stare dzieje.

– Stare dzieje?

– Spontaniczność w dawnych czasach należała do towarów deficytowych – powiedział. – Ludzie nie lubili władzy, władza nie lubiła ludzi. Nie lubiła ich, ale chciała wierzyć, że jest kochana. Zewnętrzne objawy miłości miały poniżyć dumnych i demoralizować pryncypialnych.

Na jego twarzy pojawił się cień uśmiechu.

Krystyna patrzyła na niego, nic nie rozumiejąc. Co miał na myśli?

– Wiktor?

– Nieważne – powiedział i potarł skronie. – Czy zdajesz sobie sprawę, ile potrzeba wysiłku, aby osiągnąć spontaniczność?

Kiedy nie odpowiedziała, kontynuował swą myśl. Jego słowa brzmiały jak zdania z jakiegoś instruktażu.

– Dużo. Wierz mi, mówię to na podstawie własnego doświadczenia. Co jest najsilniejszym punktem Browaru?

Nie wiedziała.

– Jego produkt. Tylko M.O.C.! Piętnaście procent rynku i ciągle rośnie.

Spojrzał na nią, żeby sprawdzić, jakie wrażenie wywarły na niej jego słowa. Siedziała nieruchomo, z głową wspartą na splecionych dłoniach, rejestrując każdy gest i każde słowo.

– Musisz znaleźć sposób, aby skompromitować ich produkt. Wtedy osiągniesz sukces. Kiedy spadnie sprzedaż i zaczną tracić pieniądze, zaczną was traktować poważnie. Dla nich liczy się tylko pieniądz.

– Jak to zrobić?

– Są na to sposoby.

Jej dłoń dotknęła jego nadgarstka, lekko, jakby chciała sprawdzić puls.

– Dlaczego to robisz?

Dostrzegła wahanie w jego oczach.

– „Dlaczego"?

– Nie jesteś członkiem Ligi. Nic to dla ciebie nie znaczy. A mimo to chcesz nam pomóc.

– Poprosiłaś mnie, czyż nie? – powiedział, uwalniając dłoń. – Poza tym nie mam nic innego do roboty.

Rozłożył dłonie.

– Nazwij to profesjonalną ciekawością. I mylisz się co do Ligi – Fuks zrobiła na mnie duże wrażenie.

„A ja, głupcze?!", pomyślała.

– Na jutro planujemy pikietę przed biurami Browaru. Przyjdziesz?

PASCAL TWIERDZIŁ, ŻE OSIĄGNIĘCIE szczęścia jest możliwe tylko poprzez osiągnięcie nieśmiertelności.

Trevor Dice był człowiekiem szczęśliwym.

Najpierw Andy Slim powiadomił go, że wojewoda zgodził się sprzedać akcje Browaru. Nieoczekiwana płatność dla wojewody, choć irytująca, jednocześnie niosła ze sobą gwarancję osobistego zainteresowania Tyszki powodzeniem transakcji. Cena, którą mieli zapłacić za udziały Skarbu Państwa, wydawała się i tak niewielka w stosunku do nagrody, jaka czekała ich ze strony Van der Boera.

Godzinę później doktor Argyle zgodził się przyjąć milion dolarów jako gwarancję inwestycji i przez ponad pół godziny rozmawiał z nim na temat eksperymentów antropotechnologicznych prowadzonych w DGL.

– Jason podpowiada mi, że powinniśmy pobrać od pana próbkę tkanki – powiedział takim tonem, jakby chodziło o próbkę moczu, a nie przepustkę do nieśmiertelności. – Czy byłby pan tym zainteresowany?

Oczywiście, że był zainteresowany. Od powrotu z Erldunda nie myślał o niczym innym. – Czy to bolesne?

– Proszę się nie obawiać – powiedział Argyle i zaśmiał się hałaśliwie. – Upewnimy się, że siedzi pan wygodnie.

„Kim jest człowiek, który staje na progu wieczności?", pomyślał Dice, odwieszając słuchawkę. „Nie jest już tą samą osobą, co wcześniej, a jeszcze nie tą, którą wkrótce się stanie. Jest jak grecki heros uwięziony między światem ludzi i bogów, zawracający bieg rzek, unoszący wielotonowe głazy, obracający milionami dolarów, inwestujący w DGL...".

Zakładając marynarkę, zastanawiał się, czy herosi rozmawiają ze zwykłymi śmiertelnikami. Peter Van Essen z HV Breurei, nieświadomy metamorfozy, jaka się w nim dokonała, zadzwonił, aby zaprosić go na kolację. Holendrzy odwiedzali Foster's Brewing Company i Van Essen pomyślał, że to wspaniała okazja, aby „pogadać o starych czasach". Czy mogliby się spotkać w „Lucio's" o siódmej? Tylko we dwóch.

„Nie łączą nas żadne stare czasy", pomyślał Dice. Van Essen chciał rozmawiać o Browarze.

Holender był wysokim, kościstym mężczyzną po czterdziestce. Jego długą końską twarz wieńczyła czupryna kręconych rudych włosów, wyglądających jak staroświecka pilotka z pierwszej wojny światowej.

Dice zauważył, że Van Essen ma irytujący zwyczaj pochylania głowy, kiedykolwiek sięgał łyżką lub widelcem do talerza. „Jakby chciał dać nura w swoje *penne alla carne*", pomyślał i ujął kieliszek shiraza.

Zaczęli rozmowę od pogody („Czy herosi interesują się pogodą?"), zamienili kilka uwag na temat podróży transoceanicznych i ponarzekali na oznaki spowolnienia gospodarczego, nie omieszkając zauważyć, że mimo pogłębiającej się recesji sprzedaż ich towarów utrzymywała się na fantastycznym poziomie.

– Powiedz mi, Trevor – Van Essen podniósł wzrok znad talerza i spojrzał mu w oczy – czy już na dobre wskoczyliście do łóżka z Belgami? Van der Boer jest tak enigmatyczny, że mam wrażenie, jakbyście szykowali inwazję na Normandię.

– Na razie trzymamy drzwi sypialni zamknięte na klucz – skłamał Dice i mężczyźni roześmiali się hałaśliwie. – Nie możesz zaprzeczyć, że Belgowie to dobra partia. Poza tym nie dawaliście znaku życia od czterech miesięcy. Max zaczął cię już nazywać „Peter Van Later".

Roześmiali się ponownie. Van Essen uderzył się w piersi. *Mea culpa.*

– A poważnie mówiąc… – Dla podkreślenia tych słów Dice uniósł brwi. – Nasze rozmowy z Belgami są rzeczowe i zaawansowane. Nie tracimy czasu na głupoty. Pytasz, czy jesteśmy „po słowie"? Odpowiem inaczej. – Splótł dłonie nad stołem i oparł na nich podbródek. – To musiałaby być jędrna zdrowa dupa, żeby odciągnąć nas od ołtarza. Ja nie mówię o jakimś podlotku z ładną buźką, piersiami jak orzechy i zgrabnym tyłkiem. Mówię o dziewczynie z okładki, Peter. Mówię o pieprzonej Claudii Schiffer!

Van Essen roześmiał się równie hałaśliwie jak poprzednio. Kilka głów zwróciło się w ich stronę.

– OK, Trevor. – Van Essen uniósł dłoń, jakby bronił się przed następną falą wesołości. – Moja wina. To ja zacząłem z tymi przedmałżeńskimi metaforami.

Holender zmarszczył czoło. Hełm rudych włosów przylegał do czaszki. Dice miał wrażenie, że za chwilę usłyszy ryk silników samolotu.

– Po pierwsze, polski rynek – podobnie jak inne rynki środkowowschodnie – leży w sferze naszych zainteresowań. Po drugie – Van Essen zaczął odginać palce – jesteśmy jednym z najbardziej międzynarodowych inwestorów w branży z blisko piętnastoma inwestycjami zagranicznymi, z których przynajmniej jedna trzecia dotyczy przedsiębiorstw o rozmiarach Browaru. To doświadczenie trudno przecenić. Po trzecie – znów odgięty palec – mamy ludzi, którzy mogliby poprowadzić Browar od zaraz i zagwarantować, że wyrośnie na największe przedsiębiorstwo na tej szerokości geograficznej. To dużo. Dlatego działamy nieco wolniej, a przede wszystkim ostrożniej niż nasi belgijscy przyjaciele. Oni patrzą na wszystko z perspektywy własnego podwórka.

Dice odchylił się na krześle i patrząc na Van Essena, zaczął klaskać w dłonie.

– Brawo, Peter. Wasi akcjonariusze czują się z pewnością szczęśliwi i dobrze poinformowani. Ale co to, kurwa, zmienia w naszej sytuacji?

Van Essen nie wiedział, co odpowiedzieć.

– Macie okazję ubić najlepszy interes od czasów tulipanów i nie umiecie podjąć decyzji! Za tydzień Belgowie oznajmią światu, że wkupili się w najdynamiczniej rosnący rynek piwa w Europie! Pomyśl, o co wtedy będą pytać wasi akcjonariusze, Peter? O pierwsze, drugie i trzecie? Gówno prawda! Będą pytać, gdzie byliście ze swoją strategią, kiedy rąbano drwa!

Dice zamilkł i z triumfem splótł dłonie na piersi. Van Essen próbował się uśmiechnąć.

– Rozumiem wasze stanowisko – powiedział, układając nerwowo serwetkę na kolanach i unikając wzroku Dice'a. – Obiecuję, że przekażę je członkom zarządu.

Kelner podszedł z menu. Van Essen spojrzał pytająco na Dice'a.

– Deser? – zapytał.

Dice uśmiechał się szeroko, ukazując rząd białych zębów.

– Pierdol się – odpowiedział, jak przystało na herosa.

Rozdział siódmy

PRZYMIERZA JUŻ TRZECI KRAWAT i wciąż nie może się zdecydować!

Od pół godziny Bożydar Wąsik stał przed lustrem w łazience, zażenowany napadem próżności, której nigdy by się po sobie nie spodziewał. A wszystko przez tę idiotyczną koszulę w paski, którą dostał od matki na urodziny! Nie pasowała do niczego. Miała szerokie, granatowe i błękitnawe paski. Córka nazywała ją „koszulą więzienną" lub – w przypływie dobrego humoru – „piżamą". Powinien był dawno ją zniszczyć. Wyprać w odplamiaczu lub rozedrzeć przypadkiem o wystającą klamkę. Niestety, w tej chwili była to jego ostatnia czysta koszula! Był spocony, sfrustrowany i spóźniony. Sytuacja wymagała radykalnych rozwiązań.

Marta kręciła się na dole, kończąc śniadanie i czekając, aż zejdzie i podwiezie ją do szkoły. Wyszedł z łazienki i skierował się na palcach w stronę jej pokoju.

Stolik na kosmetyki był małym biurkiem, do którego przymocował, w przypływie ojcowskiej zaradności, znalezione na targu ze starociami lustro. Miał pięć szuflad, jedną na całą szerokość blatu oraz po dwie mniejsze z każdej strony. Na środku blatu leżało srebrne pudełko ze zdjęciem Johnny'ego Deppa, wypełnione spinkami do włosów, klipsami, grzebieniami i krzykliwą biżuterią córki. Obok, w purpurowym futerale, spoczywał srebrny kluczyk, który pasował do zamka środkowej szuflady.

Delikatnie, z pewnością siebie popartą ojcowskim doświadczeniem, włożył rękę między chusty i szaliki na dnie szuflady, by po chwili wysunąć prawą dłoń dzierżącą mały srebrny kluczyk, łudząco podobny do poprzedniego. Dopasował go do drugiej szuflady po prawej stronie biurka i przekręcił dwukrotnie.

Krawat! Zawiniątko, które trzymał w ręku, nie mogło być niczym innym, sądząc po kształcie i dotyku. Rozwinął delikatnie ozdobny papier, chowając do kieszeni plastikowego Mikołaja i czerwoną wstążkę. Krawat był żółty w białe kropki i wyglądał jak rzadki gatunek muchomora. Nie rozumiał, dlaczego córka od kilku już świąt Bożego Narodzenia konsekwentnie próbowała upodobnić go do klezmera z Grandu.

Bez pośpiechu wykonał wszystkie ruchy w odwrotnej kolejności, zamykając szuflady i odkładając kluczyki na właściwe miejsca. Krawat wsunął do kieszeni marynarki. Był spóźniony prawie dwadzieścia minut. Zbiegł po schodach do kuchni i zaskoczył córkę, jak szpera w kieszeniach jego płaszcza.

– Stój, bo strzelam!

Dziewczyna odskoczyła od płaszcza i omal nie przewróciła się o krzesło kuchenne.

Odzyskując równowagę, spojrzała na niego z wyrzutem.

– Chcę ci przypomnieć, że jestem nieletnia. Ani fizycznie, ani psychicznie nie jestem przygotowana na akty przemocy rodzinnej.

– Masz siedemnaście lat i podbierasz mi pieniądze. – Bożydar Wąsik schwycił z talerza napoczętą kanapkę. – W Arabii Saudyjskiej obcięliby ci za to rękę.

Podeszła do niego, kiedy schylił się, aby zawiązać sznurowadło, i wyłożyła kołnierzyk pasiastej koszuli na marynarkę.

– Krzysztof Krawczyk nosił go na wierzchu.

– Bardzo śmieszne – powiedział, prostując się i poprawiając kołnierzyk. – Jesteśmy spóźnieni pół godziny, a ty ciągle nie jesteś gotowa.

Nie zważając na protesty córki, usiłującej wynegocjować ostatnią konsultację z lustrem w przedpokoju, wypchnął ją z mieszkania i pospiesznie zamknął drzwi na klucz.

Wyjeżdżając z podjazdu, miał wrażenie, że zahaczył bokiem samochodu o bramę, ale postanowił to zignorować. Był prawie pewien, że spowalniacze na drodze oberwały mu podwozie, i mniej przekonany, że spowodowały „trwałe uszkodzenia mózgu" Marty, o czym poinformowała go z nieukrywanym wyrzutem w głosie.

Zbliżając się do budynku szkoły, Wąsik zerknął na zegarek. Czterdzieści minut spóźnienia! Popatrzył na córkę przypiętą pasami na przednim siedzeniu. Kiedy dotknął jej ramienia, dziewczyna odwróciła wzrok od drogi i spojrzała na niego z czułością. Przynajmniej tak mu się wydawało, bo przez szkła okularów przeciwsłonecznych nie widział jej oczu.

– Potrafisz wysiąść w biegu?

Nie czekając na jej odpowiedź, zahamował przy krawężniku.

– SZYBCIEJ! SZYBCIEJ!

Postanowił nie odbierać telefonu, który dzwonił wściekle co kilka minut.

Ruch uliczny o tej porze nasilał się. Zmieniając pasy i naciskając raz po raz klakson, miał wrażenie, że uczestniczy w grze komputerowej – jednej z tych, w których gustowała jego córka.

Nakaz aresztowania Andy'ego Slima, gotowy do podpisu, leżał na jego biurku. Zgodnie z instrukcjami „Wojciecha" przedstawiciel ambasady miał dotrzeć do biura prokuratury o dziewiątej i złożyć wniosek o ekstradycję osobiście na jego ręce – ręce, które o 8.43 wciąż były zaciśnięte na kierownicy statku kosmicznego pędzącego z prędkością światła przez deszcz metalowych meteorytów w Alejach Jerozolimskich.

TYTUS TYSZKO ZAMKNĄŁ OCZY i oparł dłonie na udach. Uwielbiał chwilę, kiedy palce fryzjera zanurzały się w jego włosach i delikatnie masowały głowę w strumieniu ciepłej wody. Niewiele przyjemności w życiu równało się z poranną wizytą w zakładzie fryzjerskim!

Wyczytał gdzieś, że osoby mające w pracy częsty kontakt fizyczny z innymi są o wiele bardziej pobudzone seksualnie i skłonne do przelotnych znajomości niż na przykład piekarze czy czyściciele ulic. Twarz drobnego bruneta z kolczykiem w uchu, który mył jego włosy, nucąc *Chłopaki nie płaczą*, nie zdradzała żadnych emocji, ale Tyszko przywykł do tego, że w mieście twarze nosiło się w zupełnie inaczej niż w jego podkarpackiej wsi.

Przymknął oczy. Po dzisiejszym dniu będzie bogatszy o pięćdziesiąt tysięcy dolarów. Netto. Bez podatków i obciążeń. Nie zarobił tyle przez całą swoją sześcioletnią kadencję w urzędzie! A to dopiero zaliczka!

Tyle pieniędzy! Należał mu się porządny wypoczynek. Długie wakacje w ciepłym miejscu. Wyjadą z Wiktorem. Wygrzeją kości, wypiją morze tequilli i pomyślą, co dalej. Może jakiś własny interes? Tyszko prowadził kiedyś restaurację swego wuja w Nowym Sączu. Może otworzą coś w Warszawie? Może w Zakopanem? Jednego był pewien: koniec z polityką. Wolał czyścić okna w wysokościowcach. Bez zabezpieczeń. Albo ujeżdżać byki. Szanse przetrwania i tak były większe.

Wyobraził sobie przez chwilę swoje drobne różowe ciało na grzbiecie szarżującego byka i krople potu pojawiły się na jego skroniach.

Czasami miał wrażenie, że lata spędzone w konspiracji były najlepszym czasem w jego życiu. I to nie tylko dlatego że był wtedy młody i poznał Wiktora – choć i to oczywiście miało znaczenie. „Sprawy były prostsze", pomyślał. „Granice lepiej wyznaczone i ludzie skurwieni szlachetniej niż teraz".

Gdyby nie poznał Wiktora, służyłby tym ludziom do dzisiaj! Odbity w lustrze poranny tłum przechodniów przesuwał się za jego plecami bezkształtną szarą masą współczesnych niewolników. Szare twarze, tłuste włosy, słowiański smutek na twarzach i beznadzieja w bezmyślnych oczach. Demokracja była takim rozczarowaniem! Wulgarnym żartem, który wojewoda zamierzał pominąć milczeniem.

Było pięć po dziewiątej. Brunet z kolczykiem kończył wycierać jego włosy miękkim frotowym ręcznikiem. Gotów był się założyć, że kiedy wstawał, dłoń fryzjera zatrzymała się na ułamek sekundy dłużej, niż powinna, na jego szyi, a oczy pobiegły w dół okrywającego go fartucha. Ale wtedy myślał już o piłce nożnej.

DENNIS HOGAN SIEDZIAŁ W GABINECIE DPP, nerwowo obracając ołówek między palcami. Miał ochotę zapalić, ale Woodry bez przerwy rozmawiał przez telefon z kimś z AFP. Stał z twarzą zwróconą w stronę okna i prawą dłonią zanurzoną we włosach. Węzeł krawata miał rozluźniony, a marynarka zwisała na poręczy krzesła.

– Wciąż czekam – powiedział Woodry do kogoś po drugiej stronie linii, zakrył dłonią słuchawkę i spojrzał na Hogana, mrugając porozumiewawczo. – Przygotuj się na dobre wiadomości.

Hogan spojrzał na zegarek. W Warszawie była 9.25. Włożył ołówek do ust niczym papierosa, nie mogąc oprzeć się próbie wciągnięcia wyimaginowanego dymu. Na końcu języka poczuł cierpki smak grafitu.

– Może poczekam na zewnątrz? – zapytał, wskazując drzwi.

Woodry skwitował jego pytanie przeczącym ruchem dłoni. Potem wskazał wskazującym palcem na podłogę. „Potrzebuję cię *tutaj*" – odczytał Hogan z ruchu jego warg.

– Jesteś tego pewny, Steven? – Okazało się, że łącznik z AFP ma jakieś imię. – Nasz człowiek złożył papiery rano. Prokurator podpisał nakaz aresztowania. Czy nic się już nie zmieni? Przepraszam, że ci zawracam głowę, ale nasze dotychczasowe doświadczenia z przedstawicielami miejscowych... Na sto procent?

Woodry spojrzał znacząco na Hogana i wskazał palcem słuchawkę. „Pokazujesz mi człowieka, którego nie widzę, podkreślając słowa, których nie słyszę. Widać, że od miesięcy nie byłeś na sali sadowej". Nie po raz pierwszy Hogan pomyślał, że są w mieście ludzie znacznie bardziej predestynowani do funkcji DPP niż James Woodry. Na przykład Dennis Hogan.

Zabębnił końcem ołówka o poręcz krzesła. Woodry odłożył słuchawkę i spojrzał na Hogana.

– Mamy skurczybyka! – Woodry oparł ręce na biodrach. – Złapaliśmy drania!

Ołówek wystrzelił z dłoni Hogana jak z katapulty i poszybował w stronę okna. Przez chwilę mężczyźni patrzyli na siebie bez słowa, smakując ogarniające ich uczucie zwycięstwa. Hogan pierwszy przerwał milczenie.

– Kiedy?

– Dziś. Teraz. Nie wiem – Woodry rozłożył ręce. – Może już jest po wszystkim. Szczegóły poznamy jutro.

ANDY SLIM OD PÓŁ GODZINY STAŁ przed okienkiem bankowym, czując, jak zimne strużki potu spływają mu po plecach. Kasjerka przeliczała kolejne paczki banknotów. Jej palce z pomalowanymi jaskrawoczerwonym lakierem paznokciami rozrywały banderole, wrzucały banknoty do maszyny liczącej i pakowały je ponownie w równe paczki po sto sztuk każda. Slim z przerażeniem wpatrywał się w rosnący na jego oczach stos pieniędzy.

Nic nie szło zgodnie z planem! Zamiast pięciu zgrabnych paczek po dziesięć tysięcy każda miał ich dostać osiemnaście! Bank miał tylko dwie paczki banknotów studolarowych, dwie pięćdziesięciodolarowych i sześć paczek dwudziestodolarówek. Pozostałą kwotę miał otrzymać w dziesiątkach. Razem osiemnaście pakunków po sto banknotów każdy! Miał przy sobie tylko małą aktówkę na podręczne dokumenty. Jeżeli mocno się postara, zdoła do niej wcisnąć najwyżej dziesięć pakunków. Co z pozostałymi ośmioma?! Ma je schować do kieszeni? Za pasek od spodni?!

Slim dzwonił rano, upewniając się, że pieniądze będą gotowe na czas. Ten skurwiel Lukka zakpił sobie z niego! Tyszko oczekiwał pieniędzy w ciągu godziny. Nie mógł czekać, aż bank zdobędzie wyższe nominały. To trwałoby pół dnia!

Kasjerka skończyła liczenie i przesunęła ułożone w prostopadłościan banknoty w jego kierunku. Bez słowa przyglądał się stercie pieniędzy, nie wiedząc, co robić. Jego wzrok wędrował nerwowo od pieniędzy do kasjerki i z powrotem. Kobieta uniosła się lekko znad biurka, jaskrawoczerwony paznokieć wycelowała w banknoty.

– Może chciałby pan reklamówkę?

WNĘTRZE SAMOCHODU PACHNIAŁO smażonym tłuszczem i dymem z papierosów.

– Nigdy tu nie wietrzycie? – zapytał Wąsik, opuszczając tylną szybę i wciągając łapczywie mroźne powietrze.

Kierowca i pasażer – obaj funkcjonariusze stołecznej komendy – wymienili znaczące spojrzenia. Byli w tym samym nieokreślonym wieku czterdziestu kilku lat, nosili ciemne wąsy i dziesięciokilogramową nadwagę. Gdyby nie to, że mieli różne nazwiska, Wąsik byłby przysiągł, że są spowinowaceni.

Od kiedy wsiadł do samochodu, nieustannie zerkali na zegarki, dając mu do zrozumienia, że jego spóźnienie zagroziło powodzeniu całej operacji.

– Co on tam tak długo robi?

Kierowca włożył do ust zapałkę i spojrzał na swego towarzysza.

– Może poszedł do toalety?

Stali przed biurami Browaru, czekając na samochód Slima.

Głos dochodzący z policyjnego radia miał dziecięce brzmienie. Informował, że Slim zaparkował przed siedzibą Global Investment Banku. Wszedł tam pół godziny temu i od tego czasu stracili z nim kontakt. Czy któryś z nich powinien wejść do środka i sprawdzić, co się dzieje?

– Niech zostaną na swoich miejscach – powiedział Wąsik do pleców policjanta obsługującego radio. – Slim wróci.

Nie mylił się. Na taśmie wideo dostarczonej do jego biura po aresztowaniu Slima Wąsik mógł obejrzeć charakterystyczną sylwetkę prezesa Browaru pojawiającą się w drzwiach banku, kiedy zegar w dolnym prawym rogu kadru wskazał 10.06. Slim wyszedł na ulicę, ściskając pod pachą pękatą plastikową torbę. Zatrzymując kadr, Wąsik odczytał umieszczony na niej nadruk: „Spokojna starość – V Fundusz".

Patrząc na szybki krok Slima i przerażone spojrzenia, które rzucał na boki, przez chwilę miał wrażenie, że zaraz usłyszy dźwięku alarmu i zobaczy bankowych strażników wybiegających na ulicę, aby dopaść mężczyznę, zanim ten zniknie we wnętrzu samochodu. Nic takiego się nie stało. Strażnik w granatowym mundurze odprowadził go wzrokiem i zamknął drzwi banku, kiedy czarny saab zniknął za zakrętem.

– Slim wyszedł z banku i wsiadł do samochodu – poinformował ich ten sam dziecięcy głos. – Jedziemy za nim.

– Za ile do nas dotrze? – zapytał Wąsik.

– Pół godziny – powiedział kierowca, spoglądając na zegarek. – Czterdzieści pięć minut, jeśli trafią na korek.

Wąsik spoglądał przez opuszczone okno samochodu.

– Jest tu jakiś bar z kanapkami? Kawą?

Kierowca odwrócił się profilem w jego stronę.

– Najlepszy w okolicy.

„POZNAJ TEREN, NA KTÓRYM przeprowadzasz akcję" – słowa Wiktora powracały do niej jak instrukcja. „Przejdź każdą piędź ziemi, zbuduj w głowie szczegółowy plan terenu. Nie daj się zaskoczyć. Pamiętaj o różnicy między mapą a rzeczywistym terenem".

Krystyna zatrzymała granatową furgonetkę na płatnym miejscu parkingowym. Sześć kobiet we wnętrzu przestało śpiewać *Co mi dasz, Panie* i zaczęło zbierać poupychane obok foteli rekwizyty. „Precz z seksizmem" – głosił rozwinięty transparent.

„Pikieta jest skuteczna, jeżeli zwróci uwagę mediów", ponownie usłyszała głos Wiktora. „Musicie być głośne i agresywne. Nie zaszkodzi trochę rozbitego szkła, wygiętego metalu. Unikajcie bezpośrednich kontaktów – łatwo wymykają się spod kontroli. Mogą bardziej zaszkodzić, niż pomóc".

Głos Wiktora. Słyszała go coraz częściej. Ostatnim słowem, które dobiegało ją na przedprożu snu, kiedy gasiła światło w sypialni i naciągała na siebie kołdrę, było jej własne imię wypowiadane wysokim chłopięcym głosem mężczyzny z zimnymi błękitnymi oczami. Krystyna.

– Tak?

– Co się z tobą dzieje?

Nie potrafiła odpowiedzieć.

Wiedziała tylko, że jej ojciec przestał odwiedzać ją w snach; jego pijany oddech już nie budził jej w środku nocy, już nie zrywała się z okrzykiem przerażenia. Od kiedy poznała Wiktora, nie musiała uspokajać Pawła stojącego w drzwiach sypialni, wyrwanego ze snu jej krzykiem, którego echo odbijało się ciągle od ścian małego mieszkania, gdy ona tuliła syna do piersi, przekonując go, że wszystko jest w porządku, że to był tylko zły sen.

Jej ojciec był wyblakłym wspomnieniem, pomiętą fotografią,

czymś równie odległym i nierzeczywistym jak pierwszy ból menstruacyjny.

Dźwięk klaksonu wyrwał ją z zamyślenia.

Rozejrzała się dookoła. Pusto. Ani jednego dziennikarza. Żadnych aparatów ani kamer telewizyjnych.

Po drugiej stronie ulicy dostrzegła granatowego forda z trzema mężczyznami w środku. Przyglądali się jej przez zaparowane od wewnątrz szyby; długie metodyczne spojrzenia osób przyzwyczajonych do rejestrowania najdrobniejszych, najmniej znaczących szczegółów. Żywe, uparte oczy. Oczy gliniarzy. Oczy Wiktora.

Podniosła kołnierz kurtki i wskazała kobietom zjazd do garaży pod budynkiem.

OTWIERAJĄC ZATŁUSZCZONĄ TOREBKĘ z hamburgerem, Wąsik odkrył źródło zapachu wypełniającego policyjny samochód. Podwójny hamburger z serem i cebulą. I małe frytki.

Zaparkowali samochód przy stacji benzynowej, około stu metrów od zjazdu do podziemnego parkingu. Zgodnie z planem samochód Slima powinien nadjechać z lewej strony i przejechać tuż przed nimi. W ten sposób mieli pewność, że go nie przeoczą.

– Co to za zbiegowisko? – zapytał Wąsik, wskazując dłonią kobiety wysiadające z granatowej furgonetki i taszczące zwinięte transparenty. Kobiety stanęły na parkingu, w kole, z rosłą walkirią pośrodku, przypominającą Brigitte Nielsen z rozkładówki „Playboya". Egzemplarz magazynu, skonfiskowany szkolnemu koledze córki, leżał na górnej półce jego szafy.

– Jakiś mecz? – zaryzykował pasażer.

– Lepiej to sprawdźmy.

Mężczyzna westchnął cicho, położył torebkę z hamburgerem na przedniej półce i z niemałym trudem wysiadł z samochodu. Zimny wiatr pchnął w jego stronę garść śniegu. Schował głowę w kołnierzu kurtki. Przez chwilę popatrzył z melancholią w stronę ciepłego wnętrza samochodu, gdzie zostawił swoje drugie śniadanie.

KIEROWCA SLIMA DOSTRZEGŁ JE PIERWSZY, kiedy zbliżyli się do stromego zjazdu na podziemny parking. „Precz z seksizmem w reklamie", głosił napis, który na chwilę zasłonił przednią szybę samochodu. Slim przyjrzał się uważniej dwóm młodym kobietom trzymającym transparent. Miały na sobie kurtki moro, brązowe spodnie wpuszczone w czarne, wysokie buty i wełniane czapki na głowie. Wykrzykiwały coś w jego stronę, pochylając się nad maską samochodu.

Kierowca zahamował gwałtownie i Slim chwycił oparcie fotela, aby utrzymać równowagę. Plastikowa torba na fotelu pasażera przechyliła się niebezpiecznie, gotowa upaść na podłogę. Slim schwycił ją prawą ręką, przez skórzane oparcie, i gwałtownie szarpnął ku górze. Plastik naprężył się i pękł, zostawiając w jego dłoni same uchwyty.

Zielone paczuszki wysypały się na fotel i podłogę samochodu. Zanim pojął, co się stało, drzwi samochodu od strony pasażera otworzyły się z lekkim skrzypieniem. Pomarszczona twarz strażnika ochrony wciskała się do wnętrza jak głowa wielkiego oceanicznego żółwia. Ich oczy skrzyżowały się na kilka sekund. Slim przeniósł spojrzenie na rozrzucone paczki pieniędzy. Oczy strażnika podążyły za jego wzrokiem. Pierwszy odzyskał równowagę kierowca Slima.

– Niech pan je zepchnie na pobocze – powiedział strażnikowi, wskazując na stojące kobiety. – Natychmiast! – Ręka mężczyzny zawisła nieruchomo nad jednym z pakunków. Pożółkłe od nikotyny wąsy drgały nerwowo nad górną wargą. Slim mimowolnie spojrzał na pasek mężczyzny i przytwierdzoną do niego skórzaną kaburę.

– Ogłuchłeś, stary durniu?! – Jego krzyk wyrwał strażnika z odrętwienia. – Musimy przejechać.

Mężczyzna powoli wysunął głowę, nie spuszczając wzroku z rozrzuconych pieniędzy. Kiedy wreszcie zamknęły się za nim drzwiczki samochodu, kierowca z wściekłością nacisnął klakson. Zawtórował mu piskliwy jazgot telefonu komórkowego.

Zanim Slim zdążył wyłuskać go z kieszeni marynarki, ich samochód uniósł się nagle i zatrząsł, jakby był metalowym pudełkiem zapałek wstrząsanym dłonią olbrzyma.

SAMOCHÓD SLIMA POJAWIŁ SIĘ bez ostrzeżenia, kiedy Wąsik rozdzierał zębami torebkę z keczupem. Zanim prokurator zorientował się w sytuacji, kierowca ruszył z impetem za oddalającym się czarnym saabem. Otwarta torebka z keczupem wypadła mu z rąk i wylądowała na koszuli i spodniach. Frytki wystrzeliły w górę jak garść konfetti. Kubek z kolą zachybotał się i zaczął niebezpiecznie przechylać się w jego stronę, zanim prokurator zdołał strzepnąć tłuste kawałki ziemniaków ze spodni. Kierowca odwrócił się w jego kierunku, próbując złapać kubek w locie.

Przez przednią szybę Wąsik zobaczył jaskrawoczerwone światła stopu. Samochód Slima ostro zahamował na pochyłym zjeździe. Było już za późno na jakąkolwiek reakcję. Hamowanie zmniejszyło siłę uderzenia, ale nie zdołało zapobiec kolizji. Ich ford uderzył w tył i prawy bok skręcającego samochodu, obracając go o 45 stopni w poprzek zjazdu na parking.

Sekundę po pierwszej kolizji poczuli nagłe uderzenie z tyłu, które popchnęło ich w stronę stojącego przed nimi samochodu i sprawiło, że czarny saab utknął między wysokimi bocznymi ścianami zjazdu. Manifestujące kobiety rozpierzchły się na boki, porzucając transparenty. Pobiegły w stronę granatowej furgonetki.

Przez przednią szybę zobaczyli przerażoną twarz kierowcy i siedzącego na tylnej kanapie Slima, z głową odchyloną do tyłu i dłonią przy twarzy.

Od strony naziemnego parkingu, skracając sobie drogę przez ogrodzenie z łańcucha, biegł w ich stronę wąsaty policjant; jego twarz była czerwona od mrozu i wysiłku.

Drzwi po stronie kierowcy saaba otworzyły się z impetem i mężczyzna, chroniąc się za nimi jak za tarczą, wymierzył w nich lufę pistoletu.

– Policjaaa! Opuść broń! Natychmiast!

Z białego forda, który uderzył w nich z tyłu, wybiegło dwóch funkcjonariuszy. Jeden z nich trzymał pistolet wycelowany w ukrytego za samochodem kierowcę saaba. Drugi podbiegł do samochodu Wąsika i przez chwilę walczył z zamkniętymi drzwiami.

Kierowca saaba opuścił broń.

Wąsik spojrzał na swoje spodnie. W kroczu widniała wielka tłusta plama. Ignorując kierowcę, który krzyczał, aby pozostał w samochodzie, podbiegł do drzwi saaba i otworzył je przy pomocy uwięzionego wewnątrz mężczyzny, który napierał na nie nogami.

Slim, odchylając głowę do tyłu, trzymał zakrwawioną chustkę przy twarzy. „Ma krwotok z nosa", pomyślał Wąsik.

Na przednim siedzeniu samochodu dostrzegł rozrzucone paczki pieniędzy spięte bankowymi banderolami. Dużo pieniędzy.

Wąsaty funkcjonariusz ciężko dyszał za jego plecami. Kiedy Wąsik odwrócił się w jego stronę, mężczyzna wyciągał z kieszeni kajdanki, przysięgając na wszystkich kurewskich świętych tego świata, że od jutra rzuca palenie.

Rozdział ósmy

NA BIURKU ZNALAZŁ NOTATKĘ. Lidia dzwoniła do niego dwukrotnie, prosząc o telefon. Zmiął żółtą kartkę w kulkę i rzucił do kosza.

Szara koperta od Matjasa zawierała cztery odbitki ze zdjęć zrobionych przez kamery przemysłowe na podziemnym parkingu Arkadii. Jedno z nich wywołało uśmiech na twarzy Marcina. Zatrzymany ekshibicjonista najwyraźniej postanowił tego dnia dostosować się do świątecznej atmosfery miejsca, polując na swoje ofiary w stroju Świętego Mikołaja. Być może nie była to do końca *Opowieść wigilijna*, ale temat na artykuł nagle nabrał aktualnego wymiaru i jakkolwiek perwersyjnej, to jednak gwiazdkowej poetyki.

Diana Fuks zadzwoniła przed południem, kiedy kończył ostatnie zdanie tekstu. Nie wiedział, czemu zawdzięcza jej telefon, dopóki nie wspomniała o pikiecie przed biurem Browaru.

– Czyżby przedstawiciele „Głosu" postanowili nas ignorować?

Pikieta nie była tematem na pierwszą stronę. A co było? Przez chwilę miał ochotę opowiedzieć jej o nagim Mikołaju z rogiem renifera w dłoni, ale szybko uznał, że temat zapewne nie spotka się z jej aprobatą.

– A gdybym wiedziała coś, co powinno trafić na pierwszą stronę? – powiedziała Fuks.

– Co takiego?

– Kłopoty pana na Browarze – Andy'ego Slima.

– Jakie kłopoty?

Po drugiej stronie zapanowała cisza.

– Moje dziewczyny stoją od rana przed biurami Browaru. Do tej pory nie widziały tam jeszcze nikogo z przedstawicieli mediów. Nie uważa pan, że to dziwne?

– *Mea culpa* – powiedział Marcin, uderzając się w pierś. – Natychmiast kogoś wyślę.

„Bo jestem superdziennikarzem, który ma pod sobą armię gotowych na wszystko, uzbrojonych w naostrzone pióra superasystentów marzących o podobnym zadaniu i dlatego zarabiam dwa i pół tysiąca złotych miesięcznie", pomyślał.

Fuks najwyraźniej spodobała się jego reakcja.

– Żeby mi to było ostatni raz.

Prawie ujrzał grożący mu palec.

– Dziewczyny z Ligi były świadkami aresztowania Slima.

– Co?

Chwycił długopis i zaczął notować.

– Kiedy stały na podjeździe Browaru, zderzyły się trzy samochody. Z jednego z nich wysiadł Slim. Przysięgają, że policjanci zakuli go w kajdanki i wsadzili do radiowozu.

– Czy mówiły coś jeszcze?

Nie, powiedziała Fuks. Ale można porozmawiać z nimi na miejscu. Przy okazji zbierania materiału na artykuł o pikiecie. Zgodził się, że to dobry pomysł, podziękował przewodniczącej i poczekał, aż pierwsza odłożyła słuchawkę.

Aresztowanie Slima było sensacją. Przez następnych kilkanaście minut Marcin nie wypuszczał z ręki słuchawki telefonu. Wszędzie, dokąd dzwonił, natrafiał na ścianę milczenia. Domowy telefon Slima nie odpowiadał. Jego sekretarka twierdziła, że jeszcze nie dotarł do Browaru, a na sugestię o aresztowaniu odpowiadała niezmiennie: „Nic mi o tym nie wiadomo".

Po dwóch długich rozmowach, przeplatanych groźbami wyrzucenia do kosza biletów na wiosenne rozgrywki Polonii, Matjas potwierdził, że Slim został zatrzymany, ale nie chciał podać żadnych szczegółów. O co w tym wszystkim chodziło?

NIE ZAUWAŻYŁ, KIEDY STANĘŁA przy jego biurku. Najpierw poczuł jej zapach – mdły i ciężki, jak zapach miodu.

Kiedy podniósł głowę, żeby na nią spojrzeć, Sylwia uśmiechnęła się, pokazując nieskazitelnie białe zęby. Jej uśmiech zgasł jednak równie szybko, jak się pojawił.

– Chryste! – wykrzyknęła, przyglądając się jego twarzy. – Zderzyłeś się z ciężarówką?

– Miałem mały wypadek na przyjęciu.

– Mały? Twoja twarz wygląda jak bakłażan.

– Do wesela się zagoi.

– Na twoim miejscu unikałabym wesel– powiedziała, siadając na brzegu biurka.– Wyraźnie ci nie służą.

Marcin odchylił się na krześle i zaplótł dłonie na karku.

– Spóźniona porada. Coś jeszcze?

– To przyszło do ciebie – powiedziała, otrząsając się w końcu z szoku, jaki wywarł na niej widok jego twarzy, i wręczając mu grubą tekturową teczkę.

– Od kogo?

Oderwał oczy od dziewczyny, żeby spojrzeć na swoje nazwisko wypisane zielonym flamastrem na okładce teczki.

– Nie mam pojęcia. Przyniósł to posłaniec.

Marcin obejrzał dokładnie teczkę, bezskutecznie szukając informacji o nadawcy. Wreszcie położył teczkę na biurku i ostrożnie rozwiązał tasiemki.

W środku znajdowała się sterta wycinków prasowych różnych kształtów i rozmiarów. Wszystkie w języku angielskim. Na kilku widniało zdjęcie Andy'ego Slima.

– To chyba ważne? – Sylwia spoglądała przez jego ramię.

Starsky's Stars of Fraud, odczytał Marcin jeden z nagłówków ze zdjęciem Slima.

– Sporo tego – powiedział, przerzucając kartki. – Ktoś powinien to uporządkować.

Sylwia przykucnęła przy biurku i dotknęła jego ramienia.

– To twój szczęśliwy dzień. Masz przed sobą dyplomowanego tłumacza przysięgłego. – Położyła dłoń na niebieskim swetrze powyżej wzniesień kształtnych piersi. – Za dwie godziny dostaniesz streszczenie, pod warunkiem że nic nie powiesz naczelnemu.

Marcin wpatrywał się w nią, gdy wskazywała drzwi gabinetu Waldera.

– Umowa stoi? – Wyciągnęła dłoń w jego kierunku.

Przytaknął ruchem głowy i uścisnął jej dłoń. Przytrzymał ją o sekundę dłużej, niż zamierzał.

POMYSŁ BIEGANIA PO KRĘCĄCYM SIĘ w koło pasie transmisyjnym wydawał się marcinowi czystym szaleństwem – chociaż zakup urządzenia był jego własnym pomysłem. Jednak od czasu kiedy omal nie stracił palca, montując bieżnię, użył jej tylko dwukrotnie – za każdym razem ćwiczył krócej niż przez wymagany kwadrans. Po kilku tygodniach Maria przestała mu zarzucać brak konsekwencji, traktując przyrząd jak kolejny dowód słabości jego woli.

Naczelny zainteresował się urządzeniem podczas jednej z weekendowych wizyt w ich mieszkaniu. Zachęcony przez Marię, wszedł na bieżnię i ku zaskoczeniu Marcina zdołał utrzymać swoje ogromne ciało w równowadze na przesuwającej się taśmie. Dwa miesiące później podarował mu ją na pięćdziesiąte urodziny.

Walder zainstalował urządzenie w swoim gabinecie. Ćwiczył regularnie i z pasją, którą niektórzy z jego współpracowników przypisywali ukrytej frustracji seksualnej. Od ponad trzech lat naczelny był wdowcem. Jego druga, o dziesięć lat młodsza żona i macocha Marii zmarła niespodzianie na zawał serca.

Kiedy Marcin z zastępcą naczelnego Markiem Polnym weszli do gabinetu, Walder, bez marynarki, z podwiniętymi rękawami koszuli i rozluźnionym krawatem, równym kłusem biegł po taśmie. Na widok twarzy Marcina przymknął na chwilę oczy i przyspieszył kroku.

– Co... dzieje? – niektóre wyrazy ginęły w świście wydmuchiwanego z ust powietrza. – Próbowałeś go zabić?

Polny był fizycznym przeciwieństwem swego szefa. Drobny mężczyzna z wąskimi ramionami, płaskim brzuchem i nogami zawodowego dżokeja wyglądał jak karzeł u boku Waldera.

– Zięba ma temat – powiedział Polny i wskazał Marcina dłonią, jakby można było przeoczyć jego obecność. Wzrok naczelnego spoczął na krótko na Marcinie i poszybował do góry.

– Czy muszę o tym wiedzieć?

Marcin zrobił krok do przodu.

– Andy Slim został zatrzymany przez policję.

Walder zatrzymał taśmę. Sięgnął po ręcznik wiszący na oparciu fotela i wytarł twarz.

– Kiedy?

– Dzisiaj przed południem. W drodze do Browaru. Podobno stawiał opór i odniósł obrażenia. Próbuję uzyskać potwierdzenie tego od mojego informatora.

– Wiemy dlaczego?

Zastępca naczelnego rozłożył ręce. Jego dłonie znajdowały się tylko nieznacznie powyżej pasa Waldera.

– Dziwna historia – powiedział. – Zięba przed godziną dostał przesyłkę pełną wycinków prasowych z Australii. Wygląda na to, że Slim jest jednym z najbardziej poszukiwanych ludzi na antypodach. Stoją za tym ponad dwa miliardy powodów, według obliczeń tamtejszej prokuratury. Zięba uważa, że jego aresztowanie i kłopoty na słonecznym kontynencie mogą mieć ze sobą związek.

– A ty co myślisz? – Walder zignorował Marcina i zwrócił się wprost do małego człowieczka pochylającego się nad jego biurkiem. Polny wzruszył ramionami.

– Historia australijska wygląda na prawdziwą. Nawet jeśli dziś aresztowali go za zaśmiecanie ulicy, to prokuratura w Australii najwyraźniej na serio próbuje dobrać mu się do tyłka. Jakkolwiek by na to patrzeć, taki materiał to bomba.

– Powiedziałeś, że dostaliśmy materiały kurierem. Od kogo?

– Zięba dostał – uściślił Polny. – Właśnie to jest w całej sprawie najdziwniejsze. Przesyłka nie miała nadawcy. Gall Anonim.

– Ktokolwiek by to był, przesłał nam supermateriał – wtrącił Marcin. – Może nie chce, żeby mu dziękowano?

Walderowi wyraźnie się to nie podobało.

– Skąd mamy wiedzieć, czy ten Gal nie wysłał tego do każdej gazety w mieście? Skoro wysłał do ciebie... – Wskazał na Marcina z pogardliwą nutą w głosie.

– To bez znaczenia – powiedział Polny. – W najgorszym wypadku będziemy jednymi z wielu, w najlepszym – poprowadzimy stado. Zacznijmy spokojnie od trzeciej strony i sprawdźmy, skąd wieje wiatr.

Naczelny założył marynarkę i zacisnął węzeł krawata.

– Komu damy ten temat?

Marcin rzucił się w stronę biurka.

– Nie odważysz się!

Walder oparł się wyprostowanymi ramionami o biurko. Jego twarz znalazła się kilkanaście centymetrów od twarzy Marcina. Przez chwilę wyglądał jak ogromny pitbull szykujący się do ataku.

– Chcesz się założyć! Czy naprawdę myślisz, że dam temat tygodnia największemu zasrańcowi w redakcji?! Masz mnie za skończonego kretyna?

Szarża Waldera powstrzymała Marcina w pół kroku.

– Nasze sprawy osobiste nie powinny mieć wpływu na twoje decyzje – powiedział, wymachując teczką z wycinkami. – To mój temat.

Nozdrza naczelnego rozszerzyły się z wściekłości.

– Nasze sprawy osobiste?! – ryknął. – Nic nas nie łączy, kutasie! Wbij to sobie do głowy raz na zawsze. Nie mogłem cię znieść, gdy byłeś mężem mojej córki, i nie cierpię cię teraz. Jesteś zapijaczonym gównem w portkach. Wrzodem na dupie mojej redakcji! Jedyny temat, jaki mogę ci powierzyć, to napisanie własnej klepsydry.

Polny podszedł do Waldera i chwycił go delikatnie za ramię. Przez chwilę wyglądał, jakby zawisł na grubym konarze drzewa. Najwyraźniej jednak jego manewr osiągnął pożądany efekt, bo naczelny uspokoił się i spojrzał pytająco w jego kierunku.

– Za dużo ćwiczysz – powiedział Polny i wskazał głową na bieżnię. – Ta maszyna cię wykończy.

Podał naczelnemu ręcznik i spojrzał w stronę Marcina.

– Daj chłopakowi temat. Jeżeli – jak sądzę – przesyłka była przeznaczona dla niego, to znaczy, że nasz anonimowy darczyńca upodobał sobie Ziębę. Mógłby poczuć się dotknięty, gdyby ktoś inny zajął się sprawą. Nie warto ryzykować. Materiał jest przedni.

Z ręcznikiem przewieszonym przez szyję naczelny wyglądał jak bokser po walce. Jego twarz była wciąż czerwona z gniewu, ale oddech wyraźnie się uspokoił.

– Wiesz, że wkładasz własny łeb pod gilotynę? – Walder wskazał palcem na swego zastępcę. – Jeżeli on spierdoli... Kiedy on spierdoli – poprawił się – przejadę po tobie jak walec.

Polny skinął głową i spojrzał z niepokojem na Marcina.

TREVOR DICE TRZYMAŁ kurczowo słuchawkę telefonu. Prawe ramię wyciągnął na całą długość, by zachować bezpieczną odległość między sobą a rozwścieczoną stewardesą. Stali na betonowej płycie lotniska w Sydney obok gotowego do startu boeinga. Silniki samolotu były włączone i Dice z trudem przekrzykiwał ich warkot. Stewardesa, drobna brunetka z włosami upiętymi w kok, raz po raz próbowała dosięgnąć stojącego przed nią mężczyzny, ale jego wyciągnięte ramię stanowiło zaporę nie do przebycia. Kobieta zatrzymywała się centymetr przed jego wysuniętą dłonią. Jej krzyk bez trudu przebijał się przez warkot silników.

– Proszę natychmiast wsiadać! Opóźnia pan lot!

Dice nie zwracał na nią uwagi. Max Stein po drugiej stronie linii doniósł mu właśnie, że Andy Slim został aresztowany. Świat mógł na chwilę zatrzymać się w miejscu.

– Max! Musisz mówić głośniej.

– Pytałem, gdzie jesteś – głos Steina był ledwie słyszalny.

– W Sydney. W drodze do Alice Springs.

– Andy Slim został aresztowany – powtórzył Stein, zastanawiając się przez chwilę, co może przekazać Dice'owi z chaotycznej relacji strażnika Browaru. – Nie znam szczegółów. Samochód Slima blokuje wjazd do biurowca. Podobno doszło do strzelaniny. Andy może być ranny.

– Kiedy to się stało?

– Jakąś godzinę temu. Strażnik twierdzi, że Slim próbował uciekać. Staranowali jego samochód i strzelali do kierowcy.

– *Holy shit!*

– Co robić, Trevor?

– A skąd, do cholery, mam wiedzieć?! Jestem na lotnisku! Za chwilę wniosą mnie siłą do samolotu. Nie mogę ratować Slima z nieba nad Australią!

Głos po drugiej stronie telefonu zamilkł, jakby jego reakcja na krótką chwilę sparaliżowała Steina.

– Kto jeszcze o tym wie? – zapytał Dice. Zanim usłyszał odpowiedź, czyjaś silna dłoń chwyciła go za ramię, wyrwała mu z ręki telefon i pchnęła go w stronę trapu samolotu. Kiedy się odwrócił, zobaczył uśmiechniętą twarz rosłego mężczyzny w zielonym garniturze. Mężczyzna miał ogromne dłonie kulomiota. W jednej z nich trzymał jego komórkę.

– Jakim prawem... – Dice nie dokończył. Mężczyzna położył palec na ustach. Gest był tak sugestywny, że Trevor, mimo rosnącego w nim oburzenia, natychmiast zamilkł.

– Wsiadaj pan do samolotu – wysoki głos mężczyzny nie przystawał do jego potężnej postury.

– A mój telefon? – Wskazał palcem na dłoń mężczyzny.

– Zepsuty.

– Co?!

Mężczyzna zamachnął się i złożył do rzutu jak dyskobol. Czarny przedmiot poszybował w górę i opadł na płytę lotniska jakieś pięćdziesiąt metrów dalej, roztrzaskując się w drobne kawałki. Dice patrzył na mężczyznę z niedowierzaniem. Chciał coś powiedzieć, ale tamten znów przyłożył palec do ust.

– Wsiadaj pan – powiedział cicho. – Wsiadaj, albo cię, kurwa, zabiję.

SAMOLOT ZACZĄŁ POWOLI KOŁOWAĆ w kierunku pasa startowego. Kiedy Dice wstał z fotela, stewardesa rzuciła mu wrogie spojrzenie.

– Potrzebuję pomocy.

Kobieta skrzywiła się i splotła ręce na piersi.

– Muszę skontaktować się z moim biurem. To sprawa życia i śmierci. Proszę mi pomóc!

Kobieta uniosła brwi i spojrzała na Dice'a z wyraźną satysfakcją.

– Proszę wrócić na miejsce i zapiąć pasy. Za chwilę startujemy.

– To bardzo ważne. – Chwycił ją za ramiona. Miał ochotę potrząsnąć jej pulchnym wrogim ciałem, ale natknąwszy się na jej lodowate spojrzenie, cofnął ręce. – Niech mnie pani zrozumie. Muszą mieć państwo jakiś kontakt z lotniskiem.

Kobieta spojrzała na zegarek.

– Kontakt z lotniskiem będziemy mieli dokładnie za dwie godziny i trzydzieści sześć minut. Tyle zajmie nam lot do Alice Springs. A teraz proszę usiąść na miejsce.

Na fotelu przed nim siedział młody człowiek z przypiętym do paska telefonem komórkowym. Wyglądał na sprzedawcę Biblii, damskiej bielizny lub rur aluminiowych. Dice'owi było wszystko jedno.

– Mogę pożyczyć pana telefon?

Mężczyzna spojrzał na niego ze zdziwieniem.

– Teraz? Tutaj?

Skinął energicznie głową.

– Po co panu telefon? – zapytał, chwytając odruchowo za futerał, jakby determinacja w spojrzeniu Dice'a nakazywała zachowanie daleko idącej ostrożności. – Nie można dzwonić z samolotu.

– Dam panu… – sięgnął do kieszeni spodni – …tysiąc dolarów?

Mężczyzna wyjął telefon z futerału i podał mu go bez słowa. Stewardesa rzuciła w ich stronę podejrzliwe spojrzenie.

Dice wrócił na swój fotel i zapiął pasy. Kiedy kobieta zniknęła za zasłonką na końcu kabiny, rozpiął pas i zerwał się z fotela. Trzy sekundy później był w toalecie i wykręcał numer Steina.

– STRZELALI DO NIEGO?! – Dice nie potrafił ukryć zaskoczenia. Prawą dłonią dotknął czoła. – To jakiś kurewski koszmar!

– Podobno uciekał. Strażnik twierdzi, że ścigali go samochodami.

Dice zamilkł na chwilę, zastanawiając się nad wagą wydarzeń, które zaszły piętnaście tysięcy kilometrów od miejsca, gdzie stał – klaustrofobicznej toalety na pokładzie samolotu rejsowego Quantas.

– Slim oszalał – stwierdził autorytatywnie. – Tylko tak można to wytłumaczyć.

Dice spoglądał na odbicie swej zatroskanej twarzy w lustrze, nie do końca przekonany co do poprawności diagnozy.

– Co mu strzeliło do głowy, żeby uciekać?

– Ucieka od tak dawna, że weszło mu to w krew – zaryzykował Stein. – Zresztą, czy to ważne?

Ktoś próbował otworzyć drzwi do łazienki.

– Musimy podpisać umowę z wojewodą. Cokolwiek by się miało jeszcze dzisiaj wydarzyć, musimy podpisać tę cholerną umowę.

Hałasy za drzwiami stawały się coraz bardziej natarczywe. Czyjaś pięść uderzała rytmicznie w cienkie przepierzenie.

– Musisz się tym zająć, Max! – powiedział Dice.

– Co tam się u ciebie dzieje? – usłyszał głos Steina, najwyraźniej zaniepokojonego dobiegającymi go w tle hałasami.

Samolot oderwał się od płyty lotniska i zaczął ostrą i mozolną wspinaczkę w górę. Dice schwycił się lewą dłonią kranu umywalki, aby nie stracić równowagi.

– Turbulencje – powiedział, chwytając zatrzask w drzwiach.

Natarczywe pukanie do drzwi z każdą chwilą przybierało na intensywności. Musiał się spieszyć.

– Zajmij się tym, Max – powtórzył dobitnie. – Nie mamy innego wyboru.

– Co z Belgami?

– Zadzwonię do Van der Boera i powiem mu o wszystkim. Jak dobry akcjonariusz. Ty zajmij się Tyszką i Browarem. Trzeba wyczyścić Browar z wszelkich śladów obecności Andy'ego. To jego dramat, nie nasz.

Dice uniósł palec wskazujący.

– Wchodzimy w środek burzy. Musimy mocno stąpać po ziemi.

Dobijanie się do drzwi przybrało na sile. Wysoki głos stewardesy żądał, aby natychmiast odblokował zamek.

– Mocno po ziemi, Max!

Zanim Dice otworzył drzwi, wrzucił telefon do muszli klozetowej i nacisnął stopą przycisk spłuczki.

HANS VAN DER BOER NIE PODZIELAŁ optymizmu Trevora Dice'a. Do przejęcia akcji Browaru prezes Eurobrew potrzebował wsparcia rady nadzorczej. Choć większość członków rady zdecydowanie popierała plany akwizycyjne, to mniejszość aktywnie krytykowała jego posunięcia. Aresztowanie Slima za defraudację pieniędzy akcjonariuszy dawało im dodatkowe argumenty.

– To straszne, Trevor. – Van der Boer był szczerze przygnębiony. – Nic mu się nie stało?

Dice stał przy automacie telefonicznym na terminalu lotniska w Alice Springs, rzucając mordercze spojrzenia w stronę tęgiej kobiety z upiornie wyglądającym chihuahua na rękach. Od dwóch minut konsekwentnie napierała w jego stronę, starając się dać mu milcząco do zrozumienia, że zbyt długo blokuje aparat. Jej pies był mniej subtelny i wyrzucał z siebie niekończącą się litanię psich obelg.

– Tylko draśnięcie. Przecież spodziewaliśmy się tego, Hans. Jesteśmy na wszystko przygotowani. Usunięcie Andy'ego porządkuje ostatecznie sprawy między nami. Wasz wkład w operacje Browaru jest teraz potrzebny bardziej niż kiedykolwiek.

– Masz rację – powiedział Van der Boer. – Tyle tylko, że to zły czas na takie wydarzenia. Nie wszyscy tutaj są zachwyceni perspektywą pozbycia się stu pięćdziesięciu milionów dolarów. – Van der Boer zamilkł. Po chwili odezwał się ponownie zdziwionym i nieco podirytowanym tonem. – Co to za jazgot po twojej stronie, Trevor?

Dice nie miał czasu na tłumaczenia.

– Zły czas to wymówka frajerów, którzy wpychają obie nogi w tę samą nogawkę – powiedział, odwracając się plecami do walkirii z rozszalałym kundlem. – Dla nas czas dzieli się na zyskowny albo stracony. Myślałem, że pod tym względem zgadzamy się w stu procentach. Trochę już za późno na dziewicze rumieńce. Browar jest bezpieczny. Sprawa Slima potoczy się niezależnie od Browaru i choć gówno będzie z pewnością fruwać na lewo i prawo, zapewniam cię, że ani gram nie poleci w naszym kierunku.

Van der Boer przypomniał sobie wyżlą twarz Dice'a, wąskie oczy za grubymi szkłami okularów, usta bez górnej wargi, czoło upstrzone brunatnymi piegami i skrzywił się z niechęcią.

– Musisz mi coś dać, Trevor – powiedział z naciskiem. – Sprawy dojrzały do tego, aby pomówić o szczegółach transakcji. To nie jest dzień jak co dzień. Za kilka godzin moje telefony rozdzwonią się i kilku darmozjadów, którzy od dawna czyhają na mój stołek, będzie dyszeć w słuchawkę jak żądne krwi bestie. Muszę coś dla nich mieć, Trevor.

– Daj im to! – powiedział Dice z wściekłością, której celem mogły być zarówno słowa Van der Boera, jak i opresyjna i hałaśliwa bliskość kobiety z chihuahua za jego plecami. – Jeszcze w tym tygodniu wylatuję do Amsterdamu na spotkanie z HV Breurai. Jeśli twoja rada nadzorcza będzie nadal zawracała fiutem Ganges, możemy o wszystkim zapomnieć.

– To nie fair, Trevor. – Van der Boer pomyślał, z jaką łatwością jego potężne pięści poradziłyby sobie z ciałem Dice'a. – Myślałem, że osiągnęliśmy porozumienie, które wyklucza tego typu rozwiązania. Twój szantaż jest nie na miejscu.

– Nazywaj to, jak chcesz.

Van der Boer odłożył z impetem słuchawkę.

– Pierdolony pedał! – wykrzyknął w stronę nadchodzącego Hilmaana.

Hilmaan zbladł.

WARSZAWA. SLIM ZA KRATKAMI. Wczoraj przed południem policja zatrzymała przewodniczącego Rady Nadzorczej Browaru, Andrew Slima. Andrew Slim jest obywatelem Australii. Od ośmiu lat kieruje największym przedsiębiorstwem browarniczym w kraju, którego flagowym produktem jest piwo M.O.C. W ubiegłym roku sprzedaż Browaru osiągnęła ponad miliard złotych.

Nasz reporter dowiedział się, że aresztowanie Andrew Slima może mieć ścisły związek z dochodzeniem, jakie prowadzi przeciwko niemu prokuratura Australii. Slim jest oskarżony o działanie na szkodę akcjonariuszy spółki Starsky Corporation i narażenie ich na straty przekraczające 2 miliardy dolarów australijskich. Rzecznik ambasady Australii w Polsce, pani Sandy Cox, odmówiła komentarza na temat aresztowania Slima.

Browar stał się ostatnio przedmiotem ataków Ligi Wolności od Upokorzenia (LiWU), której członkinie wypowiadają się krytycznie o najnowszej kampanii reklamowej piwa M.O.C. Według LiWU kampania epatuje seksualnością, uwłaczającą wizerunkowi kobiety.

Przewodnicząca LiWU Diana Fuks określiła obecną strategię marketingową Browaru jako akt „sięgania konsumentom do majtek". Reklamy Browaru przedstawiające roznegliżowaną modelkę zachwalającą piwo M.O.C. stały się ostatnio obiektem wandalizmu („Głos" nr 243/99), którego sprawców do tej pory nie wykryto. Nieoficjalnie mówi się, że dokonały tego osoby sympatyzujące z LiWU.

Od naszego reportera dowiedzieliśmy się, że Polbrew International BV, akcjonariusz większościowy Browaru, jest w przededniu zawarcia transakcji zakupu 30% akcji Browaru od wojewody. Gdyby transakcja doszła do skutku, Polbrew International posiadałby 100% akcji przedsiębiorstwa. Jeden z urzędników Ministerstwa Skarbu, który pragnie zachować anonimowość, poinformował nas, że obecna sytuacja jest jeszcze jednym przykładem „inwazji obcego kapitału o podejrzanym rodowodzie na polskim rynku". Biuro wojewody odmówiło komentarza.

KOMENTARZ REDAKCJI:
Pan Andrew Slim, jak wielu mu podobnych przedsiębiorców zagranicznych, pojawił się w naszym kraju, aby wspomagać transformację gospodarczą. Był przyjmowany przez władze państwowe i samorządowe. Miał nam pokazać, jak robi się kapitalizm. W ciągu pięciu lat przyglądaliśmy się z zachwytem, jak za sprawą midasowego dotyku Slima wyrasta w kraju potentat browarniczy na skalę zachodnioeuropejską. Dziś jego twórca siedzi za kratkami, a akcjonariusze na antypodach upominają się o dwa miliardy dolarów. Czy takich bohaterów przemian było nam potrzeba? Ilu jeszcze Andrew Slimów pławi się w tym kraju w blasku sukcesu?

WARSZAWA. M.O.C. SEKSIZMU? Demonstracja członkiń Ligi Wolności od Upokorzenia zablokowała wczoraj wjazd do biur Browaru. Aktywistki protestowały przeciwko nowej kampanii reklamowej piwa M.O.C., która w opinii Ligi propaguje fałszywy wizerunek kobiety i czyni kobiecą seksualność dźwignią sprzedaży produktów alkoholowych. Członkinie Ligi maszerowały przed bramą wjazdową Browaru, niosąc hasła: „Precz z seksizmem w reklamie". Protest utrudnił na kilka godzin wjazd i wyjazd z Browaru, powodując, według dyrektora administracyjnego Browaru Daniela Pyhy, poważne opóźnienia w pracach biura.

„Będziemy protestować tak długo, jak długo Browar będzie traktował kobiety jak podkładki pod kufel piwa", powiedziała przewodnicząca LiWU, Diana Fuks. Nowo powołany prezes Browaru, Max Stein, powiedział nam, że nigdy nie widział „tylu brzydkich kobiet w jednym miejscu". „Nasza kampania reklamowa odwołuje się do uniwersalnych cnót kobiecych: piękna, wrażliwości i delikatności", powiedział Stein. „Cnót, które dzieli z kobietami nasz produkt – piwo M.O.C.".

Rozdział dziewiąty

MAREK POLNY SZEDŁ W JEGO KIERUNKU z kartką w dłoni, kołysząc się na krzywych nogach jak marynarz. Jego małe zimne oczy wpatrywały się w Marcina zza grubych szkieł okularów. Zbliżając się, wyjął z ust gumę do żucia, przykleił ją do kartki papieru i energicznym ruchem dłoni uderzył w blat biurka.

– Kto to jest Lidia i dlaczego nie odpowiadasz na jej telefony?

Marcin przyjrzał się kartce papieru z podkreślonym imieniem dziewczyny, wypisanym na czerwono numerem telefonu i notatką napisaną ręką Polnego: „Zadzwoń!!!".

– Dziewczyna brzmi tak, jakby nosiła twoje potomstwo. Chryste! Musiałem jej obiecać, że porozmawiam z tobą osobiście. Jeśli zamierzasz jej nadal unikać – zatrudnij sekretarkę.

Zdjął okulary i zaczął wycierać szkła w połę koszuli.

– Jesteśmy pierwsi ze Slimem. Żaden inny dziennik nie wydrukował tej historii. Wykorzystaj wszystko, co mamy. Chcę opowieści o jego brudnych sprawach w Australii – oszukani dusigrosze, duże pieniądze i seks; wszystko, co wygrzebiesz. Pierwsza strona. – Uniósł palec wskazujący w jego kierunku. – Nie spierdol tego.

Sylwia biegła w jego stronę z słuchawką w dłoni.

– Do ciebie – powiedziała, podając mu słuchawkę i nie spuszczając wzroku z zastępcy naczelnego. – Sekretarka Steina. Chce potwierdzić dzisiejszy lunch.

Polny zagwizdał.

– Ależ my dzisiaj jesteśmy popularni! *À propos* – dodał, wskazując palcem na posiniaczoną twarz Marcina – twarzowy makijaż. Nowa moda czy przypływ samokrytyki?

Polny założył okulary i oddalił się chwiejnym krokiem. Sylwia stanęła za plecami Marcina i oparła mu dłonie na ramionach.

– Będę w pałacu Sobańskich o pierwszej. Proszę podziękować panu Steinowi za zaproszenie.

Odłożył słuchawkę i spojrzał na dziewczynę.

– Max Stein zaprosił mnie na lunch. Możesz w to uwierzyć?

Kiwnęła potakująco głową i zaczęła lekko masować jego ramiona.

– Marcin...

– Tak?

– Kto to jest Lidia?

ANDY SLIM PRZYCISKAŁ DO NOSA zwinięty kawałek papieru toaletowego. Jego jedwabna chusteczka z monogramem, przesiąknięta krwią, spoczywała na dnie kubła na śmieci w męskiej toalecie komisariatu. Krwawienie powoli ustępowało i Slim mógł opuścić głowę, rozluźniając sztywne mięśnie szyi. Rozejrzał się dookoła.

Pokój był mały, z niskim sufitem i zamalowanymi farbą olejną dolnymi szybami okien. Sprawiał wrażenie pospiesznie zaadaptowanego poddasza. Na powierzchni nie większej niż cztery metry na cztery ustawiono trzy biurka – każde innego kształtu i rozmiaru. Ściany pokryte były do połowy tą samą farbą olejną, którą pomalowano okna; drugą połowę oblepiono szarą tapetą. Kiedy odłożył na chwilę swój zaimprowizowany opatrunek, poczuł wszechobecny zapach taniego tytoniu i kwaśny odór ludzkiego potu. Nad biurkiem, przy którym siedział, czyjeś zdesperowane dłonie przymocowały do ściany kolorowy kalendarz Browaru. „Jakby kolorowy motyl usiadł na kupie gówna", pomyślał.

Na przekór okolicznościom obecność znajomego przedmiotu uspokoiła go. „Tylko M.O.C." – znajoma twarz młodej dziewczyny uśmiechała się do niego z kolorowej fotografii.

Dziewczyna siedziała na kontuarze baru, w minispódniczce, ze skrzyżowanymi nogami w czerwonych pantoflach na wysokich obcasach. Otaczał ją wianuszek mężczyzn ze szklankami w dłoniach, oczekujących w napięciu na jej wybór. „Kto pije piwo?" – pytanie miało sugerować, że M.O.C. jest czymś więcej niż piwem, a już z pewnością czymś więcej niż produkty konkurencji. „Tylko M.O.C.", usta dziewczyny rozchylały się pożądliwie. „Tylko M.O.C.".

– Samo życie – usłyszał głos za plecami. Odwrócił się i dostrzegł krępą kobietę z mocno tlenionymi włosami, w mundurze.

Nie słyszał jej kroków, więc nie wiedział, jak długo go obserwowała. Podeszła do biurka i usiadła po przeciwnej stronie, spoglądając na Slima. Energicznym ruchem otworzyła leżącą przed nią na biurku tekturową teczkę.

– Andrju Gordon Sliim – powiedziała, spolszczając wymowę jego nazwiska. – Obywatel Australii. Urodzony w Sydnej, 8 września 1952 roku, zamieszkały przy Padinkton 12, Sydnej. Wiza pobytowa na sześć miesięcy i pozwolenie na pracę. Jaką pracę pan wykonuje, panie Slim?

Nadszedł czas, aby zażądał adwokata. Kobieta najwyraźniej przygotowywała się do dłuższej rozmowy. Jej oczy przebiegały uważnie po zapisanych kartkach papieru; długopis w dłoni był gotowy do notowania odpowiedzi.

Zanim zdążył cokolwiek powiedzieć, do pokoju wszedł niewysoki mężczyzna ze sporą nadwagą i z przylizanymi włosami, wyglądający, jakby przed chwilą wyszedł spod prysznica. Minął go bez słowa i usiadł na blacie biurka stojącego tuż za plecami kobiety. Jego wąskie ciemne oczy przyglądały się Slimowi z natarczywością strażnika więziennego.

Slim z rosnącym niepokojeniem dostrzegł, że jego krawat i koszula pokryte były czymś, co do złudzenia przypominało ślady zaschniętej krwi.

– Chcę rozmawiać z moim adwokatem – powiedział z całą stanowczością, na jaką mógł się zdobyć. – Jestem obywatelem Australii. Żądam natychmiastowego powiadomienia ambasady.

188

Kobieta rozłożyła bezradnie ręce i spojrzała w stronę mężczyzny za jej plecami.

– Pytanie brzmiało: „Jaką pracę pan wykonuje" – głos mężczyzny był spokojny i uprzejmy i stanowił kontrast z jego zimnym spojrzeniem i groźnym wyglądem. – Z pewnością potrafi pan na nie odpowiedzieć bez niczyjej pomocy. Napije się pan czegoś? Niestety – rozłożył dłonie w przepraszającym geście – nie podajemy piwa.

Uśmiechnął się, ukazując pociemniałe od nikotyny zęby.

– Herbata ziołowa? – Kobieta pochyliła się nad biurkiem z zatroskanym wyrazem twarzy. – Dobrze panu zrobi na krwotok z nosa. Mam tutaj całe pudełko. – Wskazała na niewidoczną dla niego szufladę.

Zgodził się skinieniem głowy. Kobieta z zielonym pudełkiem w dłoni pospiesznie wyszła z pokoju. Mężczyzna siedzący na biurku zapalił papierosa.

– Chciałby pan porozmawiać z ambasadą? – zapytał, wydmuchując dym. – To dobrze się składa, panie Slim, bo oni wprost nie mogą się doczekać rozmowy z panem. Prawdę mówiąc, całe to aresztowanie to ich pomysł. Osobiście wolę subtelniejsze metody. – Położył dłoń na piersi. – Proponują, abyśmy wysłali pana pierwszym samolotem do domu. Do słonecznej ojczyzny. Nie jest pan zaskoczony?

Slim odsunął od twarzy zakrwawiony opatrunek z papieru.

– Chcę rozmawiać z moim adwokatem.

Obłok dymu zasłonił na chwilę twarz mężczyzny.

– W pana samochodzie znaleźliśmy czterdzieści osiem tysięcy dolarów w gotówce. Spora kwota. Po co panu tyle pieniędzy?

„Pięćdziesiąt", pomyślał Slim. „Powinno być pięćdziesiąt tysięcy".

– Nie mam panu nic do powiedzenia.

– OK, mister Slim. OK. – Mężczyzna zgasił papierosa w spodku od szklanki. – Widzę, że zna pan swoje prawa. Wielka szkoda. Myślałem, że uda nam się porozumieć. Czyżby nostalgia za ojczyzną brała górę nad rozsądkiem? Gdybym był na pana miejscu – podszedł do Slima, położył mu ręce na ramionach i nachylił się do jego ucha – porozmawiałbym najpierw ze swoją śliczną żoną. Jest pan pewien, że tak właśnie wyobrażała sobie podróż poślubną?

– Nie mam panu nic do powiedzenia!

Mężczyzna klasnął w dłonie, jakby dobił przed chwilą targu swego życia.

– A więc czas przygotować się do podróży!

Slim patrzył ze zdziwieniem, jak mężczyzna rozprostowuje ramiona niczym parę skrzydeł, pochyla głowę i z odgłosem naśladującym pracę silnika kołyszącym się krokiem wychodzi z pokoju.

W przejściu minął kobietę z parującym kubkiem w dłoni.

W PLASTIKOWYM PODAJNIKU NA ŚCIANIE nie było papieru.

Tyszko zaklął i rozejrzał się bezradnie po wnętrzu kabiny. Nieważne, ile razy uzupełnialiby zapasy, papier znikał w zadziwiającym tempie. Stare przyzwyczajenia umierały powoli.

Chwilę wcześniej Tyszko stał pośrodku swego gabinetu i spoglądał nerwowo na zegarek. Było prawie południe i stół w gabinecie przygotowano na przyjęcie gości. Piętnaście minut temu sekretarka potwierdziła, że pan Stein jest w drodze i przybędzie na podpisanie umowy o oznaczonej godzinie.

– Masz na myśli pana Slima – powiedział, spoglądając przez ramię na jej zapiski.

Kobieta pokręciła przecząco głową i przeliterowała nazwisko Steina z małej żółtej kartki przyklejonej do aparatu telefonicznego.

Tyszko machnął ręką. Nieważne, kto podpisze umowę z ramienia Browaru. To jego podpis był niezbędny. A teraz ręka, która mogła tego dokonać, była przytwierdzona do ciała tymczasowo uwięzionego w kabinie męskiej toalety w urzędzie wojewódzkim.

Ktoś wszedł do toalety i przystanął w progu. Tyszko zaczął nasłuchiwać.

– Tytus! Jesteś tutaj?

Głos Wiktora.

– Tu! – krzyknął Tyszko.

Odgłos kroków zbliżył się do drzwi kabiny.

– Nie możesz poczekać, aż stąd wyjdę!?

– Pomyślałem, że powinieneś o tym wiedzieć natychmiast – powiedział Wiktor.

Tyszko potrzebował niecałej minuty, aby przyznać mu rację. Kiedy Wiktor skończył mówić, odgarnął dłonią włosy z czoła.

– Skąd o tym wiesz?

– Dobrze poinformowany przyjaciel.

Powód zamiany Slima na Steina stał się nagle całkowicie jasny. „Biedny Stein", pomyślał Tyszko. „Cokolwiek powie i pomyśli, będzie użyte przeciwko niemu".

– Pieniądze?

– Nikt jeszcze nie dotarł.

– To dobrze.

Musieli być ostrożni. Aresztowanie Slima zwróci uwagę wszystkich na sprzedaż akcji. Ostatnia rzecz, której było im teraz trzeba, to wścibscy dziennikarze i urzędnicy oglądający całą transakcję pod lupą. Slim mógł narobić im kłopotów.

„Z drugiej strony", pomyślał Tyszko, „im większe ryzyko, tym lepszy interes". Bez względu na zainteresowanie mediów to była jego ostatnia szansa na sprzedaż Browaru; ostatnia szansa, aby na tym zarobić. Nawet jeśli miałby położyć na szali swoją mizerną karierę. *Après moi, le deluge*, pomyślał, odszukując dłonią przycisk spłuczki. Tak czy inaczej, transakcja zrobiła się bardziej ryzykowna i Tyszko nie zamierzał tego ignorować.

– Obawiam się, że dwieście tysięcy może nie wystarczyć – powiedział, pospiesznie przeliczając w pamięci. – Możesz coś dla mnie zrobić?

– Tak? – głos Wiktora dobiegł zza drzwi kabiny.

– Idź do mojego gabinetu i otwórz drugą od dołu szufladę biurka, po prawej stronie. Znajdziesz w niej kluczyk do podręcznego sejfu.

– I?

– Otwórz go. Pod ręcznikiem w niebieskie paski leży rolka papieru toaletowego.

Tyszko spojrzał na zegarek i zastukał w drzwi toalety.

– I pospiesz się, dobrze?

MAX STEIN SPÓŹNIŁ SIĘ NA SPOTKANIE cztery minuty i Tyszko postanowił przetrzymać go przez następny kwadrans przed drzwiami gabinetu, w jednym z dwóch niewygodnych foteli ulokowanych przy biurku jego sekretarki. Ich siedzenia były zbyt wąskie i oparcia uciskały żebra przy najmniejszym ruchu ciała. Stein siedział wyprostowany, z dłońmi na kolanach, zastanawiając się, czy będzie w stanie sięgnąć po filiżankę kawy, którą kobieta obiecała zaparzyć.

Po upływie piętnastu minut Tyszko sięgnął po telefon i przekazał sekretarce, że jest gotowy na przyjęcie Steina. Kiedy jedno skrzydło potężnych drewnianych drzwi gabinetu otworzyło się z lekkim skrzypieniem, siedział z głową pochyloną nad stosem dokumentów. Nie podniósł jej, dopóki nie usłyszał powtórnego skrzypienia zamykanych drzwi i nie odliczył w myślach do dziesięciu.

Max Stein stał niepewnie tuż przy drzwiach, czekając cierpliwie, aż zwróci na niego uwagę. Jak na razie, wszystko przebiegało zgodnie z planem.

– Pan Stein! Co za niespodzianka – powiedział Tyszko, odsuwając papiery i unosząc się lekko ze swego fotela. Stein właściwie zrozumiał jego gest i ruszył energicznym krokiem w stronę biurka. Przywitali się mocnym uściskiem dłoni, po czym Tyszko wskazał na fotel po prawej stronie.

– Spotkaliśmy się na weselu Andy'ego, prawda? – zapytał Stein, siadając w fotelu.

Tyszko skinął głową.

– À propos, co z Andym? – zapytał, siadając na powrót w wysokim krześle za biurkiem.

– Coś go zatrzymało.

– Coś czy ktoś? – Tyszko bawił się długopisem.

Stein spojrzał na sufit i rozłożył ręce. Wojewoda przyjął jego konsternację z ukrywanym rozbawieniem. Zdawał sobie sprawę, że siedzący przed nim mężczyzna zastanawia się, czy powiedzieć prawdę, czy skłamać. Stein nie miał pojęcia, czy Tyszko wiedział o aresztowaniu prezesa Browaru – a to dawało Tyszce wyraźną przewagę w czekającej ich rozmowie. Postanowił ją wykorzystać.

– Nowożeńcy. – Roześmiał się. – Nigdy im nie dość. Młodość!

Śmiech Steina zagłuszył odgłos kroków na dębowym parkiecie. Sekretarka wojewody weszła do pokoju, niosąc filiżanki z kawą.

– Święta nastrajają mnie melancholijnie, panie Stein. – Tyszko splótł dłonie za głową i utkwił wzrok w prześwicie między zaciągniętymi kotarami. – Zastanawiam się nad sensem istnienia. Sporządzam wewnętrzne rachunki. Przyglądam się, co zrobiłem źle, co dobrze, a co mogłem zrobić lepiej. Ale przede wszystkim myślę o tym, czego się wyrzekłem, obierając taką a nie inną drogę życia. Pan ma rodzinę, panie Stein?

Stein, z łyżeczką cukru w dłoni, potrząsnął przecząco głową.

– Właśnie o tym mówię! – ucieszył się Tyszko. – Praca przesłoniła nam cały świat, pozbawiając nas dobrodziejstwa prostego życia. O tej porze roku zastanawiam się, czy moje poświęcenie dla kraju i społeczeństwa... Czy praca dla kraju warta jest tego poświęcenia. Co pan myśli?

Stein odstawił filiżankę z kawą.

– Pańska praca nie pójdzie na marne – powiedział, spoglądając na Tyszkę. – Przyszłe pokolenia docenią pana wkład w budowę kraju.

– Święte słowa, panie Stein. Tyle że w przyszłości wszyscy będziemy martwi. Ja, pan, Andy Slim. A ja zdecydowałem się odmienić los w nadchodzące święta. Noworoczne postanowienie.

Z nieukrywaną satysfakcją wojewoda odnotował zdziwienie malujące się na twarzy Steina. Biedak, nie miał zielonego pojęcia, do czego zmierzał. Nadszedł czas, aby go uświadomić.

– À propos świąt, panie Stein – powiedział, odprowadzając wzrokiem wychodzącą sekretarkę. – Myśli pan, że dadzą Slimowi przepustkę na Wigilię? Nasze władze są dość liberalne w tym względzie...

Stein opadł ciężko na oparcie fotela.

– Powinniśmy porozmawiać.

Wojewoda wymienił spojrzenia z sekretarką stojącą teraz w drzwiach gabinetu i przesłał jej szeroki uśmiech.

– Zamknij drzwi, Barbaro. Pan Stein chce porozmawiać.

KŁĘBY SZAREGO PYŁU UNOSIŁY SIĘ nad równiną jak ślad myśliwca na bezchmurnym niebie. W promieniach zachodzącego słońca lazurowy Bentley Mulliner sunął po piaszczystej nawierzchni niemalże bezgłośnie, jeśli nie liczyć hałasu drobnych kamieni, wypryskujących raz po raz spod szerokich kół samochodu.

Samochód był czystym szaleństwem – szaleństwem, któremu nie potrafił się oprzeć. Trevor Dice zamówił go po pierwszym spotkaniu z doktorem Argyle'em, tłumacząc sobie, że przyszły akcjonariusz DGL powinien zajeżdżać pod laboratorium w odpowiednim stylu. Jak przystało na herosa. Przedstawiciel Bentleya czekał na niego z kluczykami w lobby hotelu Double Tree. Jazdę próbną odbyli na hotelowym parkingu, budząc zainteresowanie przypadkowych gości, z zachwytem obserwujących lazurowe cudo.

Patrząc teraz na rysujące się na horyzoncie białe budynki DGL na tle szarej skały Ayers, Dice upajał się mocą 420 koni i pracą prawie siedmiolitrowego silnika z turbosprężarką. Dłonie w rękawiczkach z jeleniej skóry spoczywały na specjalnie zaprojektowanej kierownicy. W czarno-szarej kurtce i baseballowej czapce z napisem Bentley Team z uskrzydlonym logo producenta Dice czuł się jak nowo narodzony. Nawet wczorajsza rozmowa z Van der Boerem nie zdołała popsuć jego dobrego samopoczucia. Jeżeli gruby Belg zamierzał go nastraszyć, to nie osiągnął zamierzonego celu. Prezes Eurobrew nie miał pojęcia o metamorfozie, jaką przechodził.

Przy prędkości stu dziesięciu mil na godzinę wewnątrz kabrioletu czuł jedynie lekki powiew wiatru i słyszał cichy świst powietrza na zewnątrz. Elektroniczne ćwierkanie telefonu zabrzmiało jak dzwony kościelne. Na tablicy rozdzielczej zapalił się numer telefonu Steina. Dice nacisnął przycisk odbioru umieszczony na kierownicy.

– Popraw mi humor, Max – powiedział, nie kierując głosu w żadnym konkretnym kierunku. Superczuły mikrofon umieszczony obok lusterka wstecznego wyłapywał wszystkie dźwięki w promieniu dwóch metrów. – Powiedz mi, że wojewoda podpisał umowę i że mamy te cholerne akcje.

Po drugiej stronie panowała cisza.

– Mamy kłopoty, Trevor – usłyszał głos Steina, wydobywający się z przednich głośników samochodu. Bezwiednie docisnął pedał gazu. Przyspieszenie wcisnęło go w skórzany fotel.

– Gdybym szukał kłopotów – powiedział, nie kryjąc rozczarowania w głosie – rozmawiałbym z urzędem skarbowym. Nie chcę słyszeć o kłopotach. I nie mów mi, kurwa, o problemach!

Samochód pędził ku zachodzącemu słońcu ponad sto dwadzieścia mil na godzinę.

– Max?!

– Tyszko zażądał pięciuset tysięcy dolarów – Max mówił szybko, jakby bał się, że Dice znów mu przerwie. – Powiedział, że aresztowanie Andy'ego wszystko zmieniło. Prasa wali do jego drzwi. Ludzie z Ministerstwa Skarbu za chwilę siądą mu na karku. Nie ma mowy, żeby narażał się dla głupich dwustu tysięcy.

– Ten człowiek zwariował – wyrzucił z siebie Dice. – Pieniądze pomieszały mu w głowie. Chce teraz pół miliona moich… naszych ciężko zarobionych pieniędzy?!

Miał nadzieję, że Stein puścił mimo uszu jego przejęzyczenie.

– On nie żartuje, Trevor. Wie, że to jego ostatnia transakcja. Jeśli ją przepchnie, chce mieć pewność, że wystarczy mu na dom z ogródkiem i spokojną starość.

– To o moją spokojną starość masz się martwić!

– Jego szofer, Wiktor, miał dostać pięćdziesiąt kawałków w ramach zaliczki. W zamian Tyszko zgodził się parafować dokumenty sprzedaży. Pieniądze miał ze sobą Andy, kiedy go aresztowano. Teraz Tyszko chce całą sumę przelewem. Twierdzi, że kiedy dostanie potwierdzenie ze Szwajcarii, podpisze umowę. Nawet gdyby prasa siedziała mu z mikroskopem w tyłku.

Doktor Argyle oczekiwał miliona dolarów do końca tygodnia. Tyszko okradał go z pieniędzy w biały dzień, na oczach całego świata!

– Masz ćwierć miliona dolarów, które mógłbyś za mnie wyłożyć, Max?! – Przyjemność przejażdżki bentleyem pierzchła bezpowrotnie.

– Uspokój się, Trevor. – W głosie Steina wyczuł nutkę zniecierpliwienia. – To także moje pieniądze.

Wciągnął głęboko powietrze. Będzie musiał zastawić dom i ranczo. Czy pradziad Lee by go zrozumiał?

– Po aresztowaniu Andy'ego sytuacja zrobiła się bardzo delikatna – głos Steina dochodzący z głośników zdradzał rosnące napięcie jego rozmówcy. – Nikt nie wie, jakiego gówna można się spodziewać. Politycy pierwsi chowają głowy. Jeżeli, jak obawia się Tyszko, Ministerstwo Skarbu zwali mu się na głowę z armią młodych wilków, nawet milion może nie wystarczyć.

– Chcesz powiedzieć, że ta żałosna oferta ma termin ważności?

– Przykro mi.

– Niech ci nie będzie przykro. To nie twoja wina. – Dice ściągnął z głowy baseballówkę i rzucił ją na tylne siedzenie. – Daj mi znać, co trzeba zrobić, żeby ten przekupny gnój dostał swoje pieniądze.

Kciukiem nacisnął przycisk, kończąc rozmowę. Dwa miliony dolarów bonusu skurczyło się do półtora miliona! Jeśli tak dalej pójdzie, będzie musiał zastawić bentleya! Wszyscy częstują się jego pieniędzmi, jakby były noworocznymi czekoladkami!

Kiedy spojrzał na szybkościomierz, wskazywał sto dwadzieścia pięć mil na godzinę.

DWA PASY RUCHU NA HARBOR BRIDGE poruszały się niezależnie od siebie. Czerwone światła hamowania zabłysły jedno po drugim w łańcuchowym porządku samochodowego korka. Koniec jazdy.

Naciskając pedał hamulca, Dennis Hogan wyobraził sobie wojskową sylwetkę Francisa de Groota na osiodłanym koniu, mijającego stłoczone samochody z szablą w dłoni i kłusującego w stronę niewidzialnej wstęgi u końca mostu. Staruszek miał rację. Siedemdziesiąt lat i sto pięćdziesiąt tysięcy samochodów dziennie później jazda konna zdawała się kuszącą alternatywą w porównaniu z uczestnictwem w codziennej samochodowej karawanie mieszkańców północnych przedmieść. Zapalając papierosa, pomyślał, że światła samochodów wyglądają jak gigantyczny sznur lampek choinkowych, migających radośnie w promieniach zachodzącego słońca.

Im bliżej świąt Bożego Narodzenia, tym większe stawały się popołudniowe korki. Do codziennej karawany mieszkańców przedmieść powracających z biur i urzędów dołączała anonimowa rzesza kupujących, coraz bardziej zdesperowanych wizją świąt bez indyka, suszonych owoców, kandyzowanych orzechów, mdłego adwokata, choinkowych ozdób i świątecznych prezentów. W takich chwilach Hogan gratulował sobie, że jest wolny od podobnych zmartwień. Jego żona miała dość oleju w głowie, by wnieść o rozwód po pierwszym roku małżeństwa. Hogan przyjął to ze zrozumieniem i z nieskrywaną ulgą. Ulgą, ponieważ rozwód uwolnił go od poczucia winy, nasilającego się z każdym miesiącem ich krótkotrwałego związku, kiedy to coraz więcej czasu spędzał w pracy, a coraz mniej w ich wynajętym mieszkaniu w Kirribilli. Hogan nawet nie był złym mężem – nie był nim wcale. Na rozprawie eks-pani Hogan twierdziła, że lepiej zna lokalnego rzeźnika i dostawcę gazet niż własnego męża. Hogan nie oponował. Był ojcem chrzestnym drugiej córki rzeźnika.

Telefon zadzwonił cztery razy, zanim zdołał go wyłowić z kieszeni marynarki. Twardy, obcy akcent należał do Wyszohrodzkiego.

– Próbowałem skontaktować się z panem Woodrym – powiedział, wymawiając nazwisko prokuratora „Udri". – Bez skutku. Zostawiłem wiadomość na jego poczcie głosowej. Prokurator prosił, żebym kontaktował się z panem, gdyby był nieosiągalny. Zdaje się, że to jeden z takich przypadków.

– Czym mogę służyć?

– Otrzymałem właśnie wiadomość, która powinna panów zainteresować. Domyśla się pan, o co chodzi?

– Niech pan mówi dalej. – Hogan zacisnął palce na kierownicy.

– Wczoraj o jedenastej trzydzieści czasu warszawskiego policja zatrzymała Andy'ego Slima. Obecnie przebywa w areszcie.

Hogan wypuścił powietrze z płuc z krótkim okrzykiem nieskrywanego triumfu.

– Aż do rozprawy sądowej – kontynuował Wyszohrodzki – Slim pozostanie w areszcie pod ścisłym nadzorem miejscowej policji. Z pana reakcji wnoszę, że to dobra wiadomość?

– Jest pan Świętym Mikołajem!

– Kogo możemy się spodziewać z państwa strony?

– Wsiadam do najbliższego samolotu – powiedział Hogan. – Przyjedzie ze mną Paul Voychik z biura prokuratora.

W słuchawce zapanowało chwilowe milczenie.

– Wygląda na to, że może pan spędzić święta w Polsce. Zazdroszczę panu.

– Pod warunkiem że wydostanę się z tego korka.

Roześmiali się.

Wyszohrodzki złożył mu życzenia świąteczne, zapewnił o dalszym wsparciu ambasady i życzył bezpiecznej podróży.

Samochody poruszały się teraz z prędkością piętnastu mil na godzinę. Zastanawiał się, czy jechać dalej Bradfield Highway, czy też skręcić na zachód w Cahill Expressway i zjechać do miasta na wysokości Pitt Street.

Grubas w czerwonej toyocie wysunął potężne ramię na zewnątrz i zagarniał powietrze dłonią, jakby była wiosłem.

Hogan zapalił papierosa, włożył go do ust i oparł się rękoma o przycisk klaksonu.

CHERUBIN Z DŁUGIMI WŁOSAMI, w hełmie zdobionym wieńcem laurowym, spoglądał na Marcina miękkim wzrokiem hermafrodyty. W lewej dłoni trzymał kamień, w prawej miecz wsparty na obciętej głowie, której ostre kształty ginęły w ekspresyjnym *non finito*. Brązowa kopia stała przed klasycystyczną fasadą pałacu Sobańskich, przeraźliwie naga i bezbronna w mroźnym grudniowym powietrzu.

Polska Rada Biznesu wybrała na symbol swego klubu posąg Dawida dłuta Donatellego, rzeźbiarza, o którym Giorgio Vasari pisał, że nigdy nie cenił pieniędzy i trzymał je w płaskim koszyku na jarzyny, skąd każdy jego pracownik i przyjaciel brał je wedle potrzeby, bez mówienia mu choćby słowa.

Członkowie klubu, wierni tradycji barwnej socjety otaczającej ich patrona, trzymali dłonie w wielu koszykach naraz, również zachowując przy tym daleko idącą dyskrecję.

Portier przy drzwiach wejściowych zmierzył go podejrzliwym spojrzeniem, które zmiękło nieznacznie, kiedy wymienił nazwisko: Stein. Wskazał mu fotel w foyer, po czym odwrócił się do niego plecami, ostentacyjnie ignorując jego obecność.

Marcin siedział w fotelu naprzeciw schodów prowadzących do podziemi budynku, gdzie mieściła się sala klubowa z kominkiem i bogato wyposażonym barem. Nie lubił tego miejsca. Było pełne dręczących go wspomnień, duchów przeszłości.

Ponad dwa lata temu, po wyroku, który oczyścił Hilkego z zarzutów, zebrali się, aby świętować to wydarzenie w sali klubowej. Hilke brylował, poklepując wszystkich po plecach, ściskając dłonie prawnikom i sekretarkom, śmiejąc się i żartując z żołnierzami jego małej kosztownej armii, która właśnie stoczyła zwycięską batalię z ociemniałą dziewczynką.

Butelki drogiego szampana mroziły się na barze w wypełnionych lodem wiaderkach. Któryś z młodszych prawników – Marcin nie pamiętał, kto, było ich tak wielu, bladych młodzieńców w ciemnych garniturach z czerwonymi z braku snu oczami – podał mu wysoki oszroniony kieliszek. Trzymał go, nie bardzo wiedząc, co zrobić, zahipnotyzowany rozpryskującymi się na powierzchni pęcherzykami powietrza.

Hilke stał na środku pokoju, wznosząc kolejny tego dnia toast. W chwilę później triumfalnie chwycił w dłonie wyimaginowany kij golfowy i wyprowadził szeroki *swing* nad głową zebranych. Kiedy ich oczy podążyły za niewidzialną piłeczką, do pokoju wszedł Kessling z kieliszkiem w jednej dłoni i telefonem komórkowym w drugiej.

– Powinieneś być zadowolony– powiedział, podchodząc do Hilkego powoli, jakby stąpał po polu minowym. Jego głos był niski, ledwie słyszalny nawet dla Marcina, który stał najbliżej. – Apelacja właśnie podcięła sobie żyły.

Twarz Hilkego rozjaśnił szeroki uśmiech zwycięstwa. Wzniósł kieliszek w stronę Kesslinga i objął go ramieniem.

– Na zdrowie, przyjacielu – powiedział, całując łysy czubek głowy adwokata.

– WIELKI BOŻE! – STEIN WPATRYWAŁ SIĘ w niego z zaskoczeniem i niedowierzaniem. – Mam nadzieję, że pana przeciwnik wygląda jeszcze gorzej.

Uśmiechnął się, nie bardzo wiedząc, co odpowiedzieć. Portier z wyraźną atencją pomógł Steinowi zdjąć czarny płaszcz, po czym z widoczną rezerwą przyjął od Marcina wysłużoną szarą kurtkę. W chwilę później prowadził ich przez główną salę pałacu w stronę schodów wiodących do prywatnych pomieszczeń na piętrze.

Sala była niewielka, z pokaźnym, centralnie umieszczonym stołem zajmującym większość powierzchni. Stein usiadł w fotelu plecami do wejścia, wskazując Marcinowi miejsce po swojej lewej stronie.

– Ostatni raz, kiedy pana widziałem – powiedział, wskazując na twarz Marcina – był pan bardziej rozpoznawalny. Co się stało?

Marcin wzruszył ramionami.

– To długa historia.

– Mamy czas.

Mimo wysiłków Marcin nie potrafił odgadnąć intencji swego rozmówcy. Było coś niepokojącego w jego pozornie harmonijnej twarzy, jakiś niezauważalny brak, trudny do zidentyfikowania, bo nieoczywisty. Czego chciał od niego ten dziwny człowiek z aparycją dandysa i o posturze drwala?

– Mogę pana o coś zapytać?

Stein przytaknął skinieniem głowy.

– Skąd zainteresowanie moją osobą?

Mężczyzna uśmiechnął się, jakby oczekiwał tego pytania. Nawet jego uśmiech opierał się wszystkim definicjom. Szczery, ironiczny, zgubny…

– Jest pan dziennikarzem.

– I?

– A ja mam historię do opowiedzenia.

Nieoczekiwanie dla Marcina słowa Lidii zabrzmiały w jego głowie.

– Historię, jaką sprzedaje gazety?

Stein wydawał się szczerze zdziwiony jego pytaniem. Poczekał z odpowiedzią, aż kelner wręczył im obu menu i wyszedł, zamykając za sobą drzwi.

– Zakładam, że sprawa Slima nie zaszkodziła nakładowi „Głosu" – powiedział, przeglądając menu.

– To pan?

I znów jeden z tych uśmiechów, których źródłem mogło być wiele sprzecznych i wykluczających się emocji.

– Mogę zapytać, dlaczego?

Stein wyprostował się w krześle i delikatnym ruchem poprawił węzeł krawata.

– Po co to panu? – powiedział, rzucając Marcinowi spojrzenie wykluczające jakikolwiek wgląd w jego motywacje. – Nie wystarczy materiał?

Walder przeniósł historię Slima na pierwszą stronę „Głosu". Po raz pierwszy od długiego czasu Marcin poczuł coś w rodzaju profesjonalnej satysfakcji – choć starał się przekonać samego siebie, że nie ma to dla niego żadnego znaczenia. Dziwne uczucie dla kogoś, kto każdego dnia walczył z impulsem wykonania kroku w stronę rozpędzonej ciężarówki. Czy naprawdę zrozumienie powodów, dla których ten dziwny mężczyzna siedzący naprzeciw z uśmiechem drapieżnika zdecydował się go uszczęśliwić, było dla niego aż tak ważne? Czy chciał je poznać nawet za cenę utraty tak cennego źródła?

Jego wewnętrzną rozterkę przerwało pojawienie się kelnera w białym kitlu z tacą w ręku. Mężczyzna podał im smażone *foie gras* w sosie jagodowym i napełnił kieliszki czerwonym winem. Bliskość alkoholu uspokoiła Marcina. Kiedy kelner wyszedł, postanowił nie powracać do tematu motywacji Steina. Przynajmniej dotyczących informacji na temat Slima.

– Dlaczego ja? – zapytał, kiedy pierwszy łyk czerwonego wina przyjemnie rozchodził się ze znajomym uczuciem wewnętrznego ciepła po jego ciele. – Mógł pan trafić znacznie lepiej...

– Doprawdy? – Stein zdawał się szczerze rozbawiony jego samokrytycznym komentarzem. – Jan Hilke uważa inaczej.

Na dźwięk nazwiska Hilkego Marcin odłożył z hałasem trzymane w dłoni sztućce i spojrzał na Steina z niezamierzoną wrogością. Mężczyzna nie przestawał się uśmiechać.

– Niech się pan nie obawia – powiedział, kiedy Marcin odstawił pospiesznie opróżniony kieliszek na stół. – Nie jestem tu po to, żeby osądzać, ale dobić targu.

Stein wytarł usta serwetką i sięgnął po butelkę wina, napełniając kieliszek Marcina. Dla zachęty uniósł swój własny w geście toastu. Marcin, nie bez poczucia winy, przyjął zaproszenie. A więc tak wyglądała sprzedaż duszy diabłu... Dziwne, ale nie odczuwał żadnego bólu, jedynie cierpką, przyjemną głębię clareta w ustach.

– Pana status jest dla mnie swoistą gwarancją powodzenia naszego wspólnego... – Stein przez chwilę szukał właściwego słowa dla oddania ostatecznego upadku Marcina – ...przedsięwzięcia.

Cyrograf byłby trafniejszym określeniem, pomyślał Marcin.

– Lubię hazard – powiedział Stein, rozluźniając krawat pod szyją i opierając się o oparcie fotela. – I coś mi mówi, że nie ma pan nic do stracenia. A to najlepsza motywacja, na jaką może kiedykolwiek liczyć taki gracz jak ja.

Gracz? Czyż nie tak opisywała Steina Lidia? Czy powinien go o nią zapytać? Kelner przyniósł tacę z talerzami i następną butelkę czerwonego wina. Stein, wyraźnie rozluźniony, zdjął marynarkę i powiesił ją na oparciu fotela. Czy naprawdę miało jakiekolwiek znaczenie, co łączyło rozhisteryzowaną dziewczynę z jego nowym dobroczyńcą? Dziewczyna twierdziła, że to sprawa osobista. Nie widział powodu, aby mieszać się w osobiste relacje Steina z początkującą modelką, nawet jeśli ich związek miał jakieś pikantne aspekty. To nie był temat dla „Głosu". Może dla „Kuriera", pomyślał z rozbawieniem, odpowiadając na gest Steina i uderzając swoim kieliszkiem o kieliszek wzniesiony przez Steina.

– Historia Slima jest twoja – powiedział Stein, wycelowując w niego nóż. – Inne historie też. Dostaniesz tyle szczegółów, ile zdołasz udźwignąć. Będziesz bohaterem redakcji.

Kelner wypełnił ich kieliszki ciemnym musującym Reciotto. Marcin od bardzo dawna nie był już niczyim bohaterem. Próbował sobie przypomnieć, jakie to uczucie. Uniósł kieliszek do ust, spoglądając na Steina. Uśmiech Sylwii tańczył na powierzchni krwistoczerwonego płynu.

POŁUDNIOWA ŚCIANA DREAMTIMES GENETICS laboratories wyglądała jak lustrzana tafla, w której przeglądała się skała Ayers, rozpalona do czerwoności w południowym słońcu. Dice zaparkował bentleya tuż przed głównym wejściem, upewniając się, że zostanie zauważony.

Doktor Argyle powitał go osobiście przed drzwiami kliniki. Jego uśmiechnięta twarz przekonała Dice'a, że milion dolarów dotarło na rachunek DGL bez opóźnień. DGL miał jego pieniądze, bank miał jego posiadłość. Przez chwilę poczuł się jak Max Stein, trzymający w dłoni zakłady na gonitwę kłusaków. W nieludzkim słońcu Gorącego Środka Trevor Dice, z marynarką przewieszoną przez ramię i wilgotną chustką przy skroni, czekał na sygnał do rozpoczęcia najbardziej karkołomnego wyścigu w swoim życiu.

– Cieszę się, że pana widzę – powiedział Argyle, swoim zwyczajem unikając wzroku rozmówcy. – Mam nadzieję, że miał pan dobrą podróż – jego spojrzenie powędrowało w stronę zaparkowanego bentleya – przynajmniej sądząc po środku transportu.

– Dziękuję – odparł Dice, ściskając wilgotną dłoń doktora. – Nawykłem do długich podróży.

Argyle poprowadził go wąskim sterylnym korytarzem, spowitym błękitnawą poświatą jarzeniówek. W mroźnym klimatyzowanym powietrzu Dice'owi wydawało się, że jego buty skrzypią, jakby były pokryte cienką warstwą lodu.

– Napije się pan czegoś? – Argyle wprowadził go do pokoju

zabiegowego ze skórzaną leżanką i ścianą wypełnioną kolumnami sprzętu elektronicznego, migającego kolorowymi diodami i błyskającego wykresami na ciekłokrystalicznych ekranach.

Dice potrząsnął przecząco głową.

– Czy to będzie bolało? – zapytał, rozglądając się po pomieszczeniu.

Doktor Argyle potarł nasadę nosa.

– Nie jestem pewny, czy dobrze wytłumaczyłem panu naturę zabiegu.

Dice poczuł, jak jego ciało lekko sztywnieje, a wnętrze dłoni wilgotnieje. Wizja strzykawki z dwumetrową igłą mignęła mu przed oczami. Głowa doktora Argyle'a znów przybrała formę atakującego węża okularnika.

– To znaczy?

Argyle wydawał się szczerze zakłopotany.

– Nasze badanie antropotechniczne są ukierunkowane na zdefiniowanie genomu w celu stworzenia lepszych i doskonalszych istot ludzkich. Nie interesuje nas kopiowanie tego, co stworzyła natura w całej swej nieprzewidywalnej przypadkowości. Próbka, która zamierzamy pobrać, nie dotyczy pana komórek somatycznych.

– A jakich? – głos Dice'a zadrżał lekko.

– Rozrodczych, panie Dice.

Trevor Dice wpatrywał się w doktora Argyle'a wzrokiem chłopca przyłapanego na podglądaniu rodziców w sypialni.

– Rozrodczych?

Argyle pokiwał głową.

– Zamierzamy pobrać próbkę pana spermy i zamrozić ją do dalszych badań genetycznych.

– Mojej spermy?

Powtórne kiwnięcie głową.

Trevor Dice, siadając na skórzanej leżance, z lekkim uczuciem paniki i rumieńcem na twarzy zaczął się zastanawiać, jak czterogodzinny lot i trzygodzinna jazda samochodem mogły wpłynąć na stan higieny jego pięćdziesięciotrzyletniego ciała.

PIELĘGNIARKA PACHNIAŁA środkiem dezynfekcyjnym i Chanel No 5.

Ciemne włosy nosiła spięte w kok pod seledynowym chirurgicznym czepkiem; biała tekturowa maseczka opadała na szyję jak ozdobny wisior.

– Proszę opuścić spodnie do kostek – powiedziała, biorąc z półki szklany pojemnik i odkręcając białe plastikowe wieczko.

Odpinając pasek, Dice zauważył, że jego dłonie drżą lekko i ześlizgują się po metalowej powierzchni klamry. Doktor Argyle czekał na niego w swoim gabinecie („Niech pan nie zapomni się pożegnać, panie Dice").

Pielęgniarka wciągała na dłonie cienkie gumowe rękawiczki. Z każdym jej metodycznym ruchem rosło w nim uczucie paniki. Dziewczyna miała dwadzieścia kilka lat. Może trzydzieści. Ładną twarz i figurę atletki, widoczną nawet pod seledynowym fartuchem.

– Dawno tu pani pracuje?

Rozpaczliwie myślał o swojej żonie, przykutej do łóżka, otoczonej kroplówkami. Przywoływał smutek mrocznego pokoju. Zatęchłe powietrze powolnego umierania. Sylwetkę pielęgniarki u głowy chorej, wstającej z krzesła, podążającej w jego kierunku ze szklanym naczyniem w osłoniętych gumowymi rękawiczkami dłoniach...

– To nie będzie bolało, panie Dice. Proszę zamknąć oczy i pomyśleć o czymś przyjemnym.

Znał przyjemności, które kosztowały mniej niż milion dolarów.

„Wszyscy mamy takie same żołądki" – Henryk Mucha pamiętał to hasło, bo sam je często powtarzał w czasie strajków w latach osiemdziesiątych. Miało oznaczać, że wszyscy mają prawo do tych samych przywilejów, z jakich korzystali funkcjonariusze partii. A może też i to, że wszyscy są sobie równi, a fizjologiczna funkcja żołądka jest tego najlepszym przykładem.

Ale to wcale nie jest prawda, pomyślał Mucha, przerzucając śmieci. Bogaci mieli inne żołądki. Bogaci jedli rzeczy, których on nigdy nie włożyłby do ust.

Henryk Mucha od trzynastu lat był pracownikiem miejskich zakładów oczyszczania. Nie lubił słowa „śmieciarz". Nie tylko dlatego że uwłaczało jego profesjonalnej godności. Ale także dlatego że jego zdaniem w żaden sposób nie odpowiadało funkcji, jaką w rzeczywistości pełnił, i tylko w niewielkim stopniu opisywało to, czym się naprawdę zajmował.

„Pracownicy MZO są powiernikami miasta", zwierzał się czasem swojej żonie. „Oczyszczanie miasta to przede wszystkim sztuka dochowywania tajemnic. Jak spowiedź. Ludzie powierzają nam rzeczy, które nigdy nie mają ujrzeć światła dziennego".

Kiedy przynosił do domu parę nowych butów, suknię ślubną albo błyszczący nowością rower, nie krył zdziwienia: „To niebywałe, co ludzie potrafią wyrzucić do śmieci. Im dłużej pracujesz w tym fachu, tym bardziej zdajesz sobie sprawę, że nic nie jest cię w stanie zadziwić".

Zaglądając do wnętrza śmieciarki w to mroźne grudniowe przedpołudnie, Henryk Mucha po raz któryś z rzędu pojął, jak bardzo się pomylił.

Rozdział dziesiąty

WNĘTRZE WINDY BYŁO jak pokład chybotliwego statku. Marcin przytrzymał się dłonią ściany, aby nie stracić równowagi. Jego powieki otwierały się tylko do połowy, głowa pękała od pulsującego bólu. Prawą dłonią dotknął czoła – było mokre od potu.

Lunch ze Steinem skończył się późno. Pamiętał dwie butelki wina, potem butelkę koniaku. Stein uścisnął mu dłoń na pożegnanie, a on, ośmielony alkoholem, rzucił mu się w ramiona. Po rozstaniu uznał, że jest za późno na powrót do redakcji, ale za wcześnie, by iść do domu. Mały bar w sąsiedztwie wyglądał przytulnie. Gruba barmanka z fryzurą Moniki Vitti z *Przygody* Antonioniego nie miała soku pomarańczowego, więc poprosił o szarlotkę – żubrówkę z sokiem jabłkowym. Obudził się w łazience swojego mieszkania, siedząc na sedesie z opuszczonymi do kostek spodniami.

Drzwi windy otworzyły się na jego piętrze i Marcin ostrożnie wyszedł na korytarz. Recepcjonistka rozmawiała przez telefon, a więc mógł ją minąć bez słowa, unosząc lekko prawą dłoń w geście powitania.

Dotarł do swojego biurka, nie natykając się na nikogo, z kim musiałby rozmawiać. Miał ochotę na kubek czarnej kawy, ale bał się, że kuchnię o tej porze oblegają pracownicy redakcji, poklepujący się po ramionach, wymieniający uśmiechy, dowcipy i komentarze przy filiżance porannej kawy. Nie czuł się na siłach, aby stawić im czoło, a tym bardziej wymieniać rytualne uprzejmości. Położył łokcie na blacie biurka i ukrył twarz w dłoniach.

Próbował zapanować nad falą gorąca, której zapowiedź czuł na mokrych od potu karku i plecach. Odsunął dłonie od oczu i otworzył powieki. Na jego biurku leżała złożona na pół kartka formatu A4 z jego imieniem wypisanym ręką naczelnego. Otworzył ją i przeczytał krótki tekst:

Dzwonił twój X. Trup w śmieciach klubu „Plaża". Tekst na dzisiaj.
Nie łudź się, że awansowałeś na gwiazdę.

PS Obserwuję cię.

Zmiął kartkę i wrzucił do kosza. Wyszukał w pamięci telefonu numer Matjasa i przycisnął klawisz wybierania.

JEGO INFORMATOR, KLAUS MATJAS, brzmiał tajemniczo.
– Ta sprawa będzie cię kosztować, stary – powiedział, wydmuchując dym.
Siedzieli w barze na stacji benzynowej przy drodze wyjazdowej na Gdańsk. Ich stolik z ogrodowego plastiku stał przy oknie z widokiem na dystrybutory i fragment drogi, po której mknęły rozpędzone samochody.
– To nie żadne „pan pchnął panią kuchennym nożem", albo „pijana staruszka pod ciężarówką". Żadna z tych smutnych praskich historii, które tak podnoszą na duchu czytelników twojego szmatławca. To sprawa z waszej strony rzeki. Dzwonił już „Kurier" – dodał, oczekując reakcji Marcina.
– „Kurier" to gówno – powiedział Marcin, pociągając łyk piwa z butelki. – „Kurier" obieca ci złote góry, potem prześpi się z tobą raz i nigdy nie oddzwoni. A twoja żona dowie się o wszystkim z gazety.
Matjas roześmiał się szeroko, pokazując pożółkłe od nikotyny zęby.
– Czyżbym wyczuwał nutę rozgoryczenia?
– Jeśli ufasz tej małej zdzirze ze zrobionymi cyckami, to po co rozmawiasz ze mną?

– Bo znasz się na futbolu. A ona nie potrafi odróżnić „Polonii" od poloneza.

Zamilkli na chwilę, spoglądając przez okno na przejeżdżające samochody. Matjas sięgnął dłonią do wewnętrznej kieszeni marynarki. Wyciągnął trzy polaroidy, położył je na blacie stolika i pchnął w stronę Marcina.

– Zawsze robię kilka na własny użytek. Zanim dotrze ekipa i przewróci wszystko do góry nogami. Nie wyobrażasz sobie, ile szkody potrafi zrobić jeden nieostrożny glina.

Matjas włożył zapałkę do ust.

– Znaleźli ją śmieciarze, opróżniając pojemniki około jedenastej. Wygląda na to, że przeleżała w kuble jakiś czas. Dzień, może dwa. – Mężczyzna wzruszył ramionami. – Stężenie pośmiertne zaczęło już ustępować. Zresztą, nie jestem specjalistą. Czekamy na wyniki sekcji.

Marcin przyglądał się błyszczącym odbitkom, próbując odróżnić na nich jakieś kształty.

Pierwsze zdjęcie pokazywało wnętrze ciężarówki do przewożenia odpadów. W kadrze znalazły się fragment podnośnika hydraulicznego i pomarańczowa karoseria samochodu. Choć w pojemniku panował półmrok, Marcin wyraźnie dostrzegł ciało.

Leżało w pozycji embrionalnej, z wygiętą linią kręgosłupa i podkurczonymi nogami. Lewe ramię było zgięte w kształcie litery „L", dłoń zasłaniała część twarzy. Prawą stopę i lewą nogę poniżej łydki zakrywały odpadki.

Dziewczyna była ubrana w dżinsy i jasną bluzkę lub sweter – Marcinowi trudno było to stwierdzić na podstawie zdjęcia – o wiele za lekko jak na połowę grudnia.

Drugie zdjęcie było zbliżeniem ramienia i głowy. Lampa błyskowa wydobywała kształty, jakby postać dziewczyny wynurzała się z głębi oceanu. Przedmioty w bezpośredniej bliskości obiektywu lśniły zimnym wewnętrznym światłem, te na dalszym planie ginęły w ciemnościach.

Twarz dziewczyny zakryta dłonią, prawe ramię nagie do przedramienia, ze ściągaczem bluzki podciągniętym do łokcia. Włosy rozrzucone jak wachlarz ponad głową.

Patrząc na polaroidową odbitkę, mętne światło i oniryczne barwy, niemal naturalne ułożenie głowy i ramienia dziewczyny, łatwo było ulec złudzeniu, że kobieta pogrążona jest w głębokim śnie.

– Spójrz na przegub dłoni – powiedział Matjas, uderzając brudnym paznokciem w fotografię.

Spojrzał na wskazane miejsce. Jakiś kolisty przedmiot wyraźnie odbijał światło lampy.

– Zegarek – powiedział mężczyzna. – Szwajcarski schaffhausen. Rzadko znajdowany na śmietnikach.

Kiwnął ze zrozumieniem głową. Matjas mówił mu, że dziewczyna nie padła ofiarą zbrodni na tle rabunkowym.

Trzecia fotografia pokazywała duży plastikowy pojemnik na kołach, z zasuwaną klapą. Na zielonej obudowie widniał biały napis – „Plaża".

– To jest pojemnik, w którym umieszczono ciało – powiedział Matjas. – Śmieciarze nie zauważyli niczego, dopóki nie opróżnili go w całości. Ktoś zadbał, żeby ciało znalazło się na samym dnie.

Marcin złożył fotografię.

– Udało się ją zidentyfikować?

Matjas uśmiechnął się tajemniczo, znów pokazując ciemne od nikotyny zęby.

– Zadziwiająco łatwo, choć nie miała przy sobie żadnych dokumentów.

Sięgnął do kieszeni marynarki i wyjął złożoną w kostkę kartkę papieru. Rozłożył ją do formatu A4, położył na stoliku i wygładził otwartą dłonią.

– Tylko M.O.C. – powiedział, spoglądając na Marcina i stukając palcem w kolorowe zdjęcie wyrwane z magazynu. – Tylko M.O.C.

ANDY SLIM BYŁ ZMĘCZONY I PRZYBITY. Dwudziestoczterogodzinny zarost na twarzy potęgował wrażenie przygnębienia, które malowało się w jego oczach. Z koszulą rozpiętą pod szyją, bez krawata, z mankietami pozbawionymi spinek i wysuwającymi się spod wymiętej marynarki jak kawałki postrzępionej gazety, Slim przedstawiał żałosny widok.

Umundurowany policjant wprowadził go do małego pokoju bez okien. Poczuł lekkie mrowienie skóry. Od dzieciństwa nie lubił zamkniętych pomieszczeń. Oddychał w nich z trudem, robiło mu się na przemian gorąco lub zimno. Szybkim ruchem dłoni dotknął czoła. Było suche. Miał wręczyć policjantowi kopertę, którą wyjął z kieszeni marynarki. Jego młoda żona, w swojej najlepszej kreacji słomianej wdowy – czarnej, obcisłej sukni z dekoltem – dostarczyła mu ją kilka godzin temu. Makijaż, umiejętnie podkreślający cienie pod oczami, miał go przekonać o jej nieukojonej rozpaczy.

Na chwilę ogarnęło go uczucie paniki. A jeśli to pułapka? Jeśli jest obserwowany i moment wręczania koperty zostanie zarejestrowany przez ukrytą kamerę?

Odwrócił się w stronę policjanta. Wzrok mężczyzny błądził po pokoju, unikając jego osoby. Niepewnym ruchem Slim wyciągnął dłoń z kopertą. Poczuł delikatny dotyk jak muśnięcie skrzydła motyla. Zanim pojął, co się wydarzyło, koperta zniknęła w kieszeni spodni policjanta.

Slim usiadł przy prostokątnym stole stojącym na środku pokoju. Nie usłyszał, kiedy otworzyły się drzwi i Stein wszedł do pomieszczenia. Zaskoczony, poderwał się lekko z krzesła, czując jego dłoń na ramieniu. Wyraźnie zażenowany swoją nerwową reakcją, ścisnął dłoń Steina, unikając jego wzroku.

– Świetnie wyglądasz – powiedział Stein wypoczętym głosem człowieka, który spędził noc we własnym łóżku.

– Ty też, Max – powiedział Slim, siadając i rozpinając marynarkę. Po chwili zapiął ją ponownie, nie chcąc, by rozmówca zauważył brak paska przy spodniach. – Co dobrego w Browarze?

– Brakuje nam ciebie. Dyrektor finansowy rozpacza, że nie rozumiem sprawozdań finansowych i wyrzucam faktury dla księgowości. Od wczoraj tankuję benzynę na własny rachunek. To kara za brak dyscypliny budżetowej.

Roześmiali się. Slim rzucił krótkie spojrzenie w kierunku policjanta, a potem pochylił się lekko w stronę Steina.

– Co nowego u Trevora?

Stein poprawił się na krześle i spojrzał na Slima.

– Przesyła pozdrowienia. Podobnie jak ja, bardzo martwi się tą sytuacją. Ma nadzieję, że wkrótce cię wypuszczą i będziesz mógł wrócić do domu.

– Chyba masz na myśli Browar, Max – powiedział Slim. – Wrócę do Browaru.

– Andy – Stein zmarszczył czoło, jakby usłyszał coś niestosownego – sprawy się nieco skomplikowały. Prasa siedzi nam na karku. Wojewoda unika nas jak ognia. Skłamałabym, gdybym powiedział, że wszystko będzie jak dawniej. Przykro mi.

Slim uśmiechnął się lekko. Współczucie Steina było warte tyle, co zeszłoroczny śnieg. Widok pozornie zatroskanego mężczyzny w nieskazitelnie białej koszuli i drogim czarnym garniturze, którego spodnie z pewnością przytrzymywał kosztowny pasek, mówiącego mu, że jego życie zawodowe właśnie dobiegło końca, był ostatnią rzeczą, jakiej teraz potrzebował. Odchylił się lekko na krześle i zaplótł dłonie na karku.

– Pierdolić prasę – powiedział wreszcie, spoglądając na Steina. – Dzisiejsze wstępniaki jutro wylądują w koszach na śmieci.

Stein przecząco pokręcił głową. A więc to koniec? Poczuł, jak na czole i górnej wardze pojawiają się krople potu.

– Twoja sprawa nabrała rozgłosu. – Stein ściszył głos do szeptu, jakby przekazywał mu tajemnice wagi państwowej. – Media wyciągają na światło dzienne każdy szczegół twojej współpracy ze Starskym. Nikt nie będzie z nami rozmawiał, dopóki twoja osoba będzie łączona z Browarem.

Slim uderzył pięścią w stół. Policjant, dotychczas tkwiący nieruchomo przy drzwiach, zrobił krok w ich stronę.

– Ja *jestem* Browarem! Czyżbyś o tym zapomniał?

Stein uniósł dłoń do góry, czy to powstrzymując gestem zbliżającego się policjanta, czy też próbując uspokoić Slima.

– Nikt nie pomniejsza twoich zasług, Andy. Trevor robi wszystko, aby doprowadzić twoją sprawę do szczęśliwego końca. Ale musisz też zrozumieć sytuację, w jakiej się znaleźliśmy jako właściciele Browaru. – Rozłożył ręce. – To dorobek naszego życia. Nasze pieniądze.

Slim uśmiechnął się ironicznie. „Zdobyte moimi rękami", pomyślał.

– Co więc mi radzisz, Max?

– Zaufaj Trevorowi – powiedział Stein, jakby sugerował, aby zdał się na opatrzność boską. – Skup się na własnej sprawie i zapomnij o Browarze. Nie jesteś jego częścią. Ten etap w twoim życiu został raz na zawsze zamknięty. Koniec. Kropka. Trevor z pewnością odwdzięczy się za twoją lojalność. Rozumiemy się?

Czy się rozumieli? Bardziej niż Stein, z palcem wskazującym dramatycznie wymierzonym w jego stronę, mógłby się spodziewać.

– Czy wdzięczność Trevora wyraża się jakąś liczbą? – zapytał, pochylając się w stronę Steina.

Mężczyzna przyjął jego słowa z wyraźną ulgą. Cień uśmiechu pojawił się na jego twarzy. Wreszcie przeszli do konkretów.

– Za wcześnie na to, Andy – powiedział, mrugając porozumiewawczo okiem. – Wszystko zmienia się z minuty na minutę. Nie ukrywam, że z twojego powodu parametry transakcji z wojewodą zmieniły się znacząco na naszą niekorzyść.

– Czy Trevor odwołał Kesslinga?

– Skądże! – głos Steina był przepełniony oburzeniem tak teatralnym, że Slim przez chwilę miał ochotę parsknąć śmiechem. – Ten chciwy błazen sam o tym zdecydował. Twierdzi, że nie będzie narażał biznesu z Browarem dla twojej osoby.

– A groziliście mu utratą biznesu?

Stein uderzył się dłonią w pierś.

– Nigdy. Uwierz mi, Andy.

Był bez pracy i bez adwokata. Bez młodego ciała żony u boku. Bez ciepłej wody i świeżej koszuli. Slim odsunął nieco krzesło od stołu, jakby przygotowywał się do wyjścia.

– Ile twoim zdaniem wart jest jeden dzień mojego życia w tym miejscu? – Wykonał ręką szeroki gest obejmujący ściany pokoju.

Stein rozłożył bezradnie ręce.

– Nie mam pojęcia.

Slim uniósł się z krzesła i oparł dłonie o blat stolika, pochylając się w stronę Steina.

– Oto moja rada, Max – powiedział, przekrzywiając lekko głowę. – Wróć do domu i zadzwoń do Dice'a. Obudź go, jeśli trzeba. Każ mu wziąć do ręki kalkulator i zastanowić się, na ile wycenia jeden dzień mego życia. A potem... – Slim wyprostował się, dając Steinowi do zrozumienia, że rozmowa dobiegła końca. – Potem każ mu to pomnożyć przez milion.

NAZWA „ODWET" SPODOBAŁA SIĘ WIKTOROWI.
– Krótka i inspirująca – powiedział, wycierając ręcznikiem włosy.
Stali przed męską szatnią w siłowni. Krystyna była ubrana w czarny dres i szarą baseballową czapkę. Wiktor, prosto spod prysznica, miał na sobie krótkie czerwone spodenki i koszulkę bez rękawów. Fala ciepła promieniowała od jego półnagiego ciała i rozgrzanych treningiem mięśni, których zimna woda nie zdołała do końca ostudzić.
Krystyna wzruszyła ramionami.
– Skoro nie możemy używać nazwy Ligi...
– „Odwet" to dobra nazwa – powtórzył Wiktor i położył dłoń na jej ramieniu. – Nie przejmuj się. Poradzisz sobie.
Skinęła głową, ukrywając lekki rumieniec pod daszkiem czapki. Jego dotyk wciąż był dla niej czymś zaskakującym. Prawie przyjemnym.
– Bałam się, Wiktor – powiedziała, spoglądając mu w oczy. – Kiedy podjechały samochody, usłyszałam huk metalu i zobaczyłam broń w ich rękach, nie wiedziałam, co robić. Dziewczyny rozbiegły się na boki, a ja stałam sparaliżowana strachem.
Potrzebowała wsparcia. Z mieszaniną zdziwienia i histerii dostrzegała, że jej zależność od Wiktora rosła z dnia na dzień, z godziny na godzinę. Był jej instruktorem, partnerem w ćwiczeniach, kolegą po fachu i coraz częściej powiernikiem. Wewnętrzny głos podpowiadał jej, że wszystko dzieje się zbyt szybko. Nie znała tego mężczyzny. Nie wiedziała, czym się kieruje ani jakie ma zamiary.
– Uczucie strachu to nic złego. Nauczysz się nad nim panować.
– Jak?

– Skutecznie.

Wzruszyła ramionami.

– Nie nadaję się na dowódcę grupy…

– Nadajesz. – Wiktor schwycił ją za ramiona. – Wierz mi, znam się na tym.

Wierzyła mu.

– Chcę, żebyś kogoś poznała.

NA STACJI BENZYNOWEJ KUPIŁ półlitrową butelkę wódki, torebkę orzeszków ziemnych i zimowy płyn do szyb.

Lidia była martwa. Jego samochód stał na parkingu, obok wejścia do toalet. Kluczyki nie pasowały do zamka i pomyślał, że musiał je zamienić z Matjasem, który odjechał kilka minut wcześniej. Nie, to niemożliwe. Przecież sam widział przez okno stacji, jak Klaus odjeżdża, spoglądając na niego z zatroskanym wyrazem twarzy.

„Zawiozę cię do miasta", zaoferował, nie bacząc na reguły ich małej konspiracji, nakazujące im odjeżdżać ze stacji oddzielnie. „Wyglądasz potwornie". Marcin machnął ręką. „To tylko zmęczenie. Słabo sypiam".

Przy trzeciej próbie otworzył drzwiczki samochodu, rzucił torbę na siedzenie pasażera i usiadł za kierownicą. Dziewczyna leżała w stercie odpadów, z lewą dłonią zasłaniającą twarz. Czy to możliwe, żeby Matjas się pomylił? Na zdjęciach nie sposób było ją rozpoznać. Nie miała przy sobie żadnych dokumentów. Mogła być jedną z setek dziewczyn, które farbują włosy na blond i próbują wyglądać jak modelki z okładek kolorowych pism.

„Takie historie sprzedają gazety", przypomniał sobie ich spotkanie. Dlaczego nie potraktował jej poważnie? „Zadzwoń!!!" – zobaczył przed oczami pismo zastępcy naczelnego. „Zadzwoń!!!". Dlaczego wybrała właśnie jego?

Włączył silnik i powoli ruszył ze stacji. Równie dobrze mogła podciąć sobie żyły w jego obecności. I tak byłby zbyt pijany, żeby jej przeszkodzić! Chciała, żeby jej pomógł. Potraktował ją jak wariatkę. Jak żądną sensacji skandalistkę, prześladującą Maksa Steina. Maksa Steina, jego nieoczekiwanego dobroczyńcę! Poczuł, że ogarnia go fala mdłości.

Zacisnął dłonie na kierownicy. Dlaczego wybrała właśnie jego?! Miał dość własnych problemów. Jego małżeństwo legło w gruzach, a praca wisiała na włosku. I miał kłopoty z zachowaniem trzeźwości dłużej niż przez pół dnia! Poczuł wzbierający gniew. Z jakiej racji ma się zajmować problemami innych? Czy jemu ktoś pomaga? Co upoważniało postrzeloną smarkulę, aby zrzucać na niego odpowiedzialność za własne niepowodzenia? Niech radzi sobie sama!

Dźwięk klaksonu wyrwał go z zamyślenia. Nadjeżdżający z naprzeciwka samochód błyskał długimi światłami. Tuż przed nim. Jechał lewą stroną ulicy!

W ostatniej chwili odbił na prawo i kątem oka zobaczył przerażoną twarz kierowcy i dwójki pasażerów w mijającym go samochodzie. Poczuł skok adrenaliny. Jego dłonie na kierownicy drżały lekko, na skroniach pojawiły się kropelki potu. Przejechał jeszcze kilometr, zanim zdecydował się zjechać na pobocze i zatrzymać auto.

Po obu stronach drogi rozciągała się ściana drzew. Stał na niewyasfaltowanym poboczu, z przednimi kołami w zaspie zmrożonego śniegu. Włączył światła awaryjne, nie będąc do końca przekonanym, czy funkcjonują prawidłowo. Co się z nim dzieje?

Ciepły alkohol rozchodził się po jego trzewiach jak środek dezynfekcyjny. Drżenie dłoni ustało. Wysupłał z plastikowej torebki kilka orzeszków ziemnych, położył na otwartej dłoni i wrzucił do ust. Dopiero teraz zauważył, że w kieszeni kurtki bez przerwy dzwoni komórka. Wyjął ją, odłączył baterię i cisnął na tylne siedzenie.

Światła awaryjne oświetlały pobocze drogi i konary drzew regularnie pulsującym blaskiem. Alkohol smakował jak woda. Zmarli ukrywali się w otaczającej go gęstwinie. Miał wrażenie, że skradają się za drzewami, korzystając z chwilowego mroku, zbliżają się coraz bardziej, osaczają go.

Kiedy wnętrze samochodu rozświetliło się ostrym blaskiem, był pewien, że przypuszczają frontalny atak. Zmrużył oczy. Lidia odsunęła dłoń z twarzy i odgarnęła jasne włosy. Jej skóra była biała jak papier, a usta bezkrwiste i sine. Drżała z zimna.

Szczękała zębami, wydając głuche odgłosy. Otworzył oczy. Czyjaś dłoń uderzała o szybę po jego stronie.

– Potrzebuje pan pomocy? – Twarz mężczyzny w migoczącym żółtym świetle wyglądała upiornie. Marcin próbował podnieść się z siedzenia. Pusta butelka stoczyła się z jego kolan i z hałasem spadła na podłogę.

– Niech pan ucieka – odparł, przeciągając słowa. – Oni zaraz tu będą.

MĘŻCZYZNA NAZYWAŁ SIĘ TADEUSZ KŁYŚ. Miał trzydzieści sześć lat, włosy tlenione na platynowy blond i kolczyk w uchu. W opustoszałym o tej porze barze, siedząc przy stole z butelką piwa, której chwycił się kurczowo, jakby się bał, że straci równowagę, wyglądał jak postać z płócien Edwarda Hoppera – pozostawiony przez los w poczekalni życia.

Kiedy podeszli do jego stolika, robił wrażenie szczerze rozbawionego.

– Jesteście rodzeństwem?

Krystyna zignorowała jego bezczelny wzrok utkwiony w niej z mieszaniną strachu i fascynacji. Usiadła przy stole i zamówiła małą kawę. „Tylko M.O.C.", podpowiadał wiszący za barem plakat z blondynką w czerwonej sukni. „Tylko M.O.C.".

– Tadeusz pracuje w Browarze – powiedział Wiktor. – W dziale kontroli produkcji.

– Ostatni miesiąc – przerwał mu mężczyzna i pociągnął łyk piwa z butelki. – Gówniane miejsce.

Krystyna i Wiktor wymienili porozumiewawcze spojrzenia. Mężczyzna wytarł usta wierzchem dłoni.

– Nie dla człowieka. A ja lubię porozmawiać. Lgnę do ludzi. – Kłyś rozłożył ramiona, jakby pragnął objąć nimi cały bar. – Naprawiam maszyny, ale pracuję z człowiekiem. *Homo sapiens* to, można powiedzieć, moje hobby.

Następny łyk z butelki i oczy mężczyzny zaciągnęły się delikatną mgiełką.

– W tym cholernym miejscu możesz chodzić godzinami i nie spotkać żywej duszy. Tylko stalowe rury i zbiorniki.

Przez następne pół godziny Krystyna i Wiktor pozwolili, aby Kłyś opowiedział im o swoich kłopotach ze zdrowiem („Mam trzydzieści lat i cierpię na artretyzm. Wszystko przez wilgoć i niskie temperatury"), nieudanym małżeństwie („Kochała tylko pieniądze"), psie, którego stracił w wypadku samochodowym („Prawdziwy przyjaciel") i planach na przyszłość („Nie mam żadnych").

Cztery piwa później Wiktor wyciągnął z kieszeni niewielką plastikową butelkę i przesunął ją w stronę Kłysia.

– Co to jest?

W szklistych oczach mężczyzny pojawił się błysk podejrzliwości.

– Prezent na pożegnanie – powiedział Wiktor i uśmiechnął się rozbrajającym chłopięcym uśmiechem.

Jeżeli doda zawartość pojemnika do środków czyszczących, wytłumaczył Kłysiowi, następna partia piwa będzie smakować jak woda po kiszonych ogórkach.

– Lubię wodę po ogórkach – powiedział mężczyzna i przygryzł wargi.

Nie o to chodzi, powiedział Wiktor, czy ktoś lubi wodę po ogórkach, ale o to, że może się zemścić na swoim pracodawcy.

– Zemścić? Za co?

Za zabraną młodość, powiedziała Krystyna. Za zrujnowane zdrowie.

– Pracuję tam dopiero od roku – odparł Kłyś i wzniósł w stronę barmana pustą butelkę piwa. – Młodość zabrał mi zakład penitencjarny w Kaliszu. Jeżeli macie jakiś pomysł, jakbym mógł się zemścić na nich, chętnie posłucham.

– Pięćset złotych – powiedział Wiktor.

Kłyś zaśmiał się i wydął wargi. Ten muskularny pedzio go obrażał.

– Tysiąc – powiedziała Krystyna.

Mężczyzna zaśmiał się jeszcze raz i podniósł z krzesła, szykując się do wyjścia. Wiktor schwycił go za ramię.

– A więc ile?

Kłyś spojrzał na nich zaskakująco trzeźwym wzrokiem i uniósł do góry dłonie z rozpostartymi palcami.

– Dziesięć patoli. Nowa droga życia zawsze kosztuje. Muszę myśleć o przyszłości.

Wiktor spojrzał na Krystynę, szukając w jej oczach potwierdzenia. Kiedy mrugnęła powiekami, wyciągnął potężną dłoń w stronę mężczyzny.

– Zgoda – powiedział, potrząsając ręką Kłysia i podając mu plastikowy pojemnik. – Połowa teraz, połowa po wykonaniu zadania.

Uśmiech zniknął na chwilę z twarzy mężczyzny.

– Co w tym jest, doktorze Mengele?

Wiktor objął go ramieniem.

– Nic, co mogłoby ci zaszkodzić. Zaufaj mi.

KASZMIROWY SWETER kupiła w Londynie. Towarzyszyła Dianie Fuks, spotykającej się z przedstawicielkami zaprzyjaźnionej organizacji, o równie jak Liga amorficznym statusie i mizernym członkostwie.

Poszukując walizki, w której zmieściłyby się przekazane im przez działaczki z Londynu materiały, trafiła na mały sklepik na Jermyn Street, w którego witrynie wisiał czerwony sweter – kaszmirowy golf z daleka pachnący luksusem. Był drogi. Był nieosiągalny. Był czystą ekstrawagancją, a jednak zdecydowała się go kupić. Spoconymi dłońmi odliczyła trzysta pięćdziesiąt funtów, ignorując zdziwione spojrzenie sprzedawcy nienawykłego do tak pokaźnych płatności gotówką.

Już w metrze zaczęła wyzywać siebie od wariatek, a rozsądek podpowiadał jej, że powinna natychmiast wracać na Jermyn Street i zwrócić przeklęty golf pod jakimkolwiek pozorem. Jednak nie pojechała do sklepu i dziś wieczór była sobie za to wdzięczna.

Wiktor siedział na podłodze z Pawłem, obaj pochyleni i niemal dotykający się głowami nad czarną deską snowboardową jej syna. Wiktor trzymał śrubokręt w dłoni i wskazywał nim miejsce przy wiązaniach.

– Miałeś za luźne wiązanie. Łatwo wtedy stracić kontrolę nad deską.

Spojrzała na swojego syna. Nawet nie zauważył, kiedy

weszła do pokoju. Całkowicie pochłonięty rozmową z Wiktorem, nieświadomie prawie ocierał się o siedzącego obok rosłego mężczyznę. „Jeśli miałbyś ochotę go objąć", pomyślała, „ustaw się w kolejce".

– Kolacja gotowa, panowie!

Odwrócili głowy w jej stronę. Paweł zauważył jej kaszmirowy sweter i jego oczy zwęziły się podejrzliwie. Wzruszyła ramionami. Wiktor zatarł dłonie i poderwał się jednym ruchem z podłogi.

– Jestem głodny jak wilk.

– To dobrze, bo jestem fatalną kucharką – powiedziała, lekkim ruchem poprawiając włosy.

Kiedy usiedli przy stole, Paweł chciał wiedzieć, co Wiktor robił w wojsku.

– Mogę ci powiedzieć – powiedział, wykonując dłonią ruch cięcia pod gardłem – ale później musiałbym cię zabić. Twojej mamie pewnie by się to nie spodobało.

– Nikt nie będzie tu nikogo zabijał. Oddajcie noże!

Paweł schował swój za plecami.

– Zabiłeś kogoś?

– Paweł!

Wiktor uniósł lekko dłoń, jakby chciał ją uspokoić. Spojrzał na Pawła.

– Śmierć to nic zabawnego – powiedział, celując widelcem w kawałek polędwicy. – Nie powinieneś z tego żartować.

Po kolacji Paweł ociągał się z pójściem do swojego pokoju. Dwukrotnie przegrał z Wiktorem w szachy i domagał się natychmiastowego rewanżu. Wzrok Krystyny zmroził go w pół słowa. Pożegnał się z Wiktorem, rzucił jej spojrzenie pełne wyrzutu i, szurając bosymi stopami, poszedł do pokoju.

Zgasiła górne światło i zapaliła świece. Wiktor siedział na kanapie z deską snowboardową Pawła w rękach.

– Odłóż ją – powiedziała. – I tak już nic nie widzisz.

Położył deskę na dywanie.

– Masz wspaniałego syna.

– Wiem. Dziękuję.

Usiadła obok niego. Złączyła dłonie i wcisnęła je między kolana. Czuła jego wzrok na swojej szyi, plecach.

– Wykonałaś dzisiaj kawał roboty.

– Ja?

– Ten podstarzały punkowiec zrobi, co trzeba. Jestem tego pewien.

Krystyna spojrzała w jego stronę.

– Jak go znalazłeś?

Wiktor wzruszył ramionami.

– Człowiekowi z jego przeszłością trudno się ukryć.

Sięgnęła po butelkę i nalała wina.

– Wypijmy za sukces – powiedziała, podając mu kieliszek.

– Za sukces.

Stuknęli się kieliszkami. Krystyna nachyliła się i szybko – szybciej od myśli – pocałowała go w policzek. Spojrzał na nią bez słowa.

Jej usta dotknęły jego ust. Językiem próbowała otworzyć jego wargi, gwałtownie, drapieżnie.

– Nie mogę – powiedział Wiktor, odchylając głowę. – Przepraszam.

Uśmiechnęła się, mając nadzieję, że rozczarowanie na jej twarzy nie jest zbyt widoczne.

– To ja przepraszam – powiedziała, sięgając po kieliszek z winem. – Nie wiem, co mi się stało.

Siedzieli przez chwilę w milczeniu.

– Widzisz, to dzieje się tak szybko – głos Wiktora był jak dym z papierosa, gęsty i unoszący się do góry.

Mój Boże! Cóż z niej za idiotka! Wiktor leczył świeże rany. Jakże mogła tego nie zauważyć?! Zwróciła się w jego stronę i położyła dłoń na jego dłoni. Próbowała spojrzeć mu w oczy.

– To przejdzie – powiedziała, gładząc jego skórę. – Ból przemija. Wierz mi, coś o tym wiem.

Pokiwał smutno głową.

Chciała zapytać go o tyle rzeczy! Kim była ta kobieta, co się z nią stało... i czy ciągle ją kochał, ale bała się, że go spłoszy, zniszczy delikatną nić intymności, która zaczęła ich łączyć.

Bezwiednie uniosła jego dłoń i położyła na swojej piersi.

– Wszystko minie – powiedziała. – Jak zima i noc.

Jego oczy śmiały się, ale dłoń na jej piersi była zimna i nieruchoma jak okład z lodu.

– Muszę już iść – powiedział, wstając nagle i otrzepując nogawki spodni z niewidzialnych nitek.

Kiedy zamknęła za nim drzwi, oparła się o nie plecami, słuchając jego oddalających się kroków. Jej skóra pod kaszmirowym golfem była mokra od potu. Podobnie dłonie. Zagryzła wargę. Jej oczy wypełniły się łzami.

DZIEWCZYNKA UŚMIECHAŁA SIĘ, prowadząc go za rękę. Była niewidoma, ale znała tu każdy kąt, każde załamanie ściany, każdą nierówność podłogi.

Szli tym samym mrocznym korytarzem, co zawsze. Po prawej stronie widział drzwi łazienki i słyszał krople wody rozbijające się o kamienną posadzkę. Dziewczynka ścisnęła mocniej jego dłoń. Odpowiedział jej podobnym uściskiem.

Stali na progu łazienki. Pomyślał, że dopóki trzyma ją za rękę, nic złego nie może się wydarzyć. Dziewczynka zrobiła krok do przodu. Zanim zdążył krzyknąć, kamienna podłoga łazienki zamieniła się w wielki wir, znikający w ciemnej czeluści pod jego stopami jak w odpływie gigantycznej wanny. Pędząca woda podcięła stopy dziewczynki. Patrzył z przerażeniem, jak z trudem stara się utrzymać głowę na powierzchni. Jej granatowa sukienka nasiąkała wodą, pętając jej nogi w białych podkolanówkach.

Krzyknął ostrzegawczo, ale było już za późno. Nawet w jego uszach brzmiało to jak krzyk rozpaczy. Z całych sił trzymał jej dłoń, drugą ręką wczepiając się we framugę drzwi. Wir był mocny. Jego dłonie mokre i śliskie. Drobna rączka dziewczynki zdawała się kurczyć w obręczy jego palców. Zdał sobie sprawę, że nie zdoła jej utrzymać, i krzyknął ponownie. Tym razem wołał o pomoc – jego głos jak piłka tenisowa odbijał się o ściany korytarza za jego plecami. Wszystko na nic.

Dziewczynka pogrążała się coraz bardziej w wirujących falach. Woda spływała zewsząd. Wszystkie krany umywalek były odkręcone i litrami wypluwały spienioną wodę, przelewającą się przez ceramiczne misy. Puścił framugę drzwi i uchwycił się pierwszego z kranów. Nie poczuł żadnego oporu. Kurek kręcił się w jego dłoniach jak dziecięcy bączek. Dłoń dziewczynki była teraz nie grubsza od żyłki wędki. Czuł, jak przecina mu naskórek, wysuwając się powoli z uścisku. Woda zalewała rękawy jego koszuli, pryskała na stopy i spodnie. Kurek oderwał się od kranu i pozostał w jego dłoni. Poczuł, że traci równowagę i pochyla się nad mrocznym wirem. Czyjeś silne ręce złapały go w pasie i pociągnęły do tyłu. Krzyknął jeszcze raz, widząc, jak lewa dłoń zawisa w powietrzu – pusta, z rozpostartymi palcami. Potem poczuł strumień lodowatej wody zalewającej twarz i ostry ból na policzku; najpierw jednym, potem drugim. Zamknął oczy.

Kiedy je znowu otworzył, zobaczył dwie ciemne sylwetki pochylające się nad jego twarzą. Woda nadal spływała w ciemnościach, rozbijając się tysiącami kropel o ceramiczną misę umywalki. Próbował poderwać się na nogi, ale dwie pary mocnych dłoni przytrzymały go przy ziemi. Jęknął, czując ucisk czyjegoś kolana na klatce piersiowej.

W pokoju zabłysło światło jarzeniówki. Najpierw na próbę, jak migoczące klatki ze starego filmu, ukazując małe pomieszczenie wypełnione łóżkami; potem już pełnym, bolesnym blaskiem, zmuszając go do przymknięcia oczu. Kiedy jego wzrok przyzwyczaił się do światła, zobaczył górującą nad nim sylwetkę mężczyzny w białym kitlu. Mężczyzna przytrzymywał jego dłonie przy ziemi i wbijał mu kolano w żebra. Za nim pojawiła się sylwetka drugiego mężczyzny, także w kitlu, z dłońmi wspartymi na biodrach i twarzą pełną nienawiści.

– Jeżeli krzykniesz jeszcze raz – powiedział, lekko sepleniąc – wyrwę ci jaja i nakarmię cię nimi na śniadanie.

Na podkreślenie tych słów jego kolega wbił kolano w żebra Marcina. Marcin jęknął z bólu.

– Cisza nocna to cisza, a nie krzyki – głos drugiego mężczyzny był prawie uprzejmy i równie chłodny jak podłoga, na której leżał. – Nie jesteś sam, przyjacielu. Ten hotel obsługuje wielu gości.

Na łóżku pod ścianą dojrzał bladą twarz, patrzącą na niego parą półprzytomnych, przerażonych oczu. Dźwięk spadającej wody nadal nie ustawał.

– Gdzie ja jestem? – usłyszał swój zachrypnięty głos.

Mężczyźni roześmiali się. Nawet twarz na łóżku była wyraźnie rozbawiona.

– W najlepszym stołecznym hotelu – powiedział stojący mężczyzna. – Z dwudziestoczterogodzinną obsługą i stałą opieką lekarską.

Siedzący na nim okrakiem mężczyzna dotknął jego twarzy.

– Jeśli obiecasz, że będziesz spokojny – powiedział – to pozwolę ci wrócić do łóżka.

Skinął głową. Kolano mężczyzny ustąpiło, a jego dłonie zsunęły się z ramion Marcina. Próbował się podnieść, ale poczuł nagły zawrót głowy. Oparł się łokciem o podłogę i próbował uspokoić oddech. Włosy i twarz miał mokre.

Ubrany był w białą koszulę sięgającą za kolana. Górna część była przemoczona i przyklejała się do jego nagiego ciała jak lodowaty opatrunek. Nagie pośladki dotykały kamiennej podłogi. Drżał z zimna. Dojrzał mężczyznę, który go krępował – teraz stał przy małej umywalce w kącie pokoju. Obok umywalki był biały sedes bez klapy. Dźwięk spadającej wody ustał. Mężczyzna odwrócił się do niego i przyjrzał mu się uważnie.

– Może chciałbyś jeszcze jedną kąpiel przed snem? – zapytał, machając mokrymi dłońmi w powietrzu. Marcin potrząsnął przecząco głową. Drugi mężczyzna pchnął go lekko butem w plecy.

– Wstawaj, koleś, bo złapiesz wilka.

Podniósł się z trudem, rozglądając się dookoła. Pokój nie miał okien. Po lewej stronie, na całej długości ściany, stały dwa łóżka z białymi metalowymi ramami. Na jednym siedział mężczyzna z przerażoną twarzą, na drugim pod prześcieradłem ktoś leżał. Po prawej stronie stało jedno łóżko; resztę ściany zajmowały umywalka i sedes. Mężczyzna w kitlu wskazywał ręką na puste łóżko obok umywalki.

– Miętówkę znajdziesz pod poduszką. Spać.

Podniósł się z wysiłkiem, starając się ominąć stojących mężczyzn. Zrobił trzy kroki i usiadł na wskazanym łóżku. Zanim zdążył się położyć, światło zgasło i mężczyźni wyszli z pokoju, trzaskając ciężkimi metalowymi drzwiami. W pokoju zapanował całkowity mrok, przecięty jedynie wąską strużką światła wpadającą z korytarza przez okrągły wizjer w drzwiach. Marcin oparł łokcie na kolanach i ukrył twarz w dłoniach.

– Jakby cię zarzynano – usłyszał cichy głos.

Skierował głowę w jego stronę, ale mrok był tak gęsty, że nie był w stanie odróżnić żadnych kształtów. Próbował przywołać w pamięci bladą twarz mężczyzny, który patrzył na niego z przerażeniem w oczach. Głos mógł dochodzić z miejsca, gdzie stało jego łóżko.

– Słucham?

– Krzyczałeś pan jak wieprzek w rzeźni – głos mężczyzny był teraz wyraźniejszy. – Jakby cię zarzynano. Aaaa!! – mężczyzna stłumionym głosem naśladował jego krzyk. Czyjeś ciało rzuciło się niespokojnie na łóżku. Mężczyzna umilkł.

– Gdzie ja jestem? – zapytał Marcin.

Jego pytanie trafiło w ciszę przerywaną jedynie nierównym ciężkim oddechem.

– Na izbie. Trafiłeś pan na izbę – usłyszał głos, a potem cichy chichot. – Jak wieprzek w rzeźni. Aaaaaa…

Położył się na łóżku. Próbował zasnąć.

Stojąc przed zamkniętymi drzwiami sklepu i przestępując z zimna z nogi na nogę, Franio wyglądał właścicielki – kobiety z ogromną tuszą i jeszcze większym sercem – która co rano otwierała sklep i pozwalała mu ogrzać się w środku, tuż przy rusztach wielkiego rożna do drobiu. Wyglądał jej tym bardziej rozpaczliwie, że tej nocy nie zdołał zmrużyć oka. Ktoś próbował wcisnąć się do jego kanału CO, ciepłego i bezpiecznego miejsca w sąsiedztwie kościoła. Na szczęście udało mu się przegonić intruza za pomocą płonącej pochodni zrobionej naprędce z kija i szmat. Od ognia zajęła się jednak część szmat i Franio spędził godzinę na gaszeniu pojawiających się raz po raz płomieni.

Kiedy wreszcie udało mu się zdusić ogień, dym w kanale był tak gęsty, że o mało nie zaczadział na śmierć. Przez resztę nocy wietrzył swoje zaimprowizowane legowisko. Co za ohyda! Tej nocy postanowił lepiej zabezpieczyć się przed intruzami i uzbroić w potłuczone szkło i kamienie.

Nerwowo rozejrzał się dookoła. Gdzie, do cholery, podziewa się to babsko?!

Po krótkiej chwili z ulgą dojrzał w oddali charakterystyczną sylwetkę właścicielki sklepu. Kobieta wreszcie dotarła do drzwi, przy których stał Franio, przeskakując z nogi na nogę, niczym wierny pies witający swojego właściciela. Franio szczerze żałował, że nie ma ogona, którym mógłby pomerdać, aby okazać w ten sposób swoją nieskrywaną radość na jej widok. Zamiast tego przesłał jej najsłodszy ze swych bezzębnych grymasów. Kobieta nie odpowiedziała. Zajęła się zdejmowaniem licznych kłódek i łańcuchów z ciężkich metalowych drzwi sklepu.

Franio chwycił dwa pakunki gazet obłożonych folią i stanął tuż za nią. Kiedy byli już w środku, położył pakunki na ziemi i karnie zajął swoje miejsce przy rożnie. Czasem kobieta pozwalała mu rozciąć paczki z gazetami i rozłożyć je na stojaku przy kontuarze. Mógł wtedy liczyć na bułkę i ser, a nawet butelkę piwa. Tak było i dzisiaj. Kobieta wręczyła mu nóż do papieru i Franio zabrał się ochoczo do pracy.

Pierwszą stronę magazynu „Głosu" zdobiło duże kolorowe zdjęcie pary małżeńskiej. Kobieta w białym welonie była widoczna z profilu. Jedną dłonią podtrzymywała suknię, w drugiej trzymała bukiet ślubny. Mężczyzna spoglądał z uśmiechem wprost w obiektyw aparatu. W dłoni miał butelkę szampana. Franio chciał wiedzieć, kim była ta sympatycznie wyglądająca para nowożeńców, ale nie potrafił czytać, a bał się prosić właścicielkę o pomoc w tak błahej sprawie. Kiedy ułożył gazety, kobieta spojrzała na niego z aprobatą i podała mu kanapkę z serem i szynką oraz butelkę piwa. Na widok tych frykasów w oczach Frania pojawiły się łzy, a kobieta, widząc je, zaśmiała się głośno, szczerym śmiechem młodej dziewczyny.

Jadł kanapkę powoli, delektując się każdym kęsem i raz po raz spoglądając na kobietę. „Czy może ją zapytać o tę młodą parę?". Zapach piwa był dziwny, ale Franio nie zamierzał się skarżyć. Pociągnął długi łyk napoju i przetarł usta rękawem kurtki.

Napój miał dziwny, lekko oleisty i ostry smak, jakby z butelki uleciał dwutlenek węgla. Po drugim łyku poczuł, jak alkohol uderza mu do głowy. Uczucie było ciepłe i przyjemne. Właścicielka sklepu układała pieczywo na półkach i nuciła jakąś cichą melodię.

Po dwóch następnych łykach zakręciło mu się w głowie tak mocno, że musiał wesprzeć się o ruszt z drobiem, aby nie stracić równowagi. Pomyślał, że nieprzespana noc w kanale osłabiła go tak bardzo, że nie jest w stanie wypić nawet jednej butelki piwa. Jego oczy zaszły mgłą, jakby ktoś sypnął w nie garścią piasku.

Franio poczuł silne ukłucie w brzuchu, które powaliło go na kolana. Na oczach przerażonej właścicielki sklepu butelka rozbiła się z hukiem o kamienną podłogę i Franio patrzył przez chwilę, jak brązowe kawałki szkła rozsypują się niczym kolorowe paciorki. Jednym z ostatnich obrazów, który zobaczył, zanim stracił przytomność i osunął się bez czucia wprost pod pulchne nogi właścicielki z bochenkiem chleba w ręku, było zdjęcie kobiety w białym welonie i mężczyzny z szampanem, uśmiechających się do niego z kolorowej fotografii.

Rozdział jedenasty

POWRÓT DO DOMU BYŁ JAK WYCIECZKA po piekle. W pustym o tej wczesnej porze tramwaju Marcin siedział z tyłu wagonu, z oślepiającym bólem głowy, przyciskając twarz do zimnej powierzchni szyby. Miał wrażenie, że jego ciało należy do kogoś innego – kogoś, kto, w przeciwieństwie do niego, miał nad nim kontrolę. Podróż zdawała się trwać wieczność, przerywana krótkimi postojami na przystankach. Kiedy otwierał oczy, miał wrażenie, że pejzaż miasta za oknem nie ulegał żadnej zmianie. Te same, ciemne, opustoszałe ulice i blade światło ulicznych latarni. Czyżby jeździł w kółko? Kiedy już tracił nadzieję, że kiedykolwiek wydostanie się z zimnego i hałaśliwego wagonu, udało mu się rozpoznać znajomy przystanek. Kobieta, którą minął w otwartych drzwiach, spojrzała na niego z przerażeniem, jakby ujrzała ducha. Nie zamierzał jej za to winić.

Na progu poczuł intensywny zapach Samsary, łaskoczący jego nozdrza jak ciepły oddech zapomnianej przyjemności. Najwyraźniej Maria niedawno była w mieszkaniu. Odruchowo poprawił kołnierzyk koszuli i przyczesał dłonią zmierzwione włosy.

Maria zabrała swoje rzeczy. Z pokoju zniknęły pudła i wszystkie meble, z wyjątkiem stolika na krowich stopach, metalowego krzesła kupionego na garażowej wyprzedaży i bujanego fotela jego babki, którego podziurawione wiklinowe oparcie wyglądało jak mapa nieznanego kontynentu.

Na podłodze walały się sterty gazet, fragmenty jego skromnej garderoby, metalowe wieszaki i rozrzucone figurki szachowe, które czyjaś nieuważna dłoń strąciła wraz z szachownicą z parapetu okna.

W sypialni wprost na podłodze leżał materac.

Jego telewizor stał w kącie, obrócony ekranem do ściany. Odwrócił go i przekręcił gałkę. Potrzebował choć namiastki ludzkiej obecności. Chciał usłyszeć czyjś głos.

Usiadł w kącie pokoju, opierając się plecami o ścianę. Zamknął oczy.

ZBUDZIŁY GO HAŁASY ZA ŚCIANĄ. Dwa podniesione głosy, kobiecy i męski, walczyły o prymat, raz po raz przeplatając rozpaczliwe *crescenda* dźwiękiem rozbijanych naczyń i przewracanych mebli.

Leżał na podłodze, z głową opartą o plastikową torbę wypełnioną ubraniami. Prawe ramię, na którym zasnął, zupełnie zesztywniało. Usiadł na podłodze, pocierając je energicznie i próbując przywrócić krążenie krwi.

Z drugiego pokoju dobiegły go odgłosy telewizora. Migotliwe światło kineskopu wdzierało się przez otwarte drzwi i oświetlało fragment podłogi. Podniósł się, wspierając sprawnym ramieniem o stolik. Po omacku odszukał pilot i wyłączył telewizor.

W zlewie znalazł szklankę, którą napełnił wodą z kranu. Pił łapczywie, pozwalając kropelkom wody spływać po brodzie i koszuli.

Musiał z tym skończyć, z tą egzystencją na granicy dnia i nocy, z tym trwaniem od jednej butelki do drugiej. A wszystko po to, żeby choć na chwilę zasnąć i nie śnić. Hamletowski dylemat. Kogo chciał oszukać? Nie był Hamletem. Nie kierowało nim uczucie zemsty. Ani żadne inne uczucie.

Pochylił głowę pod kranem i puścił na nią lodowaty strumień wody. Sięgnął po kuchenny ręcznik i wytarł włosy i twarz. W ciemnym pokoju czerwona żarówka telefonu z faksem migotała pulsująco. Cztery wiadomości. Maria łaskawie zostawiła mu telefon.

Zapalając lampkę na stoliku, wcisnął klawisz odsłuchiwania. Pierwsza wiadomość była od Steina. Chciał się upewnić, czy otrzymał wszystkie materiały i czy historia Slima pójdzie na pierwszą stronę. Prosił o pilny telefon. Drugą wiadomość zostawił prawnik Marii. Poinformował go o usunięciu mebli, konieczności zwrotu mieszkania w ciągu trzydziestu dni i głosem człowieka opuszczonego przez wszystkich przyjaciół nakazał mu skontaktować się ze sobą „zaraz po odebraniu mojej wiadomości". Zostawił numer kancelarii wraz z godzinami urzędowania.

Na trzecim nagraniu Marcin usłyszał czyjś przyspieszony oddech i odgłosy miejskiego ruchu w tle. Po kilku sekundach połączenie zostało przerwane. Czwarta wiadomość zawierała te same stłumione hałasy miasta w tle.

– Pan Zięba? – w kobiecym głosie czuć było wahanie. – Jestem koleżanką Lidii. Nie było jej w domu od trzech dni. Dała mi pana telefon, na wypadek gdyby coś się wydarzyło. Chciałam sprawdzić, czy może jest u pana. Jeśli tak, niech do mnie zadzwoni – trochę się niepokoję.

Trzask odkładanej słuchawki zakończył nagranie.

DŹWIĘK TELEFONU ZASKOCZYŁ GO. Przez chwilę zastanawiał się, czy elektroniczny terkot nie jest skutkiem jego manipulacji przy automatycznej sekretarce. Po trzecim sygnale podniósł słuchawkę.

Głos Sylwii był miękki jak dotyk.

– Sprawdzam, czy żyjesz – powiedziała, uśmiechając się przy ostatnim słowie. – Polny biega po redakcji z nożem w ręku. Zgadnij, kogo szuka?

– Z nożem?

– No, dobra – zgodziła się niechętnie. – Z przecinakiem do papieru. I tak obiecał, że cię zabije. Gdzie jest materiał o klubie „Plaża"?

Musiał pilnie wyjechać i zobaczyć się z Marią. Sprawy rozwodowe.

– Dzwonił adwokat twojej żony – przyłapywanie go na kłamstwie sprawiało jej wyraźną przyjemność. – Prosi o kontakt. Chodzi o jakieś dokumenty.

Ktoś jeszcze próbował się z nim skontaktować?

– Nie, ale dostałeś faks.

Faks?

– Taki dokument przesyłany łączami telefonicznymi.

Wiedział, co to faks, do cholery! Od kogo?

– Nie jestem twoją sekretarką! Może spuścisz z tonu.

Przyznał jej rację. Czy przyjmie jego przeprosiny?

– Na wewnętrznym rynku w „Głosie" twoje przeprosiny są warte tyle, co nic. Dewaluujesz się szybciej niż argentyńska peseta. Kiedy będziesz w redakcji?

Musi jeszcze coś sprawdzić. Czy może mu przesłać faks pod numer domowy?

Spróbuje, powiedziała, ale nie ręczy za rezultat. W końcu była tylko blondynką.

TREVOR DICE POCHYLAŁ SIĘ nad krzewem różanecznika, skrupulatnie wyszukując gałęzie połamane przez wczorajszą wichurę. Miał na sobie jasne bawełniane spodnie, różową koszulkę polo i ciemny fartuch ogrodnika. Na nogi założył skórzane mokasyny, a na głowę jasny kapelusz z różowo-białym paskiem.

Wciąż odczuwał trudy ponaddwudziestogodzinnej podróży z Erldunda do Dunkeld, z noclegiem w przydrożnym pensjonacie w Glendambo. Pojedynczy pokój ze sfatygowanym metalowym łóżkiem ledwie zdołał pomieścić jego matę do spania. Spędził noc z głową zwróconą w stronę miniaturowej łazienki, której skomplikowany system kanalizacyjny zdawał się pracować 24 godziny na dobę. Czego mógł się spodziewać po miasteczku, w którym metalowa tablica przy wjeździe informowała podróżnych o składzie miejscowej populacji: owce – 22 500; muchy – 2 000 000; ludzie – 30?

Wstał rano, przed wschodem słońca. Wziął szybki prysznic w łazience, której kafelki pokrywała gruba warstwa brązowego brudu. Zrezygnował ze śniadania, chcąc jak najszybciej opuścić Glendambo Roadhouse i znaleźć się w bezpiecznej estetyce swego bentleya.

Świt zaskoczył go po niemal godzinie jazdy całkowicie pustą autostradą. Słońce wyłoniło się niespodziewanie nad pustynnym horyzontem, rozpalając niebo czerwienią i rozświetlając piasek pustyni tysiącami migotliwych punktów. Było coś niewypowiedzianie pierwotnego w otaczającym go obrazie rodzącego się dnia, co kazało mu zjechać na pobocze, wyłączyć silnik, opuścić bezpieczne wnętrze samochodu i iść w stronę pustyni i złotej półkuli rozcinającej horyzont. Powietrze było wciąż rześkie, wręcz chłodne. Na pozór nic nie zapowiadało ponad 30-stopniowego upału, który miał wkrótce nadejść, i Trevor Dice rozkoszował się doskonałą przejrzystością powietrza z entuzjazmem kogoś, kto odzyskał wzrok po wielu latach ślepoty. Gdyby wierzył w cokolwiek ponadziemskiego, boskiego, to ten dzień rodzący się nad pustynią mógłby być ostatecznym dowodem jego istnienia. Miał nieodpartą chęć podzielenia się z kimś przepełniającym go uczuciem trwogi i zachwytu, chwilowego współistnienia w nieskończoności bytu. Do kogo mógłby zadzwonić? Do Maksa Steina? Sama myśl o rozmowie ze Steinem na temat nieopisanego cudu rodzącego się dnia wywołała uśmiech na jego twarzy. Do żony? Była warzywem w ludzkim ciele. Do Van der Boera? Wątpliwe, czy gruby Belg doceniłby jego poetyckie uniesienia. Doktor Argyle wydał mu się przez chwilę właściwym adresatem dywagacji na temat narodzin i wieczności, ale obawiał się, że telefon o tak wczesnej porze spotka się z dezaprobatą jajogłowego okularnika. Był sam. Sam na sam z wiecznością. Los herosa.

Bentley stał teraz na żwirowanym podjeździe, pokryty kilkucentymetrową warstwą pustynnego piasku. Bez lazurowego połysku lakieru zdawał się mniejszy, bardziej pospolity, jak beżowy ford doktora Shankara.

Mimo to dzień zaczął się pomyślnie. Po śniadaniu zajrzał do żony, aby usłyszeć od doktora, że chora czuje się lepiej. Jej głowa na poduszce była lekko uniesiona i zwrócona w stronę wejścia do sypialni. Gdy spojrzał w jej rozpalone gorączką oczy, przez chwilę miał wrażenie, że go rozpoznaje. Na jej spierzchniętych wargach pojawił się nawet cień uśmiechu, który pospiesznie odwzajemnił. Pomyślał, że ucieszyła się na jego widok.

– Być może – powiedział doktor Shankhar, zamykając walizkę z podręcznym ambulatorium. – Z drugiej strony, po porannej dawce leków pańska żona równie dobrze mogła uśmiechać się do stada kangurów tańczących walca.

Ściskając na pożegnanie kościstą dłoń doktora, nie po raz pierwszy Dice obiecał sobie pozbyć się bezczelnego Hindusa przy pierwszej nadarzającej się sposobności.

Shankhar nie był jednak teraz jego priorytetem. Belgowie wysuwali coraz bardziej wygórowane żądania i sytuacja wymagała stanowczych kroków z jego strony. Dobrze wiedział, jak zmiękczyć upór Van der Boera. Gdyby tylko grubas poczuł oddech konkurencji na plecach, transakcja nabrałaby nowej dynamiki. Skończyłyby się komentarze na temat sytuacji Slima, kompromitacji Browaru i renegocjacji ceny. Przyjacielska rozmowa, którą przeprowadził wczoraj z hotelowego telefonu z Peterem Van Essenem z HV Bruerei, wskazywała na to, że Holendrzy gotowi są złożyć im kontrpropozycję. Doprawdy, Peter? W takim razie chętnie spotka się na lunchu w drodze do Brukseli. Do Brukseli? Tak, miał zaplanowane spotkanie z Eurobrew. A skoro będzie w sąsiedztwie... Mężczyźni pożegnali się, życząc sobie owocnego spotkania w Amsterdamie. Następnie zadzwonił do Hansa Van der Boera, informując go, że musi się z nim spotkać, aby sfinalizować szczegóły transakcji. Belg miał wiele pytań, ale Dice zapewnił go, że wszystkie kwestie mogą poczekać do ich spotkania. Odkładając słuchawkę, uśmiechnął się na myśl o reakcji Van der Boera na wieść o ofercie Holendrów. Biedny Hans, nie miał pojęcia, że gra dopiero się rozpoczynała.

Właśnie przycinał krzewy, kiedy poczuł wibrację telefonu komórkowego w kieszeni spodni. Odebrał połączenie. Max Stein chciał mu opowiedzieć o spotkaniu ze Slimem.

– Jestem zaniepokojony sytuacją Andy'ego – powiedział Max zdenerwowanym tonem.

– Zaniepokojony? – Dice zacisnął usta. – Areszt najwyraźniej źle wpływa na naszego przyjaciela. Postradał rozum.

– Co myślisz o jego propozycji?

– O szantażu – powiedział Dice, wolno akcentując każde słowo i przyglądając się, jak na podjeździe dwa króliki zbliżają się do jego bentleya. – Chciałeś powiedzieć, co myślę o szantażu!

Stein zdawał się zaskoczony jego reakcją.

– Nazywaj to, jak chcesz. Andy może stwarzać problemy.

Dice energicznie potrząsnął głową. Kapelusz zsunął mu się lekko na lewe ucho.

– Bzdura – powiedział zdecydowanie. – Jedyne problemy, jakie Slim może stworzyć, dotyczą jego osoby. Prasa w Polsce wydrapie mu oczy. A my będziemy się temu spokojnie przyglądać. Kiedy z nim skończą, rzucą się na niego nasi rodacy. Voychik twierdzi, że Hogan jest gotowy przywieźć tu Slima nawet w worku na kartofle, byle tylko postawić go przed sądem. Nie zapominaj, że zbliżają się wybory. Woodry jest człowiekiem gubernatora i ma nieposkromiony apetyt polityczny.

– Mimo wszystko... – zaczął Stein.

– Slim to przeszłość – przerwał mu Dice, patrząc, jak spłoszone jego krokami króliki uciekają w stronę bramy. – Zajmij się Browarem, Max.

Przerwał połączenie, nie czekając na odpowiedź. Najpierw umyje samochód, postanowił. Potem spakuje się na wyjazd.

GABINET PROKURATORA BYŁ DUŻY, jasny, miał wysoki sufit i okna wyglądające jak pałacowe odrzwia. Kiedy Bożydar Wąsik wszedł do środka, Andy Slim, ubrany w swój najlepszy garnitur, śnieżnobiałą koszulę i bordowy krawat, przechadzał się w tę i z powrotem po miękkim dywanie.

Prokurator zauważył z pewnym rozbawieniem, że rozmiar jego gabinetu zdawał się upajać Australijczyka. Po prawie tygodniu przebywania w celi Slim najwyraźniej łaknął przestrzeni i ruchu. Jego skóra poszarzała. Mimo nieustannych starań jego plecy zaokrągliły się w starczym pochyle. Coraz trudniej znosił warunki w areszcie. Kąpiel była przewidziana tylko raz na tydzień, dlatego też wczoraj, dzień przed wyznaczonym spotkaniem z prokuratorem, po raz pierwszy od aresztowania miał okazję stanąć na kamiennej posadzce pod letnim prysznicem, razem z grupą nagich mężczyzn, kąpiących się lub w milczeniu oczekujących na swoją kolej.

Spotkanie miało się odbyć bez adwokata. Bożydar Wąsik przyjął to za dobry znak. Do tej pory Slim kategorycznie odmawiał rozmów z prokuratorem bez obecności swego prawnika. Dziś miało być inaczej. Biedny Slim, pomyślał Wąsik bez cienia współczucia, połowa kancelarii w mieście pracowała dla Browaru, a druga połowa miała nadzieję pracować dla niego w najbliższej przyszłości. Od kiedy więc Browar ustami Maksa Steina, nowego pełnomocnika przedsiębiorstwa, skazał go na niebyt, jego szanse na znalezienie kompetentnego prawnika zmalały prawie do zera. Prokurator podejrzewał, że ci, z którymi ostatnio rozmawiał, nie potrafili odróżnić ekstradycji od ekskomuniki i Austrii od Australii.

Bożydar Wąsik usiadł za biurkiem, kierując promienny uśmiech w stronę stojącego przed nim mężczyzny. W lewej ręce trzymał zwiniętą gazetę, prawą wyciągnął przed siebie w stronę Slima.

– Miło mi gościć pana u siebie – powiedział, ściskając zimną dłoń Slima ponad biurkiem. – Zamówił pan coś?

Slim potrząsnął przecząco głową. Wąsik przycisnął klawisz interkomu, prosząc o dwie kawy.

– Nie pijam kawy. – Slim podszedł do krzesła wskazanego przez Wąsika i stanął za jego oparciem. – Jeśli pan pozwoli, chętnie napiłbym się herbaty.

Wąsik skinął głową i zmienił zamówienie na kawę i herbatę. Usiadł za biurkiem, powtórnie wskazując Slimowi krzesło po drugiej stronie.

– Chciałbym trochę postać – powiedział Slim. – Tam, gdzie się zatrzymałem, muszę schylać głowę, żeby nie stłuc żarówki.

Wąsik uśmiechnął się i rozłożył ręce.

– Jak pan woli – powiedział, opierając się o oparcie fotela i rzucając na blat egzemplarz „Głosu". – Prosił pan o rozmowę.

Wąsik zauważył, że Slim przez dłuższą chwilę nie może oderwać wzroku od kolorowej fotografii na okładce. Złożona na pół gazeta pokazywała jego uśmiechniętą twarz, wzniesioną butelkę szampana oraz fragment białej sukni i ramienia jego młodej żony.

– Wygląda pan na szczęśliwego człowieka – powiedział Wąsik, rozkładając gazetę na biurku i wskazując palcem fotografię. – Nic dziwnego. Ma pan bardzo piękną żonę.

Slim zacisnął dłonie na oparciu krzesła.

– Paczki, które otrzymuję od żony, są przeszukiwane – powiedział, patrząc prokuratorowi prosto w oczy.

– Chyba nie myśli pan, że mogłoby być inaczej.

– Kłopot w tym, że po każdym takim przeszukaniu znacząco zmniejsza się ich zawartość.

Wąsik zmarszczył czoło i splótł ramiona na piersi.

– Ma pan na to dowody?

– Moja żona jest bardzo skrupulatną osobą. Sporządza listę wszystkiego, co wkłada do środka.

Wąsik pochylił się nad biurkiem, sięgnął po długopis i zaczął coś zapisywać w leżącym przed nim notatniku. Kiedy skończył, podniósł głowę, świadomie unikając wzroku Slima.

– Odnotowałem pańską skargę. Coś jeszcze?

– Gazety. Chciałbym otrzymywać codzienne gazety.

Wąsik sięgnął po leżący na stole egzemplarz „Kuriera" i wręczył go Slimowi.

– Załatwione. Oto pierwsza dostawa.

Slim wziął do ręki gazetę delikatnie i z wahaniem, jakby była czymś skażona.

– Miałem na myśli prasę anglojęzyczną.

– Ile lat przebywa pan w naszym kraju? Pięć? Sześć? – Wąsik z satysfakcją dostrzegł cień zażenowania na twarzy Slima. – Z pewnością udało się panu zapamiętać coś z naszego języka.

Slim spojrzał na gazetę, a potem demonstracyjnie odłożył ją na siedzenie krzesła.

– Czy to wszystko? – Wąsik spoglądał na niego z rozbawieniem. – Możemy kończyć?

Slim włożył dłonie do kieszeni spodni i zrobił kilka kroków w stronę okna. Wąsik zauważył, jak przez chwilę unosi twarz, przymyka powieki i pozwala anemicznym promieniom grudniowego słońca tańczyć na swojej twarzy.

– To pan chciał rozmawiać, ja domagałem się adwokata – powiedział wreszcie, odwracając się plecami do okna.

Wąsik skinął głową, patrząc na wyraźnie zakłopotanego Slima. Widać było, że znalezienie odpowiednich słów nie przychodziło mu łatwo.

– Od tamtego czasu straciłem adwokata – powiedział wreszcie, odchylając ciało i opierając się dłońmi o parapet okna.

Mężczyźni przez chwilę spoglądali na siebie w milczeniu. Wąsik pierwszy opuścił wzrok, pochylił się nad biurkiem i zaczął zapisywać coś w swoim notatniku.

– Panie Slim – powiedział, nie podnosząc głowy znad notatek. – Zdaje się, że nie docenia pan determinacji swoich rodaków, którzy chcą sprowadzić pana na powrót do Australii. Oni nie żartują. Dennis Hogan jest jak buldog spuszczony ze smyczy. Woodry ma gorącą linię z naszym ministrem spraw zagranicznych. To nie jest sprawa o zaległe alimenty.

– Wiem o tym.

– Czyżby? – Wąsik wstał z krzesła i oparł się dłońmi o blat biurka. – Wchodzi pan tutaj jak na spotkanie zarządu, przechadza się z dłońmi w kieszeniach i żąda tego i owego, a nic pan w zamian nie oferuje. Coś za coś, panie Slim. Tylko w ten sposób mogę panu pomóc. Sam musi pan zdecydować.

Slim skierował w jego stronę palec wskazujący.

– Chcę zostać w Polsce. I odpowiadać z wolnej stopy.

Wąsik rozłożył bezradnie ręce.

– Coś za coś, panie Slim.

Slim opuścił głowę.

– OK.

ZWINIĘTY RULON PAPIERU FAKSOWEGO oderwał się od maszyny i potoczył pod ścianę.

Marcin podniósł go z podłogi, delikatnie rozłożył na stoliku i przycisnął koniec kluczykami do samochodu. „Co się stało z samochodem?", pomyślał w tej samej chwili.

„Śmierć nastąpiła w następstwie niewydolności oddechowej", przeczytał, sięgając po papierosa leżącego w popielniczce. W języku raportów z sekcji, do których zdążył przywyknąć, pracując w „Głosie", oznaczało to śmierć przez uduszenie. „Na szyi widnieją plackowate krwawe podbiegnięcia tkanek oraz półksiężycowate otarcia naskórka". Ślady na szyi? Wziął kartkę do ręki i podszedł bliżej okna.

Prócz krwawych podbiegnięć tkanki szyi u Lidii stwierdzono

„złamanie kości gnykowej oraz uszkodzenie chrząstek krtani".

„Liczba i rozmieszczenie podbiegnięć oraz uszkodzenie chrząstek krtani sugerują, że sprawca był praworęczny i dysponował znaczną siłą fizyczną".

Słowo „sprawca" wyskoczyło w jego kierunku z kartki papieru jak wyciągnięta dłoń z utkwionym w niego palcem wskazującym. Marcin znał „sprawcę". Raz nawet spojrzał mu w oczy, tuż przed rozprawą, w korytarzu sądu, kiedy ich wzrok skrzyżował się przypadkowo na trzy długie sekundy. Płytkie zimne oczy zwierzęcia.

Lidia nie była „sprawcą". Żaden samobójca nim nie był.

Wciągnął głęboko powietrze, aby uspokoić serce.

Plamy opadowe na karku i plecach miały sinoczerwone zabarwienie i nie przemieszczały się pod uciskiem, co oznaczało, że Lidia była martwa co najmniej od piętnastu godzin. Stężenie pośmiertne częściowo ustąpiło. Temperatura ciała wynosiła szesnaście stopni.

Lidia była ubrana w „jasny wełniany sweter z krótkim rękawem i granatowe dżinsy". Sweter był mocno zabrudzony na plecach i prawym ramieniu, spodnie na pośladkach i tyle nogawek. Lewy but miał złamany obcas. Najprawdopodobniej Lidię ciągnięto po ziemi, zanim wrzucono ją do pojemnika na śmieci. „Zdarty naskórek na plecach poniżej łopatek" oraz „krwawe podbiegnięcia na przegubach dłoni i prawym ramieniu" wskazywały na to, że sprawca trzymał ją za ramiona.

Na swetrze znaleziono „nitki z czerwonej tkaniny, najprawdopodobniej wełniane". Szybko przerzucił kartki, aby odnaleźć właściwą informację. Żadna część garderoby Lidii nie była czerwona.

Na stole prosektoryjnym nie wydawała się tak wysoka jak na wybiegu. Patolog odnotował bliznę po operacji wyrostka robaczkowego. Różę wytatuowaną na lewym ramieniu. Brązowe znamię na pośladku.

Druga strona raportu była ledwie czytelna.

Liczne obrażenia waginalne sugerowały gwałt. Lidia miała przebitą macicę i „uszkodzone, na skutek abrazji, jelita". Ślady krwi były zaskakująco nieliczne przy tego typu obrażeniach.

W krwi odkryto „charakterystyczne elementy komórkowe błony doczesnej ciążowej".

Badanie typu hemoglobiny wykazało obecność typu A (Hb) oraz typu F (Hb fetalis).

Nie wykryto obecności spermy.

MARCIN WYBRAŁ DZIEWIĘCIOCYFROWY numer telefonu i usłyszał sygnał oczekiwania. Po piątym sygnale Matjas odebrał połączenie.

– Mam kilka pytań na temat raportu.

– Chryste! Miałeś nigdy nie dzwonić pod ten numer – powiedział Matjas, wyraźnie oburzony złamaniem przez Marcina zasad konspiracji. – Rozłączam się.

– Poczekaj. To ważne.

– Nie. To ty poczekaj.

Marcin usłyszał hałas przesuwanego krzesła i krótką wymianę zdań. Matjas z kimś rozmawiał. Kiedy po kilkunastu sekundach powrócił na linię, jego głos nie zdradzał już oznak rozdrażnienia.

– Dzwoniłem do ciebie – powiedział, wypuszczając powietrze. Marcin odgadł, że w czasie krótkiej przerwy w rozmowie Matjas zdołał zapalić papierosa. – Gdzie się podziewasz? W redakcji twierdzą, że już tam nie pracujesz. Seksskandal czy kradzież papieru toaletowego? Cokolwiek by to było, gratuluję. Zawsze byłem pewien, że osiągniesz dno przede mną.

Zaśmiał się, jakby oczyszczał gardło z okruchów nikotyny. Matjas palił papierosy bez filtra.

– Nie rozumiem części raportu dotyczącej obrażeń waginalnych. Według wyników autopsji została zgwałcona, czy nie?

– Czekaj, o co chodzi z tą plotką, że już nie pracujesz w „Głosie"? – Marcin usłyszał wahanie po drugiej stronie linii. – Czy to prawda?

– Taka sama jak to, że Boguś Linda jest pedałem.

Znów krótki, urwany śmiech w słuchawce.

– Nikt nie wie, czy została zgwałcona. Jeśli tak, to jakimś narzędziem. W pochwie nie znaleziono żadnych śladów spermy. Poza tym obrażenia narządów są zbyt rozległe i głębokie, aby wskazywały na typowy gwałt. – Zamilkł na chwilę. – Posłuchaj mnie tylko: „typowy". Zamieniam się w nieczułe zwierzę.

Milczeli przez chwilę. Pierwszy odezwał się Marcin.

– Zgwałcono ją przed śmiercią?

– Jeżeli już, to po – powiedział Matjas i wypuścił powietrze.

– Nie rozumiem.

– Krwawienie, przy rozmiarze zadanych ran, było minimalne. Obrażenia zostały zadane po śmierci.

– Jaki chory skurwysyn dusi dziewczynę, żeby potem dokonać na niej gwałtu narzędziem!?

– Nasz skurwysyn. Chyba że chodziło o coś zupełnie innego.

– O co?

– Podobno czytałeś raport.

Marcin westchnął głęboko i ukrył twarz w dłoni.

– Przez ostatnie trzy dni spałem zaledwie kilka godzin. Pęka mi głowa, trzęsą mi się ręce i z jakiegoś niewyjaśnionego powodu niczego jeszcze nie wypiłem. Czytałem twój cholerny raport dziesięć razy i nadal go nie rozumiem. Możesz okazać trochę miłosierdzia?

Matjas nie był całkowicie pozbawiony chrześcijańskich uczuć.

– Patolog twierdzi, że obrażenia mogły być spowodowane próbą usunięcia płodu. Wskazują na to pozostałości błony ciążowej oraz typ hemoglobiny we krwi, spotykany tylko u noworodków.

– Typ F?

– A jednak czytałeś – ucieszył się Matjas. – Chcesz usłyszeć prawdopodobną wersję wydarzeń według inspektora Klausa Matjasa? Ktoś ją zabił, a potem usunął płód. W tym wypadku to trochę tak jak wycieranie odcisków palców z narzędzia zbrodni.

– Była w ciąży?

– W dniu śmierci – najprawdopodobniej tak.

Marcin poczuł silny atak mdłości.

– Wykluczacie samobójstwo?

– Samobójstwo? – Matjas zaśmiał się krótko. – Jej krtań wygląda, jakby przejechał po niej samochód małolitrażowy. Tak, wykluczamy samobójstwo.

240

Chciał się tylko upewnić. Nic więcej.

– Coś jeszcze? – zapytał po chwili przerwy.

Mężczyzna po drugiej stronie zagwizdał w słuchawkę.

– Baaaardzo dziwna rzecz – powiedział. – Prześlę ci kopię pod numer faksu.

– Podam ci domowy.

– Co się stało z biurowym? Już tam nie bywasz? – głos informatora był znów podejrzliwy.

– Dużo pracuję w terenie. Opowiem ci po powrocie.

– Powrocie skąd?

Marcin zignorował pytanie.

– Potrzebuję danych dziewczyny. Jej adres, imiona rodziców, ciotek, wujków, babci, przyjaciół – wszystko, co macie.

– Mogę za to wylecieć.

– I tak cię wyrzucą. A wtedy możesz przyjść pracować dla mnie – skłamał Marcin. – Pomyśl o tym.

Po drugiej stronie zapanowała cisza. Marcin chciał już odłożyć słuchawkę, kiedy usłyszał krótkie chrząknięcie, a zaraz potem niepewny głos Matjasa.

– A z tym Lindą – powiedział, ściszając głos do szeptu – to oczywiście nieprawda?

FAKS NADSZEDŁ W CIĄGU PIĘTNASTU MINUT. Dwie strony. Z numeru redakcji. Pomimo prośby Marcina Matjas wysłał dokument pod telefon „Głosu". Sprawdzał go! W górnym prawym rogu rozpoznał charakter pisma Sylwii: „Twoja sekretarka wyszła na lunch. Radź sobie sam!".

Na pierwszej stronie odręcznym pismem czyjaś ręka wypisała imię i nazwisko Lidii, jej adres zamieszkania oraz imiona i adres rodziców: Świętochów, województwo suwalskie. Złożył kartkę i wsunął ją do portfela.

Druga strona faksu była kopią jeden na jeden czegoś, co wyglądało jak postrzępiona kartka papieru o wymiarach 15×10 centymetrów. Na kartce grubymi literami wykaligrafowano napis: „SEKSISTOWSKA SUKA". Od ostatniego wyrazu prosta ciemna linia biegła poza kształt skopiowanej kartki. Na jej końcu ktoś dopisał: „Czerwona szminka do ust. Co ty na to?". Nie miał pojęcia. Chciał tylko jak najszybciej porozmawiać z Dianą Fuks. I czegoś się napić.

TWARZ REPORTERA WYPEŁNIŁA EKRAN telewizora. Padający śnieg osiadał na jego czarnych włosach i rękawach ciemnego płaszcza. Patrzył prosto do kamery, wskazując prawą dłonią na budynek szpitala za swoimi plecami, gdzie przebywały trzy ofiary zatrucia piwem M.O.C. Według słów reportera jedna z nich była w stanie ciężkim. Mężczyzna skwapliwie odpowiadał na pytania prowadzącego w studio, spekulując, czy seria zatruć zgłaszanych w całym kraju jest wynikiem błędu w produkcji, popełnionego przez Browar, czy też może mieć związek z prowadzoną przez pewne koła feministyczne nasiloną kampanią przeciw produktom Browaru.

– Skurwysyn, mówi o nas! – Diana Fuks z wściekłością zgniotła papierosa w popielniczce i sięgnęła po następnego. Siedząca obok Krystyna uspokajająco położyła jej dłoń na ramieniu.

– To prowokacja – powiedziała, wstając z kanapy. – Odgrywają się za zniszczenie billboardów. Przecież nie mogą nas podejrzewać, prawda, Diano?

Fuks spojrzała na nią, jakby widziała ją po raz pierwszy. Krystyna poczuła lekkie mrowienie na plecach.

– Co się stało?

Krystyna nie wiedziała. Próbowała od rana skontaktować się z Wiktorem, ale jego telefon nie odpowiadał. Po godzinie usłyszała wreszcie po drugiej stronie krótkie: „Halo?". Czy słuchał wiadomości?

– Nie. Coś ważnego?

Opowiedziała o przypadkach zatrucia.

– To niemożliwe – powiedział. Jego głos, mimo że dobiegało południe, wciąż był ciężki od snu. – Preparat jest nieszkodliwy. Zapewniano mnie o tym. Może ktoś jest uczulony na jeden ze składników.

– Jakich składników?

– Nie mam pojęcia. Muszę sprawdzić szczegóły z dostawcą.

– Nie wiesz, co dałeś Kłysiowi?! – wykrzyknęła z niedowierzaniem.

– Uspokój się. Wszystko będzie dobrze. Zadzwonię po południu.

Wciąż czekała na telefon.

– Nazwał nas morderczyniami – powiedziała Fuks, siadając ponownie na kanapie. – W świetle kamer nazwał nas zbrodniczą organizacją.

Nie były zbrodniczą organizacją, powiedziała, wymachując dłonią. Były organizacją społeczną o globalnym zasięgu. Szanowaną instytucją. Ligą! Co się stało, do kurwy nędzy?

– Najprawdopodobniej reakcja alergiczna – powiedziała Krystyna.

– Reakcja alergiczna na co? – głos Fuks grzmiał jak kolejka w lunaparku.

Krystyna nie była pewna. Ciągle czekała na wiadomość.

– Chcesz mi powiedzieć, że dodaliście czegoś do piwa, nie wiedząc, co to jest i jaki może mieć skutek?

– Preparat był nieszkodliwy. – Krystyna powtórzyła słowa Wiktora. – Naszym celem było zniszczenie piwa, a nie trucie kogokolwiek.

– Powiedz to prasie!

Krystyna rozłożyła ręce. Miała tego dość. Diana Fuks zachowywała się jak rozhisteryzowane dziecko.

– Każde działanie zawiera w sobie element ryzyka – powiedziała. – Chciałaś, żeby Browar zaczął się z nami liczyć. Żeby zauważył nasze istnienie. Nie sposób osiągnąć to pikietami! Mogłybyśmy manifestować do końca świata i nie zyskać nic, absolutnie nic. Jedyny sposób, aby zmusić ich do zwrócenia na nas uwagi, to uderzyć tam, gdzie naprawdę boli, uderzyć ich po kieszeni.

– A jeśli nie?

– To uderzymy jeszcze raz i jeszcze raz. Do skutku.

Coś w wyrazie twarzy Krystyny zaniepokoiło Dianę. „Tracę ją", pomyślała. „Tracę ją dla szczytnej idei walki o prawa kobiet, której na imię Wiktor".

– To szaleństwo – powiedziała, pocierając dłońmi skronie. – Ktoś może przez to zginąć.

A jeśli nawet? Fuks musiała przyznać, aczkolwiek niechętnie, że agresywna taktyka „Odwetu" zaczęła przynosić rezultaty. Po akcjach billboardowych prowadzonych na terenie całego kraju liczba członkiń Ligi wzrosła do blisko pięciuset. Codziennie odbierały nowe zgłoszenia telefoniczne. Skrzynka na listy zapełniła się deklaracjami sympatii i poparcia, a także – co nieuniknione – anonimowymi groźbami. Jeszcze nigdy w krótkiej historii warszawskiego oddziału ich biuro nie było tak oblegane. Fuks musiała zatrudnić dodatkowe osoby, żeby poradzić sobie z nawałem pracy.

Liga była obecna w mediach. Fuks udzieliła czterech wywiadów, w tym jednego dla „VIVY!" z sesją zdjęciową na tle budynku sejmu, drugiego zaś na strzelnicy, gdzie trzymała w ręku półautomatycznego glocka. Dwukrotnie była zaproszona do porannej audycji radiowej i prowadziła negocjacje z telewizją, aby wystąpić w programie poświęconym dyskryminacji seksualnej w miejscu pracy. Od jutra rozpoczynała szkolenie w mediach.

– To szaleństwo – powtórzyła bez przekonania.

Krystyna wzruszyła ramionami.

– Niczego nam nie udowodnią. Poza tym – wydęła wargi w grymasie, który Fuks odczytała jako pogardliwy – Liga nie ma z tym nic wspólnego, cokolwiek by się wydarzyło. Jesteś czysta jak łza.

Fuks znała ten wyraz twarzy. Pełne wyższości spojrzenie, jakim Krystyna zaczęła ją obdarzać, od kiedy zajęła się „Odwetem" („Co za infantylna nazwa!"). To samo spojrzenie, które Diana nosiła przez długie lata w pierwszych szeregach demonstracji ulicznych, przy amatorskiej powielarce, w pokoju przesłuchań. Aroganckie spojrzenie żołnierza z pierwszej linii frontu, który znalazł się przypadkiem w kasynie oficerskim.

Kiedy sięgnęła po następnego papierosa, zadzwonił telefon. Krystyna odebrała go, a po chwili wyciągnęła rękę ze słuchawką w jej kierunku. Fuks spojrzała na nią pytająco.

– Jakiś dziennikarz – powiedziała Krystyna, podając jej słuchawkę. – Mówi, że to pilne.

„Teraz się zacznie", pomyślała Fuks, wkładając papierosa do ust. Głos po drugiej stronie wydał jej się znajomy.

MARCIN TRZYMAŁ W DŁONI kopię przesłaną przez informatora. Drugą dłonią obejmował słuchawkę. Głos Fuks miał znaną mu już monotonną intonację, choć byłby przysiągł, że usłyszał w nim nutkę zdenerwowania.

– Muszę panią o coś zapytać – powiedział ostrożnie. – Trafiło w moje ręce coś, o czym nie wiem, co sądzić, a co może mieć związek z pani organizacją.

– Tak? – głos po drugiej stronie był teraz pełen napięcia i wyczekiwania. – Cóż to takiego?

Marcin zamilkł na chwilę, zastanawiając się, co powiedzieć. Nie mógł jej przecież zapytać wprost, czy jej organizacja ma coś wspólnego z zabójstwem modelki Browaru. Takie pytanie z pewnością natychmiast zakończyłoby ich rozmowę.

– Notatka, którą znaleziono wczoraj przy martwej dziewczynie – powiedział ostrożnie. Po drugiej stronie zapanowała długa cisza. Marcin nie odważył się jej przerwać.

– W jaki sposób ta rzekoma notatka, o której pan wspomniał, ma dotyczyć Ligi?

– Posługuje się jej językiem. Cytuję: „Seksistowska suka".

Po drugiej stronie słuchawki rozległ się krótki nerwowy śmiech.

– To wszystko? To jest pański „związek" z moją organizacją? „Seksistowska suka"?

– Notatkę napisano szminką na kawałku papieru, który znaleziono przy martwej modelce Browaru – w pośpiechu wyrzucał z siebie słowa, nie chcąc, by mu przerwała. – Dziewczyna została uduszona, pośmiertnie okaleczona i wrzucona do pojemnika na śmieci przed miejscową dyskoteką. Nie uważa pani, że policja może doszukać się jakiegoś związku z Ligą? Po tym wszystkim, co robicie, żeby powstrzymać kampanię Browaru?

Po drugiej stronie znów zapadło milczenie. Marcin nie mógł widzieć wzroku, z jakim Fuks wpatrywała się przez chwilę w szerokie plecy Krystyny. Nawet gdyby był świadkiem tej sceny, i tak nie pojąłby jej znaczenia.

– Pan to nagrywa? – usłyszał wreszcie głos Fuks.

– Nie. I prawdę mówiąc, nie dzwonię do pani, żeby napisać artykuł do „Głosu".

– To po co pan dzwoni?

„Dobre pytanie", pomyślał.

– To sprawa osobista – powiedział, ze zdziwieniem przysłuchując się swoim słowom. – Proszę nie pytać.

– Skąd ma pan tę notatkę?

– Mam swoje źródła – powiedział bez cienia dumy w głosie. – Notatka jest w posiadaniu policji, więc może się pani spodziewać pytań w tej sprawie.

– Czego pan ode mnie oczekuje? Chyba że dzwoni pan, żeby mnie ostrzec.

Czy ktoś z jej organizacji mógł to zrobić? Czy jakaś fanatyczna członkini Ligi była zdolna popełnić podobną zbrodnię? Nie bardzo w to wierzył. Diana Fuks cierpliwie oczekiwała na jego odpowiedź. Nie rzuciła słuchawki, kiedy powiedział jej o Lidii, nie wysłała go do wszystkich diabłów z jego podejrzeniami. Czyżby i ona miała wątpliwości?

– Jeżeli ta notatka jest dziełem Ligi, chcę wiedzieć, jakim cudem znalazła się przy martwej dziewczynie.

Cisza.

– Notatka nie jest dziełem Ligi – usłyszał po dłuższej przerwie – i każda tego typu insynuacja spotka się ze stanowczym sprzeciwem organizacji. Ma pan jednak rację – głos Fuks zawisł w powietrzu jak uniesiony palec – że wyjaśnienie tej sprawy może leżeć w szeroko pojętym interesie Ligi. Bardzo szeroko pojętym. Jeżeli – powtarzam: „jeżeli" – podejmę się wyjaśnienia tej sprawy, to co może mi pan zaoferować?

– W zamian obiecuję, że do czasu wyjaśnienia sprawy w „Głosie" nie pojawi się ani jedna wzmianka o notatce. Ani o Lidze.

– Mam na to pana słowo?

Potwierdził.

– Niech mi pan da trochę czasu. Zadzwonię wkrótce.

Podał jej numer swojej komórki i rozłączył się.

SAMOCHÓD STAŁ NA POLICYJNYM PARKINGU i prezentował się żałośnie między żółtym porsche carrera a granatowym audi A8. Marcin zapłacił koszty holowania i postoju, razem trzysta pięćdziesiąt złotych. Nie chciał nawet myśleć, ile pieniędzy pozostało mu w kieszeni. Przez miasto jechał powoli, nie zwracając uwagi na klaksony i wściekłe spojrzenia kierowców, rzucane raz po raz zza szyb mijających go samochodów. Zaparkował w pobliżu domu, na podjeździe sklepu mięsnego, zamkniętego od kilku dni z powodu choroby właściciela.

Wchodząc do mieszkania, potknął się o szufladę komody i omal nie stracił równowagi. Zapalił światło. Mieszkanie wciąż wyglądało, tak jak je zastał po „przeprowadzce" Marii. Przewrócone krzesła, powyciągane szuflady i części garderoby walały się po podłodze. W łazience pełno było rozbitych butelek po kosmetykach, lekach i środkach czystości. W kuchni nie można było domknąć wyłamanych drzwi lodówki i wszystkie produkty gniły powoli, wydzielając nieznośny zapach. Nie miał ochoty ani potrzeby cokolwiek zmieniać.

Na stoliku znalazł szklankę. Wytarł ją w grubą czerwoną zasłonę. Nalał pół szklanki wódki. Na stoliku ułożył fotografie, kopię raportu patologa, faks z kopią notatki oraz adres rodziców Lidii. Obok zdjęcie Lidii reklamujące piwo M.O.C., wyrwane z kolorowego magazynu.

Była ładną dziewczyną. Nawet mocny makijaż nie był w stanie ukryć jej naturalnych dziewczęcych rysów. Miała łagodne oczy, żywe i ciekawe świata; oczy, które wiele już widziały, a jednak wciąż nie utraciły swego blasku. Mocno zarysowana i wysunięta do przodu szczęka zdradzała zdecydowanie i silną wolę. Dłonie z długimi smukłymi palcami...

Przypomniał sobie ich pierwsze i jedyne spotkanie. Jej nerwowe spojrzenia, gwałtowne ruchy i papierosy przypalane jeden od drugiego. Przypomniał sobie jej słowa: „Takie historie sprzedają gazety". O co jej chodziło? Rozmawiali o dokumentach, które miała mu wręczyć, o rzeczach, które odkryła przez przypadek. Rozmawiali o Steinie. Wymieniła nazwisko Maksa Steina – był tego pewien. A potem dała mu jakieś dokumenty.

Marcin podniósł się z kanapy i podszedł do niskiego biurka przy oknie. Było odsunięte od ściany, szuflady leżały na podłodze, a półki na blacie. Nerwowo zaczął przerzucać ich zawartość.

Jak mogła mu zaufać!? Był głupcem i pijakiem. Miała szczęście, że w ogóle przypomniał sobie o ich spotkaniu. Dlaczego powierzyła mu swoją tajemnicę? Przecież ją ostrzegał, że jego życie jest warte tyle co nic.

Próbował przypomnieć sobie, jak wyglądały dokumenty, które mu wręczyła. Były w teczce? Nie. W plastikowej torbie? Nie. Luzem? Nie. W kopercie. W żółtej kopercie! Musiał ją znaleźć!

Po ponad godzinie intensywnych poszukiwań przyznał się do porażki. Koperta albo zniknęła, albo istniała tylko w jego wyobraźni. Coraz bardziej pijanej wyobraźni.

JAN HILMAAN W NAPIĘCIU PATRZYŁ na potężne plecy swojego szefa. Hans Van der Boer stał przy oknie gabinetu z dłońmi na parapecie i czołem opartym o chłodną taflę szyby. Czuł na sobie spojrzenie Hilmaana i musiał przyznać, że po raz pierwszy wzrok jego dyrektora finansowego ciążył mu niczym stukilogramowy ciężar. Wszystkie telefony do Steina pozostały bez odpowiedzi. Co się z nim stało? Co się działo z Browarem?

Kiedy odwrócił się od okna, Hilmaan spoglądał nerwowo na zegarek. Mieli mało czasu. Rada Dyrektorów Eurobrew zbierała się w sali konferencyjnej za pięć minut. Hilmaan odchrząknął głośno i zrobił dwa kroki w jego kierunku. Van der Boer nie miał odwagi spojrzeć mu w oczy.

– Myślisz, że już wiedzą? – powiedział, ponownie opierając głowę o szybę, jakby jej chłód miał ostudzić rozpalone czoło.

– EuroNews nadało minutową relację godzinę temu – usłyszał głos Hilmaana. – Musimy przyjąć, że przynajmniej część słyszała.

Oderwał się od szyby, zostawiając na niej wilgotny matowy odcisk czoła. Dość kontemplacji. Pora na działanie. Spojrzał na Hilmaana, wyraźnie przerażonego jego zachowaniem.

– Ile przypadków zatrucia?

– Dwanaście – powiedział Hilmaan, spoglądając na kartkę, którą trzymał w ręku. – Dwa z nich określono jako ciężkie.

Van der Boer zaklął i sięgnął po marynarkę wiszącą na

oparciu krzesła. Patrzył teraz na Hilmaana, który trzymał w wyciągniętej dłoni przygotowany dla niego raport.

– Rozmawiałeś z Dice'em?

– Jest nieosiągalny. Nikt z Browaru nie chce ze mną rozmawiać.

Van der Boer opadł ciężko na fotel za biurkiem.

– Nad tą transakcją ciąży jakaś klątwa – powiedział, splatając dłonie na karku. – Najpierw Slim trafia do aresztu, a teraz klienci do szpitala. Czego jeszcze możemy się spodziewać? Trzęsienia ziemi? Wojny domowej?

Hilmaan postukał palcem wskazującym w tarczę zegarka.

– Spóźnimy się na Radę.

– Idź pierwszy – powiedział Van der Boer, obracając się na fotelu twarzą do ściany. – Może zdołasz ich uspokoić, zanim mnie rozszarpią.

Kiedy usłyszał dźwięk zamykanych drzwi, zacisnął dłonie na poręczach fotela i zamknął oczy. Z wysiłkiem przywołał w pamięci obraz Trevora Dice'a. Gdy ujrzał wreszcie zarysy znajomej twarzy z wysokim czołem, głęboko osadzonymi oczami i cienkimi ustami skrzywionymi w grymasie uśmiechu, otworzył oczy.

– Będzie cię to drogo kosztować, Trevor – powiedział, wstając z fotela i poprawiając kołnierzyk koszuli. – Bardzo drogo.

SYLWIA ZADZWONIŁA, KIEDY KOŃCZYŁ BUTELKĘ, porzuconą teraz na sofie obok wysłużonej torby. W jej głosie pobrzmiewało echo pięciokilometrowego biegu, gimnastyki Mullera i niskokalorycznego posiłku.

– Nie wiem, jak ci to powiedzieć.

Kłamała. Nigdy nie brakowało jej słów.

Ból w karku był jak małe zwierzę próbujące przedrzeć się przez skórę. Podnosząc się z kanapy, przejechał dłonią po wczorajszym zaroście i przetarł zmęczone powieki. Miał trzydzieści siedem lat i czuł się jak starzec. Głos Sylwii w słuchawce przypominał mu, jak bardzo utracił kontakt z rzeczywistością.

– Gdzie się podziewasz? – powiedziała z wyrzutem. – Cała redakcja cię szukała!

Skąd to nagłe zainteresowanie jego osobą?

– Miałeś dostarczyć materiał na temat dziewczyny z „Plaży".

Twarz Lidii pojawiła się przez chwilę na wewnętrznych ekranach powiek i znikła, zanim zdążył się jej dobrze przyjrzeć.

– Nie wiedziałem, że to takie pilne. Zbieram materiały – skłamał, przyciskając słuchawkę ramieniem do ucha i wciskając koszulę do spodni.

– Nieważne – powiedziała szybko. – Naczelny nie chce tej historii. Najgorsze, że nawaliłeś ze Slimem. Obiecałeś ciąg dalszy. Polny wywrócił twoje biurko do góry nogami, szukając materiałów. Był naprawdę wściekły.

Porozmawia z nim.

– Za późno.

– Za późno na co?

– Na wszystko. – Odchrząknęła lekko.

– O czym ty mówisz?

– Wylali cię, Marcin. Przykro mi.

Więcej współczucia słyszał w głosie sklepikarza, który sprzedał mu nieświeże mleko, niż w kontrolowanym alcie Sylwii.

– To niemożliwe! – Potarł rozpaczliwie czoło. – A co z historią Slima? Walder mnie potrzebuje!

– To już nie twoja historia.

– A czyja?

Po drugiej stronie słuchawki zapadła cisza.

– Teraz ja piszę o Slimie.

– Ty?!

Miał wrażenie, że patrzy w otwór kalejdoskopu na rozsypujące się kolorowe szkiełka, na chaos barw i form, na swoje życie.

– *Ciao, stupido.*

Patrycja Łuczko miała szesnaście lat, krzywe zęby i sporą nadwagę, co jednak nie przeszkadzało jej marzyć o karierze piosenkarki i tlenić włosy na złotożółty blond à la Britney Spears. *Praca w sklepie miała swoje dobre strony. Mogła przeglądać do woli kolorowe magazyny i rozmawiać ze swoim chłopakiem, który pracował w warsztacie samochodowym w mieście i dzwonił do niej zawsze koło pierwszej, kiedy jego szef udawał się na codzienne zajęcia z księgowości. Jej chłopak miał osiemnaście lat, pryszcze na czole i własnego dziesięcioletniego poloneza ze skórzaną tapicerką.*

Gładka uśmiechnięta twarz dziewczyny w czerwonej sukience patrzyła na nią z okładki. Dłoń z krwistoczerwonymi paznokciami opierała się na nagim ramieniu mężczyzny, zwróconego do kamery muskularnym, spoconym torsem. Druga dłoń ginęła w tylnej kieszeni obcisłych dżinsów mężczyzny. „Tylko M.O.C.", głosił napis przecinający ciała jak ostrzeżenie cenzora. „Tylko M.O.C.".

Jej ojciec pił piwo M.O.C. – co najmniej sześć butelek dziennie, tych samych, które układała na dnie torby, gdy właściciel sklepu nie widział. Jej chłopak pił M.O.C. Jego koledzy też. Z uniesionymi do ust szyjkami butelek przyglądali się dziewczynie w czerwonej sukience, której plakaty wisiały na brudnych ścianach warsztatu. Prawdziwa epidemia. Chore!

Pochylona nad okładką pisma, kątem oka dostrzegła krępą sylwetkę otwierającą drzwi sklepu. Nie była pewna, czy to mężczyzna, czy kobieta. Zgarbiona postać w dresowej bluzie z naciągniętym kapturem, w szerokich spodniach i wysokich wiązanych butach zniknęła za rzędem półek z napojami.

Wybuch zabrzmiał jak głuche uderzenie w ścianę, pęknięcie rury pod ciśnieniem wody. Potem dały się słyszeć odgłosy roztrzaskiwanego szkła i cieczy rozpryskującej się o podłogę gwałtownym strumieniem.

Co się dzieje? Wzrok Patrycji zatrzymał się na butelce z octem, która zakołysała się niebezpiecznie na górnej półce, gotowa poszybować w dół na betonową posadzkę. Dopiero gdy powróciła do pionu, Patrycja zdołała oderwać od niej oczy i rozejrzeć się po sklepie.

Kiedy ruszyła w stronę półek, za którymi usłyszała wybuch, ta sama pochylona postać w dresie, którą dojrzała wcześniej, przemknęła przed jej oczami i rzuciła się do wyjścia. Zanim zdążyła cokolwiek powiedzieć, drzwi zamknęły się z ogłuszającym hukiem.

Gdyby nie mokre ślady stóp na podłodze i lekkie drżenie kolan, Patrycja nie byłaby pewna, czy całe wydarzenie nie było tworem jej znudzonej wyobraźni.

Kiedy w końcu odważyła się zajrzeć za półkę z napojami, zobaczyła, że stojąca tam lodówka z piwem M.O.C. wygląda, jakby wjechała w nią cysterna z sokiem malinowym.

Wybuch pozbawił ją półek i szklanych drzwi. Resztki brązowego szkła butelek piętrzyły się w jej wnętrzu i na podłodze. Wszystko w promieniu dwóch metrów pokryte było gęstym czerwonym płynem, który w połączeniu z pianą piwa dawał efekt wrzącej rozprzestrzeniającej się substancji.

Zanim Patrycja Łuczko zadzwoniła do właściciela sklepu, rzuciła na zalaną krwistoczerwoną mazią podłogę gazetę i za pomocą 30-centymetrowej linijki wyłuskała ze szklanych kopców trzy nienaruszone butelki piwa M.O.C. Przeklinając słabość mężczyzn w jej życiu do bursztynowego napoju, upchała je na dnie granatowej torby „Estee Lauder".

Rozdział dwunasty

*WARSZAWA. Sekcja zwłok 21-letniej Lidii Potok wykaza-
ła, że modelka padła ofiarą zabójstwa. Ciało Lidii, której twarz
znana jest przede wszystkim z najnowszej kampanii reklamowej Browaru, zostało odnalezione na śmietniku w pobliżu modnego nocnego klubu „Plaża". Prowadzący śledztwo z ramienia
stołecznej policji inspektor Klaus Matjas odmówił komentarza.
„Jesteśmy na wstępnym etapie postępowania dowodowego", powiedział naszemu reporterowi. „Za wcześnie, aby mówić o podejrzanych". Nasz reporter uzyskał nieoficjalną informację, że
zabójstwo pięknej modelki może być powiązane z działaniami
Ligi Wolności od Upokorzenia, kierowanej przez charyzmatycz-
ną, acz nieobliczalną Dianę Fuks. Według naszego informatora
przy ciele zamordowanej znaleziono notatkę pośrednio wskazu-
jącą na uczestnictwo Ligi w niejasnych wydarzeniach prowadzących do śmierci Lidii Potok.*

– SKURWYSYN! – DIANA FUKS dwoma gwałtownymi
ruchami rozdarła egzemplarz „Głosu" trzymany w rękach.
Strzępy porannej gazety leżały pod jej obutymi w czarne koza-
ki stopami jak porzucone proporce pokonanej armii.

– Skurwysyn i kłamca! – krzyknęła w stronę okna, za którym białe płatki śniegu tańczyły w podmuchach grudniowego
wiatru, i wyszła z pokoju, trzaskając drzwiami.

NIE DOCZYTAWSZY ARTYKUŁU DO KOŃCA, Marcin wykręcił numer redakcji i kazał się połączyć z naczelnym. Walder

ma ważne spotkanie, usłyszał chłodny głos sekretarki. Nie wolno mu przeszkadzać. Zastępca naczelnego? Zaraz sprawdzi.

Bałkańskie rytmy à la Bregovic zabrzmiały w słuchawce telefonu. Po kilku minutach usłyszał ostrożny i niechętny głos Polnego.

– Jeżeli dzwonisz, żeby mi lizać tyłek, to się nie trudź. Stary skreślił cię na dobre. Nie mogę nic pomóc.

– Co za cholerne brednie wypisujecie o tej dziewczynie!?

– Jakiej dziewczynie? – Zastępca naczelnego udawał, że się zastanawia. – Ach, tej, przez którą wyleciałeś na zbity pysk. Czyżby przemawiała przez ciebie dziennikarska zawiść? Zazdrość o koleżankę po fachu?

– Nie gadaj głupstw. Ta historia o Lidze to wierutna bzdura. Wiesz to równie dobrze jak ja. Obiecałem Fuks, że damy jej czas na wyjaśnienie sprawy.

– Ty obiecałeś? – Polny wydawał się szczerze rozbawiony. – Wstrzymajcie maszyny, Zięba dał słowo honoru!

– Nie błaznuj. Etyka zawodowa…

– Nie masz żadnego zawodu – przerwał mu Polny. – Jesteś bezrobotny. Już tu nie pracujesz. Nie wiem nawet, po co z tobą rozmawiam.

– Z przyjemnością będę się przyglądał, jak prawnicy Ligi doprowadzą waszego szmatławca do bankructwa za pomówienie.

– Marzenia, dzieciaku – Polny wyraźnie był przygotowany do rozmowy. – „Pośrednie uczestnictwo Ligi w wydarzeniach prowadzących do…". Nawet ty nie potrafiłbyś bardziej tego rozcieńczyć. Prawdziwie watykańskie dziennikarstwo. Muszę przyznać, że ta mała ma talent.

– Skurwysyn – powiedział Marcin. Po drugiej stronie usłyszał westchnienie, a potem trzask odkładanej słuchawki.

Wybrał numer komórki swojego informatora. Słysząc głos Marcina, Matjas nie krył wściekłości.

– Powiedziałem ci, żebyś nigdy nie dzwonił pod ten numer! Chcesz mnie wysłać do pierdla?

Marcin podał mu numer domowy i odłożył słuchawkę. Telefon zadzwonił po kilku minutach.

– Sprzedałeś się Walderowi – powiedział Marcin, nie kryjąc oburzenia. – Jak mogłeś mi to zrobić?

– Tobie? – głos Matjasa był pełen ironii. – Nie zapomniałeś mi o czymś powiedzieć? Wylali cię z redakcji.

– To nie ma nic do rzeczy. Nasz układ idzie dalej niż jeden szmatławiec.

– Dokąd? – wrzasnął Matjas. – Na próg delirium? Jak zamierzałeś mi zapłacić, do kurwy nędzy? Ze zwrotów za butelki?

– Myślałem, że się rozumiemy...

– Nie myślałeś! – przerwał mu Matjas. – I to jest właśnie twój problem, że nie myślisz. Ani o sobie, ani tym bardziej o mnie. Zawiodłeś mnie. Narażasz siebie i narażasz mnie. To nie jest dobra podstawa do długiej współpracy. A tak przy okazji – dodał – nigdy nie rozmawiałem z twoimi kolegami.

Metaliczne kliknięcie przerwało połączenie. Dwie rozmowy, dwa kopniaki. To nie był najlepszy początek dnia. Przed oczami stanął mu obraz Sylwii w obcisłych dżinsach i kusym sweterku. Jego dłonie obejmowały jej szyję, jego oczy wpatrywały się w jej wielkie błękitne zimne oczy. Jeden szybki ruch dłoni i mógłby skręcić jej kark.

DENNIS HOGAN Z TRUDEM PANOWAŁ nad ogarniającym go uczuciem wściekłości. Nic nie wyglądało tak, jak sobie wyobrażał. Wbrew oczekiwaniom Andy Slim nie był spakowany i gotowy do podróży, a całe postępowanie ekstradycyjne dalekie od „czystej formalności" wymagającej jedynie złożenia odpowiednich pism i pokazania kilku pieczątek. Miejscowy prokurator całkowicie ignorował ich obecność. Jego telefon komórkowy był wyłączony. Jego sekretarka z sadystyczną determinacją w głosie informowała Hogana, że jej szef przebywa poza biurem.

Rozprawa, wyznaczona na godzinę dziesiątą, jeszcze się nie rozpoczęła i nikt nie potrafił powiedzieć, dlaczego. Ambasada dała im do dyspozycji tłumacza, który nie rozumiał języka prawniczego i Hogan z przerażeniem przysłuchiwał się, jak wychudzony mężczyzna o twarzy buddyjskiego mnicha zamienia każdą jego wypowiedź w kilkuminutowy monolog. Na dodatek czuł, że jego ciało zaczyna ogarniać gorączka – skutek działania klimatyzacji w czasie długiego lotu.

James Voychik siedział obok niego i – jeśli to w ogóle było możliwe – wyglądał jeszcze bardziej żałośnie. Od ich wylotu z Sydney nie zmrużył oka, a ostatnią noc w hotelu spędził nad muszlą klozetową, bezskutecznie walcząc z zatruciem pokarmowym, którego skutki nadal boleśnie odczuwał. Teraz musiał dodatkowo zmierzyć się z narastającą wściekłością Hogana, która z braku lepszego celu skupiła się na dostarczycielu złych wieści.

– Jak to rozmawia z sędzią?! – Voychik właśnie się dowiedział, że adwokat Slima od pół godziny przebywa w gabinecie sędziego. – *Ex parte?* To skandaliczne!

Siedzieli na drewnianej ławie w długim korytarzu oświetlonym rzędem migotliwych jarzeniówek. W ich świetle twarz Hogana wyglądała złowieszczo: skóra nabrała odcienia prosektoryjnego błękitu, a w oczach tańczyły groźne czerwone błyski. Voychik rozłożył bezradnie ręce.

– Co to za popierdolony system prawny, który zezwala na prywatne konsultacje z sędzią bez obecności drugiej strony?! – grzmiał Hogan. Jego głos odbijał się echem o ściany korytarza. Voychik i tłumacz w milczeniu pochylili głowy i starali się unikać jego spojrzenia.

Dennis Hogan był graczem zespołowym. Kiedy grywał w rugby, jego siła i determinacja na boisku wynikały z obecności innych członków drużyny, ustawionych na skrzydłach, na obronie i w ataku. Był spostrzegawczy, komunikatywny i całkowicie pozbawiony ego. Sprawiał, że piętnastu mężczyzn na kilka, kilkanaście lub kilkadziesiąt minut zamieniało się w jeden, sprawnie funkcjonujący organizm opanowany wizją wygranej. To był jego talent – tworzyć zespół tam, gdzie inni widzieli tylko przypadkową grupę nieprzystających do siebie jednostek. Tworzyć całość z chaosu. I wygrywać sprawy.

Tu, w tym zimnym kraju, w ponurym i akustycznym korytarzu posępnego budynku, którego widok przywołał w jego pamięci szkolne fotografie przedstawiające architekturę faszyzmu, Dennis Hogan, wpatrując się w zbolałą twarz swego asystenta i bezmyślne oblicze tłumacza, czuł się samotnie i obco niczym trener drużyny, której wszyscy zawodnicy doznali kontuzji.

O dziesiątej trzydzieści umundurowany strażnik otworzył drzwi sali sądowej i zaprosił ich ruchem dłoni. Hogan zdążył nieco ochłonąć i teraz już spokojniej, z lekkim zaciekawieniem jako pierwszy wkroczył do środka.

Ku jego zaskoczeniu sala sądowa wyglądała jak wiele innych, doskonale mu znanych. Z tyłu obszernego pomieszczenia wznosił się drewniany podest sędziowski. Po prawej stronie za drewnianą barierką dostrzegł ławki, które omyłkowo wziął za miejsca dla ławy przysięgłych. Po bokach rozpoznał stoły oskarżyciela i obrony, ustawione wzdłuż, a nie w poprzek sali, jak był przyzwyczajony. Miejsce dla świadka było za, zwróconym ku ławie sędziowskiej pulpitem i bezbłędnie wskazywało, co jest prawdziwym punktem ciężkości postępowania.

Swojskość otoczenia dodała Hoganowi pewności siebie. Bez wahania, nie czekając na niczyje zaproszenie, skierował się do ławy po prawej stronie sali. Odsunął wysłużone drewniane krzesło i rzucił na blat teczkę z dokumentami. Voychik i tłumacz usiedli obok niego. Stół obrony po drugiej stronie był wciąż pusty.

Hogan przypomniał sobie, że od pół godziny nie miał papierosa w ustach. Kiedy zastanawiał się, czy zdąży jeszcze wymknąć się z sali, drzwi za barierką „ławy przysięgłych" otworzyły się i pojawiła się w nich sylwetka umundurowanego policjanta. Zaraz za nim wszedł Andy Slim, lekko pochylony, jakby próbował przemknąć niezauważenie za poprzedzającym go mężczyzną.

Policjant zatrzymał się, wykonał półobrót i położył dłoń na ramieniu Slima, który opadł ciężko na ławkę, jakby nie potrafił udźwignąć swego ciężaru. Uniósł lekko głowę i omiótł salę spojrzeniem. Hogan dostrzegł żywe, przenikliwe oczy rejestrujące każdy szczegół otoczenia.

– Pan Hogan? – Mężczyzna przy stole wyciągnął do niego rękę, a na jego twarzy z doczepionymi krzywymi szczotkowatymi wąsami pojawił się uśmiech.

Uścisnęli sobie dłonie, a Hogan usłyszał potok szeleszczących dźwięków wydobywających się z ust mężczyzny. Na wszelki wypadek zwrócił głowę w stronę tłumacza.

– Pan prokurator Wąsik wita pana w kraju i pyta, jak minęła podróż.

– Dobrze – odrzekł Hogan, starając się odpowiadać krótko, aby powstrzymać krasomówcze zapędy tłumacza. – Miałem nadzieję na spotkanie z prokuratorem przed przybyciem do sądu.

– Niestety – powiedział tłumacz z dużą dozą empatii w głosie. – Pan prokurator był zajęty cały ranek. Ale może nadrobić po sądzie, jeśli pan Hogan posiada czas.

– Posiadam. – Hogan skinął głową.

Tłumacz wsłuchiwał się w słowa Wąsika, które płynęły teraz nieprzerwanym strumieniem, i rzucał ukradkowe spojrzenia w stronę Hogana. Wydawał się szczerze zakłopotany.

– Trzeba zmienić miejsce, proszę – powiedział, kiedy Wąsik zamilkł i wpatrywał się w Hogana, kiwając lekko głową w rytm słów wypowiadanych przez tłumacza, jakby chciał w ten sposób podkreślić ich autentyczność. – To miejsce prokuratora. Panom należy usiąść w pierwszym rzędzie. To nie jest rozprawa ekstradynacyjna – powiedział z niemałym wysiłkiem.

– Ekstradycyjna – poprawił go Hogan, na co Wąsik energicznie skinął głową. – Jeśli nie sprawa o ekstradycję, to w takim razie jaka?

Tłumacz zwrócił się w stronę Wąsika, aby skonsultować pytanie. Ich ożywiona wymiana zdań trwała co najmniej kilka minut.

Tłumacz patrzył na niego wzrokiem kogoś, kto za chwilę zamierza rzucić się w przepaść.

– Spotkanie dziś to posiedzenie w sprawie aresztu czasowego. Ponadczasowego – poprawił się natychmiast, wpatrując się z napięciem w Hogana.

– Tymczasowego?

Skinienie głowy ze strony Wąsika.

– Proszę powiedzieć prokuratorowi – Hogan podniósł się z krzesła i sięgnął po teczkę z dokumentami – że byłbym wdzięczny, gdyby po dzisiejszym posiedzeniu sądu oświecił nas w kwestii procedur karnych obowiązujących w jego kraju. Monolog tłumacza przerwało wejście strażnika sądowego.

– Proszę wstać, sąd idzie.

Do sali wszedł niewysoki mężczyzna z siwą czupryną zmierzwionych włosów i nieobecnym wzrokiem kogoś, kogo właśnie wyrwano z głębokiego snu. Miał na sobie czarną togę z fioletowym żabotem pod szyją, którego koniec zwisał lekko, jakby mężczyzna zapomniał go dopiąć.

Hogan pochylił się w stronę Voychika i wskazał głową na pusty stolik obrony. Voychik rozłożył bezradnie ręce. Gdzie się podział adwokat Slima?

Uderzenie dłoni o blat sędziowskiego stołu wyrwało Hogana z zamyślenia. Siwy mężczyzna mówił coś, uśmiechając się lekko i wskazując palcem Andy'ego Slima, a potem prokuratora. Hogan pochylił się w stronę tłumacza.

– Mecenas Kessling złożył w biurze sędziego wniosek o zastępstwo procesowe. – Zanim tłumacz skończył pierwsze zdanie, Hogan poczuł silny zapach cebuli. – Mecenas Kessling niedysponowany. Sędzia chce wiedzieć, czy oskarżony popiera wniosek obrony.

– To jakiś koszmar. – Hogan syknął w stronę Voychika. Asystent prokuratora wyglądał, jakby miał za chwilę zemdleć.

Wąsik wstał i mówił coś do sędziego, dotykając dłońmi leżących przed nim papierów.

– Prokurator się zgadza, pod warunkiem, że Andy Slim pozostanie do tego czasu w areszcie – powiedział tłumacz.

Zanim Hogan zdążył zaprotestować, próbując zwrócić na siebie uwagę siedzącego do niego plecami Wąsika, dłonie sędziego powtórnie opadły na blat stołu i w chwilę potem platynowosiwa czupryna zniknęła w drzwiach sali. Policjant siedzący obok Slima pomógł mu podnieść się z ławki, a Wąsik pakował do teczki papiery, rozmawiając ze stojącym obok protokolantem.

Hogan nie mógł uwierzyć w to, co się właśnie wydarzyło! Przeleciał piętnaście tysięcy kilometrów i dziewięć stref czasowych, by uczestniczyć w pięciominutowym spektaklu, z którego nie zrozumiał ani słowa i który w najmniejszym stopniu nie zbliżył go do celu, którym było przywiezienie syna marnotrawnego do spragnionej zemsty ojczyzny!

Andy Slim opuszczał salę sądową bez błysku fleszy i terkotu kamer telewizyjnych, bez aplauzu akcjonariuszy Starsky's Finance Corporation, skandujących werdykt ławy przysięgłych: „Winny! Winny!". Równie dobrze mógłby być kieszonkowcem, przyłapanym z ręką w torebce emerytowanej nauczycielki, a nie człowiekiem, który zdefraudował dwa miliardy dolarów!

– Uszczypnij mnie – powiedział Hogan, zwracając głowę w stronę Voychika. – Uszczypnij mnie, bo chyba ciągle śnię.

– NIECH SIĘ PAN USPOKOI, PANIE HOGAN.

Bożydar Wąsik stał oparty plecami o ścianę ciemnego korytarza sądowego, przygotowując się do odparcia ataku DPP. Paul Voychik, wyglądający jak człowiek, któremu przekazano przed chwilą druzgocące wiadomości, siedział zgięty wpół na drewnianej ławie, ściskając ułożoną na kolanach aktówkę.

Dennis Hogan, wściekły, z pochyloną agresywnie głową, mierzył wzrokiem prokuratora.

– Co to było, do kurwy nędzy?!

Wąsik milczał. Głos Hogana przetoczył się jak pocisk po akustycznym tunelu korytarza i wypadł przez wahadłowe drzwi na ulicę.

– Pan prokurator pyta… – zaczął nieśmiało tłumacz, najwyraźniej obawiając się tłumaczyć dosłownie pytanie Australijczyka. Przerwał, kiedy Wąsik uniósł dłoń.

– *You are way out of line, Hogan* – powiedział Wąsik poprawną angielszczyzną pomimo ciężkiego słowiańskiego akcentu. – *You are pissing on my field now, mate.*

Hogan zamarł w pół kroku. Trudno było powiedzieć, czy bardziej zaskoczyła go treść wypowiadanych słów, czy też to, że prokurator zwrócił się do niego po angielsku.

– Zalecam odrobinę wstrzemięźliwości – kontynuował Wąsik, odsuwając się od ściany i robiąc krok w kierunku potężnego Australijczyka. – I proszę okazać trochę szacunku dla naszego systemu prawnego. Jest pan tutaj gościem, panie Hogan. A gościom przysługują zarówno prawa, jak i obowiązki.

Pomimo chwilowego rozbawienia reakcją Hogana na jego słowa Wąsik dobrze rozumiał irytację DPP. Mężczyzna przeleciał pół globu, wierząc, że powróci do kraju z Andym Slimem siedzącym na fotelu obok z parą kajdanek na przegubach rąk. Jednak bez względu na profesjonalną empatię czy też czysto ludzkie współczucie, jakie wzbudzały w nim przekrwione oczy niewyspanego Hogana, Wąsik czuł się w obowiązku od początku ustalić reguły gry.

– Proszę nie nadużywać naszej słowiańskiej gościnności – powiedział, wpatrując się w twarz Hogana. – Wygląda lepiej na kartkach przewodnika turystycznego niż z perspektywy aresztu na Rakowieckiej. Poza tym wie pan, co mówi stare polskie przysłowie?

Hogan nie wiedział. Tłumacz, który nagle poczuł się zbędny, wpatrywał się nieobecnym wzrokiem w wyłożoną lastriko podłogę korytarza. Voychik zdawał się drzemać z głową wspartą na skórzanej aktówce.

– Gość jest jak ryba. Po trzech dniach zaczyna śmierdzieć.

Przez chwilę nikt nie przerwał ciszy, jaka zapanowała po ostatnich słowach prokuratora.

Obraz rozkładającej się ryby unosił się przez chwilę w zatęchłym powietrzu korytarza, aż dotarł pod zaciśnięte powieki skulonego na ławie Voychika, zsunął się lekko w stronę jego żołądka, gdzie opadł miękko na wzbierającą falę płynów i uniósł się wraz z jej narastającym przypływem do rozwartych w przerażeniu ust asystenta DPP.

SAMOLOT REJSOWY QUANTAS wylądował bezpiecznie w Amsterdamie kwadrans po dziesiątej. Chociaż dotknął płyty lotniska Schiphol lekko i nieomal nieodczuwalnie, Trevor Dice jak zawsze zmagał się ze swymi lękami, zaciskając dłonie na poręczach fotela, zamykając oczy i wprowadzając w lekką histerię potężną blondynę siedzącą po jego lewej stronie. Kiedy samolot rozpoczął kołowanie, kobieta rzuciła mu spojrzenie pełne nieskrywanego oburzenia.

– Ludzie z fobią nie powinni latać – powiedziała, sięgając po bagaż podręczny.

Odpowiedział jej nonszalanckim wzruszeniem ramion.

Kiedy wybrał numer telefonu Petera Van Essena, pobyt na stałym lądzie nieoczekiwanie okazał się bardziej nieprzewidywalny niż niedawna powietrzna przeprawa. Prezes HV Breurei poinformował go rzeczowym tonem, że nie ma czasu na lunch. Kolacja także nie wchodziła w rachubę – następnego ranka leciał do Londynu. Mógł poświęcić Dice'owi najwyżej pół godziny między czternastą a czternastą trzydzieści.

– Peter – Dice starał się za wszelką cenę zmiękczyć swojego rozmówcę – łamiesz mi serce. Samotny posiłek w D'Antttica? To chyba niezgodne z prawem. W końcu to włoska restauracja. A wiesz, jakie jest najokrutniejsze słowo po włosku? – Nie czekał na odpowiedź. – *Solo*.

– Nic na to nie poradzę, Trevor – głos Van Essena był suchy i rzeczowy. – *Taarde* to najgorsze słowo po holendersku. Oznacza: „spóźniony". Druga w moim biurze?

Dice potwierdził.

Kiedy zjawił się za pięć druga w biurach HV Breurei, ogarnęło go złe przeczucie. Pan Van Essen był nadal poza budynkiem, poinformowała go recepcjonistka, ale mógł poczekać w sekretariacie jego biura na piątym piętrze. Tymczasem poprosiła, aby usiadł na jednej z kanap w lobby. Żadnej propozycji kawy lub herbaty. Tylko chłodny profesjonalny uśmiech etatowej odźwiernej.

Sekretarz Van Essena zjawił się po piętnastu minutach. Wyszedł z windy i skierował się prosto w jego stronę. Miał pryszczatą twarz ozdobioną tlenioną kozią bródką i okulary w drucianych oprawkach z barwionymi na różowo soczewkami. Potwierdził, że pan Essen jest poza budynkiem i zaproponował, aby pan Dice udał się z nim do biura dyrektora finansowego. Wszystko bez słowa przeprosin.

Kiedy dotarli na piąte piętro, było dziesięć po drugiej i ani śladu Van Essena. Dice z trudem ukrywał rosnącą irytację.

– Dzwonił pan do szpitali? – rzucił w stronę pryszczatego mężczyzny za biurkiem. – Może pana szef miał wypadek.

Mężczyzna spojrzał na niego spoza różowych szkieł.

– Pan Van Essen jest na ważnym spotkaniu – powiedział,

mocno akcentując każde słowo. – Proszę wykazać trochę cierpliwości.

Dice miał ochotę wstać z nędznej podróbki fotela Corbusiera, podejść do biurka i jednym ruchem dłoni skręcić mężczyźnie kark. Tak jak robił z indykami swojego dziadka. Biedne zwierzęta nie wydawały ani jednego dźwięku.

Dwadzieścia po drugiej Peter Van Essen wkroczył do sekretariatu z cygarem w dłoni. Witając się z nim, Dice poczuł mocną woń alkoholu.

– Trevor. – Van Essen wydawał się szczerze ucieszony spotkaniem. – Mam nadzieję, że nie kazałem ci długo czekać?

Dice z rezygnacją machnął dłonią.

– Nie ma o czym mówić. Jak twoje spotkanie?

– Spotkanie? – Van Essen otworzył szeroko oczy. – Masz na myśli lunch z moją żoną? Birgit miewa się świetnie. – Spojrzał na zegarek. – Tak mi przykro z powodu spóźnienia, ale *valet* nie mógł wydostać mojego samochodu z parkingu. Poza tym Birgit nie przestawała mówić. Jak one to robią, że nie zasycha im w gardle? Kobiety... – Wzniósł wzrok do sufitu i uśmiechnął się w jego stronę. – Zostało nam tak mało czasu. Czym mogę ci wynagrodzić spóźnienie?

Van Essen stał w półotwartych drzwiach biura z ręką na klamce. Dice podszedł do niego bardzo blisko – przez chwilę dyrektor finansowy HV Breurei miał nawet wrażenie, że ten rosły zagniewany mężczyzna przejdzie przez niego jak przez papierowy ekran. Kiedy się zatrzymał, jego twarz znalazła się nie dalej niż dziesięć centymetrów od twarzy Van Essena.

– Po pierwsze, Peter – powiedział Dice – możesz zetrzeć ten kurewski uśmiech z twarzy.

DŁONIE WIKTORA UCISKAŁY JEGO KARK z siłą i precyzją doświadczonego masażysty. Były silne, a jednocześnie delikatne. Ręce, które mogły śmiertelnie zranić, ale równie dobrze mogły leczyć.

Tytus Tyszko odchylił głowę i zamknął oczy, oddając się całkowicie przyjemności masażu. Na granicy innego obcego świata zadzwonił telefon. Palce Wiktora znieruchomiały dopiero przy trzecim dzwonku. Tyszko niechętnie otworzył oczy i sięgnął po słuchawkę.

Głos Tatiany Zajcew był pełen świergotliwych tonów. Dzwoniła, żeby potwierdzić przelew w wysokości 449 tysięcy i 972 dolarów i miała nadzieję, że pogoda w Warszawie nie jest gorsza niż w Zurychu. Nie była. Trochę za dużo śniegu jak na jego gust, ale cóż – wszyscy marzą o śniegu na święta. Czy miała jakieś plany na przerwę świąteczną? Spotkanie z rodziną w Moskwie. A on? Zabawi się. Wyda trochę ciężko zarobionych pieniędzy. Wybierze się do jakiegoś słonecznego kraju.

– Tylko nie wydaj wszystkiego w jednym miejscu – poradziła Tatiana i życzyła mu wesołych świąt.

– Wesołych świąt – powiedział Tyszko, spoglądając na Wiktora.

Kiedy odłożył słuchawkę, potężne dłonie masażysty wciąż wisiały w powietrzu. Ich właściciel patrzył na niego pytająco, niezdolny wydobyć z siebie głosu.

– Ten skurwysyn Stein – powiedział Tyszko, uśmiechając się szeroko – obciążył nas kosztami przelewu.

SPOTKANIE ODBYŁO SIĘ BEZ ROZGŁOSU i obecności mediów. Max Stein podjechał na strzeżony parking przed urzędem wojewódzkim, gdzie czekał już na niego jeden ze strażników. Tyszko poinstruował strażnika, aby wszedł z gościem tylnym wejściem i użył służbowej windy. Wiktor miał towarzyszyć Steinowi od windy do drzwi jego gabinetu.

Wojewoda siedział za biurkiem, przeglądając papiery i czekając na odgłos otwieranych drzwi. Gdy usłyszał skrzypienie metalowych zawiasów, podniósł głowę znad biurka. Wiktor stał w otwartych drzwiach jego gabinetu, przepuszczając uśmiechniętego Maksa Steina.

– Max – powiedział, wstając od biurka, odwzajemniając uśmiech i wyciągając dłoń w stronę gościa – cieszę się, że nasza mała transakcja wreszcie dobiega końca. Co prawda nie tak, jak to sobie wyobrażaliśmy – dodał, pokazując ręką pusty pokój – ale nie wszyscy zdają się doceniać nasze wysiłki.

– Najważniejsze są efekty – odparł Stein, ściskając wyciągniętą dłoń Tyszki.

– Święte słowa – potwierdził Tyszko, kładąc rękę na ramieniu Steina i prowadząc go do stołu z kanapą i dwoma fotelami.

Tyszko usiadł w fotelu, wskazując Steinowi miejsce na kanapie.

– Mam nadzieję, że wszystkie warunki zostały spełnione. – Stein rzucił szybkie spojrzenie w kierunku Tyszki, siedząc na skraju kanapy. Z dłońmi na kolanach wyglądał jak uczeń w gabinecie dyrektora. – I nie ma przeszkód, abyśmy podpisali umowę.

Tyszko spojrzał na stojącego za jego plecami Wiktora, którego wzrok utkwiony był w jakiś punkt nad głową Steina. Kiedy skierował spojrzenie na powrót w stronę gościa, miał szczerą nadzieję, że jego twarz wyglądała na zatroskaną.

– Chciałbym powiedzieć, że tak... – rozłożył bezradnie ręce – ale nie mogę.

Twarz mężczyzny, który wpatrywał się w wojewodę szeroko otwartymi oczami, była blada jak papier na biurku. Tyszko dobrze wiedział, dlaczego. Pieniądze, z racji swej nieoficjalnej natury, zostały wysłane bez dokumentów i zabezpieczeń. Przerażony Stein właśnie zdał sobie sprawę, że jedynym zapewnieniem, iż transakcja dojdzie do skutku, było słowo wojewody. Słowo. Tyszko od dłuższego czasu nie czuł się równie potężny.

– Nie rozumiem – powiedział Stein, ocierając dłonią spocone czoło i rzucając pytający wzrok w stronę Wiktora. – O ile wiem, wszystkie warunki zostały spełnione...

Tyszko pokiwał głową.

– Czy mogę być z tobą szczery? – powiedział, pochylając się konfidencjonalnie w stronę Steina. Stein poprawił się nerwowo na kanapie. – Są dwa porządki świata, Max. Ten, w którym zarabiamy, i ten, w którym żyjemy. Ten pierwszy obraca się wokół pieniądza. Jest ważny, ale w ostatecznym rozrachunku nie najważniejszy. Pieniądz nie jest najważniejszy – powtórzył dobitnie, spoglądając na Steina.

Był pewien, że jeśli zbytnio przedłuży tę scenę, która sprawiała mu taką satysfakcję, to jego gość gotów jest skoczyć mu do gardła. Na razie bawił się zbyt dobrze, aby przestać.

– Nie jest najważniejszy – powtórzył, kręcąc głową. – Większość czasu spędzamy żyjąc, a nie zarabiając. A czego oczekujemy w życiu?

Stein nadal nie miał pojęcia, dokąd zmierza jego rozmówca.

– Szacunku – powiedział Tyszko, teatralnie rozkładając dłonie. – Szacunek to podstawa porządku społecznego.

Stein wyglądał na człowieka, który padł ofiarą niesmacznego dowcipu.

– Nadal nie rozumiem, co stoi na przeszkodzie, byśmy wreszcie podpisali dokumenty – powiedział, nie ukrywając zniecierpliwienia w głosie.

– Koszty przelewu – przerwał mu Tyszko.

Oczy Steina rozszerzyły się i patrzyły z niedowierzaniem na wojewodę.

– Koszty czego?!

Tyszko westchnął głęboko i rzucił znaczące spojrzenie w kierunku Wiktora.

– Kwota, którą uzgodniliśmy, była kwotą netto – powiedział rzeczowo. – Bez opłat i potrąceń. Wszelkie dodatkowe koszty związane z transakcją miały obciążać waszą stronę.

Stein nadal zdawał się nie rozumieć. W jego szeroko otwartych oczach malowało się zdumienie.

– Zapytam z czystej ciekawości – powiedział po chwili milczenia. – Ile wyniosły koszty przelewu, którymi obciążono rachunek?

Tyszko spojrzał na Wiktora.

– Dwadzieścia osiem dolarów – odparł rosły mężczyzna stojący za wojewodą.

Stein spojrzał na obu mężczyzn i bez słowa sięgnął dłonią do wewnętrznej kieszeni marynarki. Z portfela wyciągnął jeden banknot dwudziestodolarowy i jeden dziesięciodolarowy. Wygładził je dłonią i przesunął w stronę Tyszki.

– *Keep the change.*

PORTIER MIAŁ DLA NIEGO BEŻOWE PUDŁO zalepione taśmą, z jego imieniem wypisanym grubym flamastrem. Zaglądając do środka, Marcin zerknął na mężczyznę w mundurze, pachnącego cebulą i tytoniem, i zapytał, gdzie podział się zegarek. Widząc przerażoną twarz portiera, machnął uspokajająco ręką.

– Spocznij, kolego – powiedział, przytrzymując drzwi obrotowe. – To był tylko żart.

Strażnik odetchnął z wyraźną ulgą.

Wrzucił pudło do bagażnika, obok starego parasola, apteczki, dwóch plastikowych kanistrów i czegoś, co wyglądało jak aluminiowa bańka na mleko. Kilka lat jego życia zmieściło się w jednym pudle. Pochlebiał sobie. Było wypełnione tylko do połowy.

Do Świętochowa miał jakieś dwieście pięćdziesiąt kilometrów, z czego co najmniej dwieście przypadało na podrzędne i zatłoczone drogi. Cztery godziny jazdy. Jeżeli będzie miał trochę szczęścia. Co za różnica? I tak się nigdzie nie spieszył.

Włożył kluczyk do stacyjki i włączył silnik.

DIANA FUKS WPATRYWAŁA SIĘ W PANTOFLE swojej nowej konsultantki do spraw kontaktów z mediami. Obcasy wysokich szpilek otaczały metalowe podkówki, które rytmicznie stukały na kamiennej podłodze korytarza. Puk-puk, puk-puk. Jeszcze nikt w siedzibie Ligi, świątyni Birkenstocków i Shoella, nie odważył się na taką ekstrawagancję!

Na ubiór kobiety składała się szara garsonka i biała jedwabna bluzka z delikatnymi falbanami. Wysoko wycięty rozporek spódnicy ukazywał kształtne uda opięte czarnymi rajstopami. Konsultantka miała na imię Beata i mimo dwudziestu pięciu lat, blond włosów i mocnego makijażu zdążyła już zaimponować przewodniczącej Ligi. Jej raporty były jasne i treściwe. W organizacji, która do tej pory nie znała systemu oficjalnego raportowania, były także sporym ewenementem.

Beata przejęła jedyny sprawny komputer w biurze i ku zaskoczeniu pozostałych pracowników zaczęła używać go do codziennej pracy, a nie układania pasjansów. W ich kuchni pojawiły się butelki z wodą Evian oraz maszyna do parzenia espresso. Fuks ciągle nie mogła się przyzwyczaić do smolistej cieczy podawanej w naparstku zamiast codziennej porcji grubo zmielonych ziaren zalanych wrzątkiem.

Dzisiejszy raport leżał na biurku obok talerzyka z drożdżówkami. Sięgając po jedną z nich, wzięła do ręki kartkę papieru zadrukowaną równym rzędem liter.

Do rana liczba przypadków zatrucia wzrosła do czternastu. Stan dwojga poszkodowanych: bezdomnego mężczyzny oraz kobiety w szóstym tygodniu ciąży określano jako ciężki.

Fuks osunęła się na oparcie fotela. Wewnętrzny głos podpowiadał jej, że sprawy zaszły za daleko. Działalność „Odwetu" wymykała się spod kontroli.

Wszystkie dzienniki cytowały oficjalne stanowisko Ligi. Wysłała je mimo protestów swojej nowej konsultantki do spraw mediów, która uważała, że epatuje agresją. Fuks ostro skrytykowała w nim wypowiedź Maksa Steina, sugerującą udział Ligi w sabotażu przemysłowym, i nazwała prezesa Browaru „postacią mizerną i groteskową", a jego działania – teatrem „obłudy i zakłamania". Czytając swoje słowa w druku – na zimno, już bez emocji – przyznała rację nowej pracownicy. Każde z nich było jak rozpędzona pięść trafiająca w powietrze.

Przez chwilę poczuła ciężar wieku. Starzała się. Świat pędził z zawrotną szybkością, lata zamieniały się w dekady, dekady w półwiecza, a jej coraz trudniej było się w tym wszystkim odnaleźć. Czasy, w których problemy załatwiało się na ulicy, minęły bezpowrotnie razem z dżinsami z Peweksu i ciałem, które kiedyś do nich pasowało. Była reliktem epoki hippisów w wieku telefonii komórkowej i Internetu. I posługiwała się prostymi narzędziami – ulicznym protestem, wiecem, Krystyną.

Czy naprawdę była już zbyt stara, by nauczyć się nowych sztuczek?

Beata siedziała z notatnikiem i długopisem w dłoni po drugiej stronie biurka. Z perspektywy wysłużonego biurowego fotela na kółkach przepaść wieku dzieląca Fuks od nowej pracownicy wydawała się możliwa do przezwyciężenia.

Spoglądając na dziewczynę, powiedziała, że jest zaniepokojona wczorajszą rozmową z Marcinem. Nadal nie wierzyła, by któraś z członkiń Ligi posunęła się do zbrodni. Krótka notatka znaleziona przy ofierze nic nie znaczyła. Mógł ją napisać ktokolwiek. Sama ofiara mogła być jej autorką. Może miała ją zamiar komuś przesłać? A może w chwili bolesnej szczerości, targana wyrzutami sumienia, podsumowała w ten sposób własną egzystencję?

Fuks nie wierzyła w żadną z tych wersji. Na wszelki wypadek wszystkie akcje Ligi zostały wstrzymane.

Zięba miał rację. Język notatki był językiem Ligi.

– Pisz, kochana – zwróciła się do młodej dziewczyny po drugiej stronie biurka. – To memorandum – samo wymawianie tego słowa sprawiało jej dużą przyjemność – ma wyjść jeszcze dzisiaj. Do biura ochrony Ligi. „Pilnie poszukuję autorki załączonej notatki. W przypadku ustalenia tożsamości bezzwłocznie kontaktujcie się ze mną. Nie zezwalajcie na żadne kontakty z mediami. Fuks".

DOM Z NUMEREM 16 MIAŁ CZARNY DACH kryty papą, kilka okien wychodzących na niewielki plac targowy i pomalowane na zielono drzwi, które pochylały się w prawo i w dół, jakby niski próg zapadał się pod naciskiem brudnych płyt chodnikowych.

Kiedy zapukał do drzwi i usłyszał, jak odgłos uderzenia rezonuje i zanika we wnętrzu domu, poczuł lekkie drżenie kolan. Tutaj nikt nie oczekiwał dobrych wiadomości.

Za drzwiami dał się słyszeć stłumiony odgłos kroków, a potem drzwi ustąpiły lekko, jakby brały głęboki oddech. W szparze dojrzał fragment twarzy przeciętej linią łańcucha i jedno oko.

– Kim pan jest? – głos kobiety był niski i senny, jakby przed chwilą się przebudziła.

Marcin uśmiechnął się lekko.

– Nazywam się Marcin Zięba.

Oko zamrugało nerwowo. Zdawał sobie sprawę, że jego pokaleczona twarz nie wzbudza zaufania.

– Jestem... Byłem – poprawił się, opuszczając głowę – przyjacielem Lidii.

Łańcuch opadł z brzękiem i drzwi otworzyły się na oścież. W progu stała niska kobieta z włosami spiętymi w niechlujny kok, w szarej podomce i kapciach z różowymi pomponami.

– Chciałbym porozmawiać z rodzicami Lidii. Spotkałem ją w Warszawie...

Kobieta patrzyła na niego z przekrzywioną głową, jakby próbowała wydobyć jego twarz z zakamarków pamięci. Jej oczy były żywe i głodne rozpoznania.

– Proszę – powiedziała, odsuwając się od drzwi i zachęcając go gestem do wejścia. – Niech pan wejdzie.

Przedpokój był wyłożony sosnową boazerią i oświetlony dwoma kinkietami z metalu przypominającymi okucia warownych bram. Na ścianach wisiały pożółkłe fotografie zaśnieżonych gór.

Powiesił kurtkę na wieszaku i wszedł do pokoju.

Na środku stał okrągły stół nakryty białym koronkowym obrusem, ze szklanym blatem na wierzchu. Kobieta odsunęła od stołu jedno krzesło i uderzyła dłonią w oparcie.

– Niech pan siada. Właśnie zaparzyłam kawę.

Okna pokoju wychodziły na małe podwórko na tyłach domu. Marcin odchylił dłonią firankę i wyjrzał na zewnątrz. Pośrodku stał metalowy trzepak. Po prawej stronie wyrastał niski budynek z pustaków, z wymalowaną na ścianie literą „P" i napisem „Pogoń walcząca". Zbite z desek drzwi były otwarte na oścież, a z wnętrza wystawał przód samochodu. Czerwonego poloneza.

– Słodzi pan? – Kobieta wniosła tacę z dwiema szklankami kawy i postawiła ją na stole.

– Jedną łyżeczkę.

Ceramiczna cukiernica w kształcie Big Bena miała pokrywkę imitującą spiczastą wieżycę zegara.

– To od Lidii – powiedziała, wsypując do kawy czubatą łyżeczkę cukru. – Z Londynu. Lidia dużo podróżowała.

Uśmiechnęła się, przyglądając się wysepce białych kryształów cukru powoli znikającej w czarnej zawiesinie.

– Skąd pan znał córkę? – zapytała, podając mu szklankę.

– Z pracy – skłamał.

Pokiwała ze zrozumieniem głową.

– Chciałbym powiedzieć, jak bardzo jest mi przykro...

Spojrzała na niego, trzymając w lewej dłoni spodek ze szklanką, a w prawej łyżeczkę, którą ciągle stukała o brzeg szklanki. Dostrzegł suche zaczerwienione oczy, w których nie było już ani jednej łzy. Kiedy opuścił głowę, wsunęła łyżeczkę do ust i odwróciła głowę w stronę okna.

– Cały czas naprawia tego wraka. Od kiedy była tu policja, prawie nie wychodzi z garażu. Zamarznie na śmierć.

– Pani mąż?

Skinęła głową. Wysunęła łyżeczkę z ust i położyła na szklanym spodku.

– Lidia była jego oczkiem w głowie. Ukochana córeczka. Za bardzo ją rozpieszczał. Pozwalał jej na wszystko. Nie powinna wyjeżdżać do Warszawy – powiedziała, spoglądając na niego, jakby szukała potwierdzenia swoich słów.

– Czy wie pan, gdzie ją znaleźli?

Marcin szybko skinął głową. Spojrzała na niego z rosnącym wzburzeniem na twarzy.

– Na śmietniku! – powiedziała, zaciskając usta. Jej kok rozluźnił się i uwolniony kosmyk włosów opadł na prawy policzek. – Co to za miasto, niech mi pan powie? Jak tak można z człowiekiem? Moja córka na śmietniku! Jak można?! – Jej oczy wypełniły się łzami.

Marcin dotknął dłoni kobiety.

– Co to za miasto? – Spojrzała na niego, jakby mógł jej odpowiedzieć.

Wiszący zegar zaczął bić czwartą i kobieta zamilkła, wsłuchując się w regularne uderzenia.

– Chciałbym panią o coś zapytać – powiedział po chwili milczenia, w której oboje przyglądali się odbiciom gasnącego światła dnia na szklanym blacie stołu. – Kiedy widzieliśmy się po raz ostatni, Lidia przekazała mi pewne dokumenty, dotyczące jednego z członków Browaru. Czy coś pani o tym wiadomo?

Kobieta pokręciła przecząco głową.

– Lidia nic nam nie mówiła. Była skryta jak jej ojciec. Wszystko dusiła w sobie.

– Nie trzymała u państwa żadnych swoich rzeczy?

– Policja pytała o to samo. Niczego cennego. Kilka zabawek z dzieciństwa, podręczniki szkolne...

– Czy policja je przeglądała?

– Policja i mężczyzna z agencji.

– Mężczyzna z agencji? – Marcin spojrzał na nią uważnie.

– Wysoki, barczysty. Pracownik agencji modelek. Powiedział, że Lidia wysłała go po album ze zdjęciami.

– Pamięta pani, jak się nazywał?

Kobieta pokiwała przecząco głową.

– Chciał mi dać wizytówkę, ale mu się skończyły.

Szczęśliwy zbieg okoliczności.

– Pamięta pani, kiedy tutaj przyszedł?

Kobieta zamknęła na chwilę powieki.

' – W poniedziałek – odparła. – Był tutaj w poniedziałek.

Dzień po zabójstwie Lidii. Dzień przed jej odnalezieniem.

– Czy mogłaby go pani opisać?

– Lepiej pokażę panu zdjęcie – powiedziała, wstając od stołu. – Mam słabą pamięć do twarzy.

POKÓJ LIDII BYŁ MAŁĄ KLITKĄ NA PODDASZU. Ciężkie i ponure meble powleczono różową farbą olejną w płonnej nadziei ożywienia atmosfery mrocznego wnętrza.

Większą część pokoju zajmowało łóżko przykryte kraciastym kocem. Na wełnianej poduszce siedziała bezręka plastikowa lalka. Nad łóżkiem wisiała podwójna sosnowa półka, uginająca się pod ciężarem książek, albumów i bibelotów. Roześmiana twarz Lidii wpatrywała się w niego z fotografii w przeszklonej ramce.

– Większość albumów zabrał mężczyzna z agencji – powiedziała kobieta, podchodząc do półki i sięgając po fotografię Lidii. Wyciągnęła zdjęcie z ramki, a wraz z nim kawałek innej fotografii schowany pod spodem.

– To zdjęcie stało na półce bardzo długo – powiedziała, podając Marcinowi fotografię. – Zniknęło jakiś miesiąc temu, kiedy

Lidia przyjechała do nas z wizytą. Nie pytałam, dlaczego. Była taka skryta. Odnalazłam je przypadkiem, odkurzając ramkę. Marcin spojrzał na fotografię, a właściwie jej połowę. Druga część zdjęcia była oddarta. W poprzek kadru biegła biała nierówna linia.

Na ocalałej części Lidia siedziała przy suto zastawionym stole, w wieczorowej sukni, uśmiechając się do kamery. Na jej lewym ramieniu widać było rękaw garnituru i dłoń mężczyzny, którego podobizna znajdowała się zapewne na drugiej części fotografii. Na krześle obok Lidii siedział starszy, dobrze ubrany mężczyzna z szerokim uśmiechem na twarzy i kieliszkiem wzniesionym w stronę kamery.

Obok niego Marcin rozpoznał charakterystyczną postać Tyszki, siedzącego profilem do kamery. Prawa ręka wojewody obejmowała plecy siedzącego. Za Tyszką stał wysoki i potężny mężczyzna, który opierał się o krzesło, patrząc w bok od kamery. Kobieta wskazała go palcem.

– To on zabrał albumy – powiedziała. – Miły mężczyzna. Przywiózł pieniądze od Lidii. – Uśmiechnęła się, skrywając zażenowanie. – Córka wspomagała nas od czasu do czasu. Oboje z mężem jesteśmy na rencie.

Marcin uniósł fotografię.

– Czy mógłbym ją pożyczyć?

Kobieta gestem wyraziła zgodę.

– Kiedy zrobiono to zdjęcie?

Zamyśliła się, jej dłoń bawiła się resztkami rozpadającego się koka.

– Na zdjęciu była data – powiedziała po chwili. – Wie pan, taka z aparatu. Musiała być po drugiej stronie.

Marcin pokiwał głową i schował zdjęcie do kieszeni marynarki.

– Czy Lidia miała kogoś? Chłopaka?

Kobieta potrząsnęła głową, jakby spodziewała się tego pytania.

– Nie. Mówiła, że za dużo pracuje, aby mieć czas na prywatne życie.

– Żadnej starej miłości? Sympatii ze szkoły?

– Nie tutaj – powiedziała kobieta i poprawiła kosmyk nad czołem. – Miejscowi chłopcy byli dla niej zbyt prowincjonalni. Myśleli tylko o piłce nożnej i samochodach.

Zamyśliła się, wpatrując się w fotografię córki.

– Prawdę mówiąc, straciliśmy z nią kontakt dawno temu. – Sięgnęła po fotografię. – Najpierw liceum w Gdańsku... potem wyjazd do Warszawy... – Zaczęła przecierać szkło fotografii rękawem podomki. – Wszystko działo się tak szybko.

Marcin wsunął dłonie do kieszeni spodni i spojrzał na swoje wysłużone buty.

– Czy wspominała, że spodziewa się dziecka?

Spojrzała na niego, jakby go nie rozpoznawała. Jakby był domokrążcą, który podstępem wdarł się do jej domu, próbując sprzedać jej coś bezużytecznego.

– Lidia nie myślała o mężczyznach w ten sposób – powiedziała dobitnie. – Była jeszcze dzieckiem.

Kiedy podniósł wzrok, sięgała po gruby album stojący na półce. Na okładce widniało wytłoczone w skórze logo Browaru. Przejechała dłonią po miękkiej skórze i otworzyła album.

– Lidia była piękną dziewczyną – powiedziała. – Czy pan wie, że swój pierwszy angaż dostała już w szkole podstawowej?

Nie wiedział. Pokazała mu zdjęcia drobnej blondyneczki w granatowym fartuszku, z włosami związanymi w kucyki, trzymającej w rękach niewielką szmacianą lalkę.

– Jej pierwsza profesjonalna sesja – powiedziała. – Była taka poważna i skupiona.

Kobieta zakryła dłonią usta. Jej plecy zadrżały; najpierw lekko, potem mocno, spazmatycznie, jakby zabrakło jej powietrza. Opadła na łóżko, upuszczając album ze zdjęciami.

– Niech mi pan powie, co to za miasto?! Co to za ludzie?!

Po cichu zamknął drzwi do pokoiku. Kobieta łkała wtulona w wełniane poduszki, skulona na kraciastym kocu jak embrion. Strome schody zaskrzypiały pod jego stopami.

PRZEWODNICZĄCA SPOGLĄDAŁA z uwagą na krępą brunetkę siedzącą na kartonie z papierem do kserokopiarki.

Włosy dziewczyny były krótko przystrzyżone, ciemne i grube brwi ciągnęły się nieprzerwaną linią przez całą szerokość niskiego czoła. Jej oczy błądziły nerwowo po ścianach biura, świadomie unikając wzroku Fuks i zatrzymując się na dłużej tylko na opartej na udzie dłoni. Jej twarz była kwadratowa, o regularnych rysach, z mocno wysuniętym podbródkiem i wyraźnie zarysowanymi kośćmi policzkowymi. Jej ciało mimo solidnej budowy zdradzało wewnętrzną kruchość.

Ubrana była w czarny wełniany sweter, obszerne zielone spodnie z naszywanymi kieszeniami i wysokie wojskowe buty z rozpiętymi klamrami. Miała dwadzieścia lat, mówiono na nią Kreska i była autorką notatki, której kopię trzymała w dłoni przewodnicząca Ligi.

Fuks zdjęła plik papierów z drewnianego taboretu, przysunęła go w stronę dziewczyny i usiadła na twardym siedzisku, ignorując ból kolan i kręgosłupa. Jej ramię niemal dotykało ramienia dziewczyny. W prawej dłoni trzymała kubek z kawą. Kartkę z kopią notatki położyła na kolanach.

– To twoje dzieło? – zapytała, upijając łyk kawy i nie patrząc na rozłożony na kolanach papier. – Robi wrażenie.

Dziewczyna oblizała nerwowo wargi.

– Dlaczego to napisałaś?

Dziewczyna poprawiła się na pudle.

– Widziałam ją – powiedziała, rzucając krótkie spojrzenie w stronę Fuks. – Była taka sama jak na zdjęciach. Tania i wulgarna.

– Gdzie ją widziałaś?

– W „Plaży".

– W klubie?

– Tak.

– Była sama?

– Ona?! – Dziewczyna wydęła wargi. – Taka jak ona byłaby sama? Ciągle się ktoś koło niej kręcił. Wysyłała sygnały jak latarnia morska. Była taka sama jak na zdjęciach. Tania i wulgarna.

– Rozpoznałabyś tych mężczyzn?

– Jednego – powiedziała, sięgając dłonią do klamry na

bucie. – Nie pasował do reszty. Był starszy i ubrany w garnitur. Ciągle się koło niej kręcił.

– Powiedz, co widziałaś.

Dziewczyna zapinała i rozpinała klamrę.

– Byliśmy w „Plaży" koło dziewiątej.

– Kto?

– Ja, dwie dziewczyny z grupy – nazwy „Odwet" w obecności przewodniczącej Ligi nie wymawiano – i Wiktor.

– Wiktor był z wami?

Dziewczyna skinęła głową.

– Na początku było dość sztywno. Mało ludzi i muzyka z lat dziewięćdziesiątych. Koło dziesiątej klub się zapełnił. Zjawiła się tuż przed jedenastą.

– Sama?

– Z tym w garniturze i drugą taką. Obie w obcisłych dżinsach i szpilkach. – Dziewczyna spojrzała na Fuks z zaciśniętymi wargami. – Dlaczego one to noszą? To głupie i upokarzające.

Fuks uśmiechnęła się lekko i dotknęła ramienia dziewczyny.

– Z tych samych powodów, dla których nasze prababki umierały w gorsetach, nasze babki rysowały kredką linie na łydkach, a nasze matki prasowały sobie włosy. Za sprawą nieśmiertelnej nadziei.

– Nadziei na co?

Fuks westchnęła, patrząc w szeroko otwarte oczy dziewczyny.

– Na spełnienie, moja droga. Jej szpilki niewiele się różnią od twoich butów z klamrami.

Dziewczyna utkwiła w niej wzrok pełen zaskoczenia. „Nigdy tego nie zrozumiesz", pomyślała Fuks i postanowiła kontynuować indagację.

– Kiedy wysłałaś notatkę?

Dziewczyna pochyliła głowę i znów sięgnęła dłonią do klamry od buta.

– Nie pamiętam. Wypiłyśmy trochę. Ciągle ktoś próbował z nią tańczyć. Kiedy wchodziła na parkiet, wszyscy patrzyli na nią, jakby była naga.

– A tobie się to nie podobało?

– Wyglądała jak na zdjęciu. Tania i wulgarna.

– I wtedy wysłałaś jej kartkę?

– Nie. – Dziewczyna zacisnęła dłonie. – Dopiero po rozmowie z Wiktorem. Wiktor powiedział, żeby ją nastraszyć, że takie jak ona mają ptasi mózg i serce królika.

– Wiktor kazał ci to napisać?

Potrząsnęła głową.

– Miałam rację. Takie jak ona nie zasługują, żeby chodzić po tym świecie! Bezduszna egoistyczna suka!

Ramionami dziewczyny wstrząsnęły spazmy. Fuks objęła ją i poklepała dłonią po plecach. Dziewczyna uniosła głowę i spojrzała na przewodniczącą.

– Wcale tak nie myślę – powiedziała, powstrzymując łzy. – To nieprawda. Wszystko to kłamstwo.

Fuks dotknęła dłonią krótkich włosów dziewczyny. Były mokre od potu.

– Wiem – odezwała się uspokajająco. – Co zdarzyło się później? Poszłaś za nią?

– Nie chciała ze mną rozmawiać! – Dziewczyna ponownie odwróciła głowę, unikając spojrzenia przewodniczącej. – Patrzyła na mnie jak zranione zwierzę. Bez słowa. Wkurz się, myślałam. Daj mi w twarz, suko. Zasłużyłam na to. Ale ona stała w łazience jak ogłuszona.

– A potem?

– Co potem? – Dziewczyna spojrzała na Fuks, jakby dostrzegła ją po raz pierwszy.

– Co wydarzyło się potem? Wyszłaś za nią?

Dziewczyna pokręciła energicznie głową.

– Uciekłam jak szczur – odparła. – Jak mokry szczur.

Fuks położyła dłonie na policzkach dziewczyny i uniosła jej twarz w swoją stronę.

– Muszę cię o coś zapytać – powiedziała, czekając, aż dziewczyna otworzy powieki i spojrzy jej w oczy. – To bardzo ważne i musisz mi szczerze odpowiedzieć. Czy możesz?

Dziewczyna opuściła na chwilę powieki i uniosła je na powrót.

– Tak.

– Pamiętasz, czy tamtej nocy, kiedy uciekłaś jak szczur... – głos Fuks był miękki i powolny, niemal hipnotyczny. – Czy pamiętasz coś jeszcze? Czy jesteś absolutnie pewna, że nie zrobiłaś jej krzywdy? Nie spiesz się z odpowiedzią. – Położyła jej dłoń na ustach. – Byłaś zdenerwowana, czułaś się niezrozumiana, odrzucona... Wybiegłaś za nią z klubu, szarpałyście się, padły mocne słowa...

– Nie! – głos dziewczyny był teraz wysoki, niemal dziecięcy. – Nic takiego się nie zdarzyło! Nawet nie miałam odwagi, żeby się do niej odezwać. – Wyrwała twarz z dłoni Fuks i gestykulowała energicznie. – Byłam gorsza niż całe to stado frajerów śliniących się na jej widok. Śliniłam się i pociłam bardziej od nich. Więc znalazłam sposób, żeby zwrócić na siebie jej uwagę. – Jej usta wykrzywiły się w ironicznym uśmiechu. – I udało mi się. Cholernie dobrze mi się udało. – Uniosła głowę, jakby oczekiwała pochwały lub policzka. – Nigdy nie zapomnę jej twarzy. W życiu nie widziałam nikogo bardziej bezbronnego.

Po jej policzkach potoczyły się krople łez. W pierwszej chwili Fuks miała zamiar wytrzeć je dłonią, ale powstrzymała rękę w pół gestu.

– Wyglądała jak na zdjęciu – powiedziała dziewczyna, ocierając łzy. – Zupełnie jak na zdjęciu.

ZAPROSZENIE DO „COMME CHEZ SOI" oznaczało, że Trevor Dice musiał się przygotować na wieczorną porcję *la malbouffe* w najbardziej wyrafinowanym brukselskim wydaniu. I na pokerową rozgrywkę bez żadnych atutów na ręku. Van Essen potraktował go jak chłopca na posyłki, najwyraźniej mszcząc się za ostatnie spotkanie w Australii. Tak więc leciał na spotkanie z Belgami bez kontroferty, na którą liczył... No cóż... Miewał gorsze dni w życiu. I trudniejszych przeciwników.

Samolot wylądował w Brukseli o 18.30. i Dice, podróżujący tylko z podręcznym bagażem i matą do spania, błyskawicznie przeszedł odprawę celną, po czym skierował się szybkim krokiem na postój taksówek.

Kierowca z policzkami buldoga i dłońmi zawodowego pianisty nie mówił po angielsku. Dice napisał adres na pudełku zapałek i podał je mężczyźnie. Ten pokiwał ze zrozumieniem głową i włączył silnik.

Kiedy wysiadł z taksówki na Place Rouppe, Van der Boer czekał już na niego przy wejściu do restauracji. Obok przestępował z nogi na nogę Jan Hilmaan. Na widok Dice'a rozłożył ramiona i uśmiechnął się szeroko.

– Trevor – powiedział z teatralnym uniesieniem. – Jak miło cię znów zobaczyć.

Podali sobie dłonie i Van der Boer, nie zwalniając uścisku, wprowadził go do wnętrza. Hilmaan wsunął się za nimi, zamykając drzwi restauracji. *Maître d'hotel* wyglądał jak krupier kasyna w Canberze, w białej koszuli z muszką, czarnej kamizelce i z włosami zaczesanymi do tyłu. Van der Boer nazwał go „Pierre'em", a ten odwzajemnił się prezesowi Eurobrew ukłonem, który równie dobrze mógł być nerwowym skurczem mięśni. Drobna brunetka o azjatyckich rysach odebrała od nich okrycia i bez słowa zniknęła za drewnianym przepierzeniem.

Pierre wskazał szerokim gestem salę restauracyjną i nie czekając na nich, ruszył w głąb pomieszczenia. Ich stolik znajdował się w prywatnej części restauracji.

Pomieszczenie pokryte było drewnianą boazerią i odbiegało wystrojem od secesyjnego stylu głównej sali. Usiedli przy okrągłym stoliku z wiszącym nad nim srebrnym żyrandolem. Van der Boer przyjął od Pierre'a kartę i spojrzał z uśmiechem na Dice'a.

– Mam nadzieję, że twoja europejska podróż jest jak dotąd udana? – powiedział, przerzucając kartki menu. – Amsterdam, Bruksela… Jak tak dalej pójdzie, osiedlisz się na starym kontynencie.

– *No worries, Hans* – odpowiedział Dice z przesadnie australijskim akcentem. – Byłoby mi żal steków z kangura i wyścigów chartów.

Mężczyźni roześmiali się i przez chwilę w milczeniu studiowali kartę. Kiedy wybrali dania, kelner pokiwał głową z aprobatą i zapisał zamówienie. Kiedy odszedł, wciskając karty pod pachę, Van der Boer rozpiął marynarkę i rozsiadł się wygodnie na krześle.

– Masz dla nas dobre wiadomości. – To nie było pytanie, ale stwierdzenie, i Dice pokiwał twierdząco głową, przyjmując do wiadomości, że nadszedł czas na krótką prezentację. Hilmaan podniósł głowę znad stolika i patrzył na niego z uwagą.

– Umowa z wojewodą zostanie podpisana przed końcem tygodnia – powiedział, czekając na reakcję swych rozmówców. Na twarzy Van der Boera pojawił się cień uśmiechu. Hilmaan patrzył na niego spojrzeniem doświadczonego inkwizytora. – Dokument został parafowany przez obie strony. Wkrótce sto procent akcji Browaru będzie własnością Polbrew International.

Dice udał, że wznosi toast szklanką z wodą, ale nie wywołało to żadnej reakcji ze strony obu Belgów. Najwyraźniej postanowili zgrywać twardzieli. Cholerny Van Essen i jego zranione uczucia!

Hilmaan splótł dłonie i położył je na stoliku.

– W jakim stopniu sprawa Slima może mieć wpływ na powodzenie transakcji? Prasa opisuje w szczegółach jego australijskie... – przerwał, szukając właściwego słowa – ...dokonania. Tego typu nagłośnienie może być szkodliwe.

Czy naprawdę Belgowie zamierzali grać kartą Slima? Jeśli tak, to powinien natychmiast wybić im to z głowy.

– Dla kogo? – powiedział z ironicznym uśmiechem na twarzy. – Dla jego żony? Z tego, co słyszę, młoda pani Slim ma słabość do paparazzich i atencji, z jaką ją traktują.

Hilmaan westchnął głęboko i wzniósł oczy do góry. Van der Boer zakołysał się na krześle, odchrząknął i wymierzył w niego palec wskazujący.

– Powiem ci, jak to wygląda z naszej strony. Dwa miesiące temu uzgodniliśmy warunki transakcji. Dla nas piekielnie trudne warunki. – Palec Van der Boera wskazywał teraz na jego pierś. – Kiedy uścisnęliśmy sobie dłonie, świeciło słońce, niebo było bezchmurne, a woda w rzece spokojna. Było pięknie na tym najpiękniejszym ze światów. Moja rada nadzorcza powiedziała, że zwariowałem, płacąc pół miliarda dolarów za przedsiębiorstwo w Polsce, ale zdołałem ich przekonać. Z trudem, ale zdołałem. Wiesz, dlaczego?

Dice rozłożył ręce. Nie miał pojęcia, do czego zmierza gruby Belg.

– Bo świeciło słońce i woda w rzece była spokojna – kontynuował Van der Boer. – Dwa miesiące później najważniejsza osoba w Browarze, twórca jego potęgi, zostaje aresztowana. Za co? Za miliardowe malwersacje! – Van der Boer z dłońmi uniesionymi nad głową spoglądał na przemian na Dice'a i Hilmaana. – Za kradzież pieniędzy akcjonariuszy! Jak myślisz, Trevor, co na to moja rada nadzorcza?

Dice nie miał zamiaru wysilać wyobraźni.

– Słuchaj, Hans – powiedział, pochylając się w stronę Van der Boera – sprawa Slima nie ma nic wspólnego z naszą transakcją. Jego aresztowanie nie ma i nie będzie miało wpływu na operacje Browaru. Cena została ustalona.

– Czyżby? – Van der Boer zamrugał oczami. – A kto pokieruje Browarem? Kto zastąpi Slima?

– Przecież chcieliście wprowadzić do Browaru swoich ludzi. Macie na to nasze pełne błogosławieństwo.

Przerwali, bo kelner zbliżył się do stolika z przystawkami. Kiedy odszedł, przez chwilę w milczeniu smakowali potrawy.

– Nasi ludzie mieli współpracować z Browarem – powiedział Van der Boer. – Dostarczać ekspertyzę technologiczną, dzielić się doświadczeniami operacyjnymi. Ale nie sprawować władzę *interregnum*.

– Dlaczego więc nalegaliście, aby mieć swoich przedstawicieli w zarządzie?!

– Bo wtedy świeciło słońce...

– I woda w rzece była spokojna... Na Boga, Hans! Posłuchaj siebie. – Dice odłożył widelec i otarł usta serwetką. – Wymyślasz problemy, których nie ma. Dwa miesiące temu obawialiście się, że Slim ma zbyt duży wpływ na operacje Browaru. Teraz twierdzisz, że sytuacja uległa zmianie, bo go tam nie ma?

Van der Boer nadział krewetkę na widelec i podniósł ją do ust.

– Nie wierzę, że tak błyskotliwy facet jak ty nie potrafi zrozumieć, co mam na myśli. Istnieje zasadnicza różnica między partnerską współpracą a przyjęciem odpowiedzialności za całość przedsięwzięcia. Slim siedzi w areszcie, a my mamy kierować Browarem. To całkowicie nowa sytuacja.

– Nie rozumiem, co w niej nowego?

– Odpowiedzialność, *mon chéri* – akuszerka wszelkiego sukcesu.

Rozmowa nie toczyła się po jego myśli. Belgowie atakowali, a on – po raz pierwszy od wielu lat – poczuł, że został zapędzony do narożnika. Dosłownie. Jego krzesło, jak teraz przypuszczał, nie za sprawą zwykłego przypadku było wciśnięte w kąt pokoju. Van der Boer musiał zaplanować jego fizyczną izolację. Gdzie, do diabła, był Max Stein, kiedy go potrzebował? Dobrze znał odpowiedź na to pytanie, ale w obecnej chwili, osaczony przez nieustępliwych Belgów, rozpaczliwie poszukiwał kogoś, kogo mógłby obwiniać za niekorzystny przebieg rozmowy. Nieobecny Stein był łatwym celem.

Van der Boer otarł usta serwetką i sięgnął po wykałaczkę.

– Pogoda się zmieniła, Trevor. Czy wam się to podoba, czy nie, wasz świat poważnie się zachybotał w ostatnich dniach. I nie wróci do równowagi. Naucz się z tym żyć.

Hans Van der Boer, drwal w wełnianej marynarce i butach na gumie, dawał mu lekcję życia! Dice byłby się roześmiał, gdyby nie fakt, że doktor Argyle bombardował go nieustannie pytaniami o termin wpłaty. Trevor Dice potrzebował pieniędzy. Potrzebował Belgów.

Wyprostował się na krześle i spojrzał na Van der Boera zbolałym wzrokiem.

– Co proponujesz?

– Co najmniej pięćdziesiąt jeden procent akcji.– Belg mówił szybko, spodziewając się reakcji Dice'a i nie pozwalając, by mu przerwał. – Pakiet kontrolny. Większość w radzie i zarządzie. Dobra wiadomość – pozostaniemy przy uzgodnionej wycenie. Co ty na to?

Dice w milczeniu przyglądał się swoim paznokciom. Wymagały pielęgnacji.

– Trevor? To dobra propozycja.

– Mieliśmy umowę, Hans.

Van der Boer pokręcił z niedowierzaniem głową.

– W innym czasie, w innym świecie. W świecie, w którym nie ma więzień i wyjętych spod prawa Australijczyków.

– Ktoś, kto zamierza zmieniać warunki umowy, musi się liczyć z tym, że druga strona zrobi to samo – powiedział, wpatrując się intensywnie w twarz Van der Boera.

Potężny Belg spojrzał znacząco na Hilmaana i mężczyźni wymienili uśmiechy. Czyżby spodziewali się, że będzie blefował?

– Słyszałem, że Peter Van Essen jest bardzo zajęty. Chyba że masz na myśli kogoś, kogo jeszcze nie znamy – Van der Boer najwyraźniej czerpał satysfakcję z odkrywania jego kart. – Zanim jednak pójdziecie pukać do następnych drzwi i opowiadać, jak bardzo was skrzywdzono, radzę, abyście porozmawiali ze swoim bankiem. Krystian Lukka nie jest zadowolony z rozwoju sytuacji i będzie bardzo rozczarowany, jeśli odstąpimy od transakcji.

Zagoniony do narożnika czy nie, Dice nie zamierzał jeszcze kapitulować.

– Blefujesz, Hans. Nie wycofasz się. Zbyt ciężko nad tym pracowałeś i zbyt wiele to dla ciebie znaczy. Co powiesz swoim akcjonariuszom? Że nie zdobędziesz dla nich nowego świata? Że cała dotychczasowa strategia idzie do kosza, bo pokłóciłeś się o kilka dolarów? Nie sądzę.

Van der Boer odchylił się na krześle i splótł dłonie na karku.

– Pozwól, że powiem ci o Belgach coś, czego jeszcze nie wiesz. Rozejrzyj się dookoła. – Van der Boer zrobił szeroki gest ręką. – To miejsce to dzieło Victora Horty. Całe wnętrze restauracyjne jest jego dzieckiem. Piękne, prawda? Nie na darmo Horta uważany jest za jednego z wizjonerów współczesności, klasyków *art nouveau* na równi z Gaudim czy Duertem. Kiedyś jego dzieła zdobiły połowę miasta. Piękne szalone budynki pełne nowoczesnego ducha. Ale tak szybko, jak Horta je wznosił, Belgowie je burzyli, jeden po drugim. Dziś jego budynki można policzyć na palcach obu rąk.

Van der Boer pochylił się w jego stronę.

– Dam ci dobrą radę, Trevor. Nie przeceniaj przywiązania

Belgów do śmiałych rozwiązań. Może okazać się kapryśne i krótkotrwałe.

MROŹNY WIATR PODRYWAŁ ŚNIEG z ulicy i unosił go nad głowami nielicznych przechodniów. Marcin podniósł kołnierz kurtki i wcisnął ręce do kieszeni.

Na opustoszałej ulicy, w świetle latarni, jego samochód wyglądał, jakby wyrzeźbiono go ze śniegu. Jedynie czarne opony wystawały spod grubej mokrej powłoki. Wsiadł do środka i przekręcił kluczyk w stacyjce. Silnik zaskowyczał jak zraniony kundel, zakrztusił się dwukrotnie i zapalił. Wentylator wdmuchiwał do środka mroźne powietrze. Włączył wycieraczki. Uniosły się na kilka centymetrów w górę i utknęły pod zwałami śniegu. Zaklął i wyszedł z samochodu. Kiedy zatrzasnął drzwiczki, stanął twarzą w twarz z niewysokim mężczyzną w szarym kombinezonie i czarnej wełnianej czapce.

– Już pan wyjeżdża? – Mężczyzna wycierał dłonie w szmatę, którą trzymał w ręku. – Nie zostanie pan na kolacji?

– Muszę wracać – powiedział, przyglądając się dłoniom mężczyzny. Były smukłe i delikatne jak ręce pianisty.

– Może to i lepiej. Żona fatalnie gotuje.

Wymienili krótkie porozumiewawcze uśmiechy. Mężczyzna wskazał dłonią przednią szybę samochodu.

– Musi pan zgarnąć śnieg. Wycieraczki nie dadzą rady.

Marcin pokiwał głową.

– Pomogę panu – powiedział i wyciągnął z kieszeni kombinezonu kawałek szmaty. – Niech pan zajmie się przodem, a ja zgarnę od tyłu.

Po kilku minutach oczyścili samochód ze śniegu.

– Wysłużony model – ocenił mężczyzna, wskazując plamy rdzy na karoserii. – Powinien pan o niego zadbać.

– Mam przejściowe kłopoty finansowe.

Mężczyzna uśmiechnął się znacząco.

– Jak wszyscy – powiedział i znów zaczął wycierać dłonie. – Długo pan znał moją córkę?

– Prawdę mówiąc, spotkaliśmy się tylko dwa razy.

– Była bardzo piękna.

Marcin przytaknął.

– Może zbyt piękna – dodał filozoficznie ojciec Lidii.

– Pańska córka mieszkała w Warszawie z koleżanką. Pamięta pan, jak miała na imię?

– Barbara – powiedział mężczyzna.

– Ma pan jej adres?

Mężczyzna spojrzał na niego z wyrazem zdziwienia na twarzy.

– Mieszkały razem. Skoro znał pan Lidię...

– Tylko profesjonalnie – Marcin skłamał pospiesznie, mając nadzieję, że mężczyzna nie zauważył wyrazu zażenowania na jego twarzy. – Nie wiedziałem, gdzie mieszka.

Wszelka podejrzliwość, jaką wzbudziły w mężczyźnie jego pytania, zdawała się ustępować cichej rezygnacji. Najwyraźniej ból po stracie córki był jedynym uczuciem, które odczuwał.

Mężczyzna wysupłał z kieszeni kombinezonu paczkę papierosów. Wysypał papierosy do kieszeni i zapisał adres na opakowaniu. Bez słowa wręczył je Marcinowi.

– Ma pan dzieci?

Marcin pokręcił przecząco głową.

– Nie sposób ich upilnować. Tak szybko rosną. – Zapalił papierosa. – Lidia była prawdziwym urwisem. Zauważył pan małą szramę na jej skroni? Po lewej stronie, na wysokości oczu? Miała wtedy dziewięć lat. Bawiła się z chłopcami na podwórku. Jeden z nich pchnął ją mocniej, straciła równowagę i upadła na kawałek szkła. Gdy przyprowadzili ją do domu, wyglądała, jakby miała za chwilę umrzeć: jej włosy, połowa twarzy i sukienka były całe zalane krwią. Kiedy wziąłem ją na ręce, straciła przytomność.

Ułożył niedopałek między kciukiem a palcem serdecznym i pstryknął nim w powietrze. Pomarańczowy ognik poszybował w górę, a potem opadł na ziemię, rozpryskując się na setki miniaturowych iskier.

– Wie pan, nie jestem religijny – powiedział po chwili. – Przynajmniej nie tak jak moja żona. Ona potrafi się żegnać na skrzyżowaniu ulic. Jednak tamtego dnia, trzymając jej drobne ciało w rękach, modliłem się ze wszystkich sił, aby Bóg mi jej nie zabierał. Przysiągłem mu, że jeśli tylko spełni moje życzenie, już nigdy jej nie opuszczę. Będę czuwał nad nią, kiedy śpi. Będę trzymał ją za rękę w drodze do szkoły. Nie spuszczę z niej oka i nikomu... – jego głos zadrżał – ...nikomu nie pozwolę jej skrzywdzić.

Zamilkł i ukrył twarz w dłoniach. Kiedy je opuścił, na jego czole i policzkach pozostały ciemne smugi smaru.

– Cóż warte jest nasze życie, jeśli nie potrafimy chronić nawet tych, których kochamy? – powiedział, patrząc w stronę przekrzywionych zielonych drzwi.

Kiedy spojrzał ponownie na Marcina, jego wychudła, pomarszczona twarz w świetle latarni zdawała się unosić w otaczających ich ciemnościach. Maska bólu opanowana przez demony przeszłości. Gdyby nie różnica wieku, Marcin mógłby przysiąc, że wpatruje się we własne odbicie.

– Będzie pan na pogrzebie.

To nie było pytanie i Marcin pospiesznie skinął głową.

– W takim razie do zobaczenia.

Patrzył przez chwilę, jak mężczyzna odchodzi w stronę domu, powłócząc nogami, z rękoma w kieszeniach szarego kombinezonu. Potem wsiadł do samochodu, rozpiął kurtkę i przypomniał sobie, że od rana nic nie pił.

DO MIESZKANIA DOTARŁ PO PÓŁNOCY. Wnętrze było zimne i równie nieprzyjazne jak wtedy, kiedy je opuścił. Po raz pierwszy walające się dookoła pudła i fragmenty garderoby zdawały się mu przeszkadzać. Jak mógł egzystować w takich warunkach? Czyżby utracił cały szacunek do samego siebie? Znał odpowiedź na to pytanie; odpowiedź, która skierowała go w stronę szafki nad lodówką, gdzie trzymał alkohol. Na pół opróżniona butelka wódki stała samotnie na górnej półce. Sięgnął po nią i postawił na kuchennym blacie. Następną czynność powinna podyktować mu przewidywalna rutyna jego dotychczasowych wieczorów. Kieliszek cierpliwie czekał na niego w zlewie. Całkowicie pusty i prawie czysty.

„Cóż warte jest życie, jeśli nie potrafimy chronić tych, których kochamy". Słowa ojca Lidii towarzyszyły mu przez całą drogę ze Świętochowic. Czy to możliwe, aby ulegał histerii spowodowanej brakiem alkoholu? Jakże inaczej wytłumaczyć jego nagłe przejęcie się łzawymi kiczowatymi mądrościami mężczyzny z prowincji, w szarym kombinezonie i z rozpadającym się polonezem? Maria z pewnością by go wyśmiała. A jednak twarz ojca Lidii, zawieszona w mroku grudniowej nocy, wpatrująca się w ciemność – w ciemność tak dobrze mu znaną, bo nieustępującą – nie dawała mu teraz spokoju.

Sięgnął po kieliszek i postawił go obok butelki. Każdego innego wieczoru uznałby to szklane *tableau* za wyraz perfekcyjnej harmonii oczekującej spełnienia. Dlaczego nie dziś?

„Będzie pan na pogrzebie". W głosie mężczyzny nie było ani śladu histerii. Ani śladu rozgoryczenia. Żadnego użalania się nad sobą czy swoim losem. Tylko ból i rozpacz, od których nie uciekał w alkoholowe zamroczenie czy samodestrukcję, ale którym z cichą rezygnacją usiłował stawić czoło.

Marcin usiadł na sofie i położył nogi na stoliku z krowimi nogami. Maria miała rację: o czym myślał, kiedy go kupował!? Zamknął powieki.

Ociemniała dziewczynka machała do niego dłonią. Był gotowy.

Rozdział trzynasty

ANDY SLIM SIEDZIAŁ W JEGO GABINECIE w granatowym kaszmirowym blezerze z guzikami z Saint Andrew's Golf Club, koszuli w cienkie jasnoniebieskie paski od Hacketta, której mankiety spinały złote spinki w kształcie węzła, mocno spranych dżinsach i czarnych skórzanych mokasynach z frędzlami. Jego twarz była gładko wygolona i spryskana wodą kolońską, a lekko szpakowate włosy lśniły świeżością. W dłoni trzymał Montecristo 2, bawiąc się stożkowym kształtem, ugniatając tytoń palcami i podsuwając raz po raz cygaro pod nos.

– Dotrzymuje pan słowa. – Slim osuszył cygaro nad płomieniem zapałki. – Jestem pełen uznania.

Wąsik splótł dłonie na biurku i spojrzał na Slima.

– Obawiam się, że będę musiał odwołać naszą umowę. Pańscy przyjaciele okazali się bardziej zdeterminowani, niż przypuszczałem. Przykro mi, panie Slim – powiedział i wzruszył lekko ramionami. – Takie jest życie.

Slim zamarł ze wzrokiem utkwionym w prokuratora, cygarem w ustach i uniesioną dłonią z zapałką. Ocknął się, gdy płomień zapałki sparzył mu palce.

– O czym pan mówi? – powiedział, wyjmując cygaro z ust. – Przecież wszystko uzgodniliśmy!

Wąsik westchnął głęboko i wstał z fotela.

– Moja poprzednia propozycja jest nieaktualna. Sprawy zaszły znacznie dalej, niż się spodziewałem. Okazuje się, że jest pan niezwykle popularny w kręgach, które decydują o moim być albo nie być. Po prawdzie – Wąsik uśmiechnął się, spoglądając na Slima – gdybym panu powiedział, jak wysoko omawia się pańską sprawę, byłby pan szczerze zdziwiony. Być może w innych okolicznościach połechtałoby to pańską próżność.

– Australia wywiera presję?

Wąsik pokiwał przecząco głową.

– Nie, panie Slim. W porównaniu z tym, z czym ja mam do czynienia, presja to ucisk palców przy wyciskaniu wrzoda na tyłku.

Ciało Slima zapadło się w fotelu, jakby uszło z niego całe powietrze.

– A więc wszystko na nic?

Wąsikowi trudno było ukryć osobistą satysfakcję z metamorfozy, jaka dokonała się w Slimie. Ten do niedawna arogancki mężczyzna, uważający się za nietykalnego, ukrywający się za plecami swego prawnika, po kilku dniach odosobnienia stawał się niemalże jego wyznawcą w zamian za czystą bieliznę, ciepły prysznic i kubańskie cygaro. Miał nadzieję, że księgowość pozwoli mu rozliczyć jego koszt.

Wstał zza biurka, minął siedzącego Slima i podszedł do okna.

– Póki karmię ich ochłapami – powiedział wpatrzony w zaśnieżoną ulicę – niech się pan nie łudzi, że odejdą. Radzę oswoić się z myślą, że będą pana tropić i ścigać tak długo, aż pana dopadną. Chyba że...

– Chyba że co? – Slim uniósł się nieco w fotelu. – Co pan proponuje?

Prokurator zbliżył się do niego, nachylił nad fotelem i oparł dłonie na podłokietnikach.

– Chyba że da mi pan coś wartego negocjacji.

Cygaro wróciło na swoje miejsce między śnieżnobiałymi zębami Slima.

– Teraz jest pan moim prawnikiem?

– Nie masz innego, Andy.

Twarz Slima zdawała się rozluźniać. Wąsik domyślał się, dlaczego. Slim zdawał sobie sprawę, że dopóki prokurator był gotów z nim negocjować, jego pozycja nie mogła być beznadziejna.

– Jak dalece będę musiał...współpracować?

– Wszystko, co pan wie o Starskym, należy do nich. Fakty, daty, liczby, numery rachunków bankowych, lewe korporacje, itede, itepe... – Wąsik mówił, jakby odczytywał wszystko z wcześniej przygotowanej listy. – Ta część nie podlega negocjacjom.

– Załóżmy, że zgodzę się przekazać wszystko, co wiem. – Slim znów bawił się cygarem, obracając je między palcami. – Co dalej?

– *Show and tell.* Pan im coś pokazuje, a oni mówią, ile to warte.

– Trevor Dice i Max Stein?

Wąsik uśmiechnął się.

– Negocjacje z panem to prawdziwa przyjemność.

Slim zapalił cygaro i wydmuchnął w górę obłok mleczno-białego dymu.

– Co do naszej umowy... – Wąsik wyciągnął dłoń w stronę swojego rozmówcy.

Slim sięgnął do wewnętrznej kieszeni blezera, wyjął srebrzystego pendrive'a i położył go na wyciągniętej dłoni prokuratora.

– Widzę, że liberalizacja kontroli więziennych ma zbawienny wpływ nie tylko na dostępność używek, ale i obieg informacji – powiedział Wąsik, nie spuszczając wzroku ze srebrnego przedmiotu. – Co przyniósł Mikołaj?

– Szczegóły przelewu pięciuset tysięcy dolarów na konto wojewody.

Prokurator nie mógł powstrzymać uśmiechu. Slim najwyraźniej uznał to za zaproszenie do dalszych negocjacji, bo poprawił się na krześle i spojrzał na Wąsika.

– Moja żona jest przerażona myślą, że mogłaby spędzić święta samotnie – powiedział. – To nasza pierwsza Gwiazdka.

Wąsik usiadł za biurkiem, otworzył szufladę i schował w niej srebrzysty przedmiot.

– Niech się pan nie obawia – powiedział, wskazując na dymiące cygaro Slima. – Nie zamierzam dłużej znosić tego parszywego zapachu.

JAMES WOODRY JUŻ DAWNO NIE OGLĄDAŁ swego zastępcy w takim stanie. Półkrwi Irlandczyk z potężnymi ramionami, kwadratową szczęką i nieruchomym upartym spojrzeniem myśliwego w porywach gniewu onieśmielał nawet swego przełożonego, którego trudno było zastraszyć. Biorąc dodatkowo pod uwagę, że jego podwładny w ciągu ostatnich trzech dni odbył morderczą podróż w tę i z powrotem między Sydney i Warszawą, której efekty łatwo dawało się wyczytać z jego bladej zmęczonej twarzy, prokurator postanowił zachować daleko idące środki ostrożności.

Woodry wstał zza biurka z dłońmi uniesionymi do góry i zwróconymi w stronę szarżującego Dennisa Hogana.

– Co to znaczy, że „prokuratura nie widzi potrzeby utrzymania aresztu tymczasowego"? – głos Hogana brzmiał jak cała drużyna rugby w rozgrzewce. – Myślą, że z kim mają do czynienia? Ze złodziejem kieszonkowym?!

Woodry opuścił uniesione dłonie w geście, który mógł oznaczać: „Uspokój się" albo „Usiądź". Hogan wziął głęboki oddech i padł na jeden ze skórzanych foteli przed biurkiem.

– Rozmawiałeś z Wąsikiem? – zapytał prokurator.

– Jest nieosiągalny. Jego sekretarki są jak Scylla i Charybda. Odnotowują telefon i obiecują przekazać wiadomość. I nic się nie dzieje. Kompletnie nic!

– Ambasada?

– Jak zawsze bardzo uprzejma. Wyszohrodzki twierdzi, że zachowanie Warszawy jest rutynowe. Nic, czym można by się niepokoić.

– Nie wierzysz w to?

– Żartujesz?! – Hogan uniósł się nieco na fotelu. – Najpierw rozmawiamy jak starzy przyjaciele. Dostaję numer jego komórki, numer telefonu domowego, facet jest gotów dać mi numer telefonu swojej matki, usynowić mnie. Gdy wracam z Polski, nikt nie chce ze mną rozmawiać. Jego komórka jest odłączona, telefon domowy nie odpowiada, a w cholernym biurze postępują ze mną jak z wrzodem na tyłku.

– Co o tym myślisz?

– Dogadali się – powiedział Hogan. – Nie wiem jak, nie wiem za ile, ale się dogadali.

– Myślisz, że ich przekupił?

Hogan uniósł brwi i rozłożył ręce.

– Sprzedajne, komunistyczne ścierwo. Kto ich tam wie... Doskonale wiemy, że Slim potrafi być przekonywający. Ten kraj to dżungla.

Woodry nie mógł wypuścić z rąk Andy'ego Slima. Nie po tym, jak jego podobizna z wzniesionym ku niebu palcem wskazującym ukazała się na pierwszej stronie „Sydney Chronicle" i „Sydney Times". Nie w roku wyborczym gubernatora, któremu zawdzięczał pracę. Musiał coś zrobić.

Zadzwoni do premiera. Ten ostatni raz.

MARCIN Z TRUDEM ODNALAZŁ właściwy adres. Nic nie wyglądało znajomo, choć – biorąc pod uwagę okoliczności, w których znalazł się tu za pierwszym razem – wcale nie był tym faktem zaskoczony. Osiedle było gigantyczne, betonowe bryły bloków rozrzucono wokół wijących się donikąd uliczek, jakby były kośćmi do gry. Dwukrotnie zgubił drogę, cztery razy pytał napotkanych przechodniów o kierunek. Kiedy wreszcie stanął przed właściwym budynkiem, nie był pewien, czy nie krążył wokół niego od samego początku.

Budynek miał szarą elewację upstrzoną graffiti, z obsesyjnie regularną linią jednakowych kwadratowych okien. Klatka schodowa była zimna, mroczna i pachniała kocią uryną. Tuż przy lastrikowych schodach wspinających się ostro do góry znalazł wejście do windy. Wnętrze kabiny oświetlała naga żarówka pod niskim sufitem. Wybrał numer piętra i nacisnął przycisk.

Drzwi z numerem 625 wyglądały znajomo. Pomalowane były stalowoszarą farbą, oprócz zielonego prostokąta w kształcie wizytówki, którą z jakiegoś powodu usunięto.

Marcin rozejrzał się, ale nie znalazł nigdzie przycisku dzwonka. Zapukał lekko. Raz, potem drugi. Za plecami usłyszał przytłumione kroki, a potem szczęk zamka. W drzwiach stanęła tęga kobieta w jaskrawej podomce i z papierowymi papilotami we włosach. Spoglądała na niego wzrokiem doświadczonego krawca, przyglądającego się klientowi przed zdjęciem miary.

– Nie otwiera? – zapytała, wskazując długim palcem na drzwi z numerem 625. – Pewnie śpi. W dzień śpią, w nocy balują. Skaranie boskie. Wbrew naturze.

Marcin zrobił krok w jej kierunku. Kobieta ściągnęła dłonią poły podomki i spojrzała na niego ostrym wzrokiem.

– Skąd pani wie, że ktoś jest w domu? – zapytał, na wszelki wypadek uśmiechając się szeroko. – Stoję tu od kilku minut.

Kobieta wydęła pogardliwie wargi.

– Wiem, kiedy wchodzą i kiedy wychodzą. Podnoszą zawsze taki rwetes, jakby się paliło. Wbrew naturze.

Pokręciła z dezaprobatą głową.

– Słabo sypiam – dodała, pochylając się konfidencjonalnie w stronę Marcina. – Budzi mnie każdy szelest. Wiek... – powiedziała, unosząc brwi. – Myśli pan, że je to obchodzi? Zachowują się, jakby mieszkały same. Żadnego szacunku dla starszych. Wbrew naturze.

Przerwała, przyglądając mu się uważnie. Jego twarz, w zadrapaniach i sińcach, wciąż wzbudzała podejrzliwość.

– A pan kto taki? Pierwszy raz tutaj...

– Jestem dziennikarzem. Przyjacielem Lidii.

– Dawno jej nie widziałam – powiedziała, poprawiając podomkę. – Została tylko ta ruda.

– Barbara?

Kobieta skinęła głową.

– Może. Kto ją tam wie... Dziennikarz... – Jej usta wygięły się w ironicznym grymasie. – Kogo tu nie było! Nawet policja. I niech pan powie, czy to normalne, żeby szanujące się dziewczyny nachodziła policja? Wbrew naturze.

– Kto tam? – głos zza drzwi był wysoki, prawie dziewczęcy.

Spojrzał szybko w stronę wizjera i przeciągnął dłonią po włosach.

– Przyjaciel Lidii. Dzwoniła pani do mnie.

Oko wizjera zamrugało ponownie. Marcin usłyszał szczęk zamka i drzwi otwarły się z lekkim skrzypieniem.

Dziewczyna była wysoka i szczupła, spoglądała na niego zza przyciemnionych szkieł okularów. Jej włosy, gładko zaczesane do tyłu, sprawiały wrażenie wilgotnych, jakby przed chwilą wyszła z kąpieli. Ubrana była w czarny wełniany sweter i czarne spodnie.

– Wejdź – powiedziała. – Chyba że chcesz dokończyć wywiad środowiskowy?

Kobieta w papilotach fuknęła demonstracyjnie i zatrzasnęła drzwi. W kącikach ust dziewczyny pojawił się cień uśmiechu.

Marcin wszedł do mikroskopijnego przedpokoju oklejonego zdjęciami i rysunkami kotów. Dziewczyna wskazała mu dłonią metalowy haczyk przymocowany do drzwi i weszła bez słowa do głównego pokoju. Powiesił kurtkę i podążył za milczącą gospodynią.

Pokój był niewielki, dużo mniejszy, niż go zapamiętał, może pięć metrów na trzy, z pokaźnym oknem balkonowym na dłuższej ścianie. Pod każdą z krótszych ścian stało jednakowe, proste sosnowe łóżko. Jedno z nich było zakryte do połowy trójramiennym parawanem z orientalnym motywem pawia. Nad nim wisiał powietrzny mobil.

Na ślepej długiej ścianie stały dwa metalowe wieszaki na kołach obwieszone kolorowymi ubraniami. Obok nich, bezpośrednio na drewnianej podłodze lub spiętrzone jedno na drugim stały kostki kolorowych pudeł o różnych rozmiarach, tworząc małe kolorowe piramidy. Kiedy skierował wzrok w stronę dziewczyny, odkładała właśnie słuchawkę różowego telefonu na widełki.

– Czym mogę służyć? – Stała na środku pokoju z rękoma skrzyżowanymi na piersiach. Jej głos był uprzejmy, ale pełen zniecierpliwienia.

– Dostałem wiadomość. Mieszkałyście razem z Lidią...

Dziewczyna opuściła ramiona i zniknęła we wnęce po prawej stronie, w której znajdowała się miniaturowa kuchnia. Przeglądał się, jak wyciąga papierosa z pudełka na kuchennym parapecie i odpala go od kuchenki gazowej.

Wróciła do pokoju z dymiącym papierosem w dłoni.

– Jesteś dziennikarzem – powiedziała, wskazując go żarzącym się papierosem, jakby chciała go nim przypiec, jeśli zaprzeczy. – I co, będziesz pisał o Steinie?

– Zbieram materiały – skłamał, pochylając głowę.

Wydęła pogardliwie wargi.

– Mówiłam jej, że to na nic. Gazety uwielbiają Steina z jego nieograniczonym budżetem reklamowym. Nikt nie zaryzykuje wojny z Browarem dla kaprysu głupiej blondynki. Na tym polega problem z dziewczynami z prowincji. Nie znają swojego miejsca. Wydaje im się, że skoro wydostały się z chlewni i trafiły na okładki czasopism, mogą dokonać wszystkiego. Zawojować świat, poślubić księcia z bajki. Powinna znać swoje miejsce.

– A gdzie było jej miejsce?

Dziewczyna zaciągała się dymem krótko i szybko.

– Była ciałem do wynajęcia. Produktem wypożyczanym według stawki godzinowej.

Uformowała dłoń w mały pojemnik i strzasnęła do niej popiół.

– Nie przepadasz za swoją profesją?

Wzruszyła ramionami.

– Nie tak jak ty za swoją.

– Byłyście blisko ze sobą?

Zrobiła szeroki gest dłonią.

– Czy wyobrażasz sobie, że na tej powierzchni można zachować anonimowość? Pracowałyśmy i mieszkałyśmy razem.

– Byłyście przyjaciółkami?

– Lidia nie miała przyjaciółek – powiedziała, wydmuchując dym. – Byłam jej koleżanką z pracy. Starszą i mądrzejszą. Przechodziła do mnie po radę, ale nigdy mi się nie zwierzała. Była skryta i nieufna. Jak każda dziewczyna z prowincji.

– A więc nie wiedziałaś, że była w ciąży?

Dłoń z papierosem zawisła w powietrzu, w połowie drogi do ust.

– Była w ciąży... – powtórzyła, jakby próbowała odgadnąć znaczenie tych słów. – To niemożliwe.

– Dlaczego?

Potrząsnęła głową.

– Była ostrożna. Mogła być dziewczyną z prowincji, ale w tych sprawach miała wiedzę burdelmamy.

Marcin przysiadł na piramidzie pudełek pod ścianą i splótł ręce na piersiach.

– I pewnie nie wiesz, kto mógłby być ojcem?

Dziewczyna roześmiała się nerwowo.

– Pół Warszawy.

– Była aż tak popularna?

– Nie była święta – powiedziała, gasząc papierosa o podeszwę buta. – Słuchaj, wiem, że nie żyje. I jest mi przykro, cholernie przykro z tego powodu. Poza tym o zmarłych nie mówi się źle. Tak mnie uczono. Ale tylko dlatego że Lidia nie żyje, nie zamierzam robić z niej męczennicy. Była dobrą dziewczyną, ale nie była święta.

Przyglądał się jej twarzy. Miała regularne rysy, umiejętnie podkreślone delikatnym makijażem. Oczy skrywały się za przyciemnionymi szkłami okularów, podbródek był ostry i wysunięty do przodu. Twarz miała gładką i bez wyrazu, niezmąconą żadnymi emocjami.

– Chcesz powiedzieć, że się puszczała?

Uniosła dłonie ku górze.

– Nie słuchasz mnie. Była mo-del-ką! Nie musiała się puszczać.

– Czy rozpoznajesz to zdjęcie? – Marcin podał jej przedartą fotografię, którą dostał od matki Lidii. Zerknęła na nią i odwróciła wzrok.

– Chyba gdzieś ją widziałam – powiedziała, przesuwając dłonią po włosach.

– Może łatwiej ci będzie bez okularów?

Jego słowa nie wywołały żadnej reakcji.

– Czy wiesz, kim jest mężczyzna stojący za wojewodą?

Spojrzała na niego.

– Nie mam pojęcia.

Marcin wyjął fotografię z dłoni dziewczyny.

– Może przypominasz sobie, co było na brakującej części?

Dziewczyna rozłożyła dłonie i uniosła ramiona.

– Może gdzieś widziałam to zdjęcie. Może. Widuję setki,

tysiące zdjęć tygodniowo. Nie wydaje sobie, abym znała kogokolwiek na tej fotografii. Nie rozpoznaję nikogo oprócz Lidii. Nigdy jej o to nie pytałam, a ona nigdy mi o tym nie opowiadała. Tak było lepiej. Ta... nora może być więzieniem, jeśli dzielisz się tajemnicami z współlokatorem. To wszystko?

Marcin pokręcił przecząco głową.

– Gdzie byłaś tej nocy, kiedy zamordowano Lidię?

Jej ciało napięło się wyraźnie.

– Zamordowano?

– Lidia została uduszona.

Wysunęła lekko prawą stopę do przodu i splotła ręce na piersiach.

– Teraz bawisz się w detektywa? – w jej głosie kryła się nutka ironii. – Naczytałeś się zbyt wielu kryminałów. Wszystko, co miałam do powiedzenia, powiedziałam policji. Poproś ich o raport. Podobno dla prawdziwych dziennikarzy to żaden kłopot.

Spojrzała na zegarek.

– A teraz przykro mi, ale muszę poprosić, żebyś sobie poszedł. Spieszę się.

– Na pogrzeb?

Uniosła dłoń zwiniętą w pięść, ze środkowym palcem skierowanym ku sufitowi.

Szybkim ruchem ściągnął okulary z jej twarzy. Pod prawym okiem widniał ciemny siniak wielkości pięciozłotówki.

– Upadłaś na obiektyw aparatu?

Wyrwała mu okulary i włożyła z powrotem, przytrzymując je dłońmi.

– Nie wierzę ani jednemu twojemu słowu. Ani jednemu.

Dziewczyna przygładziła ręką włosy.

– Widocznie tak już z tobą jest – powiedziała. – Nie wierzysz nikomu. Nawet Lidii.

Jego twarz musiała go zdradzić, bo dziewczyna roześmiała się, odzyskując utraconą na chwilę pewność siebie.

– Poczucie winy to staroświecka rzecz – powiedziała, podając mu kurtkę i zatrzaskując stalowoszare drzwi.

KTOŚ WYKRĘCIŁ ŻARÓWKĘ W WINDZIE, więc po omacku znalazł właściwy przycisk. Oparł się o wewnętrzne drzwi, z obawą że ciemna kabina stanie między piętrami i uwięzi go w środku.

Na parterze mechanizm dźwigu zatrzymał się z wyraźnym wysiłkiem. Ktoś chwycił zewnętrzne drzwi i otworzył je na oścież, stając za nimi. Marcin pociągnął skrzypiące skrzydła wewnętrznych drzwi i zrobił krok do przodu.

Zanim jego stopa dotknęła betonowej podłogi, ktoś opadł ciężarem ciała na metalowe drzwi zewnętrzne, popychając je w jego stronę. W ostatniej chwili zdążył cofnąć stopę, którą metalowe drzwi zmiażdżyłyby jak łupinę orzecha.

Siła uderzenia ścięła go z nóg i rzuciła w głąb ciemnej kabiny. Drzwi otworzyły się ze zgrzytem zawiasów i potężna postać wskoczyła do kabiny. Zanim zdołał podnieść się z podłogi, czyjaś stopa w ciężkim bucie wylądowała na jego piersi.

Silne uderzenie w okolice ucha ogłuszyło go i odrzuciło jego bezwładną głowę na ścianę kabiny. Po uderzeniu przyszedł bolesny kopniak w okolice żeber i drugi w pochylone plecy. Skulił się, zasłaniając twarz dłońmi.

– Co cię tak interesuje ta mała dziwka? – usłyszał niski głos nad sobą. – Jesteś gliniarzem?

Zanim zdążył odpowiedzieć, rozpędzona pięść wylądowała na jego lewej skroni.

– Tak cię rajcuje? Nawet po śmierci? Musiała ci nieźle obciągnąć.

Dwa nowe uderzenia w ramiona sprawiły, że opuścił ręce, odsłaniając głowę. Potężny kopniak odrzucił ją do tyłu jak futbolową piłkę.

Coś ciepłego i kleistego wypełniało mu usta i spływało wąską strużką po wardze. Próbował splunąć, ale nie potrafił ułożyć ani ust, ani języka. Dźwięki z zewnątrz dobiegały go jak odgłosy z głębokiej studni, głuche i zlewające się w jedną dudniącą całość. Wydawało mu się, że słyszy kroki, wiele kroków i czyjeś głosy.

– Zapomnij o Lidii – usłyszał głos mężczyzny, który odbijał się echem w jego głowie.

Oczekiwał następnego uderzenia i powrotu bólu, ale nic takiego się nie zdarzyło. Kroki zbliżały się. Głosy były coraz wyraźniejsze.

Czyjaś postać pochylała się nad nim. Ciepła kleista ciecz zalewała mu czoło i oczy. Kiedy otworzył powieki, dojrzał wyraźnie twarz swego prześladowcy, każdy szczegół jego cynicznej fizjonomii. Rozpoznałby ją na końcu świata. Uśmiechała się do niego, pokazując dwa rzędy śnieżnobiałych sztucznych zębów. Twarz, której nienawidził. Uśmiechnięta twarz Hilkego.

JAMES VOYCHIK OD KILKU MINUT MÓWIŁ bez przerwy, ale Trevor Dice zdawał się go nie słyszeć. Siedział w klubowym fotelu z nogą założoną na nogę i uderzał nerwowo palcami o blat stolika. Od prawie godziny czekał na telefon od Van der Boera. Nigdy przedtem ten spasiony Belg nie kazał mu tak długo na siebie czekać! Dice miał jak najgorsze przeczucia. A dzień zaczął się tak wspaniale! Wiadomość o podpisaniu umowy z wojewodą wprawiła go w stan euforii. Eurobrew było im winne dwa miliony dolarów. Kiedy jednak wykręcił numer Van der Boera, aby powiadomić go o przejęciu akcji, trafił na uprzejmy, acz stanowczy opór sekretarek. Pan prezes był na ważnym zebraniu. „Nie, nie można mu przerywać. Telefon pana Hilmaana także nie odpowiada. Oczywiście, przekażę wiadomość".

Dice trzasnął z impetem słuchawką i spojrzał na zegarek. Voychik oczekiwał go w Harold's Club. Zapewne siedział w samochodzie na parkingu i wyglądał jego bentleya. Dice z uporem odrzucał sugestie Steina, aby wciągnąć młodego pracownika prokuratury na listę stałych gości klubu. „W ten sposób jest bardziej zależny od nas", mawiał. „Psy gończe trzyma się na krótkiej smyczy". Stein więcej nie nalegał. „Voychik ma jakieś ważne informacje", powiedział. „Powinieneś go wysłuchać".

Co, u diabła, mówił ten nieopierzony adwokacina?

– Strona polska stwarza problemy – powiedział Voychik, ściszając głos do konspiracyjnego szeptu. – Z jakiegoś powodu ich prokurator stał się bardzo tajemniczy i nieprzystępny. Cała korespondencja ogranicza się do oficjalnych pism, z mnóstwem pieczątek i podpisów. Żadnej wymiany poglądów przez telefon, koniec z zawodową kurtuazją. Dziwne.

Dice pokiwał głową ze zrozumieniem, niezbyt uważnie przysłuchując się relacji swego interlokutora.

– Co pan o tym sądzi? – zapytał, delikatnie dotykając dłonią marynarki na wysokości serca. Pod palcami wyczuł twardy kształt komórki. Nie mógł uwierzyć, że zdobył się na tak jawny akt złamania reguł klubowych! Członkom klubu nie wolno było wnosić telefonów komórkowych na teren świątyni.

Voychik rozparł się w skórzanym fotelu. Dice nie lubił oznak zadomowienia, które coraz częściej demonstrował asystent prokuratora. Nawet obsługa klubu zaczęła go rozpoznawać. Obiecał sobie, że następne spotkanie z Voychikiem odbędzie się w jego kancelarii.

– Jest tylko jeden powód, dla którego prokurator chciałby nas spowolnić – powiedział Voychik, cytując Dennisa Hogana. – Slim przeszedł na polską stronę.

Dice usłyszał ostatnie zdanie.

– Co to znaczy, że przeszedł na polską stronę? Przecież *jest* po polskiej stronie.

Asystent prokuratora uśmiechnął się enigmatycznie, jak ktoś mający dostęp do sekretów wagi państwowej.

– Współpracuje z nimi – powiedział po chwili. – Dogadał się z prokuratorem.

Znaczenie ostatnich słów Voychika powoli docierało do świadomości Dice'a. Uniósł lekko brwi w niekontrolowanym grymasie zdziwienia.

– Jak to…

Zanim zdążył dokończyć, rozległ się krótki terkot. Głowy przy sąsiednich stolikach skierowały się w stronę źródła hałasu. Uwaga Dice'a była wciąż skupiona na tym, co powiedział Voychik, i dopiero po trzecim sygnale zorientował się, że gorszące dźwięki wydobywają się z kieszeni jego marynarki. Sięgnął po telefon i przycisnął klawisz odbioru.

– Słucham? – głos sekretarki zapowiedział rozmowę z Hansem Van der Boerem. Czy może połączyć? – Tak – odpowiedział Dice i zakrył dłonią słuchawkę. Oczy wszystkich zebranych w sali klubowej były skierowane na niego. Nawet Voychik wydawał się spoglądać z nieukrywanym wyrzutem.

– Pieprzcie się! – powiedział Dice, wstając od stolika i kierując się w stronę drzwi. – Pomyślałby kto, że nikt tu nie pierdnął od czasów kapitana Cooka.

Głos Van der Boera zabrzmiał w telefonie, kiedy był już na klubowym parkingu.

– Mam dobre wiadomości, Hans. – Dice był wesoły jak szczygieł. – Podpisaliśmy umowę z wojewodą. Od dziś Polbrew jest właścicielem sto procent akcji Browaru.

Van der Boer milczał.

– Zgodnie z naszą umową jesteście nam winni dwa miliony dolarów. – Dice postanowił przejść do sedna sprawy. – Chcę ci tylko przypomnieć, że nie akceptujemy kart kredytowych.

Po drugiej stronie wciąż panowało milczenie. Wreszcie Dice usłyszał krótkie chrząknięcie, a potem niski głos Van der Boera.

– Mam nadzieję, że jeszcze nie wydałeś tych pieniędzy – następne chrząknięcie. – Mamy tu spore problemy, Trevor.

Dice oparł się dłonią o maskę bentleya. Poczuł nagły przypływ krwi do głowy.

– Spore jak dwa miliony czy spore jak pół miliarda? – jego głos był teraz zimny i ostry jak brzytwa.

– Jesteśmy głęboko zaniepokojeni tym, co dzieje się w Browarze – powiedział Van der Boer. – A kiedy mówię „my", mam na myśli ludzi, którzy mogą w każdej chwili wyrwać mi jaja i rzucić je psom na pożarcie. Czy dobrze się rozumiemy?

– Oświeć mnie.

– Rada dyrektorów dopiero co potraktowała mnie jak portową dziwkę. Nie wiem nawet, czy mam jeszcze na czym siedzieć. Pytali, po co kupujemy browar, który truje ludzi? Przyznam szczerze, że zabrakło mi argumentów. Może ty mi podpowiesz?

– Wiesz równie dobrze jak ja, że to bzdura – akt sabotażu. Za dwa tygodnie znajdą winnego i wszyscy o tym zapomną. – Dice otworzył drzwiczki samochodu i usiadł w środku. – Czy to następna wymówka, żeby renegocjować cenę Browaru? Jeżeli tak, zaczynasz stąpać po cienkim lodzie.

– Wymówka?! – głos Van der Boera przybrał na sile. – Więc przestańcie dostarczać mi wymówek! Czy ja wymyśliłem ponad tuzin osób zatrutych waszym piwem? Czy ja wymyśliłem spadek sprzedaży Browaru prawie o trzydzieści procent? Czy ja wymyśliłem Slima w cholernym więzieniu?! Obudź się, Trevor, zanim będzie za późno.

Dice oparł dłoń na uformowanej na zamówienie kierownicy bentleya. Według opisu producenta jej „unikatowy kształt dostosowany do indywidualnych potrzeb motorycznych właściciela spełnia wszystkie niestandardowe wymagania ergonomiczne". W tej chwili jego dłoń z trudem znajdowała oparcie na drewnianym kole.

– Co proponujesz? – spytał po dłuższej chwili.

Po drugiej stronie usłyszał głębokie westchnienie. Jedno, potem drugie.

– Wiedeń.

– Wiedeń? – Dice miał wrażenie, że się przesłyszał. – W Austrii?

– Ten sam – powiedział Van der Boer i poprosił Dice'a, żeby poczekał na linii. Musiał odebrać drugie połączenie.

DOKTOROWI ARGYLE'OWI NIE SPODOBAŁ SIĘ dowcip z pijanym polakiem i ciężarówką. W ogóle nie miał ochoty na wymianę dowcipów. Chciał rozmawiać o inwestycji w DGL.

– Panie Dice – powiedział, przybierając oficjalny ton z ich pierwszych rozmów telefonicznych – będę z panem szczery. Nasi doradcy finansowi wyrażają głębokie zaniepokojenie, czy zdoła pan dokonać inwestycji w naszą firmę. Wątpią, że uda się panu zmobilizować wystarczające środki przed wyznaczoną datą. Prawdę mówiąc – Argyle zrobił krótką pauzę – po naszych ostatnich rozmowach zaczynam powoli, lecz zdecydowanie skłaniać się ku ich stanowisku.

Dice schwycił mocniej słuchawkę, żeby zapanować nad rosnącym wzburzeniem.

– Na jakiej podstawie snuje pan takie domysły, doktorze Argyle?

– Jest pan zadłużony po uszy – powiedział Argyle, jakby odczytywał akt oskarżenia. – Zastawił pan dom, żeby dokonać wpłaty jednego miliona dolarów na nasze konta. Jednego miliona! Jak mam wierzyć, że zdoła pan w ciągu tygodnia zdobyć dwadzieścia cztery miliony?

– Bo dałem panu słowo! „Słowo herosa jest warte więcej niż gwarancja Deutsche Banku!".

– Pańskie słowo… – Argyle bawił się czymś po drugiej stronie, bo Dice od kilku chwil słyszał regularne metaliczne uderzenia. – Pan wybaczy, ale przyszłość naszych badań nie może opierać się wyłącznie na pana słowie.

– Ma pan mój cholerny milion, Argyle!

– Ach, pański milion – głos doktora zabrzmiał tak, jakby Dice upomniał się o opłatę parkingową. – W rzeczy samej. Mamy pański milion. Obawiam się, że będę musiał prosić pana o coś więcej. Nasi doradcy finansowi nalegają na gwarancję bankową na kwotę dwudziestu czterech milionów, które zobowiązał się pan wpłacić do końca roku. Jeżeli nie uda się panu uzyskać gwarancji do końca tygodnia, obawiam się, że inwestycja w DGL nie dojdzie do skutku. Przykro mi, panie Dice.

– Dostanie pan swoje pieniądze, Argyle – powiedział Dice. – I swoją cholerną gwarancję. OK?

– Cieszy mnie to.

Doktor pożegnał się krótko i przerwał połączenie. Dice wpatrywał się jeszcze przez chwilę w świecący ekran, a potem cisnął komórkę na tylne siedzenie samochodu.

Wysiadł z bentleya i poszedł w stronę wejścia do klubu, gdy przypomniał sobie, że zostawił tam przerażonego Voychika. W drzwiach dojrzał charakterystyczną sylwetkę starego Ramseya i pełne kształty braci Gordonów. Stali w przejściu, jakby mieli zamiar odeprzeć atak, który mógłby przypuścić na neogotyckie wrota Harold's Club. Cała trójka należała do rady klubu i patrzyła na niego surowym wzrokiem sędziów inkwizycji.

Kiedy zbliżył się do nich na odległość kroku, stary Ramsey nabrał powietrza, wyprężył pierś i odezwał się głosem, który zdradzał liczbę wypitych drinków i wypalonych cygar:

– Musimy porozmawiać, Trevor.

Rozdział czternasty

KOBIETY Z KWIATAMI PRZY BRAMIE cmentarnej sprawiały wrażenie, jakby oferowały mu resztki swego dobytku.
Przybierały błagalny wyraz twarzy i kładły wiązanki chryzan-
tem na obu dłoniach, jakby był ich ostatnią nadzieją na przetrwanie. Przezroczysta folia, którą obwiązano kwiaty, była
ciężka i mokra od padającego śniegu. Kiedy spoglądał w stronę kwiaciarek, oczyszczały ją szybkimi ruchami dłoni, odkry-
wając pod spodem ciasno związane białe płatki i zielone liście
na pół przemarzniętych kwiatów.

Wybrał wiązankę od niskiej kobiety w kolorowej chuście na
głowie i z imponującym rzędem złotych zębów, które pokazała w uśmiechu, gdy tylko do niej podszedł. Jej uśmiech zgasł,
gdy spojrzała uważniej na jego twarz i wargę z resztkami zaschniętej krwi. Pozostałe kobiety jak na sygnał odłożyły wiązanki i przestały spoglądać w jego stronę, zdecydowane nie
tracić energii, zanim pojawi się następny klient.

Kaplica cmentarna była niewielkim pomieszczeniem stanowiącym część dawnej fortyfikacji. Betonowa konstrukcja w całości kryła się w wysokiej skarpie.

Aleja obsadzona bezlistnymi brzozami prowadziła do pio-
nowej betonowej ściany, w której centralnie umieszczono
ciężkie drzwi kaplicy. Wnętrze, z łukowato wygiętym beto-
nowym sklepieniem, wyglądało jak fragment warownego
tunelu. W głębi pomieszczenia, na podwyższeniu pokrytym
białym obrusem, stała prosta sosnowa trumna z zamkniętym wiekiem. Z obu jej stron ustawiono wysokie drewniane

kandelabry z grubymi świecami palącymi się migotliwym płomieniem. W powietrzu unosił się zapach tanich środków dezynfekcyjnych.

Ojciec Lidii stał wyprostowany, z głową lekko uniesioną do góry i dłońmi splecionymi z przodu. Miał na sobie czarny płaszcz z podniesionym do góry kołnierzem, z prawej kieszeni wystawały wciśnięte tam naprędce wełniane rękawiczki.

Tuż obok niego, na drewnianej ławce, siedziała matka Lidii. Marcinowi wydała się drobniejsza i bardziej niepozorna niż tego dnia, kiedy odwiedził ich dom w Świętochowie. Jej pochyloną nisko głowę zdobił czarny kapelusz z małym rondem.

Przy jej prawym boku stał krępy mężczyzna w ciemnym swetrze i watowanej kamizelce. Mówił coś, żywo gestykulując i raz po raz spoglądając to na ojca, to na matkę Lidii. Kiedy pochylił się nad siedzącą kobietą, kładąc jej rękę na ramieniu, ojciec Lidii zrobił krok w jego kierunku. Zanim mężczyzna zdołał zareagować, schwycił jego głowę w dłonie i uniósł ją na wysokość swojej twarzy, tak jakby unosił naczynie, aby się napić. Mówił coś. Jego usta znalazły się na wysokości przerażonych oczu mężczyzny, który schwycił trzymające go dłonie, próbując uwolnić się z uścisku. Scena trwała zaledwie kilka sekund. Ojciec Lidii opuścił dłonie tak nagle, jak je uniósł, i z zakłopotaniem wytarł je o poły płaszcza. Mężczyzna w kamizelce stał przez chwilę w milczeniu, wpatrzony w niego, jakby zobaczył zjawę. Potem potrząsnął głową i uniósł prawą dłoń, rozkładając szeroko palce.

– Pięć minut!

Kiedy ojciec Lidii odwrócił głowę, mężczyzna wydął z pogardą wargi, odwrócił się na pięcie i zniknął w bocznych drzwiach kaplicy.

Marcin położył kwiaty na drewnianej ławce i zbliżył się do ojca Lidii, który znów stał wyprostowany, z uniesioną lekko głową, jakby cały incydent w ogóle się nie wydarzył i nic nie zakłóciło ostatniego pożegnania z córką. Stali, niemal dotykając się ramionami. Pierś mężczyzny pulsowała jak pierś zranionego gołębia. Marcin delikatnie dotknął ramienia mężczyzny.

– A, to pan. – Ojciec Lidii odwrócił głowę i spojrzał na niego suchymi oczami. – To miło, że pan przyszedł.

– Ma pan kłopoty? – Marcin zdjął rękę z rękawa mężczyzny i włożył do kieszeni płaszcza.

– Kłopoty? – Twarz mężczyzny wyrażała zdumienie.

– Widziałem pana rozmowę...

Mężczyzna skinął lekko głową.

– Nasz ksiądz się spóźnia, a drugi pogrzeb już czeka. Jeżeli nie pojawi się w ciągu pięciu minut, chcą ją pochować bez księdza. Tak nie można – powiedział, rzucając paniczne spojrzenie w stronę siedzącej kobiety. – Jej matka by tego nie zniosła. Nie pozwoliła nawet otworzyć trumny. Tak przecież nie można. Lidia była dobrą chrześcijanką.

Odwrócił głowę i spojrzał na Marcina, jakby dostrzegł go po raz pierwszy.

– Co się panu stało? – Wskazał dłonią na jego twarz. – Wygląda pan okropnie...

Marcin odruchowo dotknął swojej zapuchniętej twarzy.

– Ostatnio wpadam na rzeczy, których powinienem unikać.

Mężczyzna pokiwał głową, jakby to wytłumaczenie miało jakikolwiek sens.

– Był pan u lekarza?

Marcin machnął lekceważąco ręką.

– Nie ma po co. Wszystko będzie w porządku.

Zdał sobie sprawę, jak idiotycznie musiały zabrzmieć jego słowa. Nic na to nie mógł poradzić. Współczucie było dla niego jedną z najtrudniejszych rzeczy.

Zostawił ojca Lidii przed trumną córki, którą zamierzano pogrzebać jak bezdomnego psa, i wyszedł przed kaplicę. Był wściekły. Wściekły na siebie. Wściekły na rodziców Lidii i miliony im podobnych, bezradnych ludzi, których każda przeciwność losu zdawała się spychać coraz głębiej w otchłań poniżenia. Ludzi, którzy bezwiednie zginali karki pod każdym nowym uderzeniem, każdą nową obelgą, podłością ludzką, przyjmując je jak dopust Boży.

Do kogo zaliczał siebie? Egzystującego w półmroku alkoholowego zamroczenia, bez rodziny, bez domu, bez pracy? Co upoważniało go do krytykowania ludzi, którzy budowali swoje życie dzień po dniu, płacąc rachunki, wysyłając dzieci do szkoły i wspierając Kościół?

Jego życie skończyło się dawno temu, tego dnia, kiedy Jan Hilke wkroczył do kancelarii Kesslinga, jakby wchodził do własnego domu, z cygarem w ustach i gazetą pod pachą. Hilke zwycięzca. Hilke, który strzelał do dzików w ścisłym rezerwacie, grał w golfa z prezydentem i kupował system prawny, tak jak kupuje się drużynę futbolową.

Gardził Hilkem. Gardził Hilkem i ludźmi jego pokroju. I wierzył, że ta pogarda utrzymywała go przy życiu i pozwalała zachować resztkę szacunku dla samego siebie. Był gotów raczej umrzeć z głodu, niż podporządkować się woli jednego z Hilke'ów tego świata.

Wzruszający heroizm? Cóż za kupa gówna! Czyżby zapomniał, że prawie sprzedał się Steinowi za butelkę wina i okruchy władzy?! Był zerem. Był nikim. Był towarem do kupienia. I cóż z tego, że pogardzał ludźmi, którzy się nim wysługiwali? Oni pogardzali nim jeszcze bardziej. Pogardzali jego słabością i tym, co postrzegali jako niewybaczalną zdradę. Nie mogli mu darować, że dopuścili go do swego świata, do wewnętrznego kręgu wtajemniczonych, do *zona securitas*, a on zdezerterował jak plebejusz, opuścił ich. I to dla kogo? Dla dwunastoletniej ociemniałej dziewczynki bez żadnych perspektyw!

Drugi orszak pogrzebowy zebrał się w odległości kilku metrów od wejścia do kaplicy. W czarnych i szarych strojach, w długich płaszczach, których poły powiewały w podmuchach wiatru, wyglądali jak stado olbrzymich gawronów drobiących wkoło po zmarzniętym śniegu. Patrząc na ich blade twarze naznaczone smutkiem, na ich nieporadne gesty współczucia, na ich bezbronność wobec śmierci. Marcin zrozumiał, dlaczego się tu znalazł. W jednej chwili, patrząc na grupę przemarzniętych żałobników, pojął, dlaczego z takim uporem zajmuje się historią Lidii – historią dziewczyny, na której pogrzeb nie dotarł nawet ksiądz.

CEREMONIA BYŁA KRÓTKA. Księdza „wypożyczono" z oczekującego orszaku pogrzebowego. Świadomy presji czasu, ograniczył się do kilku słów modlitwy i krótkiego wspomnienia o zmarłej, o której istnieniu dowiedział się zaledwie kilka minut wcześniej. Rodzice Lidii, trzymając się za ręce jak para nastolatków, stali nad grobem, do którego grabarze opuszczali sosnową trumnę. Prócz nich, dwóch grabarzy i księdza Marcin był jedyną osobą w tym smutnym orszaku.

Ksiądz nerwowo zerknął na zegarek, złożył jeszcze raz wyrazy współczucia rodzicom i Marcinowi, biorąc go najwyraźniej za członka rodziny i ściskając delikatnie jego ramię, po czym w asyście dwóch pucołowatych ministrantów, gaszących naprędce palonego wspólnie papierosa, ruszył szybkim krokiem w stronę kaplicy. Kiedy ta niezwykła trójca zniknęła wreszcie za zakrętem alei, Marcin podszedł do rodziców Lidii.

Grabarze wprawnymi mocnymi posunięciami szpadli zsypywali ułożoną w hałdy ziemię. Głuche uderzenia piachu o wieko trumny brzmiały jak pierwsza zapowiedź nadciągającej burzy. Marcin starał się nie patrzeć do wnętrza grobu. Pochylił się nad kapeluszem kobiety i skierował do niego nieporadne słowa współczucia. Ściskając drobną drżącą dłoń, przypomniał sobie, że zostawił kwiaty na ławce w kaplicy i oblał się rumieńcem.

Kiedy podszedł do ojca Lidii, ten schwycił wyciągniętą do niego dłoń, jakby była płochym zwierzęciem gotowym zerwać się w każdej chwili do ucieczki.

– Dziękuję panu – ojciec Lidii przerwał kłopotliwą ciszę. – Jest pan prawdziwym przyjacielem córki. Jestem dumy, że pana poznałem.

Mężczyzna był na granicy histerii. Jego twarz wykrzywiła się w niekontrolowanym spazmie.

– Powinien pan dać im trochę pieniędzy – powiedział Marcin, wskazując głową na pracujących za jego plecami mężczyzn. – Zadbają o grób.

Ta praktyczna uwaga na chwilę przywróciła mężczyźnie utraconą równowagę. Wypuścił z uścisku dłoń Marcina i sięgnął do kieszeni płaszcza.

– Ma pan rację – powiedział. – Tak będzie najlepiej.

Marcin podciągnął kołnierz kurtki i wsunął dłonie do kieszeni.

– Do widzenia – powiedział. – Niech pan na siebie uważa.

– Pan też – odparł ojciec Lidii i wskazał palcem na twarz Marcina. – Pan też.

BYŁ JUŻ PRZY SAMOCHODZIE, kiedy dopadł go zdyszany ojciec Lidii. Miał rozpięty płaszcz, potargane włosy i spojrzenie człowieka, który przed chwilą brał udział w wypadku samochodowym.

– Niech pan poczeka! – krzyknął w stronę jego pleców pochylonych nad zamkiem samochodowym.

Kiedy Marcin odwrócił się w jego stronę, mężczyzna trzymał rękę na piersi, próbując uspokoić walące serce. Serdeczny palec jego prawej dłoni wystawał przez sporą dziurę w wełnianej rękawiczce.

– Nie chciałem rozmawiać przy wszystkich – powiedział, a Marcin zastanawiał się, kogo miał na myśli oprócz własnej żony i dwóch anonimowych pracowników cmentarza. – Ale czy policja ma już jakiś podejrzanych? Pan zdaje się być blisko sprawy – dodał z nadzieją.

Marcin strzepnął niewidoczne płatki śniegu z rękawa kurtki.

– Na to jeszcze za wcześnie. Minęło zaledwie kilka dni… – Patrzył przez ramię mężczyzny na metalową bramę cmentarza za jego plecami. – Proszę uzbroić się w cierpliwość.

Ojciec Lidii pokiwał głową, jakby zgadzał się z tą opinią. Jego niespokojne oczy mówiły jednak coś innego.

– Ma pan rację. Musimy być cierpliwi. Policjant prowadzący śledztwo chyba wie, co robi… Miły człowiek.

Jego dłoń bawiła się teraz guzikiem płaszcza, jakby dokręcał obluzowaną śrubkę przy swoim polonezie.

– Kto mógł zrobić coś takiego? – powiedział. – Co za potwór był do tego zdolny?! Kto na Boga…

Silnik samochodu obok zaskowyczał, walcząc z zimnem. Hałaśliwy terkot motoru zagłuszył słowa. Kiedy auto odjechało z piskiem opon, głos ojca Lidii znów stał się słyszalny.

– Pan zna tych ludzi. – Marcin wyczuł w jego tonie nutę oskarżenia. – Pan wie, do czego są zdolni! Pan ich zna! Czy normalny człowiek może zrobić coś takiego? Nie pojmuję. Naprawdę nie pojmuję. – Ukrył twarz w dłoniach.

Marcin nie mógł oderwać wzroku od wystającego z rękawiczki paznokcia, za którym zebrała się ciemna linia brudu. W niekontrolowanym odruchu współczucia położył dłonie na ramionach mężczyzny.

– Przyrzekam panu, że winni zostaną ukarani – powiedział, nie rozumiejąc do końca, dlaczego to robi, dlaczego składa mężczyźnie obietnicę, której nie jest w stanie spełnić. – Ktokolwiek to zrobił, zapłaci za to.

Przez chwilę poczuł, jak ciało mężczyzny bezwolnie przesuwa się w jego kierunku, jakby ojciec Lidii chciał paść mu w ramiona i ukryć głowę na jego piersi.

– Tak – powiedział. Odzyskał równowagę, a jego dłonie znieruchomiały, opuszczone wzdłuż starego wysłużonego płaszcza. – Tak będzie sprawiedliwie.

Kiedy Marcin myślał, że ich rozmowa dobiegła końca, mężczyzna uniósł głowę i spojrzał mu prosto w oczy.

– Czy to prawda, co powiedział pan mojej żonie? Wspomniał pan, że Lidia mogła być... – głos odmówił mu posłuszeństwa. Przez chwilę zmagał się z czymś, co utknęło mu w gardle. Jabłko Adama poruszało się w górę i w dół jak pływak na wodzie. – Policjant pytał, czy miała narzeczonego. Kogoś, z kim robiła plany na przyszłość... Czy to możliwe, żebyśmy nic nie wiedzieli? Byliśmy w końcu jej rodzicami... Powinniśmy wiedzieć!

– To tylko przypuszczenie – powiedział Marcin. – Podczas sekcji nie stwierdzono jednoznacznie...

Spoglądając w oczy mężczyzny, dostrzegł, że ojciec Lidii błądzi myślami w innych obszarach, daleko od wizji ciała córki na stole sekcyjnym.

– To tylko przypuszczenie – powtórzył, nie bardzo wierząc, że jego słowa docierają do mężczyzny. – Nikt nie wie na pewno.

– Myślimy, że znamy nasze dzieci – ojciec Lidii mówił cicho

i dobitnie, jakby odpowiadał na pytanie, które sam sobie zadał w myślach. – Myślimy, że je znamy, bo daliśmy im życie i płynie w nich nasza krew. Należą do nas. Karmimy je i ubieramy. Kształtujemy na własne podobieństwo. Najlepiej jak potrafimy. Ale ten cały jazgot dookoła, ten... ten blichtr... – Jego twarz wykrzywiła się w pogardliwym grymasie. – Ten hałas z zewnątrz bez twarzy i formy sączy się przez każdą szczelinę, przez każdą szparę w drzwiach i zmienia je, nie biorąc za to żadnej odpowiedzialności. Żadnej odpowiedzialności – powtórzył, spoglądając na Marcina. – Jak to może być? Tracimy naszych synów i córki na rzecz czego?! Kolorowych zdjęć z okładek magazynów?! Szybkich samochodów?! Ludzi, którzy nie spędzili ani sekundy swego życia, opatrując ich zdarte kolana, tuląc ich w ramionach, kiedy płaczą, modląc się przy ich łóżku, gdy leżą w gorączce?! To czyste szaleństwo! Świat oszalał!

Marcin milczał, patrząc, jak mężczyzna rozluźnia zaciśnięte pięści.

– Muszę się z panem spotkać – powiedział. – Nie teraz. Jutro, pojutrze. Zadzwonię do pana. Może pan zrozumie. – Rozejrzał się nerwowo dookoła, jakby sprawdzał, czy nikt ich nie podsłuchuje. – Jej matka nie może o tym wiedzieć.

– Niech pan do mnie zadzwoni – powiedział Marcin, podając mu wizytówkę.

– Może pan zrozumie. Pan ich zna. – Schował wizytówkę do kieszeni płaszcza.

TRZYPIĘTROWY BUDYNEK STAŁ na końcu ulicy, wciśnięty w strome zalesione zbocze jak pierwszy stopień gigantycznych schodów. Miał dach wyłożony czerwoną dachówką, modernistyczną fasadę z rzędami długich balkonów i żelazną bramę wjazdową, do której prowadził betonowy podjazd.

Dom podobał się Krystynie. Nawet w zimowym krajobrazie potrafiła wyobrazić sobie równo przystrzyżone trawniki, kwitnące krzewy i zielone kopuły otaczających budynek drzew. Przymykając na chwilę oczy, widziała dzieci bawiące się wężem do podlewania i słyszała dźwięczną melodię z megafonu ciężarówki z lodami. Próbowała wyobrazić sobie mieszkania w środku; mieszkania, w których zdejmuje się buty na progu i chodzi boso po ciepłym bukowym parkiecie.

Jakaś kobieta pojawiła się w szklanych drzwiach budynku z przewieszoną przez ramię dużą skórzaną torbą w niebiesko-zielone pasy. Miała na sobie czerwoną puchową kurtkę, granatowe spodnie i białe buty sportowe z odblaskowymi trójkątami na piętach. Jej głowę zdobiła czerwona wełniana czapka z białym pomponem.

Czy Czerwony Kapturek mógł być żoną Wiktora? Jego kochanką? Siostrą? Kuzynką, a może zwykłą sprzątaczką? „Uspokój się", powiedziała sobie, zaciskając palce na kierownicy. „Uspokój się, bo zwariujesz".

Dlaczego Wiktor spędzał całe noce w tym domu, w mieszkaniu, które nie należało do niego? Znał kod do drzwi wejściowych, a ochrona zachowywała się tak, jakby był domownikiem. Dwukrotnie widziała go z siatkami pełnymi zakupów. Rzeczy z drogich sklepów. Jak było go na to stać?

Chwyciła pudełko „Tu Pizza" z fotela obok i zaciągnęła hamulec ręczny. Kiedy kobieta w czerwonej czapce zniknęła we wnętrzu sportowej hondy, Krystyna wysiadła z samochodu.

Mieszkanie 208 należało do Browaru. Całe 150 metrów.

Była zainteresowana kupnem mieszkania od spółdzielni, powiedziała tęgiej kobiecie za biurkiem. Najchętniej coś na drugim piętrze. Odpowiedź tak ją zaskoczyła, że musiała dwukrotnie się upewnić, czy dobrze usłyszała i czy kobieta nie pomyliła numerów. Mieszkanie 208? Tak, odparła grubaska, podejrzliwie przypatrując się jej spodniom i sznurowanym butom. „Nasze nieruchomości są raczej drogie", powiedziała. „Może popyta pani w sąsiedztwie?".

O tej porze na ulicy panował spokój. Większość mieszkańców była w pracy. Z chodników zniknęły rzędy parkujących samochodów, pogasły światła w kuchniach i na podjazdach. Krystyna poczekała, aż drobna staruszka dwa domy dalej otworzy żelazną furtkę i zniknie w głębi domu, rzucając jej ostatnie nieufne spojrzenie.

Nie obawiała się, że ktoś ją zauważy. W szarym świetle grudniowego dnia nawet z bliska przypominała mężczyznę. Ubrana w wysokie sznurowane buty, wytarte dżinsy i grubą kurtkę z kapturem, z pudełkiem w dłoni, wyglądała jak dostarczyciel pizzy.

W holu budynku natknęła się na mężczyznę w granatowej marynarce, z krótkofalówką w dłoni. Miał tłuste, przylizane włosy, wystraszone spojrzenie i ślady łupieżu na ramionach.

– Pizza dla dwieście osiem – powiedziała, zatrzymując się przed windami na końcu korytarza.

Mężczyzna skinął głową.

Co Wiktor robił w mieszkaniu należącym do Browaru? Głowa pękała jej od domysłów i przypuszczeń. Chciała poradzić się Fuks, ale bała się jej reakcji. To w końcu ona, Krystyna, wprowadziła Wiktora do Ligi. A teraz wszystkie działania, które miały na celu upokorzenie butnej korporacji, obróciły się przeciwko niej. Za czyją sprawą? Kim był Wiktor?

Drzwi apartamentu 208 otworzyła wytrychem. Prymitywny zamek odskoczył, uwalniając obrotową klamkę. Wiktor byłby z niej dumny. Uporała się z zamkiem w dziesięć sekund.

Zamiast jasnej bukowej klepki podłogę pokrywał czarny granit.

Spojrzała na wnętrze dłoni, gdzie zapisała kod alarmu.

Kontrolka systemu alarmowego znajdowała się wewnątrz kredensu stojącego przy jednej ze ścian pokoju. Wystukała zapisany numer i czerwone migające światło zamieniło się w przyjazny zielony świetlik.

Jej mały przyjaciel z Full Security okazał się prawdomówny. Na jej szczęście jego mózg, tak jak i jego penis, były wielkości orzecha.

NIE MÓGŁ UWIERZYĆ, ŻE ZNÓW MU SIĘ to przydarza. Nie dość, że Van der Boer zmusił go do następnego lotu przez ocean, ignorując jego podróżną karmę („Ileż razy w życiu można bezpiecznie lądować?"), to cholerny przewoźnik posadził go obok monstrualnego mężczyzny ze znaczną nadwagą – drwala w pogniecionym garniturze z wytartymi na łokciach

rękawami i prawym rogiem niegdyś białego kołnierzyka uniesionym do góry i zagiętym niczym strona w książce, którą Dice
otworzył, próbując za wszelką cenę odciąć się od irytującej
obecności osobnika po swojej prawej stronie.

Odrzucając z irytacją ofertę podania napojów od stewardesy
z profesjonalnym uśmiechem na twarzy, Dice zamknął oczy,
wyciągnął nogi i przyjął pozycję śpiącego pasażera, któremu
nie należy przeszkadzać.

Wczorajsza rozmowa z Van der Boerem zaniepokoiła go
bardziej, niż chciał się do tego przyznać. Belg chyba nie żartował, twierdząc, że los ich wspólnej transakcji jest pod znakiem
zapytania. Czy naprawdę sprawy stały aż tak źle? Prawdę mówiąc, nie miał zielonego pojęcia. Jego obsesja z DGL sprawiła,
że od tygodni nie interesował się Browarem, pozostawiając
wszystkie decyzje przebywającemu w Warszawie Steinowi.
Czyżby Stein ukrywał przed nim fakty, które mogłyby zawa-
żyć na sprzedaży przedsiębiorstwa? Jeśli tak, to był to jeszcze
jeden powód, aby zamknąć rozmowy jak najszybciej, nawet za
cenę bolesnych kompromisów, i uwolnić się wreszcie od kło-
potliwego partnera. Van der Boer chciał kontroli nad Browarem. Cóż w tym złego? Niech ją sobie weźmie. Przynajmniej
Dice przestanie martwić się o Steina i jego nieobliczalne działania.

Uspokojony podjętą decyzją, otworzył oczy i wyprostował
się w fotelu. Drwal obok zdawał się drzemać; grube usta były
półotwarte, z lewego kącika spływała strużka śliny. Dice rozprostował ramiona nad głową, a potem zdecydowanym ruchem prawego łokcia zepchnął bezwładne ramię mężczyzny
z podłokietnika.

JAMES VOYCHIK ZOSTAWIŁ HOGANA w jego biurze,
gdy nerwowo ściskał paczkę papierosów i z wściekłością
wpatrywał się w czarny aparat telefoniczny na biurku. Ich
telekonferencja z Wąsikiem trwała nie dłużej niż piętnaście
minut, ale jej przebieg sprawił, że Hogan trzykrotnie sięgał
po papierosa, wkładał go do ust tylko po to, by po chwili
rzucić go na biurko i po następnej wymianie zdań z polskim

prokuratorem wcisnąć go na powrót między zaciśnięte z wściekłości wargi.

Dopiero co zakończona telekonferencja wstrząsnęła Voychikiem, podobnie jak Hoganem – choć z zupełnie innych powodów – i kazała mu jak najszybciej poszukać spokojnego miejsca, gdzie mógłby zebrać myśli i uporządkować informacje, które właśnie otrzymał. Dziękował Bogu, że w ferworze rozmowy Hogan wpatrywał się w głośnik aparatu niczym w twarz niewidzialnego interlokutora, nie spuszczając ani na chwilę wzroku z plastikowej obudowy. Gdyby było inaczej, DPP z pewnością odnotowałby ze zdziwieniem szok rysujący się na twarzy swego asystenta, który podkreślały dziecięce otwarcie ust i niedowierzające kręcenie głową. Przyrzekł sobie następnym razem lepiej panować nad swoimi emocjami. Ale któż mógłby go winić za emocjonalną reakcję po tym, co przed chwilą usłyszał?

Ponieważ jego biurko znajdowało się we wspólnym pomieszczeniu dzielonym z innymi urzędnikami prokuratury, ostatnim miejscem zapewniającym jaką taką prywatność była toaleta dla pracowników biura. Voychik upewnił się, że jest jedynym użytkownikiem przybytku, wybrał kabinę najdalej od drzwi wejściowych i usiadł na opuszczonej desce, zamykając za sobą metalowe drzwi. Prywatność miejsca, jakkolwiek ograniczona, pozwoliła mu uspokoić oddech i uporządkować myśli.

Tak jak przypuszczał i jak usiłował powiedzieć Dice'owi („Staruszek nie słucha"), lokalny prokurator dogadał się ze Slimem. Andy nie zamierzał wracać do Australii. Czuł się bezpieczniej w Polsce, gdzie miał stokrotnie większe szanse na uniknięcie więzienia. Stary lis rządził kurnikiem i zamierzał właśnie ubić interes z prokuraturą stanu Nowej Południowej Walii! Niebywałe.

Podziw, jaki Voychik czuł dla Andy'ego Slima, wzrósł właśnie niczym ciasto na drożdżach i wypełnił cały jego chciwy umysł. Jego prawa dłoń bezwiednie zacisnęła się na rolce papieru toaletowego przymocowanej do ściany kabiny. Dopiero teraz zauważył, że ma spocone ręce. Oderwał kawałek papieru, przetarł je, po czym zwinął papier w kulkę i cisnął ją po terakotowej podłodze pod szparą w drzwiach kabiny.

Nadal jeszcze trząsł się lekko, myśląc o tym, co usłyszał w biurze Hogana.

James Voychik nie miał wielkich zdolności. Był względnie sumiennym, ale mało kreatywnym pracownikiem. W golfie wciąż miał za szeroki i mimo setek godzin praktyki sztywny jak nakrochmalone prześcieradło zamach. Jedynym instrumentem, z którego potrafił wydobyć dźwięk, było ukelele babki – jak sam w duchu przyznawał, instrument nieprzystający dorosłemu mężczyźnie. Hazard pociągał go niewspółmiernie do jego niskich dochodów i bilansu wygranych, których liczba w ostatnich miesiącach była zastraszająco mała.

James Voychik miał jedną cechę, która odróżniała go od tysięcy urzędników państwowych i świadczyła o jego bezdyskusyjnej, acz ograniczonej wyjątkowości: doskonałą pamięć. Pamięć, która funkcjonowała z precyzją zapisu cyfrowego. Wydarzenia, fakty, dokumenty były zarejestrowane na lśniących dyskach jego wewnętrznej biblioteki pamięci, odpowiednio ułożone i skatalogowane według dat, miejsc i osób. Wystarczyło, że przymknął oczy, by znalazł się w prywatnym, sterylnym wnętrzu wypełnionym metalowymi półkami z setkami, tysiącami zapisanych dyskietek ułożonych jedna obok drugiej, w plastikowych oznakowanych pudełkach.

Zaciskając teraz powieki i opierając się dłońmi o metalowe drzwi kabiny, jakby obawiał się stracić równowagę w swoim mentalnym archiwum bez ścian, podłogi i sufitu, Voychik przesuwał wzrokiem po grzbietach pudełek skatalogowanej pamięci, aż zatrzymał się na jednym z ostatnich dysków w rzędzie:

temat: Telekonferencja w biurze DPP
osoby: Dennis Hogan i Bożydar Wąsik

Delikatnie, aby ani na chwilę nie utracić wewnętrznego obrazu, wysunął błyszczący dysk i wsunął go do napędu odczytu swej fotograficznej pamięci.

Dennis Hogan:
Co pan proponuje?

Bożydar Wąsik:
Slim przekaże wszystko, co wie o działalności Starsky Corporation. Daty, kwoty, szczegóły transakcji. Wszystko pod przysięgą i notarialnie protokołowane. Jest także gotów stawić się w roli świadka w Australii – pod warunkiem że nie zostanie wysunięte przeciwko niemu żadne oskarżenie.

Dennis Hogan (z *ironią*):
Świadek Slim... Wszystko, co może nam przekazać, jest potencjalnym dowodem jego oskarżenia. Pan chce, żebym o tym zapomniał, puścił mimo uszu dla dobra sprawy? Tyle że Slim *jest* sprawcą. To tak, jakbym gwarantował nietykalność mordercy tylko po to, żeby dowiedzieć się, gdzie zakopał zwłoki.

Bożydar Wąsik:
Slim nikogo nie zabił.

Dennis Hogan:
Tak myśli pan i panu podobni. Widocznie nigdy pan nie widział ludzi zrujnowanych przez kreatury pokroju Slima.

Bożydar Wąsik:
Jest pan komunistą?

Dennis Hogan (z *oburzeniem*):
A cóż to za bzdura?

Bożydar Wąsik:
Z całym szacunkiem, panie Hogan, ale gada pan jak polityk.

(*chwila milczenia*)

Bożydar Wąsik:
Slim jest dla nas bardzo ważnym świadkiem w sprawie o przekupstwo urzędnika państwowego. Nie oddam go panu tak długo, jak

będzie z nami współpracował. Mówię szczerze. Slim może być obywatelem pańskiego kraju, ale siedzi na moim podwórku. Tak długo, jak tu jest, podlega moim prawom.

Dennis Hogan:
Nie pan je ustala! Są ludzie w pana rządzie...

Bożydar Wąsik:
O tak, wiem! Już mówiłem, że jestem pod wrażeniem waszych wpływów.
(*śmiech*)
Czy zna pan zabawę w głuchy telefon?

Dennis Hogan:
???

Bożydar Wąsik:
To taka dziecięca gra. Grupa osób przekazuje sobie informację z ust do ust. Im więcej uczestników zabawy, tym większa pewność, że początkowa informacja zostanie zniekształcona nie do rozpoznania. Wielce pouczające ćwiczenie w działaniu administracji państwowej.

Dennis Hogan:
Blefuje pan.

Bożydar Wąsik:
Czyżby? To niech pan dokładnie zajrzy w swoje karty.

Dennis Hogan (*wahanie w głosie*):
Załóżmy, że zgodzę się, iż Slim jest ważnym świadkiem w pańskiej sprawie...

Bożydar Wąsik:
Nieocenionym.

Dennis Hogan:

Nawet jeśli! Czy myśli pan, że zamkniemy akta i zadowolimy się notarialnym oświadczeniem Slima, zapominając o całej sprawie? Woodry nigdy na to nie pójdzie. Nie po tym, jak wystąpił w telewizji i obiecał ludziom głowę zdrajcy!

Bożydar Wąsik:
Aa! Opinia publiczna! Wreszcie rozmawiamy, panie Hogan. Czym zadowoliłaby się wasza opinia publiczna?

Dennis Hogan:
Nie wiem... Musiałoby to być coś dużego.

Bożydar Wąsik:
Czy zna pan Trevora Dice'a i Maksa Steina?

James Voychik zatrzymał odczyt zapisu. Jego dłonie oparte o metalowe drzwi kabiny lekko drżały. Czy był absolutnie pewien, że usłyszał z ust prokuratora właśnie te nazwiska?

Bożydar Wąsik:
...zna pan Trevora Dice'a i Maksa Steina?

Dennis Hogan:
Trevor Dice był obrońcą Slima przed jego zniknięciem. Znany prawnik. Członek Queen's Bench.

Bożydar Wąsik:
A Stein?

Dennis Hogan:
Nie mam pojęcia. Gdzieś słyszałem to nazwisko...

Bożydar Wąsik:
Jest jego wspólnikiem.

Dennis Hogan:
Do czego pan zmierza?

Bożydar Wąsik:
Do tego, że Dice i Stein są właścicielami największej spółki browarniczej w Polsce, z roczną sprzedażą sięgającą blisko ćwierć miliarda
dolarów. Tej samej, której prezesem był Andy Slim.

Odczyt zatrzymał się samoczynnie, jakby mechanizm odmówił na chwilę posłuszeństwa. Kiedy Voychik przetarł prawą dłonią spocone czoło, w jego głowie ponownie rozległy się
głosy mężczyzn.

Dennis Hogan (z niedowierzaniem):
Mówi pan poważnie?

Bożydar Wąsik:
Jak najbardziej. Dice sprowadził Slima do Polski, kiedy razem ze
Steinem kupili Browar. Teraz zamierzają sprzedać go Belgom za pół
miliarda dolarów. Przez ostatnie pięć lat wyprowadzili z Browaru
blisko sto milionów dolarów do dziesiątek spółek zależnych, które
oplatają Browar niczym pajęczyna. Założę się, że kiedy skontaktuje się pan z australijskim biurem podatkowym, to okaże się, że taka
suma nie figuruje w rocznych zeznaniach żadnego z nich. Zdziwi się
pan jeszcze bardziej, gdy dowie się pan, że obaj nie deklarują powiązań kapitałowych z Browarem, który właśnie zamierzają sprzedać.

Dennis Hogan:
To wszystko jest cholernie ciekawe, ale co to oznacza dla nas?

Bożydar Wąsik (ze zniecierpliwieniem):
Dice był adwokatem Slima. Slim opuszcza Australię i odnajduje się
w Polsce, gdzie prowadzi interesy Dice'a i Steina. Przypadek? Pan
z pewnością zna lepiej logikę migracji Australijczyków. Walkabout?
Czy nie tak to nazywacie?

Dennis Hogan:
Załóżmy, że Dice miał coś wspólnego ze zniknięciem Slima. Załóżmy nawet, że zdołamy to udowodnić. I co z tego? Wyrzucimy Dice'a
z palestry?

Bożydar Wąsik (*z głębokim westchnieniem*):
Rozczarowuje mnie pan. Mówię o związkach Dice'a i Slima, aby pokazać panu, jak cenne informacje o ich interesach ma Andy Slim. Daję panu szansę położenia ręki na pół miliardzie dolarów. Sto razy więcej, niż wydusi pan z pozostałości po Starsky Corporation! Niech pan dzwoni do swego szefa i zapyta go, ile czasu w mediach kupi za pół miliarda dolarów. A potem niech pan zadzwoni i spyta o to samo gubernatora.

Koniec odczytu. Voychik starannie włożył lśniący dysk do plastikowego pudełka i wsunął je na półkę razem z innymi. Otworzył oczy. Musiał porozmawiać z Dice'em! Sięgnął po telefon komórkowy i przywołał ostatnie dziesięć numerów. Kiedy wydało mu się, że rozpoznał właściwy numer, przycisnął funkcję wybierania. Po czterech sygnałach usłyszał mechaniczną zapowiedź skrzynki pocztowej.

– Trevor, tu James Voychik. Musimy natychmiast porozmawiać. Mam newralgiczne informacje na twój temat. Zadzwoń, jak odbierzesz wiadomość. To pilne!

Przez następne sześć lat spędzonych za kołem dwudziestotonowej ciężarówki James Voychik miał z uporem i cierpliwością archiwisty odtwarzać każdy szczegół połączenia, zastanawiając się niezmiennie, dlaczego w meandrach sprawy Slima okrutny los wybrał dla niego tak błahy epizod do odegrania i tak banalną przyczynę jego upadku w otchłań profesjonalnego niebytu.

DENNIS HOGAN, WPATRZONY w plastikową obudowę czarnego aparatu telefonicznego na biurku, nie zauważył, kiedy Voychik opuścił jego biuro, i teraz, gdy jego wzrok opuścił wreszcie feralny przedmiot, poszukując pająkowatej sylwetki asystenta, ze zdziwieniem odnotował, że jest w pokoju sam. W każdych innych okolicznościach nie miałby nic przeciwko temu, zwłaszcza że w jego opinii młody urzędnik nie należał do najbystrzejszych i najbardziej pracowitych, jakich spotkał w swojej karierze zawodowej, jednakże teraz jego nagła absencja oznaczała, iż on, Hogan, będzie zmuszony zmagać się ze swoimi wątpliwościami samotnie. Ponownie wetknął w usta niezapalonego papierosa.

Wąsik miał rację. Choć tkwiący w Hoganie eks-rugbista nienawidził kompromisów i gotów był walczyć do ostatniego gwizdka, to musiał przyznać, że – biorąc pod uwagę determinację polskiej strony – sam osobiście nie postawiłby nawet (australijskiego) dolara na własne zwycięstwo.

Wąsik nie był głupcem, a jego instynkt polityczny okazał się równie wyostrzony jak Woodry'ego. Hogan zdawał sobie sprawę z tego, że przekraczając niewidzialne granice władzy i kompetencji, za każdym razem wchodził na terytorium wroga, gdzie jego prokuratorskie uprawnienia nie pozwalały mu nawet zjeść lunchu, a co dopiero myśleć o ściganiu przestępców i zakuwaniu ich w kajdanki. Po ostatniej rozmowie z Wąsikiem miał wrażenie, że jest tylko chłopcem na posyłki między dwiema wojującymi stronami, dla których Slim to pretekst w odwiecznej walce o prestiż i władzę. Poza tym Wąsik był u siebie, a Hogan dobrze znał zalety gry na własnym boisku.

Sięgnął po filiżankę i dopił kawę. James Voychik, poruszając się jak człowiek, który nie chce, by go zauważono, wsunął się przez półotwarte drzwi biura i z plecami przy ścianie znieruchomiał, gdy Hogan spojrzał na niego.

– James?

Voychik odważył się oderwać plecy od ściany i zrobić krok w kierunku Hogana.

– Byłem w toalecie. Przepraszam.

Hogan skinął ze zrozumieniem głową i pomyślał, że młodemu asystentowi przydałoby się kilka godzin ćwiczeń w siłowni. Jego ramiona wyglądały jak druciany wieszak.

Uznał, że Woodry powinien jak najszybciej dowiedzieć się o przebiegu rozmowy z Wąsikiem. Z wewnętrznej kieszeni marynarki przewieszonej na oparciu fotela wyjął telefon i nacisnął przycisk. Szary ekran rozjarzył się zielonkawym światłem. Migająca koperta na ekranie powiadomiła go, że ma wiadomość. Połączył się z pocztą.

Voychik, bezszelestnie i z ostrożnością człowieka wykonującego niebezpieczne zadanie, przysiadł na krawędzi krzesła po drugiej stronie biurka.

– James – powiedział Hogan ze zdziwieniem w głosie. – Zostawiłeś mi wiadomość?

Asystent prokuratora Nowej Południowej Walii James Voychik zbladł i zsunął się z krzesła na szarą wykładzinę dywanową.

DZIEWCZYNKA BIEGŁA KORYTARZEM, raz po raz oglądając się za siebie i machając do niego ręką. Jej białe kolanówki fosforyzowały w oddali, jakby oświetlono je ultrafioletowym światłem.

Jego stopy były ciężkie. Stawiał kroki z wyraźnym wysiłkiem, co kilka metrów zatrzymując się i podpierając o ścianę. Dziewczynka była zniecierpliwiona. Podskakiwała u końca korytarza, krzyczała w jego stronę i machała rękami, jakby trzymała w nich chorągiewki sygnalizacyjne.

Za drzwiami, które mijał, rozległ się dzwonek telefonu: staroświecki terkot aparatu z tarczą. Postać dziewczynki zniknęła na końcu korytarza. Przyspieszył kroku. Podłoga, po której stąpał, była jak ruchomy chodnik: poruszał się teraz z ogromną szybkością. Drzwi po obu stronach korytarza migały jak krajobraz za szybą pędzącego pociągu. Spoza nich docierał uparty terkot telefonu.

Kiedy otworzył oczy, w pokoju panował półmrok, rozświetlony jedynie cienką smugą światła z korytarza. Leżał na sofie, przykurczony, w kurtce, z obutymi nogami wciśniętymi w stertę pomiętych gazet. Telefon brzęczał natrętnie, obdzierając go z resztek snu.

Dźwięk dzwonka zamilkł. Zastąpiły go głuche uderzenia w drzwi. Dzwonek, który słyszał, nie był odgłosem telefonu. Ktoś dobijał się do mieszkania.

Chwiejąc się na nogach, podszedł do drzwi wejściowych i odsunął rygiel zamka. Na progu stał niski szczupły mężczyzna w granatowym płaszczu. Jego nerwowe oczy wpatrywały się w Marcina przez okrągłe szkła w metalowych oprawkach. Prawa dłoń w czarnej rękawiczce zawisła na wysokości piersi Marcina. W drugiej ręce trzymał mały skórzany neseser.

– Nareszcie – powiedział, przechodząc przez próg i rozluźniając szalik na szyi. – Ukrywa się pan przede mną?

Sięgnął ręką za wyłom ściany i odnalazł przełącznik. Kiedy lampa pod sufitem rozświetliła pokój, Marcin przymrużył oczy. Mężczyzna podszedł do sofy, zgarnął dłonią gazety i usiadł, kładąc skórzany neseser na kolanach.

– Mam nadzieję, że czuje się pan lepiej, niż wygląda – powiedział, stukając palcami o neseser. – Żałuję, że nie trafił pan w tym stanie do sądu. Pańska twarz przemawia bardziej niż tysiące słów.

– Kim pan jest? – Marcin dotknął dłonią twarzy, jakby próbował usunąć pajęczynę. – I co pan tu, do cholery, robi?

Mężczyzna szybkim ruchem otworzył neseser, zanurzył w nim dłoń i wysunął ją na powrót, trzymając w palcach prostokąt białego papieru. Ruchy jego dłoni miały w sobie hipnotyczną intensywność i Marcin nie mógł oderwać od nich wzroku.

– Pociecha i spółka – powiedział mężczyzna, rzucając biały prostokąt na stolik. – Reprezentujemy pańską żonę. Oczywiście wie pan, że pańska żona się z panem rozwodzi?

– Nie widziałem pana w sądzie.

– Bo mnie tam nie było – powiedział mężczyzna, poprawiając okulary. – Zajmuję się sprawami majątkowymi. Rzeczami, które chciałby pan przed nami ukryć. Pocieszanie eks-małżonek pozostawiam kolegom. Kiedy odda pan klucze do mieszkania?

– Mam na to jeszcze miesiąc.

Mężczyzna uniósł dłoń w rękawiczce.

– Chciałem się tylko upewnić, że jest pan świadom ograniczeń czasowych. – Pochylił głowę nad neseserem. – Kiedy zarejestrował pan Satin Productions w Delaware?

Pytanie było zadane od niechcenia, jakby pytał Marcina o drogę lub godzinę.

– Słucham?

– Satin Productions Inc., spółkę produkującą filmy reklamowe dla Browaru.

– Nie mam pojęcia, o czym pan mówi.

– A Jubilee Ltd. na Bahamach? Od kiedy jest pan jej właścicielem?

Marcin słuchał mężczyzny z rosnącym zniecierpliwieniem.

– Albo mi pan powie, o co w tym wszystkim chodzi, albo będę musiał wyrzucić pański parszywy adwokacki tyłek na dwór.

Mężczyzna uniósł głowę i spojrzał na Marcina. Przez chwilę przyglądał mu się w milczeniu, po czym wyjął z kieszeni spodni chusteczkę, ściągnął okulary z nosa i zaczął przecierać szkła.

– Mówi pan prawdę? Nie ma pan pojęcia, o czym mówię?

– Najmniejszego!

Mężczyzna na powrót założył okulary i schował chusteczkę.

– Tak też myślałem. Nie wygląda pan na człowieka, który obraca dużymi pieniędzmi. – Jego dłoń w rękawiczce ponownie zanurzyła się we wnętrzu neseseru. – Pańska żona była przekonana, że to nieporozumienie. Szkoda. – Wyciągnął plik papierów i rzucił je na stolik. – Myślałem, że coś znalazłem poza siedmioletnią skodą i książeczką mieszkaniową.

Marcin sięgnął po papiery i zaczął je kartkować.

– Zabrali je przez przypadek tragarze pańskiej żony, kiedy wynosili jej rzeczy. Przyniosła je nam, żeby zapytać, co o nich myślimy. Wszystko odbyło się najzupełniej legalnie.

Dłonie Marcina zaczęły lekko drżeć. Przewracał kartki z hałasem, prawie je rozrywając.

– Mimo zapewnień o pańskiej niewinności i głębokiego przekonania pana żony, że nie jest pan w stanie samodzielnie opuścić deski w klozecie, a co dopiero obmyślać offshorowe struktury korporacyjne – z czym, po poznaniu pana, jestem skłonny się zgodzić – pozwoliłem sobie wykonać kopię całej dokumentacji i zatrzymać ją do dalszej kontroli. Jeśli potwierdzi ona pańską wersję – nadal będę oczekiwał zwrotu kluczy do mieszkania nie później niż w ciągu trzydziestu dni. Jeśli, czego panu nie życzę, Satin Productions okaże się tworem pańskiej inwencji, dobiorę się do pana z determinacją homoseksualisty w seminarium. Czy wyrażam się jasno, panie Zięba?

Marcin nie słuchał go. Nie zauważył nawet, kiedy wyszedł z mieszkania, trzaskając drzwiami.

NIE MIAŁ ŻADNYCH WĄTPLIWOŚCI. Papiery, które trzymał w ręku, były tymi samymi dokumentami, które przekazała mu Lidia na pierwszym spotkaniu.

Przeglądał je nerwowo. Kopie transferów bankowych na kwoty od pięciu do ponad pięciuset tysięcy dolarów z rachunku Browaru na rachunki Satin Productions i Jubilee Ltd. Transferów dokonano w ciągu prawie dwóch lat i po krótkim przeliczeniu Marcin otrzymał kwotę około pięciu i pół miliona dolarów. Oprócz poświadczeń przelewów dokumenty zawierały kopie papierów rejestracyjnych spółek wraz z kopią listu skierowanego do Offshore Partners Ltd. List podpisany był przez Maksa Steina i zlecał spółce zarejestrowanie Jubilee Ltd. oraz zakup jej akcji przez pełnomocników. Po rejestracji spółka miała przejąć 75 procent akcji Satin Productions od niejakiego Richarda Avedona z Bostonu. Pan Avedon był osiągalny pod adresem i numerami telefonów kancelarii prawnej Michaels, Avedon & Ginzburg.

Odłożył papiery na stolik i zapalił papierosa. Lidia musiała być blisko Steina, żeby zdobyć takie informacje. Jak blisko? Tak blisko, by znać jego najbardziej prywatne myśli i mieć dostęp do najbardziej prywatnej szuflady?

Wypuścił dym z płuc. Gdzie tacy ludzie jak Stein chronią swoje najbardziej prywatne myśli? Gdzie opada z nich zasłona dnia, gdzie maska na twarzy łagodnieje w ciemności i gdzie zamieniają się na powrót w małych chłopców z wilgotnymi dłońmi i brudnymi myślami?

„To sprawa osobista", powiedziała, dając mu dokumenty. Już wtedy podejrzewał, że coś ją łączyło ze Steinem. „Sprawa osobista". Kłótnia kochanków, o której obrażona kobieta próbuje poinformować lokalne media? Co mogło zranić ją tak bardzo, że była gotowa zniszczyć mężczyznę, z którym żyła? Jak blisko byli ze sobą? Czy tak blisko, by powiedzieć: „będziesz tatusiem, Max"?

Dźwięk telefonu wyrwał go z zamyślenia. Głos Matjasa po drugiej stronie brzmiał jak głos człowieka, który dowiedział się, że pozostało mu kilka dni życia.

– Musimy się spotkać – powiedział ponuro. – Jutro na stacji. Tak jak zawsze.

– Co się stało?

Po drugiej stronie słuchawki zapanowała cisza.

– Jutro na stacji – słowa spływały ze słuchawki jedno po drugim, jakby mówienie sprawiało Matjasowi wysiłek. – Nie zapomnij.

Dlaczego miałby zapomnieć? Czy powinien obawiać się Matjasa?

Rozdział piętnasty

SIEDZIAŁ W BARZE na stacji benzynowej, spoglądając raz po raz przez brudną szybę na podjeżdżające samochody i wypatrując niebieskiej sieny Matjasa.

Plastikowe krzesło uginało się pod nim, jakby miało się za chwilę złamać. Pomieszczenie wypełniał tłusty dym z rożna stojącego przy półce z napojami. Z sufitowych głośników sączyły się dźwięki *Love Story*.

Przy stoliku obok mężczyzna w szarym dresie wyglądający na kierowcę ciężarówki kartkował „Playboya".

Mężczyzna, który usiadł naprzeciw Marcina, nie był jego informatorem. Miał na sobie tani granatowy garnitur z przydługimi rękawami i ciężki czarny płaszcz, który trzymał przewieszony przez ramię. Skóra na jego twarzy przybrała odcień lampy jarzeniowej. Na końcówkach krótkich czarnych wąsów Marcin dostrzegł okruchy chleba.

– Wolne? – Mężczyzna wskazał dłonią plastikowe krzesło i zanim Marcin zdążył zaprotestować, przewiesił przez nie płaszcz. – Marcin Zięba. Nie mylę się?

Nie odpowiedział. Patrzył, jak mężczyzna siada na krześle i spogląda na niego, lekko przekrzywiając głowę.

– A więc tak wygląda człowiek, który wykrada mi informacje – jego głos był niski i dobrze ustawiony. Jak głos aktora. Albo prawnika.

Kierowca ciężarówki z „Playboyem" w ręku hałaśliwie odsunął plastikowe krzesło i ruszył w stronę półki z napojami.

– Ktoś przytrząsnął pana wścibski nos drzwiami?

– Kim pan jest?

Mężczyzna nie odpowiedział. Sięgnął dłonią do kieszeni płaszcza i wyłowił z niej napoczętą kanapkę w przezroczystej folii. Patrząc na Marcina, ściągnął folię, zwinął ją w kulkę i położył na stole.

– Nie przeszkadza panu, że wykorzystam naszą pogawędkę na krótki posiłek? – Nie czekając na odpowiedź, wbił zęby w kanapkę. Kropla majonezu wyciekła spod plastrów razowego chleba i zawisła na skórce jak łza. – To od mojej córki. Twierdzi, że białe pieczywo mi szkodzi. – Przechylił się na krześle i sięgnął dłonią do kieszeni marynarki. Biały kartonik upadł na stolik przed splecionymi dłońmi Marcina. – To brązowe gówno smakuje jak trociny. Pracuje pan dla „Głosu"?

Marcin spojrzał na wizytówkę. „Bożydar Wąsik. Prokurator". Skinął głową.

– Osobiście wolę „Kurier". Mają stronę komiksową. Ale nie przyszedłem tutaj, żeby rozmawiać z panem o moich gustach. – Mężczyzna sięgnął po papierową serwetkę. – Od jak dawna zna pan Matjasa?

– Chodziliśmy razem do liceum.

– Wspólny papieros, wspólna wódka, wspólne ciupcianie...

– Coś w tym rodzaju. Nie byliśmy bliskimi przyjaciółmi.

Wąsik otarł usta serwetką i zawinął w nią resztki kanapki.

– Szkoda. Matjas to porządny glina. Bystry i uparty. Z grubą skórą. Odpowiednio grubą do tego zawodu. O ile wiem, nie bierze więcej niż inni. Skąd to wiem? Bo inaczej już bym go przyłapał. – Śmiech mężczyzny był twardy i zimny. Jak ostrze brzytwy. – Nie utrzymuje podejrzanych znajomości. Ma żonę i dwójkę dzieci. Jest dobrym ojcem. Koledzy go lubią. Byłoby szkoda, gdyby z pańskiego powodu musiał się pożegnać z pracą. Chyba nie o to panu chodzi?

Marcin pokręcił przecząco głową.

– Tak myślałem. Wygląda pan na rozsądnego człowieka. Niech mi pan powie, co by pan zrobił na moim miejscu, gdyby na pana biurko trafił raport, mówiący, że jeden z pańskich ludzi kontaktuje się z osobą z zewnątrz, przekazując jej poufne informacje o prowadzonym śledztwie? Co by pan zrobił, gdyby miał pan przed sobą daty i godziny rozmów, numery telefoniczne i numery faksów tej osoby? Czy znalazłby pan w sobie dość chrześcijańskiego miłosierdzia, aby mu wybaczyć? W końcu przepracował dla pana dwanaście lat, zawsze na posterunku, zawsze gotów na poświęcenia mimo głodowej pensji i parszywych warunków pracy. W dodatku był pan na jego ślubie, trzymał pan jego córkę na kolanach. Co by pan zrobił na moim miejscu?

Wąsik wykonał ruch dłońmi, jakby wyżymał mokrą szmatę.

– Zadam panu kilka pytań i oczekuję szczerych odpowiedzi – powiedział, patrząc na Marcina. – Jeżeli ich nie uzyskam, jeszcze dzisiaj wdrożę przeciwko panu postępowanie o utrudnianie śledztwa, a dwóch funkcjonariuszy miejscowej policji umieści pana posiniaczoną gębę za kratkami. Czy wyrażam się jasno, panie Zięba?

Marcin wzruszył ramionami.

– Tak.

– I wierzy mi pan, że jeśli pan skłamie, bez skrupułów zakuję pana w kajdany na resztę życia rozrodczego?

Patrząc w nieruchome oczy prokuratora, Marcin skinął głową.

– To dobrze. – Wąsik położył dłonie na stoliku i pokazał zęby w triumfalnym uśmiechu. – Po co były panu potrzebne wyniki sekcji zwłok Lidii Potok?

Mężczyzna z „Playboyem" powrócił do stolika obok z parującym talerzem w dłoni. Intensywny zapach kapusty otoczył ich jak chmura gazu bojowego.

– Zlecono mi napisanie notatki do „Głosu" – powiedział Marcin, walcząc z atakiem mdłości. – Kronika kryminalna to moja specjalność. Jak zaginione psy i epidemie biegunki.

– Niech pan ograniczy się do odpowiedzi na pytania. – Wąsik zachowywał się, jakby byli na sali sądowej. – Kiedy dostał pan protokół sekcji, już pan nie pracował dla „Głosu". Zapytam jeszcze raz, na wypadek gdyby nie dosłyszał pan za pierwszym razem: po co był panu ten raport?

– Byłem ciekaw…

– Ciekaw? – Wąsik odchylił się, balansując na tylnych nogach plastikowego krzesła. – Należy pan do tych smutnych młodzieńców z podkrążonymi oczami czytających pod kołdrą, z ręką na gałce sprzęgła?

– Spotkałem Lidię, zanim… – Marcin szukał właściwego słowa – zanim *to* się jej wydarzyło.

– Spaliście ze sobą?

– Nie. – Marcin potrząsnął energicznie głową. – Przyszła do mnie po pomoc.

– Pomoc w czym?

– Nie jestem pewien.

Wąsik spojrzał na Marcina wzrokiem pełnym rozczarowania.

– Ma pan kłopoty z koncentracją? Mówię za szybko? Za wolno?

– Od dwóch dni nie miałem kropli alkoholu w ustach – powiedział Marcin, dotykając dłonią czoła. – Może dla pana to nic nadzwyczajnego. Dla mnie to wydarzenie na miarę lotu w kosmos albo wynalezienia odkręcanego kapsla do piwa. Nie pamiętam. Chciała, żebym przyjrzał się bliżej interesom Maksa Steina.

– Steina? Tego od Browaru?

Marcin przytaknął ruchem głowy.

Wąsik oparł łokcie na stole, splótł dłonie i wsparł na nich pokryty ciemnym zarostem podbródek. Spoglądał na Marcina z nowo rozbudzonym zainteresowaniem.

– Niech pan mówi dalej.

– Przyniosła kopie dokumentów. Rejestracje korporacji, przelewy bankowe…

– Ma pan te dokumenty?

– Tak.

Wąsik ruchem dłoni dał mu znak, aby kontynuował.

– Powiedziała, że te rzeczy powinny zainteresować moją gazetę. Nie jestem pewien, ale chyba oczekiwała za to jakichś pieniędzy.

– Co pan zrobił?

– Powiedziałem, że przejrzę dokumenty i jeżeli znajdę w nich materiały dla nas, dam jej znać. Starałem się nie robić jej wielkich nadziei.

– Co dalej?

Prokurator nie musiał wiedzieć, że odzyskał dokumenty dopiero wczoraj. Czuł się winny wobec Lidii. Nie chciał, aby wszyscy wiedzieli, że zignorował jej wołanie o pomoc.

– Przejrzałem dokumenty. Nie znalazłem w nich nic szczególnego. Najprawdopodobniej Max Stein stworzył mechanizm wycofywania zysków z Browaru i kierowania ich na zagraniczne konta bez uciążliwych obciążeń podatkowych. Bardzo ludzkie i cholernie trudne do udowodnienia. Z punktu widzenia gazety historia nie miała większej wartości.

– Skąd więc ten pomysł u dziewczyny?

Marcin rozłożył ręce.

– Nie wiem.

– Dlaczego chciała mu zaszkodzić? Znała go? Musiała go znać, skoro miała dostęp do dokumentów.

Marcin wzruszył ramionami.

– Nie wiem, dlaczego to zrobiła.

Wąsik spoglądał na niego z lekko przekrzywioną głową. W kącikach jego ust pojawił się cień uśmiechu.

– Trudno się z panem rozmawia. Jak na byłego dziennikarza, zostawia pan cholernie dużo pytań bez odpowiedzi.

Marcin wzruszył ramionami.

– Długonogie blondynki z prowincji nie występują przeciwko takim ludziom jak Stein – powiedział, poprawiając wytarty mankiet koszuli. – Co najwyżej nakładają grubszy makijaż. Nawet one to wiedzą. Lidia rozpoczęła walkę, której nie mogła wygrać. Wiem, że zdawała sobie z tego sprawę. Jeżeli ktoś wdaje się w konflikt, z którego nie może wyjść zwycięsko, to znaczy, że jest zdesperowany. Zdesperowany na tyle, aby zignorować konsekwencje swoich działań. Osiągnął dno. Punkt, z którego nie sposób już odbić się w górę.

Wąsik przekrzywił głowę.

– Założę się, że coś pan o tym wie, panie Zięba. – Rozplótł dłonie i położył je na stole wnętrzem do góry. – O nagłych podróżach na dno. I o małych ociemniałych dziewczynkach skrzywdzonych przez podłych i chciwych prawników. Ale teraz spróbujmy na chwilę wrócić do rzeczywistości.

Wąsik pochylił się w jego stronę. Marcin z trudem opanował chęć odsunięcia się od stołu i surowej twarzy prokuratora.

– Raport, który leży na moim biurku, mówi mi, że powinienem chwycić pana za kark i doprowadzić do pierwszej lepszej celi – powiedział Wąsik. – Naraził pan karierę porządnego policjanta. Całe życie słyszę, że wy, dziennikarze, chronicie swoje źródła. Dlaczego nie chronił pan Matjasa? Ma pan aż tylu przyjaciół, żeby rzucać ich na pożarcie?

– Nie mam żadnych przyjaciół.

– I nie widzi pan zależności?

– Czego pan ode mnie chce?! – Marcin uniósł głos. Mężczyzna z „Playboyem" oderwał wzrok od zdjęć i spojrzał w ich kierunku. – Jeżeli myśli pan, że popełniłem przestępstwo, niech mnie pan zamknie. Przykro mi z powodu Klausa. Nie chciałem go narażać. To wszystko.

– I dlatego rzuca pan we mnie nazwiskiem Steina jak gromem z jasnego nieba?

– Co ma do tego Stein?

– To ja pana pytam. W dochodzeniu w sprawie śmierci dziewczyny jego nazwisko nie pojawia się w żadnym kontekście. Znaleziono ją w pojemniku na śmieci przed klubem „Plaża". Była wesołą blondynką, niestroniącą od mężczyzn, alkoholu i mniej lub bardziej legalnych używek. Żyła szybko i bezmyślnie. Jak większość z jej pokolenia. Najprawdopodobniej jej ostatni kochaś po kilku głębszych ścisnął jej szyję mocniej niż zwykle. A pan opowiada mi historię, z której mam wnioskować, że Stein i denatka byli ze sobą blisko? Ma pan dla mnie inne sensacje, panie Zięba?!

Marcin sięgnął do kieszeni kurtki i wyjął oddartą fotografię. Położył ją na stoliku, nie patrząc na Wąsika.

– Lidia była w ciąży. Ktoś usunął płód, aby nie można było ustalić ojcostwa. Ta fotografia jest jedną z niewielu ocalałych z pokoju Lidii. W dzień po jej śmierci ten facet – Marcin wskazał palcem mężczyznę stojącego za wojewodą – pojawił się w domu jej rodziców, przedstawiając się jako pracownik agencji modelek. Zabrał kilka albumów ze zdjęciami. Rodzice nie oponowali, bo zostawił kopertę z pieniędzmi – Lidia wspomagała ich finansowo. Co było na tych zdjęciach? – Rozłożył bezradnie ręce. – Lidia oddarła część fotografii, widać tylko ramię mężczyzny, który siedział obok. Takie selektywne niszczenie fotografii ma prawie zawsze wymiar symboliczny.

– Czy wie pan, kim są mężczyźni na zdjęciu?

– Jeden z nich to wojewoda Tyszko. Reszty nie znam.

– Co to wszystko ma wspólnego ze Steinem?

Marcin wzruszył ramionami.

– Nie mam pojęcia. To pan jest prokuratorem.

Wąsik uśmiechnął się i schował fotografię do portfela. Kątem oka Marcin dostrzegł fotografię młodej dziewczyny z długim czarnym warkoczem, wsuniętą pod plastikową ramkę.

– Córka?

Wskazał wzrokiem na dłoń mężczyzny. Twarz prokuratora rozjaśniła się nieznacznie.

– Mam jeszcze jedno pytanie, panie Zięba. Historia Andy'ego Slima – to niemożliwe, żeby wyszła od Matjasa. Matjas nie prowadził sprawy, a pan znał bardzo dużo szczegółów. Więcej niż my. Kto panu dostarczył wiadomości?

– Nie wierzy pan w dziennikarstwo śledcze?

Prokurator odkrył w uśmiechu rząd nierównych zębów.

– Nie.

– Stein – powiedział Marcin, podnosząc się z krzesła. – Wszystkie informacje wyszły od Steina.

Wąsik wziął płaszcz z oparcia.

– Amatorzy. – Patrzył gdzieś nad głową Marcina, zarzucając płaszcz na plecy. – Nienawidzę amatorów.

Mężczyzna z „Playboyem" w dłoni z hałasem odsunął krzesło i skierował się do wyjścia, tuż za znikającą w drzwiach sylwetką prokuratora.

BOŻYDAR WĄSIK POZWOLIŁ MĘŻCZYŹNIE z „Playboyem" otworzyć przed sobą tylne drzwiczki samochodu.

– Następnym razem wybierz bardziej neutralną literaturę – powiedział, wyjmując z jego dłoni kolorowy magazyn i rzucając go na podłogę samochodu. – Czy nikt już nie czyta klasyków?

– Hefner to klasyka – powiedział mężczyzna, zatrzaskując za nim drzwiczki.

Wąsik wyjął z kieszeni przedartą fotografię. Kiedy samochód ruszył, zamknął powieki.

OSTATNI DZIEŃ MAJA 1981 ROKU. Upał. Tłum żałobników przetacza się ulicami miasta jak gigantyczny wygrzany w słońcu wąż.

Nad jego głową powiewa biało-czerwona flaga ze znakiem Polski Walczącej. Kobieta obok trzyma w dłoniach zdjęcie Prymasa. Tłum intonuje: „Nie rzucim ziemi, skąd nasz ród".

Przed bramą cmentarza korowód zatrzymuje się. Mężczyźni z opaskami na ramionach kierują wchodzącymi, wpuszczając po pięć, dziesięć osób. Za ich plecami mężczyzna z kamerą wideo. Ma na sobie czarne spodnie i białą koszulę z krótkimi rękawami. Nawet z tej odległości widać jego potężne ramiona – ramiona ciężarowca lub zapaśnika. Kiedy zrównują się, mężczyzna odsuwa kamerę od twarzy i spogląda w tłum. Ich wzrok krzyżuje się na chwilę. Oczy mężczyzny są ciemne i zimne jak grudniowa noc. Pomimo bezlitosnego upału Wąsik czuje chłodny dreszcz przebiegający po plecach.

Nigdy nie zapomina twarzy.

Otworzył oczy i spojrzał na przedartą fotografię. Zatrzymał palec na podobiźnie mężczyzny w szarym garniturze.

Wiktor. Jeszcze w latach dziewięćdziesiątych widywał go w korytarzach prokuratury. Mógłby przysiąc, że Wiktor był pracownikiem resortu. Skąd ta pewność? Nie potrafił powiedzieć, ale coś w aroganckim chodzie mężczyzny, opuszczonych nisko ramionach, oczach spoglądających bez mrugania powiekami zdradzało poczucie władzy. Władzy nad życiem innych.

Wzrok Wiktora mierzył ludzi od stóp do głów. Jak wzrok krawca. Albo pracownika zakładu pogrzebowego.

Wiktor i wojewoda. Wąsik przyjrzał się mężczyznom na fotografii. Razem przy jednym stole. Najwyraźniej zaprzyjaźnieni.

Kilka lat temu wojewoda był podejrzany o współpracę z resortem. Wąsik pamiętał artykuły prasowe oskarżające Tyszkę o szpiegowanie kolegów z konspiracji i doprowadzenie do schwytania i aresztowania dwóch dysydentów ukrywających się w mieszkaniu jego matki. Jego pseudonim operacyjny miał brzmieć Profesor. Jakiś dziennikarz „Kuriera" dotarł do kopii dwóch raportów podpisanych przez Profesora, ostrzegających władze przed grupą intelektualistów z Uniwersytetu Warszawskiego. W owym czasie Tyszko wykładał tam prawo. Wojewodzie groził proces lustracyjny. Kiedy jednak próbowano dotrzeć do teczek Profesora w resorcie, okazało się, że nie można ich odnaleźć. Oprócz dwóch listów opublikowanych w prasie żadne inne dowody egzystencji agenta o tym pseudonimie operacyjnym albo nigdy nie istniały, albo nagle przestały istnieć.

A jeśli Tyszko był człowiekiem Wiktora? Jego agentem? Wąsik słyszał o takich przypadkach. Wiktor mógł prowadzić wojewodę w czasach komuny jako swego zaufanego agenta, a teraz Tyszko odwdzięczał mu się, biorąc go pod opiekuńcze skrzydła nowej władzy. Prawdopodobne? Być może. Kto mógłby to potwierdzić? Pewnie nikt.

Schował fotografię do wysłużonego portfela. Nie miał pojęcia, po co mu te informacje. Kolekcjonował je z nawyku. Jak stare pocztówki. I kłamstwa.

DIANA FUKS PATRZYŁA na rozłożone na stole fotografie z wyrazem niedowierzania na twarzy. Krystyna stała wsparta o ścianę, z rękami splecionymi na piersi.

Od kilku minut kobiety nie zamieniły ani słowa. Fuks w milczeniu studiowała czarno-białe fotografie, jakby miała nadzieję, że uda jej się ułożyć je w logiczną całość. Krystyna pomyślała, że Fuks z palcami na zdjęciach i papierosem w ustach wygląda jak producent pornograficznego filmu, dobierający obsadę.

Fuks uniosła głowę znad fotografii i wyjęła z ust końcówkę papierosa. Gasząc ją w popielniczce, spojrzała na Krystynę.

– Gdzie je znalazłaś?

– W szufladzie biurka. Posegregowane w oddzielnych teczkach i włożone do kopert z wypisanymi datami. Wszystko w absolutnym porządku.

Fuks podniosła jedno ze zdjęć i przyjrzała mu się uważniej.

– Skurwysyn. – Krystynie wydawało się, że usłyszała nutkę podziwu w jej głosie. – Traktuje te rzeczy jak zbiory biblioteczne. Nie wiedziałam, że wojewoda ma tak owłosiony tyłek – dodała, rzucając zdjęcie na leżącą na stole stertę.

– Dlaczego to zrobiłaś? – zapytała.

– Stein nam groził. Chciałam wiedzieć, czy czegoś nie knuje. Zwykłe działanie prewencyjne. – Rozłożyła ręce, próbując się uśmiechnąć.

Kiedy odkryła, przeglądając nieotwarte listy na stole w kuchni, że to mieszkanie Steina, była zdruzgotana. Nie wiedziała, co robić. Nie mogła powiedzieć Fuks, że trafiła tam, śledząc Wiktora. Dlaczego miałaby go śledzić? Wiktor był zaufanym człowiekiem Ligi.

Przewodnicząca patrzyła na nią z wyrazem niedowierzania na twarzy. Wzruszyła ramionami.

– Kto by się spodziewał, że trafię na takie skarby?

Fuks nie była pewna, co o tym sądzić.

– To prawda. Nikt – powiedziała, sięgając po następnego papierosa. – Czy Wiktor wiedział o twojej akcji?

Krystyna nie była pewna, czy na dźwięk imienia Wiktora zdołała zachować obojętny wyraz twarzy. Na wszelki wypadek zanurzyła twarz w dłoniach, jakby odgarniała z niej resztki zmęczenia.

– Nie widziałam potrzeby, żeby to z nim uzgadniać. To było zadanie dla jednej osoby. Wiktor byłby ciężarem.

Fuks zmarszczyła czoło.

– Nie lubię samowoli. Takie spontaniczne działania narażają bezpieczeństwo Ligi. Zdawało mi się, że to ty sugerowałaś, by wszystkie działania „Odwetu" konsultować z Wiktorem?

Krystyna wzruszyła ramionami, mając nadzieję, że jej gest wygląda naturalnie.

– Wiktor jest naszym doradcą – nikim więcej. Nie musi wiedzieć o wszystkim. Powinnyśmy się wystrzegać zbytniej zależności od osób spoza organizacji.

Fuks popatrzyła na nią i skinęła głową. Jej prawa dłoń szukała paczki papierosów, zakopanej na stole pod stertą fotografii.

– Myślałam, że go lubisz…

– Moje uczucia do Wiktora nie mają z tym nic wspólnego.

– O Chryste. – Fuks wyglądała na rozbawioną. – Teraz mówisz jak prawdziwa córa rewolucji. Honor i sprawa! Spocznij, żołnierzu.

Przewodnicząca wyłuskała papierosa z paczki i wcisnęła go do ust.

– Musisz trochę odpocząć. Ta cała konspiracja daje ci się we znaki. Może czas, żeby zastanowić się, co dalej. – Fuks wycelowała w nią dłoń z papierosem. Jej palec wskazujący otoczony obłokiem dymu wyglądał jak lufa pistoletu tuż po wystrzale. – Nie chcę żadnych więcej akcji. Jasne? „Odwet" idzie na urlop, dopóki nie zdecyduję inaczej. A ty razem z nim.

Krystyna podeszła do stołu i oparła dłonie o blat. Ich twarze były tak blisko siebie, że mogłaby policzyć wszystkie włoski rosnące nad górną wargą Fuks.

– Robisz błąd. Taka przerwa zdemoralizuje grupę, rozluźni dyscyplinę. I to właśnie teraz, kiedy zaczęliśmy odnosić sukcesy.

– Sukcesy?! – Fuks podniosła się z krzesła i stanęła twarzą w twarz z Krystyną. – Zniszczone plakaty, zatruci ludzie, zdemolowane sklepy! Pół kraju myśli, że mieliśmy coś wspólnego z zabójstwem tej małej zdziry z plakatu, a drugie pół uważa, że jesteśmy fanatyczną zgrają lesbijek z kamieniami w ręku, stającą u wrót *polis*! Zrobiliśmy męczenników ze Steina i jemu podobnych! Czy taki był twój zamiar? Czy to są prawdziwe cele Ligi?!

– Liga nie może stać bezczynnie, kiedy na każdym kroku bezkarnie poniża się godność kobiet.

Fuks machnęła ręką ze zniecierpliwieniem.

– Oszczędź mi tych dogmatycznych bzdur. Sama je wymyśliłam.

Obeszła stół, stanęła obok Krystyny i położyła jej dłoń na ramieniu.

– Świat się zmienia, moja droga. Jeśli nie pójdziemy z duchem czasu, historia zmiecie nas jak kurz pod dywan. Cała nasza praca pójdzie na marne. – Krystyna poczuła na twarzy oddech przepojony zapachem nikotyny. – Odwaliłaś kawał dobrej roboty. Jestem ci za to wdzięczna. Cała Liga zaciągnęła w stosunku do ciebie dług honorowy. Czas usiąść i zastanowić się spokojnie, jak najlepiej wykorzystać to, co już osiągnęłaś. Możesz jeszcze wiele dla nas zrobić. Dla nas i dla siebie – dodała, kładąc jej dłoń na włosach. – Nie pora na głupstwa. Skorzystaj z wolnego czasu, który ci ofiaruję, i zastanów się, co chcesz dalej robić.

Krystyna odsunęła się od Fuks, jakby z blatu stolika nagle buchnął żar jak z wnętrza pieca. Ręka przewodniczącej opadła bezwładnie wzdłuż jej potężnego ciała.

– Odsuwasz mnie od siebie?

– Dramatyzujesz, dziecinko. Proponuję ci zasłużony odpoczynek. Te działania na granicy prawa i dobrego smaku muszą się skończyć. Spójrz na to! – Pokazała dłonią na stos fotografii na stole. – Dokąd nas to wszystko zaprowadzi? Chcesz skończyć w kuble na śmieci, jak ta mała?

– Zaufałam ci.

– Daj spokój! – głos Fuks był stanowczy i pełen zniecierpliwienia. – Musisz wziąć się w garść. „Odwet" to już przeszłość. Nie pozwolę wam więcej na bieganie po mieście z kominiarkami na głowach i wytrychami w kieszeniach. To dziecinada!

Krystyna z trudem powstrzymywała łzy napływające jej do oczu. Zacisnęła pięści, czując, że wszystkie mięśnie jej ciała naprężają się niczym struny.

– Zaufałam ci, suko.

Nie usłyszała odpowiedzi. Trzaśnięcie drzwi odcięło w połowie słowo, które wykrzyknęła Fuks.

TAKSÓWKA NIE MOGŁA zatrzymać się przed wejściem do Musikverein, ponieważ drogę tarasowały cztery autobusy z turystami. Zmęczone twarze w bladym świetle ulicznych lamp. Opatulone płaszczami i kurtkami sylwetki pochylone pod ciężarem toreb i plecaków, aparatów fotograficznych i kamer wideo. Mimo wyczerpania hałaśliwe grupy kobiet i mężczyzn gotowały się do szturmu. Wiedeńskie fabryki kultury otwierały podwoje dla nocnej zmiany.

Samochód zatrzymał się w bocznej uliczce, dobre dwieście metrów od najbliższego wejścia. Stein sięgnął po portfel, żeby zapłacić kierowcy.

Kiedy trzy godziny wcześniej Dice dotarł do hotelu, Stein czekał już na niego w lobby. Poranny lot z Warszawy najwyraźniej nie miał takiego przygnębiającego wpływu na jego samopoczucie jak dwudziestogodzinna podróż Dice'a, bo Max tryskał energią i wydawał się szczerze ucieszony spotkaniem. Belgowie przesłali zaproszenia, a wypożyczony smoking czekał na niego w pokoju. Jakie zaproszenia? Dice, wciąż przebywający dziewięć stref czasowych od marmurowego lobby hotelu Kempinski, nie był do końca pewny, czy ta rozmowa odbywa się naprawdę, czy też jest tworem jego zmęczonej wyobraźni. Zaproszenia na wieczorny koncert w Musikverein. Czyżby Stein żartował? Czyżby Belgowie oszaleli, każąc mu przemierzać połowę świata, aby zaprosić go na pieprzony koncert?! Tak czy inaczej, nie miał siły oponować. Zrezygnowany poszedł do pokoju, zamknął drzwi i położył się na łóżku obok plastikowego pokrowca ze smokingiem z wypożyczalni. Nie wiedział, kiedy wziął prysznic i się ubrał. Pamiętał jedynie własny szok na widok bordowej muszki na gumce.

Dice patrzył teraz na swoje lakierki, a potem na kałuże topniejącego śniegu i klął pod nosem. Stein płacił taksówkarzowi, przyglądając się z uwagą cyfrom na banknotach.

Szli do wejścia, jakby stąpali po rozżarzonych węglach. Dice uniósł nawet nogawki smokingowych spodni, podtrzymując je dłońmi pod odchylonymi połami płaszcza. Mimo tych zabiegów jego buty pokryły się białym nalotem soli.

Na stopniach budynku zatrzymał ich tłum Japończyków blokujących wąski korytarz i niemogących doliczyć się biletów. Po kilku minutach oczekiwania Dice – czy to z powodu chaosu panującego na zewnątrz, czy też z racji nieznośnego bólu głowy rosnącego z minuty na minutę, czy też z uwagi na Belgów i ich idiotyczne zaproszenie – stracił cierpliwość i bezceremonialnie, ze zgiętymi łokciami ruszył w tłum z determinacją pługa śnieżnego. Stein podążył za nim z pochyloną głową i uprzejmym uśmiechem na twarzy.

Krok po kroku Dice czynił postępy w wędrówce przez zbitą ludzką ciżbę. Kiedy dostrzegł zarys drzwi wejściowych, pochylił agresywnie głowę i z wyciągniętymi przed siebie dłońmi naparł zdecydowanie na ostatnie rzędy pleców oddzielających go od foyer.

Gdy usłyszał krótki krzyk, zamarł w bezruchu. Opuścił wzrok i na kamiennej posadzce przed sobą dostrzegł ciało młodej dziewczyny w barokowej sukni i sportowych butach. Jej twarz wykrzywiał w grymas bólu, oczy były pełne niemego przerażenia, a głowa nienaturalnie skręcona jak głowa zepsutej lalki.

Patrząc na leżącą postać, Dice zamarł w bezruchu na progu foyer. Odetchnął z wyraźną ulgą, kiedy zorientował się, że dziewczyna nie skręciła sobie karku, tylko jej biała barokowa peruka przekrzywiła się na bok, tworząc makabryczne wrażenie nagłej dekapitacji. Obok jej prawej dłoni leżał kolorowy wachlarz rozsypanych biletów.

Dice kątem oka dostrzegł, że dwoje Japończyków z tłumu filmuje całe wydarzenie kamerami wideo. Mógłby się założyć, że słyszał też za plecami trzaski migawek aparatów.

– Bardzo panią przepraszam – powiedział, pochylając się lekko i wyciągając rękę do leżącej dziewczyny. – Tak mi przykro, ale ktoś mnie popchnął.

Dziewczyna po chwili wahania przyjęła jego dłoń.

Van der Boer, w towarzystwie dwóch mężczyzn, przyglądał się tej scenie przez szklane drzwi oddzielające przedsionek filharmonii od foyer. Jego twarz była czerwona jak głowa indyka przed atakiem. Kiedy Dice wyciągnął dłoń w jego kierunku, eksplodował histerycznym śmiechem.

– Do diabła, Trevor! Co za wejście!

CZUŁA NADCHODZĄCY ATAK MIGRENY. Pachnące kwiatami perfumy Beaty działały kojąco jak krople zimnej wody na skroniach.

– Mam chyba za mało cukru we krwi – powiedziała, otwierając szuflady biurka. – Łeb mi pęka.

Beata siedziała na krześle ze skrzyżowanymi nogami. Jasna spódnica lekko się podwinęła, odsłaniając kształtne kolana. Po raz któryś z rzędu Diana Fuks zastanawiała się nad walorami kobiecości uwolnionej spod wełnianych spódnic, rozciągniętych swetrów i flanelowych koszul. Świat się zmieniał. Mężczyźni szanowali zimne kobiety z żarłocznym seksapilem i nieposkromioną ambicją. Kobiety, które sięgały po to, czego pragną. Szanowali w nich siebie. Rozpoznawali odwieczne braterstwo krwi drapieżników. Żenili się z nimi. Czyżby naprawdę w końcu tego dokonały? Osiągnęły prawdziwe partnerstwo?

Beata odłożyła fotografie na biurko. Odrzuciła kosmyk włosów opadający jej na czoło i spojrzała na przewodniczącą.

– Znasz moje zdanie na temat działań „Odwetu"?

Fuks skinęła posępnie głową.

– Więc nie będziesz zdziwiona, jeśli powiem, że należało się tego spodziewać. Ta cała podziemna błazenada przypomina niezdrową fascynację latami osiemdziesiątymi. Jak słuchanie Bee Gees, jedzenie soi albo noszenie sportowych butów do garnituru. A teraz to? Nie chcę nawet myśleć, co by się stało, gdyby ktokolwiek wiedział, że wpadła nam w ręce ta kolekcja!

Beata miała rację. Fotografie mogły zniszczyć Ligę na zawsze, zmieść ją z powierzchni ziemi, skompromitować i skazać na powolne zapomnienie. Niech będzie przeklęta Krystyna i jej cholerne pomysły!

– Mój Boże! Czy jest tu ktoś, kogo nie sfotografowano? – Beata sięgnęła ponownie po zdjęcia. – Ten album rodzinny jest w stanie sparaliżować pół kraju!

– Co robić? – Fuks wierciła się w fotelu jak mała niespokojna dziewczynka. – Co robić?

– Po pierwsze pozbyć się tego! – Beata rzuciła fotografie na biurko. – Im szybciej, tym lepiej.

– Jak? Zniszczyć?

Beata rzuciła jej przerażone spojrzenie.

– Nawet o tym nie myśl! Gdyby ktokolwiek się o tym dowiedział, byłybyśmy skończone!

Fuks rozłożyła bezradnie ręce.

– Więc co mam z tym zrobić?

TREVOR DICE OBSERWOWAŁ uśmiechniętą twarz Van der Boera, kiedy orkiestra grała ostatnie takty *Eine kleine Nachtmusik*, i myślał, że chętnie by go zabił. Mozart i śmierć. Austriackie towary eksportowe.

Patrząc na gruby kark Van der Boera, nie miał wątpliwości, że byłby do tego zdolny. Zabicie mężczyzny, który chce go ograbić z nieśmiertelności, przyszłoby mu łatwo i sprawiłoby mu przyjemność.

Stein siedział obok, niczego nie rozumiejąc. Biedny idiota, uśmiechający się do niego i nucący pod nosem melodię, graną przez orkiestrę.

Rozmowa z Van der Boerem przyprawiała go o ból głowy. Każdy nowy takt tysiącem szpilek wbijał się w jego ciało. Nie mógł się doczekać końca koncertu, gdy zostanie sam na sam ze Steinem. Nie mógł się doczekać chwili, w której skręci mu kark.

GODZINĘ WCZEŚNIEJ, W CZASIE ANTRAKTU, Van der Boer nalegał, aby spotkali się bez Steina. Dice zgodził się, aczkolwiek niechętnie, zostawiając Maksa przy stoisku z pamiątkami.

Mały pokoik w Musikverein, z szarą wykładziną podłogową, pękniętą taflą lustra i niewielkim okrągłym stolikiem pośrodku wyglądał jak opuszczona garderoba.

Kiedy wszedł, Van der Boer siedział przy stoliku, pochylając się w stronę szczupłego łysiejącego mężczyzny w dobrze skrojonym garniturze. Za jego plecami, pod ścianą, siedziała kobieta w barokowej sukni, ściskając w dłoniach czarny klarnet. Tuż obok krzesła stał wiklinowy koszyk wypełniony czerwonymi różami. Van der Boer zerwał się zza stołu i ruszył w jego kierunku.

– Jak koncert, Trevor? Czyż ta mała nie jest *simplice divina*?

Dziewczyna na krześle uniosła lekko głowę i spojrzała

w stronę Dice'a. Rozpoznał ją. Siedziała w trzecim rzędzie orkiestry, ogromna i spocona jak topniejąca lodowa rzeźba. Bez białej peruki na głowie jej twarz wyglądała na większą niż w czasie koncertu.

Dice skłonił się lekko w jej kierunku. Twarz dziewczyny nie zdradzała żadnych emocji.

– Moja siostrzenica – powiedział Van der Boer, kładąc dłoń na jego plecach. – Nigdy nie opuszczam jej występów. Ma przed sobą wielką przyszłość.

Dice pokiwał ze zrozumieniem głową.

– Siadaj, Trevor. – Van der Boer schwycił go za ramię i poprowadził do stolika. Mężczyzna w ciemnym garniturze wstał i uśmiechnął się do Dice'a. Mięśnie jego twarzy wyraźnie nie były do tego przyzwyczajone.

– Znasz Krystiana Lukkę z Global Investment Bank? Krystian zajmuje się finansami Browaru. Poprosiłem go, aby przyłączył się do nas.

– Prawdę mówiąc, Hans, nie rozumiem... Mieliśmy rozmawiać...

Van der Boer spojrzał na Dice'a bez cienia uśmiechu na twarzy.

– Chciałem, abyśmy porozmawiali chwilę bez Maksa. – Położył dłoń na ramieniu Lukki. – Krystian ma informacje, które są bardzo istotne dla Browaru i dla ciebie, Trevor, a nie ukrywam, że także dla nas jako przyszłych nabywców.

Dziewczyna w kącie podniosła klarnet do ust i lekko dmuchnęła w ustnik. Dźwięk zawisł nad ostatnimi słowami Van der Boera, jakby chciał podkreślić ich doniosłość. Dice usiadł na krześle, nieco uspokojony („Skoro Belg nadal mówi o zakupie Browaru..."), i spojrzał na mężczyzn po drugiej stronie stołu.

– *What gives*, Hans?

Van der Boer usiadł obok Lukki i spojrzał na niego znacząco. Mężczyzna schylił się i wyłowił spod stolika czarny neseser.

– Nie wiem, czy panu wiadomo, że pański wspólnik aktywnie gra na giełdzie.

Dice wzruszył ramionami.

– Wszyscy musimy gdzieś inwestować.

– Inwestycja to jedna sprawa – powiedział Lukka, otwierając neseser i wyciągając z niego plik dokumentów. – Pan Stein posiada walory na dwunastu światowych giełdach. Na czterech z nich prowadzi, mniej lub bardziej regularnie, dzienne transakcje. A to znaczy, że kupuje i sprzedaje walory w ciągu tego samego dnia.

Dziewczyna w kącie znów opuściła głowę i siedziała teraz nieruchomo, trzymając klarnet w opartych na udach dłoniach. Dice skinął w jej kierunku głową.

– Czy nie powinniśmy...

Van der Boer machnął lekceważąco dłonią.

– Proszę się nie przejmować – powiedział. – Nie rozumie ani słowa po angielsku. *Tu va bien, ma chérie? Besoin de quelque chose?*

Dziewczyna spojrzała w jego kierunku i pokręciła przecząco głową. Van der Boer przeniósł wzrok na Lukkę.

– Jak zapewne pan wie, dzienne transakcje obarczone są dużym ryzykiem. To gra zerowa, jak mawiamy w banku. Ktoś musi stracić, aby ktoś mógł zyskać. Nic pośrodku.

Lukka postukał kartkami o blat stolika, wyrównując plik.

– Max stracił?

Lukka spojrzał na niego z uśmiechem człowieka, który trzyma klucz do tajemnic wszechświata.

– Nie od razu. Pan Stein radził sobie całkiem nieźle jeszcze rok temu. Dopóki nie odkrył instrumentów pochodnych.

Van der Boer opuścił ciężką dłoń na stolik.

– Do diabła, Trevor! Te śmiecie to absolutne *scheisse*.

Dice dostrzegł kątem oka, że dziewczyna pod ścianą uniosła instrument do ust.

– Znałem wielu łebskich ludzi, którzy utopili majątki w tym gównie.

– Pan Stein rozpoczął od opcji walutowych – kontynuował Lukka – aby zabezpieczyć swoje inwestycje na tak różnych rynkach jak Tokio, Buenos Aires czy Zurych. Szło mu bardzo dobrze. Tak dobrze, że niektórzy z naszych dealerów zaczęli dublować jego pozycje. Od kiedy w ciągu tygodnia zarobił ponad dwa miliony dolarów na spadku dolara, zaczęto go nazywać „Dolar Stein". Niestety – Lukka przerzucił kartki na stole, jakby poszukiwał w nich potwierdzenia swoich słów – później było już znacznie gorzej.

– Łatwo przyszło, łatwo poszło. Wy, Australijczycy, pozostajecie dla mnie wielką tajemnicą. Nie wierzycie w nic prócz pieniędzy. Jak to się mówi o Australii? – Van der Boer rozejrzał się po twarzach zebranych, ale nikt nie pospieszył z odpowiedzią. Jego siostrzenica położyła klarnet na kolanach i poprawiła ręką kosmyk włosów opadający na czoło. – „Do Australii jedzie się po to, aby odbyć karę albo zbić majątek". Ale kiedy już macie pieniądze, wasze przywiązanie do nich przybiera wymiaru iście religijnego. Rzucacie się w pościg za duchem mamony, za jej najbardziej ulotnym aspektem. Ścigacie to, co niedotykalne, z uporem godnym lepszej sprawy.

– Pan Stein zaczął z czasem inwestować w coraz bardziej egzotyczne instrumenty. – Lukka wskazywał palcem zapis na jednej ze stron, ignorując dygresje Van der Boera. – Opcje na gilty, Samurai bonds, Yankee bonds, opcje na indeksy giełdowe, opcje na miedź, cynk, nawet mocznik. Interesowało go wszystko. W pewnym momencie portfel inwestycyjny pana Steina zawierał dziesięć tysięcy opcji pogodowych.

– Pogodowych? – Dice był wyraźnie zaskoczony.

– Niektóre branże są bardziej od innych podatne na zmiany atmosferyczne. Co więcej, to, co dla jednych może być klęską, dla innych jest zbawieniem. Mroźna zima to najlepszy sezon dla dostawców energii, ale fatalny dla budownictwa. – Lukka mówił teraz monotonnym i znudzonym głosem. Najwyraźniej uważał ich za dyletantów. – Kiedy budownictwo obawia się srogiej zimy, kupuje ubezpieczenie w formie opcji od dostawcy energii, który obawia się, że wiosna tego roku przyjdzie za szybko.

– Max obawiał się srogiej zimy?

Lukka pokręcił ze zniecierpliwienie głową.

– Wyjaśniam tylko genezę instrumentu. Raz stworzona opcja odrywa się od rzeczywistego świata i żyje tylko na rynku.

Rzeczywistego świata? Dice mógłby przysiąc, że koszmar, w którym obecnie uczestniczył, ma tyle wspólnego z rzeczywistością, co jednorożec.

– Opcje są niezwykle atrakcyjnym instrumentem, panie Dice – kontynuował Lukka, nie zważając na jego nieobecne spojrzenie. – Niewielka inwestycja pozwala na kontrolę dużych pakietów walorów. Niewyobrażalnie dużych. To często oszałamia inwestorów. Daje im złudne poczucie władzy. Wygrane są olbrzymie. Żaden wyścig koni na tym globie, żadna ruletka świata nie może mierzyć się z wygraną na giełdzie. To tak, jakby rozbił pan bank wszystkich kasyn Nevady i pomnożył to przez sto. – Lukka podniósł wzrok znad papierów i spojrzał na Van der Boera, który pokiwał ze zrozumieniem głową. – Niestety, tak jak w kasynie, to bank częściej wygrywa.

– Bank zawsze wygrywa! – Van der Boer roześmiał się hałaśliwie. – Zawsze!

Lukka mówił dalej, ignorując komentarz Belga.

– Od ponad dwóch miesięcy portfel inwestycyjny pana Steina przynosi same straty. Tak zwane *margin calls* sięgają nawet pół miliona dolarów.

– Miesięcznie?

– Każdego dnia, panie Dice.

Siostrzenica Van der Boera uśmiechnęła się do niego, pokazując rząd śnieżnobiałych zębów. Dopiero po chwili zorientował się, że od pewnego czasu wpatruje się uparcie w jej rozchodzone lakierki ze srebrnymi sprzączkami na bokach.

– Pół miliona dolarów dziennie – powtórzył, jakby miał nadzieję, że Lukka skoryguje kwotę i wyjaśni, że został źle zrozumiany. Lukka rozwiał tę nadzieję, kiwając potakująco głową.

– Do dnia dzisiejszego straty przekroczyły dwadzieścia milionów dolarów – powiedział, na powrót zanurzając wzrok w papierach. Łysiejący punkt na czubku jego głowy pokrył się kropelkami potu.

– Stein pokrywa straty?

Lukka i Van der Boer wymienili szybkie spojrzenia.

– Oczywiście – odparł Lukka. – Nasz bank otworzył linię kredytową, z której pan Stein do tej pory korzystał. Niestety, w obliczu potęgujących się strat jesteśmy zmuszeni do wycofania naszego zaangażowania i domagania się spłaty.

– Max nie ma tylu pieniędzy!

Lukka i Van der Boer po raz drugi skrzyżowali spojrzenia.

– Kredyt inwestycyjny został panu Steinowi udzielony pod zastaw jego akcji w Polbrew International.

Za drzwiami rozległ się dźwięczny głos gongu oznajmiającego koniec antraktu. Siostrzenica Van der Boera poruszyła się nerwowo na krześle i chwyciła instrument.

– Nie rozumiem, co chce mi pan powiedzieć. – Dice pochylił się w stronę Lukki, jakby zamierzał schwycić go za ramiona i potrząsnąć nim. – Co to znaczy?

– Tylko tyle, panie Dice, że jeśli Max Stein nie zdoła spłacić swojego zadłużenia na czas, staniemy się wspólnikami.

Gong zabrzmiał po raz drugi. Dziewczyna zerwała się z krzesła.

– Spójrz na to w ten sposób, Trevor – powiedział Van der Boer, podnosząc się i zapinając marynarkę na wydatnym brzuchu. – Mogłeś trafić znacznie gorzej. Krystian to rozsądny facet.

Dłoń Van der Boera opadła na jego ramię jak sędziowski młotek.

– Gotowy na drugi akt?

KRYSTYNA ZJECHAŁA NA POBOCZE, wyłączyła silnik i wysiadła z samochodu. Jej dłonie drżały, jak wtedy, gdy kończyła wyczerpującą serię ćwiczeń. Aby opanować drżenie, wsunęła je pod ramiona. Mokry śnieg przylepiał się do twarzy i włosów. „Oddychaj głęboko. Spowolnij pracę serca". Oparła się o bagażnik samochodu i zamknęła powieki.

Ekran zamigotał ponownie i jej uszy wypełnił męski śmiech. Max Stein leżał na łóżku z głową wspartą na łokciu i twarzą skierowaną w stronę kamery. Był całkowicie nagi i mówił coś do osoby stojącej za kamerą. Obraz poruszył się kilkakrotnie, w kadrze pojawiło się całe łóżko i fragmenty pokoju. Stein uniósł się na łóżku i sięgnął po dwa wysokie kieliszki stojące na nocnej szafce. Uniósł je w stronę kamery w wyczekującym geście. Czyjeś plecy przesłoniły na chwilę obraz. Śmiech Steina był coraz głośniejszy, prawie histeryczny.

Najpierw sama dłoń chwyciła podawany przez Steina kieliszek, a palce zacisnęły się na cienkiej nóżce jak na kruchym pancerzu owada. Potem ukazało się nagie ramię, tors, aż wreszcie pojawiła się cała postać, wskoczyła w kadr jak w prostokąt basenu, głową do przodu, z ramionami wysuniętymi na całą długość, wpadając na śmiejącego się Steina i wylewając wino z kieliszków. Zobaczyła tatuaż na plecach, na wysokości prawej łopatki: rysunek węża zjadającego własny ogon. Wiktor.

Uniosła powieki. Plamy pędzących samochodów były jak ślady zanikających obrazów z jej pamięci. Migotliwy ekran znikał powoli i zastępowało go szare mokre powietrze grudniowego popołudnia, wypełnione zimnym światłem latarni. Drżenie dłoni minęło, jej oddech stał się głęboki i regularny. Jej pamięć miała teraz kształt czarnego, plastikowego prostopadłościanu kasety wideo ukrytej w schowku samochodowym.

DICE ZBIEGŁ ZE SCHODÓW na mokrą od deszczu ulicę, pokonując po kilka stopni naraz, i skierował się w stronę wąskiej Lothringerstrasse. Biegł szybko i zdecydowanie. Max Stein podążał za nim z lekko spuszczoną głową, pochylonymi plecami i dłońmi wciśniętymi w kieszenie płaszcza. Cień próbujący dotrzymać kroku swemu ciału.

Taksówki na Karlsplatz czekały w strugach deszczu, ustawione jedna za drugą na mokrej, błyszczącej ulicy precyzyjnie jak kolorowe kanapki na tacy w barze u Trzesniewskiego. Trevor Dice podszedł do pierwszej z brzegu i zniknął w jej wnętrzu, z głośnym trzaskiem zamykając za sobą drzwiczki. Zielona choinka zapachowa zakołysała się gwałtownie pod lusterkiem.

Stein wcisnął przemoczoną twarz w półotwarte drzwi po drugiej stronie taksówki.

– Ale ulewa!

Wsunął się do środka i opadł na miejsce za siedzeniem kierowcy, potrząsając głową jak zmoczony pies.

– *Grüss Gott* – powiedział kierowca. – Mili panowie, uważajcie na dywanik. Dopiero go czyściłem. Prawdziwy pers.

Mężczyzna miał silny wiedeński akcent i ciężki oddech człowieka, który wspina się nieustannie po stromych schodach. Dice nie rozumiał, co mówi. Patrzył nieruchomo przez zalewane strugami deszczu okno. Odwrócił głowę od towarzysza podróży.

– Hotel Kempinski – powiedział Stein, wyciągając pudełko zapałek z kieszeni, żeby odczytać nazwę hotelu. – *Bitte*.

– To ładne miejsce, mili panowie. Mój wujek był tam kucharzem. W latach pięćdziesiątych – powiedział taksówkarz, ruszając powoli i pochylając się w stronę szyby, jakby próbował odnaleźć na niej miniaturowe zadrapanie. – *Ładne miejsce*.

Dice wziął głęboki oddech i wypuścił powietrze.

– Co ty sobie, kurwa, myślisz, Max? – We wnętrzu taksówki, wypełnionej usypiającymi taktami walca, jego słowa zabrzmiały, jakby kryształowa waza uderzyła o kamienną posadzkę. – Kiedy zamierzałeś mi o tym powiedzieć?

Stein spojrzał na niego, a potem ukrył twarz w dłoniach.

– O czym? – zapytał.

Kiedy opuścił ręce, jego twarz wyglądała obco w rozświetlanym ulicznymi latarniami wnętrzu taksówki. „Jak twarz innego człowieka", pomyślał Dice.

– O tym, że jesteś bankrutem! Że zastawiłeś wszystko, co posiadasz! Że sprzedałeś mnie cholernemu bankowi! Stein!

Kierowca poruszył się nerwowo na siedzeniu i wydał z siebie krótkie gardłowe dźwięki, których sens najwyraźniej umknął jego pasażerom, bo jeden z nich trzymał w górze zaciśniętą pięść i wymachiwał nią w powietrzu, nie zważając na ograniczoną przestrzeń taksówki.

– Kiedy zamierzałeś mi o tym powiedzieć!? Kiedy zastawiłbyś moje akcje?! Sprzedałeś nas, Max! Kurewski Judaszu! Sprzedałeś nas!

– *Nie ma powodu tak się unosić, mili panowie. Nic nie jest warte takich nerwów*.

– Kiedy?!!

– *Usiądźcie przy stole, zamówcie kieliszek wina. Mili panowie. Wszystko da się rozwiązać*.

– Kiedy?!!

Dopiero teraz Dice zwrócił uwagę na taksówkarza, którego monotonne słowa płynęły w pełnym desperacji crescendo.

– Co tam, kurwa, mamroczesz, *mate? Speak English!*

– Tak nie można, mili panowie.

Prawa ręka mężczyzny oderwała się od kierownicy i wzniosła do góry z palcem wskazującym wymierzonym w dach taksówki.

– To się nie godzi. Ja sobie wypraszam. To porządna taksówka.

– *Speak English!!!* – wrzeszczał Dice bardziej w kierunku Steina niż kierowcy.

Gwałtowne hamowanie rzuciło obu mężczyzn na oparcia przednich siedzeń. Dice zaklął głośno i uderzył pięścią w zagłówek kierowcy.

– Proszę przestać! Tak nie wolno! – Kierowca otworzył drzwiczki samochodu i wybiegł na zewnątrz.

Dice wyprostował się. Kątem oka dostrzegł Steina, podnoszącego się na siedzeniu obok i pocierającego dłonią czoło. Z lewego nozdrza mężczyzny płynęła cienka strużka krwi.

– Cholerny faszysta – powiedział, wyciągając chusteczkę z kieszeni smokingu i podając ją Steinowi. – Mógł nas zabić.

Gdy Stein sięgał po chustkę, poczuli mocne uderzenie w szybę samochodu. Ociekający wodą kierowca patrzył na nich przez zaparowane okno. Dice odwrócił się, wcisnął blokadę drzwi i obserwował, jak otyły mężczyzna z sumiastym wąsem, wyglądający jak mors w strugach deszczu, mocuje się z zewnętrzną klamką.

– Chcę tylko wiedzieć jedno, zanim usłyszę z twoich kłamliwych ust tysiące usprawiedliwień. Dlaczego?

Stein przyglądał się śnieżnobiałej jedwabnej chustce, trzymając ją końcami palców, jakby bał się, że ją zabrudzi.

– Jesteś mi winny chociaż tyle, Max! Krótkie wyjaśnienie, dlaczego wyrzuciłeś w błoto wszystko, nad czym pracowaliśmy. Naszą przyjaźń. Max!?

Stein uniósł lekko głowę.

– O ile pamiętam, to ty mnie zostawiasz.

Czyżby usłyszał w jego głosie wyrzut? Jego były partner zachowywał się jak porzucona kochanka.

– Zostawiam?

– Nie zrozumiałbyś.

– *Try me!*

Za ich plecami rozległ się głuchy huk zatrzaskiwanego bagażnika. Raz, potem jeszcze dwa razy. Ba-bum. Ba-bum.

– Nie masz pojęcia, jak to jest być tym drugim, tym mniej rozgarniętym. Tym zbędnym.

– O czym ty, kurwa, mówisz?

Przez chwilę Dice nie był pewien, czy Stein zwraca się do niego. Jego głos był cichy, ledwie słyszalny. Jakby toczył dialog z samym sobą.

– Dlaczego nie powiedziałeś mi o Dreamtime Genetics Laboratories?

Pytanie go zaskoczyło. Skąd Stein dowiedział się o jego poufnej transakcji? I o czym teraz mamrotał?

– Nigdy nie znałem swojego ojca, Trevor. Urodziłem się sześć miesięcy po jego śmierci.

Dice wstrzymał oddech.

– Głupi wypadek. Ster łodzi, którą płynął, urwał się przy wysokiej fali. Próbował utrzymać go w ręku, kiedy reszta załogi starała się sprowadzić łódź bezpiecznie do brzegu. Wypadł za burtę przy następnej fali. Nigdy nie znaleziono ciała.

Pięść taksówkarza łomotała w szybę za ich plecami.

– Proszę otwierać i opuścić taksówkę. Natychmiast, mili panowie!

– Moja matka nigdy nie pogodziła się ze stratą. Mówiłem ci kiedyś, że mój ojciec był mistrzem Australii?

– Nigdy.

Stein zaśmiał się nerwowo.

– Cholernym championem – powiedział, rozmazując wierzchem dłoni krew na wardze. – Mistrzem nad mistrzami.

Krople deszczu bębniły o dach jak setki, tysiące monet wysypujących się z chmur nad ich głowami. „Moje pieniądze", myślał Dice. „Moje cholerne pieniądze".

– Ojczym był okrutnym głupcem i szczerze mnie nienawidził. Z wzajemnością – powiedział Stein, strzepując z rękawa płaszcza niewidoczny pyłek. – On i jego siostra wprowadzili się do naszego domu i wkrótce zaczęli zachowywać się, tak jakby był ich własnością. Matka nie miała nic do powiedzenia. Mam wrażenie, że bała się ich obojga. Pamiętam, że kiedy nie patrzyła, wymieniali między sobą spojrzenia jak para grzechotników nad schwytanym ptakiem.

Dice siedział nieruchomo, wsłuchując się w opowieść Steina, przerywaną odgłosem kropli deszczu uderzających o blaszany dach samochodu.

– Był nikim. Podobno odziedziczył jakieś akcje po swojej rodzinie, które gwarantowały mu coroczny dochód i którymi udawał, że zarządza, choć jestem pewien, że reszta rodziny postarała się, by nie mógł podejmować żadnych decyzji. Jego siostra była starą panną z niepełnym uzębieniem i gęstym zarostem nad górną wargą. Kiedy dorastałem, byłem przekonany, że jest czarownicą, w każdej chwili gotową chwycić za miotłę i porwać mnie daleko od mojej matki, daleko od domu.

Zaśmiał się, potrząsając z niedowierzaniem głową.

– Bałem się tej kobiety bardziej niż wietrznej ospy i psa sąsiadów.

– Nigdy mi o tym nie mówiłeś – powiedział Dice, zaskoczony nutą współczucia, którą usłyszał w swym głosie.

Samochód zaczął się kołysać, najpierw lekko, potem coraz gwałtowniej, jakby strugi deszczu spływające po ulicach miasta zepchnęły go do wzburzonego Dunaju. Przemoczony kierowca opierał się dłońmi o maskę i ciężarem swego potężnego ciała huśtał autem.

Patrząc na niego, Dice pomyślał, że stary wiedeńczyk postradał zmysły. Tak jak on, Trevor Dice, człowiek, którego okradziono z fortuny i któremu odebrano przepustkę do nieśmiertelności, a który teraz w mrocznym wnętrzu rozkołysanej taksówki wysłuchuje smutnej historii życia swego niedawnego wspólnika. Słucha, zamiast schwycić jego wiotką szyję i skręcić mu kark jednym gwałtownym ruchem dłoni. Czy rzeczywistość mogła stać się jeszcze bardziej niedorzeczna?

– A dlaczego miałem ci o tym mówić? – w głosie Steina kryła się pogardliwa nuta. – Takie historie nie pasują do wiktoriańskich wnętrz Harold's Club.

Dice miał ochotę coś powiedzieć, coś przykrego i okrutnego, co przerwałoby absurdalny monolog mężczyzny siedzącego po jego lewej stronie, ale powstrzymał się, spoglądając w rozpalone oczy Steina.

– Bił mnie. Za każde najdrobniejsze przewinienie. Do dziś słyszę świst paska i oblewam się zimnym potem. Cholerny sadysta. Myślę, że go to rajcowało. Jego i jego chorą siostrzyczkę.

– A twoja matka? Nie protestowała?

– Była jak warzywo. Cicha i wycofana, patrzyła jak osoba, która traktuje rzeczywistość jak koszmarny sen.

Hałas kropli uderzających o dach samochodu był jak dźwięk werbla poprzedzający dramatyczne rozwiązanie.

– Pewnego dnia nie wytrzymałem i kiedy wymierzał mi karę, schwyciłem jego rękę w zęby i zacisnąłem z całych sił. Przez krótką chwilę myślałem, że moja szczęka zostanie w jego dłoni na zawsze.

Głos Steina przybierał na sile, jego opowieść toczyła się teraz wartko, bez pauz i przerywników. Za oknami Wiedeń migotał nocnymi światłami, rozpryskującymi się jak gwiazdy w kroplach deszczu na szybach samochodu.

– Nie wiem, ale myślę, że ugryzłem go prawie do kości. Kiedy biegł do łazienki, skowyczał z bólu. Przez pięć dni... – Stein uniósł dłoń i rozstawił palce – przez pięć dni nie wolno mi było opuścić pokoju. Nasłuchiwałem wszystkich odgłosów życia w domu. Budziłem się w nocy, myśląc, że to dzień, i zasypiałem w dzień, myśląc, że zapada zmierzch. Odsuwałem się od okna na widok moich kolegów bawiących się na ulicy, w obawie że pomyślą, iż jestem więźniem we własnym domu. Co za wstyd i upokorzenie!

Chybotanie samochodu ustało i Dice na próżno wypatrywał za oknem potężnej sylwetki taksówkarza. Silnik pracował cicho, ciepłe podmuchy powietrza muskały jego twarz. Smutne takty walca sączyły się z głośników.

Stein wymachiwał teraz dłońmi, ożywiony opowieścią,

jakby słowa tłoczyły się w jego głowie i gwałtownie szukały ujścia.

– Po pięciu dniach ojczym oznajmił, że wysyła mnie do szkoły z internatem w Redhill. Czy byłeś kiedyś w Redhill?

Dice potrząsnął przecząco głową.

– Wy, chłopcy z dobrych domów, nie jeździliście do Redhill. Stein splunął pod nogi na żółty perski dywanik.

– *Mili panowie! Proszę otworzyć taksówkę. Natychmiast!*

– Szkoła wyglądała jak budynek chlewni – ciągnął Stein, nie zwracając uwagi na hałasy z zewnątrz. – Niskie ściany z cegły. Małe okna. Płaski dach kryty metalową blachą. Dyrektor nosił protezę prawej nogi. Stracił ją, polując na aligatora. Tak przynajmniej mówiono. Moim zdaniem odciął ją sobie sam, żeby zastraszyć nas na śmierć.

Dice próbował wyobrazić sobie budynek szkoły w Redhill. Miał wrażenie, że już tam kiedyś był. Wszystko zdawało się dziwnie znajome.

– Czekał na mnie z kartką w dłoni. „Ten wściekły pies gryzie". „Jaki pies?", zapytałem. Zamiast odpowiedzieć, podszedł do mnie i przypiął mi kartkę na plecach.

– Przypiął ci kartkę na plecach?

– Tak.

– „Ten wściekły pies gryzie"?

– Tak.

Krople deszczu uderzały monotonnie o dach taksówki.

Dice nie odpowiadał. Zakrył uszy dłońmi i zacisnął powieki. Był przekonany, że w pokładach jego pamięci życie Steina miało już swój pierwowzór, który należał do innej rzeczywistości niż przegrzane wnętrze wiedeńskiej taksówki. Musiał się skupić i odnaleźć oryginał. Musiał się skupić.

Za zamkniętymi powiekami mgła wspomnienia opadała powoli. Dziesięcioletni chłopiec, w granatowej marynarce i krótkich spodenkach, siedział w szkolnej ławce, z wysłużonym egzemplarzem książki w dłoni.

„Ten wściekły pies gryzie", czytał, osuszając rękawem łzy. Wściekły pies. Łzy. „Biedny Max", myślał młody Trevor. „Biedny… David". David?

Tytuł książki pojawił się przed jego oczami jak rzędy liter w gabinecie okulistycznym: poczynając od najmniejszej czcionki, przy której pamięć wciąż jeszcze zamazywała kształty liter, poprzez średnią, przy której litery zaczęły składać się w pojedyncze słowa, aż po ostatni rząd tłustych czarnych znaków, paradujących przed jego oczami jak czołówka filmu. *David Copperfield.*

Dice odpiął kołnierzyk koszuli i pozbył się bordowej muszki na gumce, ciskając nią w przednią szybę taksówki. Łykał powietrze małymi haustami. Nerwowo, łapczywie, jak ryba wyjęta z wody.

– David Copperfield.

– Słucham?

Powieki Steina mrugały bez przerwy, jakby starały się odżegnać zbliżające się niebezpieczeństwo.

– Ty skurwysynu – powiedział Dice, z trudem wyrzucając z siebie słowa. – Smutny patetyczny skurwysynu. Cytujesz mi Dickensa.

Stein znów ukrył twarz w dłoniach, jakby próbował dokonać następnej tego wieczora metamorfozy.

Pięść Dice'a spadła na jego opuszczoną głowę raz, a potem jeszcze dwukrotnie.

– Mili panowie! Policja jest tutaj! Proszę natychmiast wysiąść.

Stein otworzył drzwiczki taksówki, uderzając nimi w pochyloną sylwetkę policjanta.

– *Papieren, bitte!*

ZANURZONY DO POŁOWY we wnętrzu taksówki przez otwarte przednie okno po stronie pasażera policjant spisał dane z paszportu Steina. Dice siedział z tyłu w milczeniu. Skrzyżował ręce na piersi w geście kogoś, kto odmawia jakiegokolwiek udziału w tym, co się dzieje dookoła. Jego paszport pozostał w hotelu i Stein, który wysiadł z wozu, przyjął na siebie ciężar uspokajania rozhisteryzowanego taksówkarza i zapewniania policjanta, że ich drobne nieporozumienie nie było w żaden sposób związane z próbą uprowadzenia taksówki, co najwyraźniej starał się wmówić stróżowi prawa przemoczony i wciąż nerwowo gestykulujący kierowca. Policjant – nie do końca zainteresowany przedłużaniem interwencji w strugach deszczu i uspokojony ich szacownym wiedeńskim adresem, Palais Hansen Kempinski Hotel – zwrócił Steinowi paszport i wdał się w krótką dyskusję z taksówkarzem, która najwyraźniej osiągnęła pożądany efekt, bo mężczyzna po krótkiej chwili przestał wymachiwać ramionami, zniżył głos do niezrozumiałego szeptu, aż wreszcie usiadł za kierownicą ze zrezygnowanym wyrazem twarzy.

– Zawiezie was do hotelu – powiedział policjant, wskazując dłonią jakiś punkt. – Żadnych więcej incydentów, Herr Stein. *Versteien Sie?*

Stein skinął głową. Kiedy chował paszport do wewnętrznej kieszeni marynarki, taksówka ruszyła z impetem, wyrzucając fontannę wody spod kół. Stein i policjant odskoczyli instynktownie od odjeżdżającego pojazdu i przez krótką chwilę znaleźli się w krępującym półuścisku, z dłońmi na rękawach przemoczonych okryć.

– *Scheisse!* – wykrzyknął policjant i zaczął strzepywać z ramion munduru wodę – czy też, jak podejrzewał Stein, pamięć jego nieobyczajnego dotyku. Stein powiedział głośno *Gutte Nacht*, a następnie obrócił się na pięcie i ruszył w kierunku przeciwnym do znikających tylnych świateł taksówki.

Deszcz nie ustawał, a on nie miał pojęcia, gdzie się znajduje. Wszystko w tym cholernym mieście wyglądało tak samo! Wszystkie budynki wyglądały jak krzyżówki pałacu i XIX--wiecznych koszarów. I żadnej taksówki! Cholerny Dice! Ich współpraca dobiegła końca na wiedeńskiej ulicy, której nazwy nie znał i nie był w stanie odczytać. Stał teraz samotnie w strugach deszczu, bez taksówki i parasola nad głową. „Nie na długo, Trevor", pomyślał, szukając po kieszeniach iPhona.

Pulsujący błękitny punkt pokazał mu, że znajduje się niewiele ponad kilometr od hotelu. Jego smoking był mokry od deszczu. Chłód wieczoru sprawiał, że Stein szczękał zębami w przemoczonym ubraniu. Zaczął się poważnie obawiać, że może paść ofiarą hipotermii w tym grobowcu Mozarta i dobrego smaku. Przyspieszył kroku, aby choć trochę się ogrzać.

Na wysokości parku Freuda zaczął biec. Nie zważając na czerwone światła i klaksony mijających go samochodów, skręcił w stronę Schottenring. Jego iPhone miłosiernie skrócił dystans do celu do pół kilometra.

W RECEPCJI HOTELU, nie zważając na mokre plamy, którymi znaczył marmurowy kontuar, próbował zostawić wiadomość dla Dice'a. Niski brunet z włosami zaczesanymi gładko do tyłu poinformował go – ścierając jednocześnie białą chusteczką pozostawione przez niego mokre ślady – że pan Trevor Dice opuścił hotel przed niespełna półgodziną. Zarówno jego protekcjonalny głos, jak i demonstracyjne wycieranie kontuaru zirytowały Steina na tyle, że zmiął kartkę z wiadomością w papierową kulkę i umieściwszy ją między kciukiem a palcem wskazującym, wystrzelił w kierunku półek z numerami pokojów, ponad głową przerażonego portiera.

W pokoju zrzucił z siebie przemoczone ubranie i wszedł pod gorący prysznic. Powoli, jakby uczył się na nowo własnego ciała, rozprostował ramiona, nogi, czując znów krążącą w nich krew, przyglądał się palcom u dłoni, nabierającym znajomego odcienia różu. Zastanawiał się, czy ma jakiekolwiek poczucie winy lub choćby żalu z powodu zdarzeń tego wieczora. Z nieukrywaną satysfakcją doszedł do wniosku, że dramatyczne rozstanie z Dice'em zrobiło na nim jeszcze mniejsze wrażenie niż pretensjonalny koncert muzyków wiedeńskich. Zastanawiał się nawet, czy ich scenograficznie ascetycznej bójki w taksówce nie cechowała większa teatralność – mimo barokowych peruk pachnących naftaliną i ubrań „z epoki" *made in China*, które nosili muzycy podczas koncertu. Na pewno było w niej więcej dramatyzmu. Trochę się obwiniał za wybór *Davida Copperfielda* – Dice był w końcu absolwentem Oksfordu. Z drugiej jednak strony, historia służyła mu całkiem dobrze przez tyle lat i nie było żadnego powodu, aby zmieniać ją nagle ze względu na gruntowne wykształcenie literackie Trevora Dice'a. „Dice, ty stary snobie", pomyślał Stein, wycierając ciało miękkim frotowym ręcznikiem i uśmiechając się do swojego odbicia w lustrze. „Stary patetyczny snobie".

W sypialni założył dżinsy, białą koszulkę polo i granatowy blezer. Bose stopy wsunął w czarne skórzane mokasyny i wyszedł z pokoju.

VAN DER BOER CZEKAŁ NA KANAPIE w hotelowym pokoju cygar, na prawo od baru świecącego białym marmurem i chłodną, uspokajającą poświatą jarzeniówek. Oprócz niego i sędziwego mężczyzny z potężnym cygarem i imperialnym wąsem, siedzącego kilka stolików dalej, w pokoju nie było nikogo. Van der Boer spojrzał na zegarek i sięgnął po kieliszek koniaku. Miał nadzieję, że Stein nie każe mu długo czekać.

Sylwetka Steina pojawiła się w drzwiach, kiedy sprawdzał, czy nie ma żadnych wiadomości na telefonie.

– Witaj, Max – powiedział, wstając z kanapy i wyciągając dłoń w stronę mężczyzny. – Miło widzieć cię w dobrym zdrowiu.

Górna warga Steina była wyraźnie opuchnięta. Uśmiech, którym go przywitał, wyglądał jak grymas bólu.

– Co z Trevorem? – zapytał, kiedy Stein usiadł w fotelu po jego prawej stronie i rozpiął blezer. – Wciąż w szoku?

Stein wzruszył ramionami.

– Wiem, że świetnie się bawisz, Hans – powiedział, spoglądając w stronę mężczyzny z cygarem, który wstał teraz od stolika i wspierając się na drewnianej lasce, skierował się ku wyjściu. – Ale może przejdziemy do rzeczy.

Van der Boer nie był jeszcze na to gotowy.

– Zostawiłeś po sobie spory bałagan – powiedział, wpatrując się w nieruchomą twarz swego rozmówcy. – Kiedy mówiliśmy o dostarczeniu Browaru, nie miałem na myśli…

– Daj spokój, Hans – Stein przerwał mu głosem nie tyle zirytowanym, ile znużonym. – A czego się spodziewałeś? Chirurgicznej operacji?

– Rozumiem sprawę Slima, ale zatrucia…

– Nic o nich nie wiem.

Stein wpatrywał się w niego zimnym spojrzeniem drapieżnika. Nie po raz pierwszy Van der Boer dziękował opatrzności, że ich krótkotrwała współpraca dobiega końca. Mężczyzna siedzący po jego prawej stronie był z pewnością człowiekiem, którego należało unikać.

– A więc do rzeczy – powiedział, rozumiejąc, że dalsze negocjacje ze Steinem mijają się z celem. – Nasza umowa obowiązuje. Twoje długi w Global Investment Bank zostaną spłacone. Za akcje w Polbrew BV otrzymasz trzydzieści milionów dolarów. Dane do przelewu możesz przekazać Hilmaanowi.

Twarz Steina nie zdradzała żadnej reakcji. Van der Boer z narastającym niepokojem zaczął się zastanawiać, czy Max przypadkiem nie zmienił zdania i nie zamierza wycofać się z ich niepisanej umowy.

– Trevor nie zejdzie poniżej pięćdziesięciu milionów – odparł Stein ku widocznej uldze Belga. Ich porozumienie nadal obowiązywało.

– To moje zmartwienie, Max. Jakoś sobie poradzę.

Stein najwyraźniej uważał rozmowę za skończoną, bo wstał z fotela, zapinając blezer.

– A swoją drogą, szantaż to nieładna rzecz – odezwał się głosem, który przyprawił Belga o ciarki. – Powinieneś lepiej dbać o swoją karmę.

Van der Boer nie miał wyboru. Musiał wstać z kanapy i uścisnąć dłoń wyciągniętą w jego stronę. Jej żelazny chwyt sprawił, że znieruchomiał.

– Nie bierz tego do siebie, Max – powiedział, wytrzymując zimne spojrzenie Steina. – To tylko biznes.

Ku jego zaskoczeniu na twarzy Steina pojawił się szeroki uśmiech.

– A ja myślałem, że jesteśmy przyjaciółmi – powiedział, nie wypuszczając jego dłoni z uścisku. – Mogę cię prosić o przysługę?

Van der Boer skinął pospiesznie głową. Zrobiłby wszystko, by wyrwać się z morderczego chwytu Steina.

– Lukka... – Stein zbliżył twarz do jego twarzy. – Postaraj się, by świat o nim zapomniał.

– Placówka w Mechelen?

Stein przekrzywił głowę, jakby nie rozumiał, o czym mówi.

– Gdzie?

– No właśnie.

NA LOTNISKU DICE ZAMÓWIŁ PODWÓJNĄ szkocką z lodem w hałaśliwej i zatłoczonej kafejce. Kelner z dłońmi tragarza portowego przyniósł mu wypełnioną do połowy szklankę. Samotna kostka lodu pływała w bursztynowym płynie jak zatopiona łza.

Wypił alkohol do dna i schwycił zębami lodowaty prostopadłościan.

Max Stein zrujnował mu życie!

Na samo wspomnienie wydarzeń dzisiejszego wieczora jego palce zaciskały się wokół szklanki.

– *Musisz mnie wysłuchać, Trevor!*

Kiedy zamknął powieki, zobaczył wykrzywioną twarz Steina.

– *Jesteś mi to winien!*

Co za tupet!

Stein siedzący z plecami zwróconymi w stronę tylnych otwartych drzwi samochodu, z rozprostowanymi ramionami, prawa dłoń na zagłówku przedniego fotela, lewa wsparta na tylnym siedzeniu, jakby chciał mu zagrodzić drogę do wyjścia. Za nim sylwetka policjanta w jasnozielonym mundurze, próbującego przebić się przez tę naturalną zaporę, jego dłoń mokra od deszczu na ramieniu Steina, usiłująca wyciągnąć go na zewnątrz. I karykaturalnie zniekształcona twarz taksówkarza przylepiona do szyby taksówki, jego ręka mocująca się z zablokowaną klamką.

– *Winien? Tobie?*

Otworzył oczy. Jego własny głos ciągle odbijał się echem w tyle głowy.

Zagryzł kostkę lodu i rozejrzał się za kelnerem.

Tłum podróżnych wylewał się z pomieszczenia odprawy celnej i wypełniał półokrągły hol lotniska. Spojrzał na zegarek.

Palce wokół jego ramienia wciąż zdawały się obejmować rękaw jego płaszcza.

Zacisnął powieki.

– *Jesteś mi to winien, Trevor.* – Oczy Steina błyszczały jakby miał gorączkę. – *Musisz mnie wysłuchać!*

– *Mam dość twoich kłamstw. Jesteś zerem, Stein!*

– *Zrobiłem to dla ciebie, Trevor!*

– *Dla mnie?* – Dłoń Dice'a na próżno szukała oparcia we wnętrzu taksówki. – *Zrobiłeś to dla mnie?! A konkretnie co? Zrujnowałeś nas, durniu!*

Stein rozpaczliwie usiłował przybrać odpowiedni wyraz twarzy.

– *Skandal by cię zniszczył, Trevor. Twoja żona...* – zniżył głos prawie do szeptu. – *To byłby koniec. Na Boga, Trevor!*

Spojrzał na Dice'a z nową determinacją w oczach.

– *Nie mów mi, że nic dla ciebie nie zrobiłem. Nie waż się! Chroniłem cię, Trevor. Zawsze cię chroniłem.*

Policjant za plecami Steina ponowił wysiłki. Tym razem obie jego dłonie oplotły go w pasie. Zdawało mu się, że dolna część jego ciała powoli, acz skutecznie traci kontakt z tylnym siedzeniem taksówki.

– *Herren...*

Dice miał wrażenie, że deszcz i Mozart odebrały Steinowi resztki rozumu.

– *O czym ty bredzisz, Max?!*

Twarz Steina zbliżyła się do niego na odległość oddechu.

– *O tej małej, z którą spędziłeś upojny weekend w Warszawie.*

Kelner krążył koło jego stolika, jakby chciał się dosiąść. Dice wskazał palcem pustą szklankę i skinął głową. Mężczyzna oddalił się bez słowa.

Miała drobne piersi dziewczynki i skórę, która pachniała mlekiem. Przyszła ze Steinem, uczepiona jego ramienia jak rzadki i piękny ptak. Kiedy Stein wychodził, siedziała na krawędzi łóżka, patrząc na swoje czarne szpilki. Jak miała na imię?

– *Była w ciąży, Trevor.*

Szklanka ze szkocką uderzyła o kamienny blat stolika.

– *Bitte!*

Była taka młoda. Jej ciało nienaruszone przez czas ani chorobę. Kiedy stanęła przed nim naga, miał ochotę się rozpłakać. Tak dawno nie był z kobietą. Tak dawno nie czuł niczyjej bliskości.

– *Oszalałeś, Stein. Bóg odebrał ci rozum.*

– *Bóg nie miał z tym nic wspólnego.*

Głos Steina napięty, twarz wykrzywiona w złośliwym grymasie, dolna część jego ciała poza taksówką; tylko jego głowa i ramiona uczepione metalowej ramy otwartych drzwi, wciąż stawiające opór wysiłkom wiedeńskiego stróża prawa.

– *Bóg nie miał z tym nic wspólnego* – powtórzył, zniżając głos do szeptu. – *Nie musisz się o nic martwić.*

Coś w głosie Steina – coś nowego, przerażającego – sprawiło, że na samo jego wspomnienie Dice poczuł, jak jego skóra pokrywa się zimnym potem.

Rozdział szesnasty

WOODRY NALEGAŁ, ŻEBY HOGAN jeszcze tego samego dnia wykupił lot do Warszawy. Sprawa z Voychikiem wstrząsnęła prokuratorem bardziej, niż się do tego przyznawał.

– Pieprzony skurwiel – powiedział, opadając ciężko na skórzany fotel. – I pomyśleć, że rozważałem awansowanie tej żmii.

Hogan wzruszył ramionami. Nie pierwszy raz w historii prokuratury Nowej Południowej Walii któryś z jej przepracowanych i słabo opłacanych pracowników decydował się na złamanie zasad etycznych i podzielenie się poufnymi informacjami z ludźmi, którzy nie powinni mieć do nich dostępu. Po rozmowie z Voychikiem, podczas której miał wrażenie, że młody asystent za chwilę wyskoczy przez okno jego biura, Hogan nabrał przekonania, że Voychik nie działał z premedytacją, ale raczej padł ofiarą własnej próżności i został zmanipulowany przez ludzi o wiele sprytniejszych od siebie. Wierzył Voychikowi, kiedy ten przysięgał, że nie miał pojęcia o powiązaniach obu mężczyzn ze Slimem – tak naprawdę do czasu jego rozmowy z Wąsikiem nikt w biurze prokuratury o nich nie wiedział! Szkodę wyrządzoną przez niedyskrecję Voychika w perspektywie całego śledztwa oceniał jako niewielką, niemalże zbyt błahą, by rujnować czyjąś karierę zawodową. Tak czy inaczej, kariera Jamesa Voychika w biurze prokuratury Nowej Południowej Walii była skończona. Hogan przypuszczał, że poza prokuraturą także nie miał zbyt obiecujących perspektyw. Lojalność należała do nielicznych cnót, które nawet cyniczny świat korporacji wciąż starannie kultywował.

Jak podejrzewał Wąsik, Woodry bardzo szybko zorientował się, jakie korzyści polityczne niesie za sobą proponowana transakcja. Był przekonany, że decyzję o wysłaniu go z powrotem do Polski poprzedziła rozmowa prokuratora z gubernatorem, i pewny, że obaj mężczyźni ani przez chwilę nie zastanowili się, jak następna ponaddwudziestogodzinna podróż bez jednego cholernego papierosa może wpłynąć na jego system nerwowy. Czasami nienawidził swojej pracy. Czasami.

TREVOR DICE BYŁ ZMĘCZONY, wściekły i na dodatek pokryty lepkim potem, który przypominał mu o bezsennej nocy i zbyt wielu szklankach bourbona, wypijanych przy rosnącej dezaprobacie stewardesy o orientalnej urodzie. Pierwszy raz, podróżując pierwszą klasą, miał wrażenie, że otacza go przeciętność. Nagle zaczął zauważać rzeczy, które do tej pory umykały jego percepcji, na przykład znoszone brudne trampki pasażera po prawej stronie, irytujące chrapanie otyłej kobiety dwa fotele za nim, wyszczerbione kryształowe naczynie z kawiorem i brudne lustro w toalecie. Otoczenie, które do tej pory traktował jako dopełnienie własnej obecności, jako osobistą, intymną Lebensraum, w jakiś niewytłumaczalny sposób uwolniło się spod jego kontroli i zaczęło żyć własnym, niezależnym od jego woli życie. Mężczyzna w trampkach pierwszy otrzymywał posiłki, a stewardesa spędziła dobre pół godziny na rozmowie z wysokim pasażerem w czarnym garniturze. Nawet kapitan, który opuścił kabinę pilotów, aby przywitać się z pasażerami pierwszej klasy, poświęcił mu jedynie trzydzieści sekund banalnej wymiany zdań, tak jakby był tylko jednym z wielu podróżnych, a nie nieśmiertelnym herosem!

Czy jednak nadal nim był? Wydarzenia ostatniego dnia zachwiały jego dotychczasową wiarą we własną niezwyciężoność. Coś tak pospolitego i wulgarnego jak wątpliwość i strach zakradły się do jego świadomości. Zdrada Steina, choć bolesna, wydawała mu się niczym w porównaniu z utratą nieśmiertelności. I jeszcze te brednie o dziewczynie w ciąży, która jakoby miałaby go szantażować i którą Stein w swoim chorym umyśle „usunął" z jego drogi? Trevor nie miał żadnych wątpliwości, że umysł Steina odpłynął w obszary niedostępne dla zwykłych śmiertelników, gdzie prawda i fałsz były jedynie formami odmiennej interpretacji czy narracji. Nawet jeżeli pamiętał mgliście swe erotyczne wyczyny podczas półpijanej nocy w Warszawie, kiedy Stein zostawił go w pokoju hotelowym z młodą dziewczyną o jasnych włosach i miękkiej mlecznej skórze, nietkniętej upływem czasu ani chorobą; nawet jeżeli pamiętał swoje łzy na widok jej nagiego ciała, łzy, które pojawiły się bez żadnego ostrzeżenia i pozornie bez powodu, a które sprawiły, że twarz dziewczyny złagodniała, przysunęła się blisko jego zmęczonej twarzy, a jej usta poszukały jego warg; nawet jeżeli pamiętał to wszystko – delikatność swoich ruchów, które mimo rosnącego podniecenia kontrolował do końca, tak jakby jakakolwiek forma seksualnej agresji mogła zniszczyć niemal religijny wymiar tej chwili – to oburzająca konfabulacja Steina nie mogła mieć nic wspólnego z przeżyciem, jakiego doświadczył owej nocy, z jego erotyczną niewinnością.

Trevor nie myślał o tym zdarzeniu w kategoriach zdrady małżeńskiej, ale aktu łaski, uwolnienia na chwilę, na jedną nierzeczywistą i półrealną noc, od kroplówek, strzykawek, basenów i mdłego aseptycznego zapachu śmierci. A teraz Stein próbował odebrać mu nawet to ezoteryczne uczucie obcowania przez chwilę z czymś czystym, pięknym i żywym i pogrążyć je w brudzie degradacji i zniszczenia! Cóż za absurdalna historia! Stein był szalony, ale nie aż tak szalony, by zrobić coś takiego! Uspokojony tą konstatacją, Dice zapadł w płytki, niespokojny sen pasażera pierwszej klasy na trasie Wiedeń–Melbourne. Jednego z wielu.

GDYBY NAWET MAX STEIN MÓGŁ WIEDZIEĆ o wątpliwościach nurtujących jego niedawnego wspólnika dwanaście tysięcy metrów nad poziomem morza – lub gdyby cokolwiek go one obchodziły – to z pewnością wiedza ta nie zburzyłaby jego dobrego samopoczucia. W przeciwieństwa do Dice'a jego zainteresowanie losem Lidii – czy jak ta mała dziwka miała na imię – ograniczało się do upewnienia się, że ich mały projekt prowadzony wspólnie z Wiktorem pozostanie dobrze strzeżonym i lukratywnym sekretem. Gdyby ten świętoszek Dice wiedział, dlaczego ich współpraca z urzędami od zawsze przebiegała w sposób wzorcowy i bezbolesny, zapewne dostałby ataku serca! Dice nie miał zielonego pojęcia, że drobny stręczycielski biznes na boku cechuje się uniwersalną siłą perswazji, gdy przychodzi do załatwiania spraw Browaru. Zapewne sukcesy w negocjacjach z wojewodą Dice przypisywał w duchu sile swojej osobowości i swoich argumentów. Żałosny mitoman! Stein obiecał sobie, że znajdzie sposób, aby Trevor dowiedział się o ich małym przedsięwzięciu. Może kartka świąteczna ze zdjęciem Dice'a i tej małej zdziry robiącej mu laskę?

Zdjęcia. W udanym eksperymencie zasugerowanym przez Wiktora najbardziej bawiło go to, że nigdy nie musieli użyć zdjęć, aby skruszyć wątpliwości zainteresowanej strony. Ich administracyjni adwersarze czuli się szczerze wdzięczni i zobowiązani za małe przyjęcia organizowane w mieszkaniu Steina i, pozostając w złudnym przekonaniu o ich poufnym charakterze, odwdzięczali się Steinowi niemal bezinteresownie. Nie licząc oczywiście pół miliona dla Tyszki, ale tu Stein musiał uczciwie przyznać, że choć młode cipki mogą zdziałać bardzo wiele, o czym przekonał go Wiktor, o tyle strefa cudów wciąż była poza ich zasięgiem. Tyszko kończył swoją polityczną karierę i skandal obyczajowy obchodził go tyle, co zeszłoroczny śnieg.

Lotnisko Schwechat było oddalone o jakieś szesnaście kilometrów od Wiednia. Beechcraft Premier 1 oczekiwał wraz z dwuosobową załogą na jego przybycie. Lot do Warszawy, pomimo deszczu, nie powinien trwać dłużej niż dwie godziny. W świetle jego niedawnych ustaleń z Van der Boerem kwota dziewiętnastu tysięcy euro za czarter wydawała się trywialnym wydatkiem. Wiktor obiecał odebrać go z lotniska. Miał dla niego dobre wieści.

PIERWSZY TYDZIEŃ DIETY DAWAŁ JEJ się mocno we znaki. po pierwsze, miała wiatry, które beata przypisywała oczyszczaniu się jelit, ale które sprawiały, że musiała bez przerwy uchylać okno w swoim małym biurze, narażając się na podmuchy lodowatego wiatru. Po drugie, była wiecznie głodna, co sprawiało, że łatwo traciła panowanie nad sobą i nie tolerowała widoku nikogo jedzącego w biurze. Beata przezornie wysłała wewnętrzne memo zakazujące posiłków w miejscu pracy i zalepiła taśmą wysłużoną kuchenkę mikrofalową. Po trzecie, jej obsesja na temat zbioru kompromitujących zdjęć zamieniała się powoli w chorobliwą paranoję. Razem z Beatą zainstalowały w jej biurze niewielki sejf, na który wydała, nie bez pewnego poczucia winy, ponad dwa tysiące złotych z funduszy składkowych Ligi. Tylko ona znała do niego szyfr, którego kombinację zapisała na kartce owiniętej torebką foliową i schowanej teraz w jej domowym zamrażalniku. Beata pouczyła ją, aby unikała oczywistych rozwiązań, jak data urodzenia lub data imienin, wybrała więc datę urodzin Beaty. Nadal nie wiedziała, co powinna teraz zrobić. Ta niepewność nie tylko nie pozwalała jej spokojnie spać (zaczęła nawet miewać koszmary; w jednym z nich rozpoznała na zdjęciu siebie), ale także podkopywała jej wiarę we własne zdolności przywódcze, co zaczynało się odbijać na jej relacjach z członkiniami Ligi. Tam, gdzie zwykle zdecydowanie interweniowała, teraz unikała konfrontacji. Od kilku dni odmawiała jakichkolwiek rozmów na temat Browaru. Nie odpowiadała na telefony Krystyny. Zakazała jej wstępu do biura. Słowa „Odwet" nawet Beata nie odważała się wymieniać w jej obecności. No i te cholerne wiatry!

Beata namówiła ją na uprawianie jogi. Czasem sama nie mogła uwierzyć, jak bardzo staje się uzależniona od jej obecności i podatna na jej sugestie. Beata kazała jej zmienić całą garderobę. Zniknęły długie wełniane spódnice, birkenstocki i o dwa numery za duże swetry. W „Zarze" kupiła granatową spódnicę, białą jedwabną bluzkę i czarną skórzaną marynarkę. Makijaż ciągle sprawiał jej wiele problemów. Miała wrażenie, że po naniesieniu tuszu i kredki do powiek jej twarz nabiera nieco wulgarnego wyrazu, nieprzystającego do jej funkcji.

Zdecydowała się jednak przetestować swój nowy wizerunek, znajdując coś niepokojąco ekscytującego w tej transformacji. Oczywiście zmiany zostały zauważone przez pracownice biura i ku własnemu zaskoczeniu Diana Fuks obserwowała, jak jej otoczenie powoli, ale konsekwentnie wkracza na tę samą drogę. Dotychczasowe królestwo wełny i flaneli, płaskich obcasów i wkładek ortopedycznych zaczęło się zmieniać i mimo zimowej pory atmosfera w biurach Ligi nabrała niemalże wiosennego charakteru, wręcz seksualnego otwarcia i napięcia. Nawet Irena z księgowości nosiła teraz bluzkę z dekoltem; rzecz o tyle niesłychana i ryzykowna, że już w jej poprzednim, golfowym wcieleniu jej piersi zdawały się żyć własnym niezależnym życiem – jakby kroczyły dwa kroki przed Ireną.

Sprawy ogólnie miały się dobrze. Liczba członków Ligi nie przestawała rosnąć. Ich obecność w mediach była nadal zauważalna. Wszystko mogłoby się wydawać wspaniałe na tym najlepszym ze światów, gdyby nie obecność i zawartość stalowego prostopadłościanu w jej pokoju. Sam przedmiot napawał ją nieskrywanym obrzydzeniem, jakby ten szary kubik z czarną klawiaturą na drzwiach ucieleśniał wszystkie jej skrywane, intymne lęki i tajemnice. Jak mogła tak zaufać Krystynie? Westchnęła głęboko i sięgnęła po jedną ze smutnych marchewek przygotowanych przez Beatę na białym talerzyku, ustawionym tuż obok jej telefonu i biurowej lampy.

– PIES Z GŁOWĄ DO DOŁU!
Diana Fuks wciąga głęboko powietrze, jej dłonie i stopy na macie, jej plecy próbują się wyprostować.
– PIES Z GŁOWĄ DO GÓRY!
Wypuszcza powietrze głośno, z wyraźną ulgą. Plecy wyginają się w łuk. Czuje krople potu spływające po czole, zalewające oczy, pozostawiające słony smak na ustach.
– KIJ!
Po raz kolejny nie może oprzeć się wrażeniu, że instruktorka jogi czerpie chorobliwą przyjemność z przyglądania się jej niezdarnym asanom. Ta niska kobieta, z ciałem, które wydaje się całkowicie pozbawione kości, w przekonaniu Diany Fuks

epatuje wrodzonym sadyzmem władzy; uczucie o tyle dla niej rozpoznawalne, że dobrze jej znane. Zanim jest w stanie zaprotestować, kobieta łapie ją za biodra dłońmi, które wydają się metalowymi hakami, i unosi ją w powietrzu, odrywając jej stopy od maty, sprawiając, że jej zwinięte w drobny kok włosy rozsypują się na twarzy, przylepiają się do mokrego od potu naskórka, zakrywają oczy.

– TADASANA!

Pozycja pozwala jej wreszcie rozejrzeć się dookoła, a nawet nawiązać kontakt wzrokowy z Beatą, której młoda twarz wydaje się całkowicie rozluźniona, nieobecna. Patrzy na jej doskonale wyprofilowane ciało, na wzorową pozycję, którą ona może jedynie niezdarnie imitować, na jej czarny obcisły trykot i po raz pierwszy od czasu ich niedługiej znajomości, oprócz uczucia skrywanego podziwu i jeszcze lepiej ukrywanej zawiści, zaczyna odczuwać wzrastającą niechęć do tej udoskonalonej formy kobiecości; niechęć, której nieoczekiwane narodziny w małej sali gimnastycznej zaczynają sprawiać jej wzrastającą przyjemność, pomimo ścian wypełnionych lustrami mnożącymi w nieskończoność odbicie jej amorficznego ciała w szarym, workowatym dresie, tak jakby nie dość było upokorzeń, którym poddaje je w ramach idiotycznych ćwiczeń. Nowość uczucia wydaje jej się odświeżająca, katarktyczna niemalże, co sprawia, iż nieoczekiwanie dla siebie samej to wyprężone młode ciało w czarnym trykocie („Pies z głową w dół!"), z uniesionymi kośćmi miednicy, wyprostowanymi i idealnie odwiedzionymi na zewnątrz ramionami, dłońmi opartymi na macie w pozycji, której nienaturalność jest dla Diany Fuks równie oczywista, co chirurgicznie doskonałe piersi dziewczyny, wydaje jej się teraz śmieszne, komiczne w swej fizycznej potrzebie samoadoracji. Nieoczekiwanie dla siebie samej i wbrew wszelkim zasadom faszystowskiej karliczki z dłońmi z żelaza, która teraz pochyla się nad nią z wyrazem niedowierzania na twarzy, Diana Fuks wybucha głośnym, niepowstrzymanym śmiechem; śmiechem, którego moc i intensywność sprawiają iż w kącikach jej oczu, oprócz kropel potu, pojawiają się krople łez. Niezdolna do zapanowania nad tą nieoczekiwaną erupcją, obojętna na spojrzenia Beaty, instruktorki i dwóch pozostałych kobiet, których zaskoczone, pełne dezaprobaty twarze otaczają ją ze wszystkich stron w lustrzanych odbiciach ścian, Diana Fuks czuje jak pot i łzy mieszają się wzajemnie do granic nierozpoznawalności i spływają po jej policzkach chłodnym uspokajającym strumieniem wprost do jej otwartych ust.

WODA Z PRYSZNICA SPADA orzeźwiającą kaskadą na jej nagie ciało, wyciszając ją, i wprowadzając w stan spokojnej kontemplacji. Jest sama w łazience. – Pozostałe kobiety kontynuują sesję przerwaną jej nieoczekiwanym wybuchem histerycznego śmiechu; śmiechu, którego wspomnienie nadal wywołuje w niej swoiste uczucie wewnętrznej euforii, uwolnienia. O czym myślała, godząc się na te wszystkie absurdy wymyślane przez Beatę, jej młodą übersuperasystent-kęstażystkę na wysokich obcasach? Z pewnością o przetrwaniu. Beata i jej podobne były znakiem czasu, nową jakością feminizmu, której – z czego doskonale zdawała sobie z tego sprawę – nie wolno jej było ignorować pod groźbą politycznego samobójstwa. Czasy zmieniały się z szybkością, która czasem niekiedy powodowała u niej zawroty głowy, chwilową zaćmienia utratę zdrowego rozsądku, ale nigdy nie utratę instynktu samozachowawczego. Diana Fuks – czy tego chciała, czy nie (ależ tak!) – była urodzonym długodystansowcem. Zmywając z siebie resztki potu mydłem, które wyjęła z pomarańczowej torby Beaty, zaczynała rozumieć, że jej niedawna metamorfoza jest zabiegiem dotykającym zaledwie naskórka wierzchniej warstwy jej osobowości, estetyczną transformacją, tak charakterystyczną dla czasów, w których wiedza mylona jest z percepcją, a siła osobowości z medialną obecnością w mediach. Ale Dianę Fuks wykuto z innego kamienia, ulepiono z innej gliny niż jej wychudzoną blond asystentkę, samozwańczą królową asan, diety i modnego makijażu. Diana Fuks była przewodniczącą Ligi – i wycierając szorstkim ręcznikiem frotté swoje pełne ramiona, przyrzekła sobie nigdy o tym fakcie nie zapominać.

Polityka – przyznała, przyglądając się swojej zaczerwienionej twarzy w lustrze – jest sportem zarezerwowanym dla najbardziej wytrwałych zawodników. Nie wątpiła, że do nich należy. Jakiś wewnętrzny głos, którego nie dopuszczała do siebie przez ostatnich kilka dni i który zagłuszała skutecznie cytatami z Beaty, powrócił teraz ze zdwojoną siłą i Diana Fuks nie miała już żadnych wątpliwości. Nagle wszystko wydało jej się jasne i oczywiste. Wiedziała, co ma zrobić. Wiedziała, jak odzyskać kontrolę nad Ligą, nad Krystyną i wreszcie nad Beatą. Niczym w układance, której rozsypane na stole elementy pozornie nie różnią się od siebie, dopóki jeden, dwa czy trzy kawałki złożone razem nie zaczną tworzyć zaczątku spójnego obrazu, Diana Fuks, w granatowej spódnicy, białej jedwabnej bluzce i skórzanej marynarce, poprawiając przed lustrem włosy, z niewiarygodną swobodą i pewnością siebie składała wszystkie zdarzenia ostatnich tygodni w jednolitą narrację, logiczny ciąg przyczynowo-skutkowy. Nawet ciemny stalowy prostopadłościan w kącie niewielkiego biura przestał napawać ją przerażeniem.

CO SIĘ Z NIĄ DZIEJE? Krystyna nie potrafiła zapanować nad drżeniem rąk. Od ponad godziny siedziała w swojej wysłużonej hondzie accord, z wyłączonym silnikiem, przyglądając się, jak jej przyspieszony oddech stopniowo zamienia się w obłoki pary coraz szczelniej oklejającej przednią szybę samochodu. Prawą dłonią starła mleczny filtr z szyby na wysokości oczu, odsłaniając sobie widok na segment Wiktora z niskim metalowym ogrodzeniem, niedomkniętą furtką i nagą żarówką nad wejściem. Nie była nawet pewna, czy był w domu. Choć brudny grudniowy poranek wypełniał ulicę zimną stalową poświatą, w wielu oknach wciąż paliły się światła. Nawet uliczna latarnia za jej plecami, której wygięty kształt odbijał się teraz w tylnym lusterku, płonęła żółtym, energooszczędnym blaskiem. Okna segmentu Wiktora były ciemne i płaskie jak kamienna pokrywa grobowca.

Czy Wiktor odkrył już ślady jej wizyty? Z pewnością nie było to trudne. Siedziała pochylona do przodu, z dłońmi wspartymi na kierownicy, żeby zapanować nad ich drżeniem, gdy uświadomiła sobie, że nie była nawet pewna, czy próbowała w jakikolwiek sposób ukryć swoją obecność w mieszkaniu Steina. Po co zresztą miałaby to robić? Jej świat, który przez krótką chwilę balansował na granicy normalności i na powrót zdawał się mieć jakiś sens, wczorajszej nocy legł w gruzach, roztrzaskał się na tysiące niepasujących do siebie elementów. Jakie znaczenie miałoby organizowanie chaosu, jaki zastała w domu Wiktora, chaosu, który wciągnął ją w swój wyniszczający wir, który zburzył w niej wszystkie wyobrażenia o tym mężczyźnie, a co gorsza, wszystkie wyobrażenia o niej samej?

Jej ojciec miał rację – była wybrykiem natury. Zasługiwała na wszystko, co ją w życiu spotkało. Na Ligę, na Wiktora, na infantylną błazenadę „Odwetu". Mocno i boleśnie uciskała palcami skronie, jakby próbowała zatrzymać atakujące ją myśli. Mimo chłodu wypełniającego wnętrze samochodu poczuła na opuszkach krople zimnego potu. Zdradzona przez wszystkich! Przed jej oczami pojawiła się twarz Diany Fuks. Twarz wykrzywiona uśmiechem triumfu, uśmiechem samozadowolenia. Jak mogła dać się tak wykorzystać? Wydawało jej się, że sprawuje kontrolę nad własnym życiem, podczas gdy sama pozwoliła manipulować sobą zarówno Fuks, jak i Wiktorowi. Czy cokolwiek z tego, co się wydarzyło, było prawdziwe? Czym wydarzenia ostatnich tygodni różniły się od nawracających w jej snach koszmarów? Z twarzą zanurzoną w dłoniach, które przestały nawet udawać, że należą do niej, jak obce twory oblepiające wilgotną skórę twarzy, jak macki jakiegoś zimnego i groźnego stworzenia – nie potrafiła sobie odpowiedzieć na to pytanie.

Potężna sylwetka Wiktora pojawiła się w rozproszonym świetle nagiej żarówki nad drzwiami wejściowymi. Najpierw zobaczyła jego plecy, lekko pochylone, okryte czarnym skórzanym płaszczem z podniesionym kołnierzem, a potem jego twarz, a właściwie tylko lewy profil, płaski, pozbawiony wymiarów. Zanim otworzył furtkę, skierował wzrok w jej stronę i Krystyna instynktownie skuliła się za deską rozdzielczą, choć była pewna, że Wiktor nigdy nie widział jej hondy ani też nie mógłby jej dojrzeć przez prawie całkowicie zaparowaną przednią szybę. Kiedy podniosła głowę, zobaczyła jego oddalającą się sylwetkę. Poczekała, aż zniknie za zakrętem ulicy, po czym otworzyła przednie drzwiczki samochodu, wysiadła, uruchomiła przycisk alarmu, który wydał ledwie słyszalne „bip!", i szybkim krokiem ruszyła śladem Wiktora.

DLACZEGO GO ŚLEDZI? Nie potrafiła odpowiedzieć na to pytanie. Od wczorajszej nocy wszystkie jej działania wynikały raczej z jakiejś instynktownej potrzeby, wewnętrznej inercji, histerycznej dynamiki niemającej nic wspólnego z logicznym działaniem. Dlaczego przekazała zdjęcia znalezione u Wiktora Dianie Fuks? Czyżby zrobiła to z fałszywie pojmowanego poczucia lojalności, jakby jej niedawna eskapada miała cokolwiek wspólnego z działaniami „Odwetu", a nie była osobistą krucjatą odtrąconej kobiety? Czyżby myślała, że ta kolekcja ohydnych chorych fotografii zaskarbi jej wdzięczność przewodniczącej Ligi, że uratuje ją przed wewnętrznym rozpadem, przed czymś, co rozbijało ją od środka jak bryłę lodu od chwili, kiedy poznała tajemnicę Wiktora; że pozwoli jej znaleźć spokój i poczucie równowagi w łonie Ligi? Cóż za niedorzeczność! Po tym, co zrobiła, nie mogła wrócić do Ligi. Nie tylko dlatego że Diana Fuks przestała odbierać jej telefony i zabroniła jej dostępu do biur organizacji, ale głównie dlatego że Liga przestała mieć dla niej jakiekolwiek znaczenie. Organizacja, którą uważała za swój dom, schronienie przed duchami przeszłości, miejsce, w którym jej inność zdawała się nie mieć znaczenia, okazała się fikcją, kłamstwem, jeszcze jednym miejscem, gdzie została wykorzystana, a potem odrzucona. Jak zawsze w jej życiu.

Przyspieszyła kroku.

MAX STEIN BYŁ WŚCIEKŁY. Od piętnastu minut próbował dodzwonić się do Wiktora, zostawił już trzy wiadomości na jego domowej sekretarce. Komórka Wiktora informowała go niezmiennie, że właściciel jest obecnie nieosiągalny – wiadomość o tyle irytująca, że całkowicie bezużyteczna. Gdyby był osiągalny, zapewne by ze sobą rozmawiali. Po następnych piętnastu minutach oczekiwania i jeszcze jednym niezrealizowanym połączeniu postanowił opuścić terminal dla VIP-ów, ku wyraźnej uldze personelu, który najwyraźniej uważał tego wysokiego mężczyznę, od pół godziny krążącego nerwowo po hali przylotów, za nie do końca normalnego.

Wsiadł do pierwszej z brzegu taksówki. Wnętrze pachniało potem i dymem papierosowym. Kierowca nawet nie spojrzał w jego stronę. Był ubrany, a raczej opatulony, w coś, co wyglądało jak skrzyżowanie roboczej kufajki i płaszcza ortalionowego. Po minucie kontemplowania mgiełek oddechu wydobywających się z jego ust Max Stein zrozumiał, skąd się biorą i dlaczego taksówkarz jest tak ubrany – samochód był kompletnie nieogrzewany. Najwyraźniej chłód panujący w aucie w niczym nie przeszkadzał hawajskiej tancerce umieszczonej na desce rozdzielczej, której nagie plastikowe ciało okrywała jedynie spódniczka z liści palmowych. Być może chroniły ją przed zimnem dwie żarówki umieszczone w jej piersiach, zapalające się raz po raz migotliwym fioletowym światłem. Wiktor mu za to zapłaci!

W mieszkaniu rzucił podróżną torbę na kanapę, razem z płaszczem, szalikiem i rękawiczkami, które zdjął pospiesznie, kierując się do otwartej na salon kuchni. Plik nieotwartej poczty, starannie ułożony, piętrzył się pośrodku kamiennej wyspy. Usiadł na wysokim stołku i mechanicznie przejrzał korespondencję, nie znajdując niczego oprócz rachunków i reklam.

Dolna szuflada biurka była do połowy wysunięta. Na kamiennej podłodze, tuż pod nogą biurka, Stein dostrzegł dwa białe prostokąty papieru. Czyżby Alicja nie sprzątała w czasie jego nieobecności? Kiedy schylił się, aby podnieść leżące przedmioty, jego wzrok przesunął się po wnętrzu szuflady, rejestrując wysunięte teczki. Poczuł, jak skóra na całym ciele pokrywa się zimnym potem. Leżące na podłodze kartki okazały się odwróconymi fotografiami, fotografiami z teczki X! Wiktor!!!

Teczka X była niemal pusta; nieliczne pozostałe z uporządkowanych do tej pory zdjęć czyjeś dłonie pozostawiły w całkowitym nieładzie. Nieobecność Wiktora na lotnisku nagle wydała mu się całkowicie zrozumiała. Ta zdradziecka ciota zabrała jego zdjęcia i zamierzała zrobić z nich użytek! Znając Wiktora, był pewien, że nie mogło to być nic dobrego.

Co w ogóle jeszcze tu robił – po tym wszystkim, co się ostatnio wydarzyło? Browar nie był już jego własnością; Van der Boer z irytującym uśmiechem zabrał podpisaną przez niego umowę, a Dice powrócił do domowej mizerii i nudnych posiłków w Harold's Club. Lukka potwierdził, że jego długi w Global Investment Bank zostały całkowicie spłacone, a jego szwajcarski bank z radością odnotował wpływ 30 milionów USD. Czyżby był tu tylko z powodu Wiktora? Jeśli tak, to dzisiejsze wydarzenia dowiodły mu, jak bardzo się mylił w kwestii intencji swego dotychczasowego partnera. Zresztą, o ile pamiętał, Wiktor nigdy nie był z nim do końca szczery, zawsze tajemniczy, niezdolny lub nieskłonny do zwierzeń, z wyrazem twarzy, który czasami przyprawiał Steina o dreszcze. I ten jego związek z Tyszką, który miał im podobno zapewnić przychylność wojewody, ale który na koniec i tak kosztował ich pół miliona dolarów. Czyżby Wiktor zdradził go dla Tyszki? Nie chciał o tym więcej myśleć. Nagle przestało go zupełnie obchodzić, z kim Wiktor dzieli myśli i łóżko.

Miły głos asystentki z JETS4HIRE poinformował go, że Beechcraft nie opuścił jeszcze lotniska Okęcie i że pan Stein, jeśli sobie tego życzy, może z niego ponownie skorzystać, gdyż w planie lotów nie było żadnej uprzedniej rezerwacji. Pan Stein życzył sobie polecieć do Londynu. Następnego dnia? Oczywiście, skontaktuje się z załogą i potwierdzi godzinę odlotu.

Odkładając słuchawkę, rozejrzał się po swoim apartamencie. Po apartamencie Browaru, poprawił się w myślach, szczęśliwy, że opuszczając ten kraj, nie zostawi po sobie niczego, co miałoby jakąkolwiek wartość.

SKĄD TA NAGŁA POTRZEBA PORZĄDKU? Marcin nie potrafił sobie odpowiedzieć, dlaczego od ponad dwóch godzin krzątał się po mieszkaniu, porządkując porozrzucane pudła, zbierając rzeczy z podłogi, a na koniec podejmując heroiczne wyzwanie wyczyszczenia lodówki. Z pewnością nie miał nic innego do roboty i sama myśl o tym sprawiała, że zaczynał sprzątać z jeszcze większą determinacją. Obawiał się, że jeśli podda się melancholii i zacznie użalać nad swoim losem, to jego trzydniowa abstynencja okaże się nic nieznaczącym epizodem, krótkim zapomnianym postojem w drodze na dno. Kiedy mieszkanie nabrało pozorów względnej użyteczności, jako miejsce do pracy i odpoczynku, a nie jedynie przypadkowy magazyn rzeczy pozostawionych przez Marię, zaparzył herbatę i usiadł na sofie, której rozmiar – po usunięciu książek, ubrań i dwóch pudełek po pizzy – przyjemnie go zaskoczył. Patrząc na białe, niezapisane kartki na stoliku, powoli zdawał sobie sprawę, że jego niedawna nadaktywność w porządkowaniu mieszkania kryła w sobie motywację, której z początku nie rozumiał, ale która teraz, w obliczu kawałka pustego papieru, stała się dla niego jasna i zrozumiała. Jakby porządkowanie świata dokoła, nawet w jego miniaturowym wymiarze czterech ścian mieszkania, było niezbędnym preludium do uporządkowania myśli.

Imię Lidii pojawiło się na środku kartki, otoczone kółkiem. Pierwsza strzałka prowadziła do imienia Steina, wypisanego w prawym rogu. „Sprawa osobista?", dopisał na wektorze strzałki. Powoli kartka zaczęła zapełniać się nowymi orbitami imion i nazw krążących wokół imienia Lidii. Tyszko, Barbara, Liga, Browar…Czyżby bawił się w dziennikarza śledczego? Co zamierzał zrobić z tymi odręcznymi zapiskami, z których każdy wymagał osobnego sprawdzenia? Nawet jeśli byłby w stanie prześledzić historię dziewczyny i odkryć wszystkie niejasne powiązania, to kogo zainteresowałaby jej historia? Matjasa, Wąsika, Waldera? Z jakiegoś powodu nie miało to teraz dla niego większego znaczenia. Póki siedział na sofie i dopisywał nowe imiona, nowe znaki zapytania, nowe wątki, był bezpieczny od kieliszka. I od koszmarów.

Rozdział siedemnasty

PRZY ŚNIADANIU MARTA OZNAJMIŁA, że zaprosiła na wieczór kolegę z klasy, z którym zamierzają przygotowywać się do testu z biologii. Marta nie należała do najbardziej pilnych uczennic w szkole i częściej zdarzało mu się przyłapywać ją na czytaniu jego poufnych dokumentów niż podręczników szkolnych. Przez chwilę miał ochotę spuentować jej wybór przedmiotu na wspólną koedukacyjną sesję złośliwą uwagą, ale patrząc na twarz swojej córki, na cień uśmiechu na jej wąskich wargach, nabrał przekonania, że natychmiast padłby ofiarą jednej z jej licznych prowokacji słownych. Nadal z trudem przychodziło mu zaakceptować fakt dorastania Marty, choć musiał przyznać, że jego córka, pomimo częstych nieporozumień między nimi – częstszych od czasu, kiedy zaczęła się malować i negocjować z nim zrobienie sobie tatuażu – prowadziła ich wspólny dom z doświadczeniem i odpowiedzialnością, której trudno byłoby oczekiwać od osoby w jej wieku. A to znaczyło, że winien jej był kredyt zaufania – nawet w tak delikatnych i irytujących sprawach jak chłopcy.

– Chętnie go poznam.

– Poznasz kogo?

– Twojego kolegę.

Marta zaprotestowała energicznym ruchem głowy.

– On nie przychodzi tu na przesłuchanie, tylko po to, żeby się ze mną uczyć.

– A kto mówi o przesłuchaniu?

– Po wizycie ostatniego zbierałeś odciski palców!

Z jakichś powodów wiedział, że nie wygra tego sporu, zwłaszcza o tak wczesnej porze, przed drugą kawą. Z ulgą usłyszał dźwięk telefonu komórkowego dobiegający z kieszeni jego marynarki. Unosząc dłoń do góry, jakby chciał uprzedzić jej następny atak, Wąsik odebrał połączenie. Hogan oznajmił mu, że będzie w jego biurze za godzinę.

KIEDY BOŻYDAR WĄSIK WSZEDŁ do swojego gabinetu, Dennis Hogan rozmawiał przez telefon, odwrócony plecami do Slima, który siedział w fotelu, trzymając w ustach niezapalone cygaro.

Od kilku minut mężczyźni starali się wzajemnie ignorować swoją obecność. Wejście prokuratora przyjęli z wyraźną ulgą. Slim podniósł się z fotela i zrobił krok w jego kierunku. Hogan skończył rozmawiać i schował aparat do kieszeni spodni. Wąsik odnotował jego podkrążone oczy i niezdrowy odcień skóry widoczny mimo trwałej opalenizny. Był zdziwiony, nie widząc nigdzie zgarbionej sylwetki Voychika.

– Przepraszam za spóźnienie – powiedział, rzucając płaszcz na fotel i wyciągając dłoń do Hogana. – Korki. Panowie się poznali?

Mężczyźni skinęli pospiesznie głowami, nie patrząc na siebie. Kiedy uścisnął dłoń Slima, ten wyjął cygaro z ust i schował do kieszeni marynarki. Wąsik przysiadł na blacie biurka i splótł ręce na piersi.

– Jesteśmy w komplecie?

Hogan skinął głową. Widząc pytający wzrok prokuratora, strzepnął niewidzialną nitkę z rękawa marynarki.

– Pan Voychik musiał pozostać w kraju. Okazuje się, że tutejszy klimat mu nie służy. Wirus czy coś w tym rodzaju.

Wąsik uniósł lekko brwi.

– Mam nadzieję, że się z tego wyliże. Czy to zaraźliwe?

Hogan uśmiechnął się, jakby usłyszał z ust prokuratora pointę zabawnej anegdoty.

– Raczej tak. Pan Voychick wymaga ścisłej izolacji.

Hogan otworzył teczkę z aktami i hałaśliwie przerzucał jej zawartość. Najwyraźniej nie zamierzał kontynuować tematu.

Prokurator wzruszył ramionami i usiadł za biurkiem.

– Zakładam, że wszyscy wiemy, po co tu jesteśmy – powiedział, splatając dłonie na karku. – Pan Slim nie chce wracać do Australii. Ma tutaj dom, młodą żonę, której nie chce zostawiać, oraz informacje dotyczące skorumpowanego urzędnika, którym interesuje się moje skromne biuro.

Wąsik spoglądał teraz w sufit, jakby odczytywał z niego dalsze fragmenty swojej przemowy.

– Pan Hogan ze swej strony nalega, aby Slim znalazł się w pierwszym samolocie do Sydney i stanął oko w oko z komitetem powitalnym zubożałych akcjonariuszy Starsky Corporation.

Hoganowi najwyraźniej nie podobał się kpiący ton jego wprowadzenia, bo rzucił mu spojrzenie pełne wyrzutu. Wąsik nie zamierzał się nim przejmować.

– Jak to zwykle w życiu bywa – kontynuował, spoglądając na obu mężczyzn – nie uda nam się zadowolić wszystkich. A skoro ciągnięcie losów w tej konkretnej sprawie nie wchodzi w grę, jesteśmy zmuszeni wypracować zadowalający obie strony kompromis.

– Jestem gotów przedstawić stanowisko prokuratury Nowej Południowej Walii – powiedział Hogan, siadając na parapecie okna. – DPP rozumie żywotny interes, jaki tutejsza prokuratura widzi w pozostawieniu Slima w Polsce. Choć nadal uważamy, że sprawiedliwości stałoby się zadość, gdyby obywatel Australii oskarżony o poważne przestępstwa gospodarcze stanął przed sądem naszego kraju, jesteśmy skłonni przychylić się do propozycji tutejszej prokuratury.

Wąsik skinął głową w stronę Hogana. Mężczyźni wymienili uprzejme uśmiechy. Slim przenosił wzrok z jednej twarzy na drugą, jakby kibicował rozgrywce tenisowej.

– Jeśli mamy wycofać wniosek o ekstradycję – mówił dalej Hogan, po raz drugi w czasie tego spotkania strzepując niewidoczną nitkę z garnituru – to oczekujemy spełnienia kilku warunków.

– Zamieniam się w słuch – powiedział Wąsik i przechylił się w fotelu. Slim stał tuż obok, nie wiedząc, jak się zachować.

– Po pierwsze, otrzymamy wszystkie informacje dotyczące Starsky Corporation, którymi dysponuje Andrew Slim – Hogan zwracał się tylko do prokuratora, tak jakby ich rozmowa toczyła się bez obecności Slima. – Kiedy mówię wszystkie, mam na myśli wszystkie prawdziwe informacje. Jeżeli okaże się, że cokolwiek przed nami zataił albo, co gorsza, minął się z prawdą w kilku istotnych szczegółach – nasza umowa ląduje w koszu i sezon myśliwski zaczyna się na nowo. Czy wyrażam się jasno?

Wąsik odwrócił się w stronę stojącego obok Slima, który skwapliwie skinął głową.

– Tak – powiedział, kierując ponownie wzrok w stronę Hogana.

– To dobrze. Po drugie, dostaniemy wszystkie informacje dotyczące transakcji panów Dice'a i Steina związanych z Browarem. Jeżeli po dokładnym zapoznaniu się z nimi uznamy je za niewystarczające, nasza umowa trafia do kosza i pan Slim wraca do Australii.

– Chwileczkę. – Wąsik szerokim gestem powstrzymał Hogana i Slima, który już podnosił głowę, chcąc zaprotestować. – Stanowisko pana Slima w tej kwestii było jasne od początku. Dostaniecie fakty, liczby, nazwy korporacji i nazwy banków, w których Dice i Stein otworzyli rachunki. Zbieranie dowodów to już wasza sprawa.

Hogan rozłożył bezradnie ręce.

– Drogi panie prokuratorze, jak pan to sobie wyobraża? Czy myśli pan, że banki szwajcarskie otworzą przed nami księgi za sprawą magicznego słowa „proszę"? Będziemy mieli dużo szczęścia, jeśli uda nam się potwierdzić istnienie samych rachunków. Ci ludzie nie mówią „Dzień dobry" bez sprawdzenia, czy klient ich do tego upoważnił!

Wąsik energicznie pokręcił głową.

– To pański kłopot, panie Hogan. Oceniając wasze wysiłki tutaj, nie wątpię, że potraficie dotrzeć do właściwych osób. Przynajmniej kiedy wam na tym zależy.

Hogan przerwał mu, unosząc dłoń.

– Bez urazy, ale nie tak widzieliśmy proponowany „kompromis". Jeżeli to wszystko, co pan i pana podopieczny możecie nam zaproponować, biuro DPP będzie nalegać na powrót syna marnotrawnego.

Mężczyźni spoglądali na siebie przez chwilę w milczeniu, oceniając wzajemną determinację. Slim lekko odchrząknął i po raz pierwszy zwrócił na siebie uwagę Hogana.

– Doktor Miller – powiedział, jakby powoływał się na autorytet znany wszystkim obecnym. – Doktor Günther Miller – dodał, patrząc na zdumione twarze swoich rozmówców.

MATJAS CHCIAŁ SIĘ Z NIM PILNIE ZOBACZYĆ. Może go umówić na jutro. Chce się z nim widzieć natychmiast. W jakiej sprawie? Głos jego sekretarki dobiegał teraz z oddali, niewyraźny, przytłumiony, jakby przykryła dłonią mikrofon. Po kilku sekundach oznajmiła mu, że Matjas przekaże to tylko jemu, osobiście. Westchnął ciężko. Po wyjściu Hogana i Slima chciał jak najszybciej przygotować raport z ich spotkania i przekazać go „Wojciechowi". Po raz któryś z rzędu zastanawiał się, kto jest ostatecznym odbiorcą jego pseudotajnych raportów, i po raz kolejny uznał, że jak długo ten ktoś nie wtrąca się do dochodzenia, sprawa jego tożsamości nie powinna mieć większego znaczenia.

Matjas stał w drzwiach biura zagubiony, jakby znalazł się w obcym miejscu. Po niefortunnym epizodzie z dziennikarzem „Głosu" ich bliskie do tej pory relacje znacznie się ochłodziły i Matjas, który zwykł siadać na kanapie obok jego biurka z nogami wspartymi o niski stolik kawowy, tym razem najwyraźniej oczekiwał jego wskazówki, w jakiej konwencji ma się potoczyć ich rozmowa. Wąsik, z głową pochyloną nad papierami, milcząco wskazał mu krzesło przed biurkiem. Uznał, że nie jest jeszcze gotowy na wspaniałomyślne gesty przebaczenia.

– OK, co to za pilna sprawa i dlaczego nie możesz z nią poczekać do jutra?

Mimo wpadki z Ziębą szacunek, jakim Wąsik darzył profesjonalizm Matjasa, w niczym nie zmalał – nadal uważał go za jednego z najlepszych policjantów, z którymi miał okazję współpracować. Poza tym już dawno przestał się łudzić, że uda się dochować tajemnicy śledztwa, jeśli budziło ono zainteresowanie mediów. Znał naturę ludzką zbyt dobrze, by nie rozumieć, jak wielką satysfakcję sprawiało niektórym policjantom ujrzenie swoich słów – nawet anonimowych – w druku lub na ekranie telewizora. Tyle tylko, że nigdy nie zaliczał do nich Matjasa, i teraz w duchu przyznawał sam przed sobą, że to właśnie było przyczyną jego ciągłej irytacji występkiem policjanta.

Słuchając Matjasa, siedzącego skromnie na krawędzi krzesła, z dłońmi wsuniętymi między zaciśnięte kolana, po raz któryś z rzędu dziękował swojej zawodowej intuicji.

TWARZE MĘŻCZYZN NA KOMISARIACIE wydały mu się znajome. Zanim Matjas zakończył prezentację, Wąsikowi udało się je zlokalizować.

– Byliście ze mną przy aresztowaniu Slima?

Pytanie prokuratora brzmiało bardziej jak stwierdzenie faktu, więc obaj mężczyźni ograniczyli się do porozumiewawczych uśmiechów. Wąsik mógłby przysiąc, że niepozbawionych złośliwości.

– Wciąż jesteście mi winni za pralnię chemiczną.

Jego stwierdzenie wywołało oczekiwany skutek i obaj mężczyźni roześmiali się głośno. Wąsik pogratulował sobie w duchu, że zdołał rozładować niezręczną sytuację. Doświadczenie nauczyło go, że prokuratorzy traktujący policjantów z wyższością rzadko osiągali sukcesy.

– Matjas mówi mi, że coś dla mnie macie.

Policjant w skórzanej kurtce spojrzał w stronę Matjasa, wciąż stojącego za prokuratorem.

– Klaus uznał, że to sprawa dla... pana – powiedział, nieznacznie skłaniając głowę. – I chyba miał rację. Pamięta pan tę kobietę od pikiety przed Browarem?

Wąsik pokręcił przecząco głową.

– Tę walkirię w czarnym kombinezonie, która przewodziła grupie – zaryzykował podpowiedź drugi policjant. Wąsik odnotował emfazę, z jaką mężczyzna wypowiedział słowo „walkiria". Najwyraźniej był dumny ze swego literackiego wykształcenia.

– Brigitte Nielsen! – W jego przypadku rozkładówka „Playboya" okazała się większym konkretem niż literackie pierwowzory. – Teraz pamiętam.

Policjant w skórzanej kurtce wskazał dłonią drzwi w końcu korytarza.

– Przyprowadziliśmy ją godzinę temu. Wepchnęła faceta pod koła pociągu metra na stacji Warszawa Gdańska.

– I?

– W schowku jej samochodu zaparkowanego przed domem denata znaleźliśmy coś, co natychmiast zwróciło uwagę Klausa. Powiedział, że będzie pan chciał to zobaczyć.

– Zobaczyć co?

Matjas zrobił krok do przodu i położył mu dłoń na plecach.

– Panowie, czas zaprosić prokuratora na projekcję – powiedział i, widząc pytający wzrok Wąsika, dodał: – Czyż obraz nie jest wart tysiąca słów?

WPATRUJĄC SIĘ W MIGOCZĄCE NA EKRANIE obrazy z taśmy VHS, którą mężczyzna w skórzanej kurtce załadował do odtwarzacza bez słowa komentarza, Wąsik musiał przyznać rację Matjasowi. To, co oglądał, wymykało się zdrowemu rozsądkowi. Nie chodziło o to, że obraz, w który się wpatrywał, zawierał jakąkolwiek dwuznaczność – wręcz przeciwnie, od dawna nie widział nic równie jednoznacznego jak ten film ukazujący dwóch spółkujących ze sobą mężczyzn. Problem nie tkwił w fabule – jeśli tak można było określić to, co działo się na ekranie – ale w osobach, które uczestniczyły w tym niecodziennym widowisku. Wąsik dał znak dłonią, aby przerwać projekcję. Matjas wpatrywał się w niego z wyrazem chłopięcej satysfakcji na twarzy.

– Gotowy na recenzję?

Nie. Nie był gotowy. Musiał pozbierać myśli. Musiał je pozbierać.

KOBIETA SIEDZĄCA W POKOJU PRZESŁUCHAŃ nie wyglądała tak potężnie, jak ją zapamiętał. Coś w jej przygarbionych plecach, opuszczonej głowie, dłoniach na stole z metalowymi obręczami kajdanek zdradzało wewnętrzną kruchość. Musiał przyznać, że nie czuł się specjalnie zaskoczony temu nagłemu przeobrażeniu. Jako prokurator Wąsik często był świadkiem takich metamorfoz. W jednej szalonej chwili afektu ludzie przekreślali całe swoje dotychczasowe życie, rodzinę i przyjaciół, pracę, plany na przyszłość, marzenia. O ile siedząca przed nim kobieta działała w afekcie. Zamierzał się o tym przekonać.

Obrazy utrwalone na taśmie znalezionej w samochodzie kobiety, bez względu na to jak bardzo się starał, nadal nie poddawały się żadnej racjonalnej analizie. Problemem nie było to, że akt, który dokumentowały, należał do mało racjonalnych; Wąsik przekonał się w trakcie swojej długiej kariery zawodowej i krótkiej historii swego małżeństwa, że nie ma prawdopodobnie nic bardziej irracjonalnego, nic bardziej destrukcyjnego niż ludzki popęd seksualny. Sam film nie dowodził niczego; był prywatną produkcją dwóch mężczyzn, którzy najwyraźniej osiągali przyjemność z odtwarzania własnych momentów intymności, akt, do którego, przyznawał, mieli pełne i wyłączne prawo. Taśma nie była przeznaczona ani dla policjantów, ani też dla niego w roli prokuratora i jej dzisiejsza publiczna projekcja mogłaby być uznana za nadużycie, gdyby nie jeden istotny szczegół: jeden z mężczyzn na taśmie nie żył, a osoba odpowiedzialna za jego śmierć była w posiadaniu nagrania. Jeden istotny szczegół? O nie – było ich znacznie więcej i Wąsik zastanawiał się po raz setny tego dnia, dlaczego wszystko, co się ostatnio wydarzyło, zdaje się obracać się wokół Browaru. Max Stein i Wiktor – mężczyzna, którego twarz zobaczył po raz pierwszy na pogrzebie prymasa, mężczyzna z tajemniczą przeszłością, mężczyzna z fotografii, którą wręczył mu Zięba, mężczyzna znający Lidię, mężczyzna będący prawą ręką Tytusa Tyszki, a jednocześnie – jak się okazało – teraz dzięki taśmie VHS będący też kochankiem Maksa Steina. Miał nadzieję, że kobieta siedząca po drugiej stronie stołu, nadal bez ruchu, nadal zamknięta w sobie, nadal niedająca żadnego znaku, że zauważa jego obecność, potrafi odpowiedzieć na nurtujące go pytania. Przynajmniej na niektóre z nich. Byłby to jakiś początek.

TERAZ, GDY WSZYSTKO BYŁO JUŻ POZA NIĄ i realność całego wydarzenia, aktu niekontrolowanej agresji, aktu niekontrolowanej morderczej emocji, której nigdy wcześniej nie doświadczyła, a która najprawdopodobniej miała zdefiniować resztę jej życia, dotarła do niej niczym wiadomość o nieuleczalnej chorobie trawiącej jej ciało, ze wszystkimi towarzyszącymi jej symptomami, z bólami brzucha, drżeniem dłoni, potem zalewającym jej skronie, Krystyna nie czuła już żadnej z emocji, które popchnęły ją do nieprawdopodobnego czynu odebrania komuś życia. Nie myślała ani o Lidze, ani o „Odwecie", ani o zdradzie Diany Fuks czy Wiktora. Nie myślała o swoim rozczarowaniu, poczuciu osamotnienia czy osobistej klęski. Myślała tylko o Pawle. Co stanie się z Pawłem?

Poczucie, że zawiodła swego syna, było tak potężne, iż zagłuszało wszelkie inne uczucia: strach, wyrzuty sumienia, paniczny lęk przed zamkniętymi pomieszczeniami. Myślenie o Pawle było tak bolesne, że jej ciało, ogarnięte fizycznym bólem, odmawiało jakiejkolwiek współpracy, nieruchome i bezużyteczne jak ciało Wiktora.

Usłyszała jego głos dopiero po chwili. Jeszcze dłużej zajęło jej zrozumienie sensu słów, które wypowiadał. Mężczyzna, który pochylał się nad nią, miał miękką twarz domokrążcy sprzedającego artykuły domowego użytku. Czarny wąs na bladej twarzy wyglądał niemal sztucznie, jakby był elementem charakteryzacji.

– Jak się pani czuje?

W uszach Krystyny pytanie zabrzmiało idiotycznie i pewnie takie wydało się też mężczyźnie, bo na jego twarzy pojawił się wyraz zakłopotania.

– Czy mogę podać pani coś do picia? Wodę, kawę?

Jego głos był miękki jak jego twarz. Z jakiegoś powodu wymagał koncentracji. I zwracał jej uwagę.

– Wodę, jeśli można.

Jej własny głos zaskoczył ją i wydał jej się obcy i sztuczny. Tak jakby nie wierzyła, że po tym, co się wydarzyło, zachowała zdolność mowy.

Mężczyzna wrócił do pokoju ze szklanką wody. Ostrożnie postawił ją na stoliku między jej leżącymi na blacie dłońmi skutymi kajdankami. Ich dźwięk, kiedy poruszyła palcami, żeby objąć szklankę, przyprawił ją o dreszcze, podobne do tych, których doświadczała w szkole, słysząc pisk kredy na powierzchni tablicy. Nigdy nie lubiła szkoły.

– Chcę się dowiedzieć, co się wydarzyło. Z pani własnych słów.

Patrzyła na niego, nie do końca rozumiejąc, o co mu chodzi.

– Paweł... – powiedziała z histerią w głosie, która sprawiła, że mężczyzna odruchowo zrobił krok do tyłu, odsuwając się od jej napiętej twarzy. – Co się stanie z Pawłem?!

– Kim jest Paweł?

Krystyna nie potrafiła odpowiedzieć. Jej ciało, będące do tej pory konglomeratem potężnych i sprawnych mięśni, pod wpływem niekontrolowanego, niepowstrzymywanego szlochu rozsypało się niczym domek z kart.

JEŻELI WĄSIK SPODZIEWAŁ SIĘ jakichkolwiek wyjaśnień, to szybko zorientował się, że będzie musiał na nie dłużej poczekać. Kobieta była na skraju załamania nerwowego i jedyne, co w tej chwili mógł dla niej zrobić, to znaleźć funkcjonariuszkę policji, która spróbuje ją uspokoić, a przede wszystkim zadbać o to, by nie zrobiła sobie nic złego.

Matjas czekał na niego w korytarzu z papierową teczką w dłoni. Na jego pytający wzrok skinął głową w kierunku drzwi pokoju, w którym jeszcze niedawno wspólnie oglądali amatorską produkcję Maksa Steina. W pokoju Matjas przysiadł na brzegu wysłużonego stołu, ignorując stojące przy nim krzesła, i poczekał, aż Wąsik zamknie drzwi.

– Klaus?

Matjas przesunął dłonią po okładce teczki, jakby usuwał z niej warstwę kurzu.

– Byliśmy w domu ofiary.

– I?

Matjas otworzył teczkę i wysypał na stół znajdujące się w niej fotografie. Wąsikowi zajęło chwilę, aby dostrzec łączący je motyw: Lidia. Betonowy blok, w którym wynajmowała mieszkanie, jej postać z oddali na tle drzwi wejściowych, jej profil za szybą czegoś, co wyglądało jak kawiarnia lub bar szybkiej obsługi, Lidia w otoczeniu kilku osób przed klubem „Plaża", Lidia na schodach ruchomych jakiegoś domu handlowego, Lidia na przystanku tramwajowym. Kiedy wreszcie przeniósł wzrok z leżących na stole fotografii na Matjasa, jego oczy musiały wyrażać niemal dziecinne zdziwienie, bo policjant zaśmiał się lekko, sięgając do wewnętrznej kieszeni marynarki, skąd wyjął jeszcze jedną fotografię.

– Ta powinna zainteresować cię najbardziej – powiedział, wręczając ją Wąsikowi.

Fotografia była stylizowanym portretem Lidii, zdjęciem, które trzymałaby w swoim portfolio modelki. Jego pytający wzrok znów zatrzymał się na twarzy Matjasa.

– Na odwrocie – powiedział Matjas, wykonując lekki obrót otwartej dłoni. Wąsik posłusznie wykonał polecenie. Z tyłu fotografii czyjaś ręka napisała długopisem jedno zdanie: „Chcę, żebyś zainteresował się tą suką". I jeszcze podpis: „Max".

MAX STEIN POŚPIESZNIE PAKOWAŁ UBRANIA, wybierając te, z którymi nie chciał się rozstawać – w przeciwieństwie do tego cholernego kraju. Zdziwił się, słysząc dźwięk otwieranych drzwi wejściowych i czyjeś kroki w korytarzu. Wiktor? Wybiegł z sypialni, wciąż trzymając w ręku spodnie od smokingu i jedwabną koszulę od Brioniego.

– Ty skurwy… – powstrzymał okrzyk, widząc przerażoną twarz Alicji Wrzos, którą jego niespodziewany atak rzucił na ścianę kuchenną. Zawartość jej torebki rozsypała się po kamiennej podłodze, tuż pod jego nogami.

– Pan Stein! – wykrzyknęła jego nazwisko z wyraźnym wyrzutem w głosie. – Ależ mnie pan przestraszył!

Zupełnie zapomniał, że to jej dzień. Kobieta wpatrywała się w niego rozszerzonymi oczami, trzymając prawą dłoń na piersi.

– A pan znów wyjeżdża?

Z jakiegoś powodu miał ochotę zaprzeczyć, ale kobieta wpatrywała się w jego ręce, w których ciągle trzymał fragmenty garderoby. Poza tym uznał, że z pewnością zobaczy go opuszczającego mieszkanie z dwiema torbami podróżnymi, tak więc powiedzenie prawdy wydawało się o wiele lepszym rozwiązaniem. Oczywiście nie całej prawdy.

– Na kilka dni. Będę z powrotem przed świętami. Krótki lot do Londynu.

Zawsze bawił go zachwyt, z jakim Alicja przyjmowała informacje o jego zagranicznych podróżach. Pewnie dlatego zawsze chętnie wymieniał magiczne dla niej słowa „Bruksela", „Wiedeń" czy „Londyn" i obserwował, jak na twarz kobiety wypełza uśmiech niedowierzania i nostalgii.

– Musi być tam pięknie o tej porze roku – powiedziała, odrywając wreszcie prawą dłoń od piersi najwyraźniej przekonana, że atak serca, jeszcze do niedawna nieuchronny, został bezpiecznie zażegnany.

Wzruszył ramionami.

– Skończę pakowanie i zaraz wychodzę. Proszę sobie nie przeszkadzać.

W sypialni przypomniał sobie, że to jej ostatnia wizyta przed świętami.

– Ile jestem winien? – wykrzyknął, upychając rzeczy w walizce i zasuwając zamek błyskawiczny.

Alicja Wrzos skrupulatnie, z uśmiechem osoby, która już zaplanowała wszystkie świąteczne zakupy, zaczęła wypisywać na kartce wyrwanej z podręcznego kalendarza słupki cyfr.

WĄSIK SIEDZIAŁ W POLICYJNYM OPLU razem z Matjasem. Wpatrywał się w hipnotyzujące światła stopu samochodów przed nimi, błyskające raz po raz czerwienią na zatłoczonych pasach drogi prowadzącej na lotnisko. Wciąż z rozbawieniem wspominał spotkanie ze sprzątaczką Steina. Miała około pięćdziesięciu lat, sztuczne uzębienie, fryzurę będącą skrzyżowaniem rekruta z pudlem i wystraszone oczy, rozszerzające się wraz z każdym wypowiedzianym przez nich słowem. Przez chwilę obawiał się nawet, że jeśli ich rozmowa potrwa dalej, jej gałki oczne wypadną z oczodołów i wylądują na zielonym fartuchu, w który przez cały czas nerwowo wycierała dłonie. Panowie z policji? Już ta informacja na dłuższą chwilę odebrała jej głos. Kiedy go odzyskała, zaprosiła ich do środka, nie przestając mówić, jakim szlachetnym człowiekiem jest pan Stein, jakim dżentelmenem, jakim kulturalnym mężczyzną, tak jakby obawiała się, że za chwilę powiedzą coś, co zburzy jej dotychczasowy wizerunek pracodawcy i że jej brak wiedzy w kwestii jego podejrzanego charakteru może być poczytany za dowód jej współudziału w czymkolwiek, w co Stein mógłby być zamieszany.

Kto by pomyślał, taki przyzwoity człowiek... Wąsik uspokoił ją, że chcą jedynie zadać panu Steinowi kilka pytań i będą wdzięczni, jeśli powie im, gdzie mogą go znaleźć. Z rozbawieniem obserwował jej krótką walkę wewnętrzną między lojalnością wobec Steina a prawdomównością wobec policji, która objawiała się zmarszczonym czołem i oczami uniesionymi do góry, jakby odpowiedź na ich pytanie była wypisana na suficie. Wąsik dobrze znał ten typ kobiet, dla których sam fakt pojawienia się policji na progu ich domu był jeśli nie zbrodniczy, to przynajmniej dalece nieprzyzwoity. Takie rzeczy nie zdarzały się bez przyczyny, toteż Alicja Wrzos z ciężkim westchnieniem wyjawiła im plany podróżne swego podejrzanego pracodawcy.

Głos w policyjnym radiu poinformował ich, że najbliższy samolot do Londynu odlatuje z Okęcia kwadrans po piątej po południu. Wąsik spojrzał na zegarek. Nie było jeszcze pierwszej. Wydało mu się dziwne, by Stein wyprawił się na lotnisko tak wcześnie.

– Niech sprawdzą listę pasażerów i... – jakiś wewnętrzny głos podpowiedział mu jeszcze jedno rozwiązanie – i niech sprawdzą w terminalu VIP-owskim, czy ktoś nie zgłaszał lotu do Londynu.

KIEDY WĄSIK Z MATJASEM WESZLI do terminala dla VIP-ów, Max Stein siedział w fotelu pod oszkloną ścianą wychodzącą na płytę lotniska, zwrócony plecami do wejścia i wertujący coś, co wyglądało jak kolorowy magazyn producenta prywatnych odrzutowców. Na fotelu obok niego leżała czarna torba podróżna, przykryta do połowy czarnym kaszmirowym płaszczem.

– Pan Stein? – Na dźwięk swego nazwiska mężczyzna odwrócił głowę w ich kierunku, oczekując zapewne informacji o godzinie wylotu. Wąsik zarejestrował jego pytające spojrzenie. Najwyraźniej w zimowej kurtce i ciężkich wysokich butach prokurator nie pasował do wystroju wnętrza.

– Bożydar Wąsik, prokuratura stołeczna, a to... – wskazał na rosłą sylwetkę Matjasa zajmującego strategiczną pozycję na drodze do wyjścia – inspektor Matjas. Jeśli pan pozwoli, chcielibyśmy zadać panu kilka pytań.

Max Stein wpatrywał się w niego bez słowa. Wąsik miał wrażenie, że mężczyzna poważnie rozważa odmowę. Postanowił rozwiać jego wątpliwości.

– Musimy panu zadać kilka pytań związanych z dzisiejszym morderstwem na stacji metra.

– Ale ja właśnie odlatuję...

– To zajmie nam tylko chwilę. Poza tym... – Wąsik uśmiechnął się do mężczyzny, jakby przekazywał mu szczęśliwą wiadomość – pana samolot może poczekać. Jestem pewien, że władze lotniska nie będą miały nic przeciwko krótkiemu opóźnieniu. Jeśli pan chce, zaraz z nimi porozmawiam.

Max Stein uniósł dłoń do góry, dając do zrozumienia, że taka interwencja nie jest ani potrzebna, ani pożądana.

– Wspomniał pan o morderstwie?

– Wiktor. Znał pan tego mężczyznę. – Wąsik wręczył Steinowi fotografię, bacznie obserwując jego reakcję.

Coś drgnęło na nieruchomym do tej pory obliczu mężczyzny. Dłoń, w której trzymał fotografię, drżała, a na jego twarzy pojawił się wyraz takiego niedowierzania, że w profesjonalnej opinii Wąsika nie mógł być udawany.

– Wiktor nie żyje? Jak...

– Dziś rano. Na stacji metra Warszawa Gdańska. Został wepchnięty pod koła nadjeżdżającego pociągu.

– Kto mógłby...

– Jak długo znał pan ofiarę? – Wąsik zanotował reakcję swego rozmówcy na słowo „ofiara". Oczy Steina nadal studiowały jego twarz, jakby nie potrafił zrozumieć, o kogo jest wypytywany. – Jak długo znał pan... Wiktora?

– Pół roku... Może dłużej... – Jego odpowiedzi były krótkie i powolne, jakby chciał zyskać na czasie i odzyskać utraconą równowagę. Wąsik nie zamierzał do tego dopuścić.

– Czy to pana charakter pisma? – zapytał, wręczając mu fotografię Lidii. – Na odwrocie.

Mężczyzna przyglądał się dłuższą chwilę twarzy dziewczyny z fotografii, a potem powoli, jakby liczył na to, że za sprawą jakiejś magicznej interwencji odsłoni jedynie biały rewers zdjęcia, odwrócił fotografię. Wąsik ani na chwilę nie spuszczał z niego wzroku.

– Nie jestem pewien – powiedział ostrożnie, spoglądając przez szklaną ścianę w stronę pasu startowego. – Nie przypominam sobie, abym napisał coś takiego.

– Zna pan osobę z fotografii?

Stein spojrzał na niego, jakby przyłapał go na próbie sprzedania mu uszkodzonego używanego samochodu.

– Oczywiście. To twarz naszej kampanii reklamowej.

– Tylko tyle? Nie wiązały was żadne inne relacje?

Wąsik podziwiał policyjny styl Matjasa, kiedy samo pytanie sugerowało związek między podejrzanym i ofiarą, insynuowało ich wiedzę na ten temat i zawierało ukrytą groźbę: „Tylko nie próbuj kłamać".

Stein spojrzał na nich z wyraźnym zaskoczeniem, jakby dopiero teraz zrozumiał prawdziwy cel ich wizyty na lotnisku.

– Panowie wybaczą – powiedział, pocierając nasadę nosa, jakby usuwał bolące miejsce pozostawione przez oprawki niewidocznych okularów. – Ale czeka mnie długi lot, a... na pokładzie nie ma toalety. Czy możemy przerwać na moment naszą rozmowę?

Wąsik spojrzał na drzwi oznakowane napisem WC za jego plecami i gestem wskazał je Steinowi.

WĄSIK, Z PRAWĄ DŁONIĄ ZANURZONĄ w kieszeni kurtki, wpatrywał się z niedowierzaniem w szklaną ścianę oddzielającą terminal od płyty lotniska. Obraz przed jego oczami był jak fragment filmu, urywek fabuły na tyle obcej jego pojmowaniu rzeczywistości, że upłynęła dłuższa chwila, zanim zdał sobie sprawę, że to, na co patrzy, dzieje się naprawdę, a osobą biegnącą po betonowej nawierzchni lotniska w rozpiętej marynarce, z kawałkiem białego papieru toaletowego przyczepionego do prawej podeszwy, jest nie kto inny jak... Max Stein! Matjas musiał być równie zaskoczony, bo zanim obaj jak na komendę rzucili się w stronę szklanych drzwi terminala, ich pełne niedowierzania spojrzenia spotkały się na krótką chwilę.

KORZYSTAJĄC Z ZASKOCZENIA, jakie wywołała jego ucieczka, opóźniając reakcję mężczyzn w terminalu lotniska, Max Stein zdołał prawie dobiec do opuszczonych stopni trapu odrzutowca, zanim kątem oka dojrzał sylwetki prokuratora i policjanta forsujących szklane drzwi. Jeden z pilotów stał w wejściu do samolotu, wychylając na zewnątrz głowę. Stein zignorował jego wyciągniętą dłoń i z impetem, który niemalże zwalił mężczyznę z nóg, wtargnął na pokład.

– Zamknij drzwi!

Pilot patrzył na niego z mieszaniną niedowierzania i oburzenia na twarzy, przecierając dłonią obolałe miejsce z tyłu głowy.

– Panie Stein...

Stein przerwał mu brutalnie.

– Zamknij drzwi i odlatujemy!

Na wciąż zaczerwienionej z gniewu twarzy pilota pojawił się wyraz wahania. Mimo urazy i pęczniejącego z tyłu głowy guza nie zapominał ani na chwilę, że groźnie wyglądający szaleniec, siedzący teraz w skórzanym fotelu naprzeciwko niego, bądź co bądź jest klientem korporacji, która płaciła za szkołę jego córki i spłacała bandycko wysoki kredyt hipoteczny na jego domu w Zurychu. Nie po raz pierwszy w życiu mężczyzna postanowił zapomnieć o urażonej dumie i, nie patrząc na swego pasażera i przeklinając w duchu kosztowne upodobania swojej żony do wielkich domów i drogich samochodów, w milczeniu zamknął drzwi samolotu i zabezpieczył je do lotu. Był już w kokpicie, siadając w fotelu i ignorując pytający wzrok drugiego pilota, kiedy drzwi samolotu eksplodowały hałasem głuchych, nerwowych uderzeń.

– Co jest do kur…

Kiedy odwrócił głowę w stronę kabiny, potężna postać Maksa Steina przesłaniała wejście do kokpitu.

– Czy nie wyraziłem się wystarczająco jasno?! Odlatujemy!

Głos pełen paniki wypełnił niewielkie pomieszczenie. Pierwszy pilot nie miał już żadnych wątpliwości, że ich pasażer oszalał. Zza metalowych drzwi samolotu nieustannie dobiegały głuche dźwięki.

– Proszę zająć miejsce, panie Stein.

Niski, spokojny głos pilota wyraźnie zaskoczył Steina, bo jego twarz znieruchomiała w wyrazie niedowierzania, z półotwartymi ustami, z których nie wydobywał się teraz żaden dźwięk. Kiedy je wreszcie zamknął i ponownie odzyskał mowę, jego głos był o kilka tonów spokojniejszy.

– Przypominam wam, że to ja płacę za wasz czas i za ten lot i domagam się, abyśmy natychmiast stąd wystartowali.

– Dopóki nie dowiem się, co znaczą te hałasy na zewnątrz…

– Nic mnie to nie obchodzi! – w głosie Steina ponownie pojawiła się irytacja. – Pewnie banda gówniarzy urządziła sobie zabawę na płycie lotniska!

– Panie Stein!

Głos w pokładowym radiu nałożył się na słowa pierwszego pilota.

– Alfa Kilo Brawo dziewięćset czterdzieści pięć. Nie macie pozwolenia na start. Powtarzam. Alfa Kilo Brawo dziewięćset czterdzieści pięć. Nie ma pozwolenia na opuszczenie miejsca postojowego.

Pytający wzrok drugiego pilota stawał się nie do zniesienia. Kapitan wcisnął przycisk radia.

– Tu Alfa Kilo Brawo dziewięćset czterdzieści pięć. Zrozumiałem.

Zdjął słuchawki, uniósł się z fotela i powiedział – bardziej w stronę szarej linii drzew na horyzoncie za oknem kokpitu niż w stronę siedzącego przy nim drugiego pilota:

– Zamierzam się dowiedzieć, co się tutaj dzieje.

MĘŻCZYZNA, KTÓRY OTWORZYŁ drzwi samolotu, był bez wątpienia pilotem, sądząc po granatowej marynarce z pagonami i złotych pasach zdobiących rękawy. Jednak coś w jego wyglądzie wydało się Wąsikowi dziwne i nie pasowało do obrazu pilota, jaki stworzył sobie na podstawie obejrzanych filmów i dwóch wakacyjnych lotów liniami pasażerskimi. Po pierwsze, twarz mężczyzny była zaczerwieniona i wykrzywiona w gniewnym grymasie, który, jak się prokurator domyślał, mógł być spowodowany jego i Matjasa nagłym atakiem na drzwi samolotu. To jednak nie tłumaczyło stanu koszuli pilota, której prawy kołnierzyk był niemal całkowicie oderwany. Wąsik zauważył także brak dwóch pozłacanych guzików na dwurzędowej granatowej marynarce. Również fryzura mężczyzny wyglądała, jakby za długo stał przy pracującym silniku swego beechcrafta.

– Kapitan Grossman. Czy ktoś mi powie, co się dzieje z moim samolotem?

Mimo dziwnego wyglądu głos mężczyzny był spokojny, stonowany i pełen jakiejś wewnętrznej satysfakcji, której źródło prokurator, wpatrując się uważnie w twarz mężczyzny, na próżno próbował odgadnąć.

– Prokurator Wąsik. – Zawsze czuł się lekko zażenowany, przedstawiając się w trzeciej osobie, ale dawno już uznał, że pewne sytuacje wymagały przywołania autorytetu urzędu. – A to inspektor Matjas ze stołecznej policji. Czy na pokładzie znajduje się pasażer Max Stein?

Mężczyzna skinął potakująco głową.

– Jesteśmy zmuszeni zabrać go na komendę, aby dokończyć przesłuchanie.

Po raz pierwszy od początku ich krótkiej rozmowy na trapie odrzutowca na twarzy Grossmana pojawił się cień uśmiechu.

– Zapraszam na pokład.

Wąsik nigdy do tej pory nie postawił nogi na pokładzie prywatnego odrzutowca, toteż zaproszenie kapitana wywołało w nim dreszcz chłopięcego podniecenia, które przez chwilę sprawiło, że zapomniał o celu wizyty. Zamiast skierować się wprost do siedzącego w fotelu Steina, Wąsik zatrzymał się w wejściu i z nieukrywanym zachwytem rozglądał się po wnętrzu maszyny. Licząca niespełna dwa metry na pięć kabina nie imponowała rozmiarem, a mimo to coś w kremowej czystości jej wnętrza, czterech olbrzymich skórzanych fotelach, które zdawały się ucieleśnieniem komfortu, dwóch pokaźnych ekranach LCD umieszczonych nad stolikami z egzotycznego drewna wywoływało w prokuratorze na przemian uczucia zachwytu, melancholii i zawiści. Po kilkunastu sekundach Wąsik otrząsnął się i podążył wzrokiem w kierunku wskazanym przez Grossmana. Najpierw dojrzał fragment ramienia i prawą dłoń wspartą na oparciu fotela z przodu. Kiedy zbliżył się, rozpoznał w siedzącym Maksa Steina, z głową zwróconą w stronę okrągłego okna, z lewą dłonią przytrzymującą przy twarzy coś, co wyglądało jak pokaźnych rozmiarów biała papierowa serwetka.

– Panie Stein – powiedział. – Obawiam się, że będzie pan musiał towarzyszyć nam w drodze na komendę.

Głowa Steina z wyraźnym wysiłkiem odwróciła się w jego kierunku. Papierowa serwetka nadal zakrywała część twarzy, ale jej biały kolor powoli ustępował pola głębokiej czerwieni. Niemożliwej do pomylenia z żadnym innym odcieniem czerwieni ludzkiej krwi.

SIEDZĄC NA PRZEDNIM FOTELU PASAŻERA, ze Steinem z tyłu i Matjasem za kierownicą, Wąsik nie mógł oprzeć się pokusie spoglądania w tylne lusterko i obserwowania mężczyzny za swoimi plecami. Zaraz po wejściu do auta przestawił lusterko, ignorując pełne wyrzutu spojrzenie Matjasa, aby ze swego miejsca bez odwracania głowy widzieć ich pasażera.

Krwawienie z nosa zdawało się ustępować i Stein coraz częściej opuszczał już prawie całkowicie czerwoną papierową chusteczkę. Jego nos nie wyglądał najlepiej i Wąsik zastanawiał się przez chwilę, czy nie jest złamany. Cokolwiek wydarzyło się na pokładzie samolotu, Stein nie miał najmniejszej ochoty podzielenia się tą wiedzą ani z prokuratorem, ani z Matjasem. Wszelkie pytania pozostawiał bez odpowiedzi i Wąsik szybko zrozumiał, że początkowe zaskoczenie, zakończone irracjonalną, paniczną ucieczką, zastępowała teraz cicha, wy-kalkulowana determinacja kogoś, komu nie były obce drama-tyczne przeciwności losu. Przyglądając się twarzy Steina, co-raz bardziej obojętnej na otaczającą rzeczywistość, zastanawiał się, co zamierzają osiągnąć, wioząc go na komendę.

Mężczyzna na tylnym siedzeniu najwyraźniej przestał być przypadkowym świadkiem serii niezrozumiałych dla Wąsi-ka wydarzeń, a stawał się istotnym elementem całej zagadki. A strażnicy zagadek, o czym Wąsik wiedział bardzo dobrze po latach przesiedzianych na prokuratorskim stołku, rzadko roz-stawali się z nimi pod wpływem czystej perswazji. Nie, męż-czyzna na tylnym siedzeniu wpatrujący się teraz uporczywie w boczne okno, tak jakby mijające ich samochody stanowiły nieodpartą atrakcję, nie był żadnym rozwiązaniem – był czę-ścią problemu.

W brudnym świetle grudniowego popołudnia, we wnętrzu zużytego służbowego opla, które przypominało Wąsikowi więzienną furgonetkę, twarz Steina, nieruchoma, bez cienia emocji w regularnych przewidywalnych rysach, wydawała się teraz prokuratorowi równie nierealna i nierzeczywista jak jego niedawna wizyta na pokładzie odrzutowca. Coś w obecności mężczyzny na tylnym siedzeniu, a właściwie w jej prawie cał-kowitym braku, sprawiało, iż Wąsik miał nieodparte wrażenie, iż transportują nie tyle istotę ludzką, człowieka z krwi i kości, ile pewną ideę człowieczeństwa, intelektualny konstrukt, któ-ry równie dobrze mógł być wytworem ich własnej zmęczonej wyobraźni.

SAMOLOT WYLĄDOWAŁ PUNKTUALNIE i Dice'owi, po-dróżującemu jedynie z bagażem podręcznym, zajęło zaledwie dziesięć minut, by znaleźć się na zewnątrz lotniska, w ostrym przedpołudniowym słońcu Melbourne. Pomarańczowy au-tobus, który miał go zabrać na długoterminowy parking, stał przed terminalem. W środku było kilka osób i Dice wybrał miejsce na samym końcu, mniej lub bardziej świadomie szu-kając namiastki prywatności po osiemnastogodzinnym locie w otoczeniu tych samych twarzy.

Jego bentley stał tam, gdzie go zaparkował, w sektorze G, między szarym fordem mondeo i amorficznym, białym azjatyckim minivanem. Dice nie mógł oprzeć się uczuciu zażenowania, wyciągając kluczyki i zwalniając elektryczny zamek, tak jakby nie był właścicielem samochodu, a jedynie wynajętym kierowcą. Jego nowa zabawka przestała go ekscytować, przypominając mu boleśnie, jak wiele się zmieniło podczas jego wiedeńskiej podróży. Siedząc we wnętrzu samochodu, poczuł się nagle i niespodziewanie intruzem, uzurpatorem w przestrzeni zarezerwowanej dla kogoś innego. Kogoś, kogo było na nią stać.

O tej porze dnia ruch na Tullamarine Freeway był niewielki i w ciągu niespełna pięciu minut znalazł się na obwodnicy miasta, West Ring Road. Po następnych piętnastu minutach dotarł do zjazdu na Melton Highway i Ballarat Road. Do Dunkeld miał jeszcze ponad sto pięćdziesiąt mil. Prawie trzy godziny. Miał nadzieję, że nie zaśnie za kierownicą.

Rozdział osiemnasty

MIĘŚNIE BRZUCHA MĘŻCZYZNY NA SCENIE wyda-
wały się Tyszce niemal nierealne w swej wyrzeźbionej perfek-
cji. Podejrzewał, że nawet Wiktor nie mógłby się poszczycić
równie imponującą muskulaturą. A swoją drogą, gdzie on się
podziewał? Planowany wspólny wieczór świętowania sprzedaży Browaru zamienił się w całonocny samotny maraton.

Spojrzał na zegarek. Dochodziła szósta i klub powoli zaczynała przenikać smutna atmosfera wyludnienia i zmęczenia.
Kilku mężczyzn przy barze rozmawiało hałaśliwie z na pół do-
pitymi drinkami w dłoniach. Barman zignorował ich rozpaczliwe gesty i wyszedł na salę, taszcząc dwa plastikowe worki
ze śmieciami. Mimo obecności tancerza na scenie ktoś włączył
jasne światła pod sufitem. W miarę przytulne i tajemnicze do
tej pory wnętrze klubu wypełniła zimna poświata jarzeniówek.

Tyszko wyjął z kieszeni banknot i podchodząc do sceny,
wcisnął go za błękitne slipy tancerza. Mężczyźni wymienili
uśmiechy, ale z jakiegoś powodu przepełniło to wojewodę nieoczekiwanym smutkiem i melancholią. Poczuł się stary i zmęczony. Na szczęście nie biedny, pocieszył się w myślach.

Kiedy dopijał resztki mojito z wysokiej szklanki, korpulent-
ny mężczyzna z karykaturalnie zaczesanymi włosami bezskutecznie usiłującymi ukryć łysinę zbliżył się do stolika. Tyszko,
wciąż ze szklanką przy ustach, uniósł lewą dłoń, jakby próbował zatrzymać mężczyznę w pół drogi.

– Nie jestem zainteresowany – powiedział, odstawiając pustą szklankę na stolik. – Dla mnie wieczór dobiegł końca.

Mężczyzna spojrzał na niego z uśmiechem, w którym Tyszko doszukał się pewnej złośliwości.

– Inspektor Matjas. – Wyjął legitymację i podsunął ją pod oczy wojewody. – Nowy dzień właśnie się zaczyna.

MIMO NIEPRZESPANEJ NOCY Hans Van der Boer nie odczuwał zmęczenia, a jedynie lekkie mrowienie w palcach, spowodowane, jak podejrzewał, rozchodzącą się w jego krwi kofeiną z litrów wypitej tej nocy kawy. Zupełnie inaczej niż Philippe de Brac, jego radca prawny, który wertował strony przesłanego im przed niespełna godziną faksu, walcząc z ogarniającą go sennością – nie zawsze skutecznie, gdyż już dwukrotnie Jan Hilmaan musiał potrząsnąć jego osuwającym się na stół konferencyjny ciałem i zmusić go do skupienia się nad tekstem umowy. Van der Boer nie był do końca pewien, czy swoją dobrą dyspozycję zawdzięcza kawie, czy też eksytacji – tej cichej, wewnętrznej euforii, która zawsze towarzyszyła mu przy zamknięciu transakcji.

Droga do nabycia Browaru była jedną z najbardziej nieprzewidywalnych i szalonych, jakie do tej pory udało mu się przebyć w jego karierze zawodowej. Nic więc dziwnego, że u jej kresu odczuwał miłą satysfakcję, niemalże cielesną rozkosz, nie tak znów bardzo różniącą się – tak, nie bał się tego przyznać – od seksualnego spełnienia. A z pewnością trwalszą. Dobrze wiedział, że rada nadzorcza Eurobrew zrobi wszystko, co w jej mocy, aby zgasić w nim choćby cień uczucia odniesionego zwycięstwa, skupiając się na nieistotnych punktach umowy, piętrząc wyimaginowane zagrożenia, krytykując jego negocjacyjną brawurę. Przywykł do tego. W korporacyjnym świecie sukces należał do wszystkich, a klęska tylko do jednego. Ta rutynowa inkwizycja, przewidywalna jak następujące po sobie akty dobrze mu znanej sztuki teatralnej, miała jeden jedyny cel – jeżeli przejęcie Browaru zakończy się fiaskiem, członkowie rady nadzorczej wypełnią wszystkie skrzynki mailowe pracowników Eurobrew kopiami protokołu zebrania; jeżeli sukcesem, pracownicza stołówka dowie się natychmiast, z jakim entuzjazmem prowadzili i zatwierdzili transakcję. Teraz jednak, stojąc przy szklanej ścianie pokoju konferencyjnego i wpatrując się w światła wciąż uśpionego miasta, Van der Boer postanowił nadal, bez względu na to, co czekało go w niedalekiej przyszłości, cieszyć się ciepłym, dającym spełnienie poczuciem zwycięstwa.

Tak jak przypuszczał, Trevor Dice przyjął jego warunki. Nie spodziewał się jednak, że nastąpi to niemal natychmiast. Ich pierwsza rozmowa nie zapowiadała tak błyskawicznego finału. Dice był w samochodzie, w drodze do Dunkeld, poirytowany długim lotem i oburzony warunkami jego oferty – co przewidywał, wyliczając je punkt po punkcie, z Janem Hilmaanem stojącym u jego boku z wyrazem nieukrywanej satysfakcji na twarzy. Czy Dice chce zobaczyć projekt umowy? Połączenie po drugiej stronie zostało przerwane. Mimo mało obiecującego początku kazał Philippe'owi de Brac przesłać kopię umowy na adres mailowy Dice'a.

Ponawiane co pół godziny próby połączenia z Australijczykiem nie odnosiły żadnego skutku. Jakież więc było jego zdziwienie gdy po niemalże czterech godzinach od czasu ich pierwszej i jedynej rozmowy, kiedy Jan Hilmaan poszedł już do swego biura, aby wyłączyć komputer, a Philippe de Brac był w drodze na parking podziemny, stojący w pokoju konferencyjnym faks nagle ożył, wypluwając, strona po stronie, tekst umowy. Parafowanej i podpisanej i – o ile był w stanie dostrzec mimo ogarniającej go ekscytacji – bez jakichkolwiek zmian! Philippe de Brac niechętnym głosem potwierdził, że na pierwszym skrzyżowaniu zawróci i wróci do biura. Czy mógłby prosić o zaparzenie jeszcze jednego dzbanka kawy?

Popijając, mimo protestów swojej wątroby, setną już chyba tej nocy filiżankę, Van der Boer – zwycięzca – przez krótką chwilę zastanowił się, co takiego mogło się wydarzyć w ciągu ostatnich kilku godzin, że Trevor Dice skapitulował. Tak, skapitulował – bo jakże inaczej nazwać ten bezwarunkowy akt sprzedaży Browaru? Cokolwiek to było, uznał Van der Boer po kolejnym łyku kawy, nie miało dla niego żadnego znaczenia. Absolutnie żadnego.

RANA OKAZAŁA SIĘ GŁĘBSZA, niż się spodziewał. Mimo ucisku i kawałka papierowego ręcznika, który umieścił w zagłębieniu pod prawym kciukiem, krwawienie nie ustawało. Z pewnym rozbawieniem, które wciąż trzeźwa część jego umysłu odnotowała jako całkowicie nieprzystające do obecnej sytuacji, obserwował powiększającą się kałużę krwi na kamiennej podłodze tarasu, między jego stopami obutymi w skórzane mokasyny. Ich skórzane frędzle wydały mu się nagle komiczne i zbyteczne. Przechylając się na fotelu i unosząc stopy nad podłogą, potrząsnął nimi energicznie, jakby próbował pozbyć się irytującej ozdoby. Szklanka ze szkocką zsunęła się z oparcia fotela i wylądowała na jego podbrzuszu. Nie bez ulgi odnotował, że była pusta. Kiedy wziął ją do prawej dłoni, jej kryształowa powierzchnia pokryła się czerwienią. Jak to możliwe, że w domu, który od kilku lat funkcjonował jak prywatna klinika, nie można było znaleźć kawałka bandaża?

W kuchni uzupełnił pustą szklankę resztką szkockiej z butelki. Zdjął białą ścierkę z kranu nad zlewozmywakiem i usiłował obwiązać ją wokół rany. Po dwóch nieudanych próbach, omijając resztki rozbitego szkła na kuchennej podłodze, podszedł do biurka i za pomocą spinacza zdołał wreszcie zamocować prowizoryczny opatrunek. Pomimo zwojów materiału nadal był w stanie utrzymać szklankę z alkoholem.

Smuga światła wydobywała się spod zamkniętych drzwi na piętrze. Opierając się lewą dłonią o poręcz schodów i usiłując nie stracić równowagi, Dice postawił prawą stopę na pierwszym stopniu.

Jak to ujął doktor Shankhar w swojej śpiewnej hinduskiej odmianie angielskiego? „Zgon nastąpił o poranku. Zrobiliśmy wszystko, co w naszej mocy, aby pana żona nie cierpiała więcej, niż to konieczne". Stał tuż przy drzwiach wejściowych, z podręcznym bagażem w dłoni, próbując zrozumieć znaczenie słów wypowiadanych przez rosłego Hindusa, którego szponiasta dłoń spoczęła na jego ramieniu w geście, który miał zapewne wyrażać współczucie, a który wydał mu się wystudiowany i mechaniczny, jak cała powierzchowność lekarza jego żony. Co, do kurwy nędzy, miał na myśli, mówiąc o „koniecznym cierpieniu"?

Jego lewa stopa znalazła podstawę drugiego stopnia i Dice powoli przeniósł ciężar ciała, upewniając się, że nie traci kontroli nad szklanką z alkoholem trzymaną w prawej obandażowanej dłoni. Czy istniało w ogóle coś takiego jak „konieczność cierpienia"? A jeśli tak, to z jakiej racji zadufany w sobie brudas z dyplomem uważał, że jest władny do rozstrzygania, ile cierpienia jego żona powinna była doświadczyć, kończąc swoją tragiczną egzystencję?! Powinien go odprawić wiele tygodni temu! Upił kolejny łyk szkockiej. Cztery następne stopnie pokonał bez wspierania się o balustradę, jakby wściekłość na lekarza żony otrzeźwiła go i przywróciła mu pełną sprawność ruchów. Kreska światła pod drzwiami znalazła się teraz na wysokości jego oczu.

Czy naprawdę obwiniał Shankhara o śmierć żony? Nawet w obecnym stanie zdawał sobie sprawę z absurdalności takiego oskarżenia. Jego żona umierała od lat. Ten dzień był równie przewidywalny jak wschody i zachody słońca. Dlaczego więc, mimo całej przewidywalności jej śmierci, jakaś część w nim nie mogła pogodzić się z tym faktem? Stał, wpatrując się w zamknięte drzwi jej pokoju. Wściekłość na Shankhara, którą jeszcze przed chwilą odczuwał, ustąpiła wszechogarniającemu uczuciu bolesnego wstydu.

Dlaczego nie było go przy jej łóżku, kiedy umierała? Przez chwilę próbował zdefiniować dręczące go uczucie w kategoriach osobistej rozpaczy, ale nawet teraz, z pustą szklanką po szkockiej w dłoni wiedział, że usiłuje jedynie oszukać swoje rozbudzone sumienie i że przyczyna wstydu, który każe mu teraz ukryć twarz w dłoniach, który uniemożliwia mu przestąpienie drzwi jej pokoju, który zabrania mu ostatniego kontaktu z jej martwym ciałem, leży dużo głębiej. Dlaczego nie odczuwał bólu z powodu jej straty? Dlaczego nie odczuwał niczego, co odróżniałoby ten dzień od tylu innych, kiedy był świadom jej cierpiącego ciała w pokoju na górze i podobnie jak dziś znajdował ukojenie w bezpieczeństwie zamkniętych drzwi jej pokoju? Bo Trevor Dice, wsparty plecami o ścianę, z opatrunkiem na prawej dłoni niebezpiecznie zsuniętym z rany, był obecnie w stanie kontemplować jedynie własny upadek, własne powolne umieranie z winy Maksa Steina, Hansa Van Boera i doktora Shankhara.

NIE PAMIĘTAŁ, KIEDY ANI JAK ZSZEDŁ NA DÓŁ. Ciepły nocny wiatr smagał jego twarz zwróconą w stronę gwiaździstego nieba i księżyca w pełni. W każdych innych okolicznościach Trevor Dice, po dwóch dniach spędzonych w strugach wiedeńskiego deszczu, jak dziecko zachwycałby się dziewiczym pejzażem rozświetlonym poświatą księżyca, z łagodnymi grzbietami gór Grampians na horyzoncie. Każdego innego dnia, ale nie dzisiaj. Nie pozwalał mu na to ani wypity alkohol, ani świadomość klęski, której ostatni namacalny dowód trzymał w lewej dłoni, prawą rezerwując dla otwartej butelki bourbona. Metalowa tuleja była chłodna w dotyku i w świetle księżyca jej stalowa obudowa połyskiwała błękitnymi refleksami. Pudełko, z którego ją wyjął – a właściwie wyszarpał, rozdzierając twardy karton opakowania pchnięciami kuchennego noża – leżało w strzępach na kuchennym stole. Logo Dreamtime Laboratories widniało na jednym z ocalałych skrawków. Jego przepustka do nieśmiertelności zwrócona mu bez żadnych wyjaśnień, żadnej załączonej informacji! Przyglądając się jej obojętnym doskonałym kształtom, po raz pierwszy tego wieczoru Dice poczuł łzy spływające po twarzy, pojedyncze łzy zamieniające się w potok, zalewające gardło, wyrywające z jego krtani spazmatyczne odgłosy szlochu. Zataczając się, zdołał podejść do bramy wjazdowej do posesji i, jak to czynił wielokrotnie, oprzeć dłoń w odcisku dłoni swego pradziada. Choć znalazł punkt wsparcia dla swego coraz mniej stabilnego ciała, świat wokół niego zdawał się wpadać w powolny wir, z gwiazdami i księżycem zamieniającymi się w długie świetliste smugi na niebie. Ich dynamiczne kształty zaczęły nabierać hipnotycznych właściwości i Dice, z prawą dłonią wyciągniętą do przodu, nie był już pewien, co jest punktem oparcia, bo świat przed jego oczami utracił jakiekolwiek realne kształty, zamieniając się w świetlistą sferę.

Pierwszym obrazem, który wyłonił się z wirującej poświaty, była twarz Gordona Lee. Wpatrujące się w niego zimne okrutne oczy sprawiły, iż poczuł na plecach elektryzujący dreszcz, jak po dotknięciu siatki dla bydła pod napięciem, którego doświadczył w młodości. Zanim zdołał wydusić z siebie jakiekolwiek słowo – które, czego był pewien, byłoby żałosnym skomleniem o wybaczenie – wizja przybrała kształt twarzy Maksa Steina – grube usta rozchylone w ironicznym uśmiechu, słowa brzmiące teraz w jego głowie, jakby wydobywały się z głębokiej studni: „Zrobiłem to dla ciebie, Trevor". I Hans Van Boer wymachujący umową, której nawet nie przeczytał, którą podpisał mechanicznie, której treść była mu równie obojętna jak szczurza twarz doktora Argyle'a wyłaniająca się zza pleców Belga; rozświetlona i lewitująca w powietrzu niczym chiński papierowy lampion. Korowód duchów, w którym nie mogło zabraknąć wykrzywionej cierpieniem twarzy jego żony i nieruchomej ciemnej fizjonomii doktora Shankhara, na której okrągłe druciane okulary zamieniły się powoli w ślepia bestii, w oczy węża.

Jego nasienie spoczywało w stalowej tulei, którą trzymał w lewej dłoni. Jego sen o nieśmiertelności okazał się koszmarem. W środku grudniowej nocy, pod roziskrzonym gwiazdami niebem i księżycem w pełni wiszącym nisko nad horyzontem niczym teatralny reflektor zwrócony na jedynego aktora tej niemej tragedii, Trevor Dice zdał sobie sprawę, że obcuje z duchami swego życia z tą samą intensywnością, z jaką czynili to pierwotni mieszkańcy tej ziemi, i że otaczająca go przestrzeń na zawsze pozostanie wypełniona ich obecnością, imionami ich demonów, krwią ofiarnych zwierząt, ich szaleństwem. Zrozumiał, że on, Trevor Dice, jest częścią tej samej mrocznej opowieści, tego niekończącego się snu, tego zbiorowego szaleństwa, tego koszmaru, który nazywamy wiecznością.

Ciszę nocy przeszyło wycie psa. Potem drugiego, trzeciego, aż po chwili cała przestrzeń dookoła stała się jedną wielką membraną ich wysokich rozpaczliwych głosów. Z prawą dłonią na czole, czując ciepłe krople krwi spływające po twarzy,

Trevor Dice nabrał powietrza w płuca i kierując wzrok w stronę księżyca, przyłączył się do ich nokturnowego chóru.

KESSLING ODMÓWIŁ KAWY, HERBATY czy nawet szklanki wody, którą Wąsik postanowił zatrzymać dla siebie, siadając z adwokatem przy stoliku w swoim gabinecie. Wizyta miała charakter oficjalny i Kessling w żaden sposób nie chciał sprawiać wrażenia, że ich rozmowa może być wstępem do jakichkolwiek negocjacji.

– Mój klient jest bezprawnie przetrzymywany przez policję – powiedział Kessling, spoglądając na zegarek, jakby chciał podkreślić trwanie stanu oburzającego bezprawia. – Został zatrzymany i przewieziony wbrew jego woli na komisariat. Żądam jego natychmiastowego uwolnienia.

– Pański klient próbował uciec w trakcie prowadzonej z nami rozmowy. Przyzna pan, że musi to budzić pewne podejrzenia?

Kessling uśmiechnął się, zdjął okulary i przetarł je chusteczką.

– To wszystko, o co jest oskarżany? Niechęć do rozmowy z prokuratorem?

Wąsik odwzajemnił uśmiech adwokata, jakby właśnie usłyszał pointę znakomitego dowcipu.

– Mamy powody przypuszczać, że pan Stein posiada informacje dotyczące śmierci młodej kobiety znalezionej w śmietniku przy klubie „Plaża". Ponieważ nie udzielił nam odpowiedzi na pytania na lotnisku, próbując opuścić kraj, byliśmy zmuszeni przewieźć go na komisariat, gdzie teraz przebywa.

– Od ponad dwunastu godzin? Nie uważa pan, że to trochę długo jak na zwykłą rozmowę?

Wąsik sięgnął po szklankę z wodą.

– Max Stein odmawia odpowiedzi na jakiekolwiek pytania bez obecności swojego adwokata.

– I sądzi pan, że to dziwne? Po tym, co mi pan właśnie powiedział?

– Sądzę, że to bardzo dziwne w przypadku kogoś, kto nie ma nic do ukrycia.

Kessling wydawał się szczerze rozbawiony.

– Drogi panie prokuratorze – powiedział, poprawiając mankiety koszuli. – Musi pan przyznać, że to bardzo naiwne stwierdzenie. Niech mi pan wierzy – wszyscy coś ukrywamy. Czy mój klient jest podejrzewany o jakikolwiek związek ze śmiercią młodej kobiety, o której pan wspominał?

– Mamy powody sądzić, że łączyło ich coś więcej niż tylko zwykła znajomość.

Kessling rozłożył ręce w geście, którego oczywista wymowa miała uzmysłowić prokuratorowi, jak żałośnie znikome były jego podstawy do przetrzymywania Steina. Gest był zbyteczny. Wąsik doskonale zdawał sobie sprawę, że lód, po którym stąpa, jest cienki i zdradliwy.

– I to wszystko?

Patrząc na ironiczny uśmiech na ptasiej twarzy adwokata, Wąsik z całego serca pragnął, żeby było coś jeszcze.

– Mamy powody sądzić, że Stein utrzymywał bliskie kontakty z osobą podejrzaną o dokonanie zabójstwa.

Czy naprawdę to powiedział, czy tylko pomyślał? Wszystko, co łączyło Wiktora ze śmiercią Lidii, to fotografia znaleziona w jego mieszkaniu z zapiskiem Steina na odwrocie. Nawet Matjas byłby ostrożniejszy w wyciąganiu wniosków z tak błahych przesłanek. Wąsik musiał przyznać, że gdyby nie zadowolona twarz Kesslinga, która coraz bardziej działała mu na nerwy, nigdy nie zdobyłby się na ten komentarz.

Czoło Kesslinga przecięło kilka nowych zmarszczek.

– W takim razie mój klient miał całkowitą rację, żądając mojej obecności przy rozmowie, która coraz bardziej zaczyna przypominać przesłuchanie.

Wąsik, ze szklanką przy ustach, wytrzymał jego długie spojrzenie i z satysfakcją odnotował, że Kessling pierwszy opuścił wzrok. Upijając łyk wody, obawiał się jednak, że to jego ostatnie zwycięstwo tego dnia.

NIE MIAŁ WYBORU. Max Stein, w towarzystwie Kesslinga, który teraz poklepywał rosłego Australijczyka po plecach niczym trener boksu nagradzający zawodnika po zwycięskiej walce, wychodził z pokoju przesłuchań, kierując się w stronę czarnego jaguara adwokata. Wąsik obiecał sobie sprawdzić, czy Kessling płaci mandaty na czas.

Po przyjeździe na komendę Kessling spędził pół godziny sam na sam ze Steinem, po czym poinformował prokuratora, że jego klient jest gotowy odpowiedzieć na ich pytania. Jego klient nie ma nic do ukrycia, podkreślił, i wyraził nadzieję, że planowane przesłuchanie będzie rzeczowe i krótkie, gdyż Max Stein stracił już wystarczająco dużo czasu, a w przypadku pana Steina czas jest równoznaczny z pieniędzmi. Wąsik pozostawił jego ostatnie słowa bez komentarza i ruchem głowy dał znać Matjasowi, aby towarzyszył mu do pokoju przesłuchań.

Stein wyglądał dokładnie tak, jak go zapamiętał, opuszczając pokój ponad osiem godzin wcześniej. Nieruchomy, z dłońmi na blacie stołu, bez śladu zmęczenia na twarzy. Jedynie ciemny zarost, który pojawił się na jego policzkach i brodzie, wskazywał, że mężczyzna spędził ostatnie godziny poza swym luksusowym apartamentem.

Tak, znał Lidię. Pracowała dla Browaru, a on zatwierdzał wszystkie materiały promocyjne. Rozmawiali wielokrotnie. Oprócz relacji zawodowych nic więcej ich nie łączyło. Wspólne kolacje? Być może. Dziewczyny pracujące dla Browaru często pełniły funkcję hostess na różnego rodzaju spotkaniach korporacyjnych. Czy rozpoznaje swój charakter pisma na fotografii? Nie jest stuprocentowo pewny, ale wydaje mu się, że tak. Co miał oznaczać ten zapis na fotografii Lidii? Jeżeli to jego pismo, nie przypomina sobie okoliczności, w jakich powstał. Być może Lidia chciała renegocjować swój kontrakt z Browarem i był na nią wściekły. Takie rzeczy się zdarzały. Był na nią wściekły? Notatka nie wygląda na napisaną pod wpływem emocji. Chyba nie są tutaj po to, by analizować stany emocjonalne jego klienta, powiedział Kessling, poprawiając okulary.

W jaki sposób fotografia znalazła się w posiadaniu Wiktora? Kogo? Na twarzy Matjasa pojawił się szeroki uśmiech. Wiktora, współpracownika wojewody Tyszki. A tak, przypomina sobie, rosły mężczyzna, kierowca wojewody. Co ich łączyło? Łączyło? Stein po raz pierwszy od rozpoczęcia rozmowy wydawał się zakłopotany. Czy łączyły ich jakieś inne relacje poza znajomością poprzez wojewodę? Kessling nerwowo przenosił wzrok z Matjasa na swego klienta, próbując ocenić, który z nich był źródłem większego zagrożenia. Do czego zmierzają te pytania? Jego klient nie rozumie, jaki związek... Jego klient zgodził się odpowiedzieć na ich pytania, powiedział Wąsik, przerywając Kesslingowi. Czy Stein nie zrozumiał pytania?

– Czy mogę poprosić o szklankę wody?

Wąsik skinął głową i Matjas wyszedł z pokoju, zamykając za sobą drzwi. Patrząc na nieruchomą twarz Steina, prokurator był przekonany, że jego nieoczekiwana prośba miała na celu zyskanie na czasie i zastanowienie się nad odpowiedzią. Gdyby nie obecność Kesslinga, Wąsik nigdy nie zgodziłby się na przerwę w tak kluczowym momencie przesłuchania. Cholerni prawnicy!

Matjas wrócił ze szklanką wody i postawił ją na stole przed Steinem, jakby prezentował mu dowód rzeczowy. Prokurator uśmiechnął się, kolejny raz, rozpoznając w zachowaniu policjanta oczywisty gest ostrzeżenia: „Tylko spróbuj skłamać!". Stein najwyraźniej też zrozumiał jego znaczenie, bo zanim sięgnął po szklankę, przez dłuższą chwilę patrzył uważnie na Matjasa.

– Nie rozumiem, jakie znaczenie mają moje stosunki z Wiktorem – powiedział Stein, odstawiając szklankę z wypitą do połowy wodą.

– Wiktor został zamordowany na stacji metra Warszawa Gdańska.

Po raz pierwszy od początku rozmowy Stein wyglądał na zszokowanego. Wczepił się dłońmi w blat stołu, jakby starał się odsunąć od wpatrujących się w niego Wąsika i Matjasa. Reakcja Kesslinga była bardziej przewidywalna.

– To oburzające! – krzyknął, opuszczając dla efektu otwarte dłonie na stół. – Co mają znaczyć te insynuacje? Czy mój klient jest o cokolwiek podejrzewany?!

Wąsik uspokoił go ruchem dłoni.

– Pan Stein nie jest przedmiotem naszego zainteresowania w kontekście śmierci Wiktora. I będę wdzięczny, jeśli na przyszłość powstrzyma się pan od teatralnych wystąpień. – Panie Stein?

– Byliśmy przyjaciółmi – powiedział Stein, jakby odczytywał zapisane na kartce oficjalne stanowisko. – Bywał u mnie w domu, a ja u niego. Nie wiem, jak zdobył to zdjęcie. Mógł je ściągnąć z nocnej szafki. Prawdę mówiąc, nic mnie to nie obchodzi.

Kessling pierwszy przerwał chwilę milczenia, która nastąpiła po słowach Steina.

– Czy to wszystko? Możemy zakończyć... rozmowę?

Czy to wszystko? Wąsik, patrząc na zadowolonego z siebie adwokata, miał nieodpartą ochotę zaprzeczyć. Wiedział, że mógłby aresztować Steina jako przedstawiciela Browaru za przekupstwo urzędnika państwowego, wsadzić go do aresztu i czekać cierpliwie, aż Australijczyk nabierze ochoty do współpracy. Ale to oznaczałoby zerwanie porozumienia z Hoganem i prokuraturą Nowej Południowej Walii, telefony z ministerstwa, telefony od jego tajnego kontaktu, być może i koniec jego kariery...

Czarny jaguar wyjechał z parkingu i zniknął za bryłą sąsiedniej kamienicy. Tak wygląda prawo, pomyślał Wąsik, odchodząc od okna i kierując się wąskim korytarzem w stronę wyjścia – miękka skóra i silnik z turbodoładowaniem. Sprawiedliwość ma zmęczoną twarz Matjasa. Spojrzał na swoje odbicie w szybie mijanej wartowni i ujrzał twarz nawykłą do kompromisu.

Przynajmniej mieli Tyszkę, pocieszył się, wsiadając do samochodu. Dzień nie był do końca stracony.

MĘŻCZYZNA SIEDZIAŁ NA WYCIERACZCE przed jego drzwiami z podciągniętymi kolanami, które obejmował dłońmi, i nisko pochyloną głową ukrytą za uniesionym kołnierzem płaszcza.

Marcin zbliżył się powoli i dotknął jego ramienia.

– A, to pan... – Mężczyzna spojrzał na niego, jakby budził się z chwilowej drzemki. – Czekałem na pana.

– Marcin.

Ojciec Lidii skinął głową i uśmiechnął się lekko.

– Dobrze.

Pomógł mu podnieść się z podłogi. Płaszcz mężczyzny był stary i wysłużony. Pod grubym materiałem Marcin z trudem wyczuwał kościste ramię.

Kiedy zapalił światło, przez chwilę ogarnęło go przerażenie. Pokój wyglądał jak pobojowisko, wszędzie walały się sterty śmieci i rzeczy z porozrywanych kartonów. Wzrokiem poszukiwał miejsca, gdzie mogliby usiąść. Wreszcie zdecydował się na kanapę, z której zamaszystym ruchem zrzucił pudełko po pizzie, puszki po coli i stertę gazet.

Ojciec Lidii zdawał się nie zwracać uwagi na otaczający go bałagan i nerwowe ruchy Marcina. Obojętnie usiadł na kanapie.

– Pewnie pan się dziwi... – Zakrył dłonią usta, jakby powiedział coś niestosownego. – To znaczy, pewnie się dziwisz, co tutaj robię.

Marcin rozłożył ramiona i uśmiechnął się zachęcająco. Zastanawiał się, czy nie zaoferować gościowi czegoś do picia. W szafce kuchennej powinny być resztki herbaty.

– Bardzo nam pomogłeś na pogrzebie. Nie wiem, co by się stało, gdyby... – Zatrzymał się w pół zdania, żeby zaczerpnąć powietrza. – Oboje z żoną jesteśmy praktykującymi katolikami. Wychowywaliśmy Lidię w poszanowaniu Kościoła. Zależało nam, aby nasze dziecko wzrastało, wierząc w coś więcej niż telewizja kablowa i brukowce. Była dobrym dzieckiem.

Podniósł się z kanapy i podszedł do okna. Marcin wpatrywał się w jego lekko zgarbione plecy, opuszczone ramiona i przerzedzone włosy opadające na kołnierz i pomyślał o swoim ojcu. Bezbronność w pewnym wieku nabierała cech fizycznych.

– Na początku modlisz się, aby twoje dziecko było zdrowe, piękne i mądre. Myślisz: daj jej Panie dwie ręce, dwie nogi, parę oczu i głowę na karku, a przetrwa wszystko, jakoś sobie poradzi. Lidia była piękna, prawda?

Marcin skinął głową, choć mężczyzna odwrócony do niego plecami nie mógł tego dostrzec.

– To straszne, ale czasem myślę, że gdyby była oszpecona, gdyby urodziła się ułomna, ciągle by z nami była.

Ukrył twarz w dłoniach i potrząsnął głową. Marcin zrobił krok w jego kierunku. Przez chwilę chciał wyciągnąć dłoń i położyć ją na plecach mężczyzny w geście współczucia, ale patrząc na jego pochyloną kruchą sylwetkę w ramie okna, bał się, że jego gest mógłby całkowicie przytłoczyć rozmówcę. Nie wiedziałby, co zrobić, gdyby ojciec Lidii rozpłakał się w jego ramionach. Postanowił poczekać cierpliwie, aż mężczyzna sam dojdzie do siebie. Jeżeli w ogóle był do tego zdolny.

– Czyż to nie ironia? Życzyć sobie kalectwa własnego dziecka?

Otarł rękawem twarz i zwrócił się w stronę Marcina. Oczy miał zwężone i zaczerwienione, jakby zmagał się z niewidoczną burzą piaskową. Co można powiedzieć komuś, kto utracił wszystko, co nadawało sens jego życiu, dawało mu jakąkolwiek nadzieję na odkupienie własnej bezradności wobec świata? Marcin nie miał pojęcia, więc milczał, mimo że z każdą chwilą przedłużającej się ciszy niezręczność sytuacji stawała się niemalże nie do zniesienia. Ojciec Lidii odchrząknął w końcu, jakby sprawdzał, czy nie zawiodą go struny głosowe, i wsunął prawą dłoń do kieszeni płaszcza.

– Nie wiedziałem, co z tym zrobić – powiedział, wyciągając czerwony przedmiot i podając go Marcinowi. – Pomyślałem, że może zechcesz to przeczytać... skoro się przyjaźniliście.

Czerwony przedmiot okazał się małym notatnikiem przewiązanym czarną gumką, z na wpół zatartym wizerunkiem jednorożca na skórkowej okładce. Marcin trzymał go w dłoni, nie do końca rozumiejąc znaczenie przedmiotu. Wciąż patrzył pytającym wzrokiem na ojca Lidii.

– Znalazłem go w garażu, w pudełku z rzeczami Lidii. – Marcin zauważył, że wymawianie imienia córki nadal sprawia mężczyźnie ogromną trudność. – Nie chcę, żeby trafił w ręce jej matki. Pomyślałem, że może go przechowasz.

Delikatnie, jakby miał do czynienia z czymś niebywale kruchym i ulotnym, Marcin zsunął czarną gumkę spinającą okładkę i otworzył notatnik. Strony zapisane były równym, drobnym pismem. Jego wzrok przesunął się pospiesznie po otwartej stronie. „Dzwonił S. Chce mnie zabrać na wesele kuzynki. Nie wiem, czy to dobry pomysł. Jest nawet przystojny, ale pocą mu się dłonie. No i zapuszcza brodę, która sprawia, że jego twarz wygląda komicznie. W co się ubrać? Czy wspomniałam, że robi zdjęcia?".

– Nie wiem, czy powinienem… – Marcin zdał sobie sprawę, że mężczyzna wręczył mu coś, co mogło być młodzieńczym pamiętnikiem Lidii. – Nie czuję się, upoważniony do…

Mężczyzna położył mu dłoń na ramieniu i po raz pierwszy od początku wizyty na jego twarzy pojawił się cień uśmiechu.

– Masz moje błogosławieństwo – powiedział, sam zdając się rozbawiony powagą swoich słów. – Lidia nie miałaby nic przeciwko temu.

Wcale nie był tego pewny, ale z jakiegoś niezrozumiałego powodu słowa ojca Lidii, wypowiedziane z mocą, której u niego nie podejrzewał, powstrzymały go od próby oponowania. Przynajmniej tak to sobie tłumaczył, odkładając notatnik na blat biurka. Trywialna ciekawość była zbyt niskim uczuciem, by chciał się teraz do niej przyznać.

OJCIEC LIDII ODMÓWIŁ HERBATY, tłumacząc się koniecznością złapania ostatniego pociągu do Olsztyna, i po krótkiej wymianie uprzejmości wyszedł z mieszkania, pozostawiając go sam na sam z czerwonym notatnikiem. Przez dłuższą chwilę Marcin próbował ignorować obecność przedmiotu na swoim biurku, jakby chciał przekonać samego siebie, że jego zainteresowanie pamiętnikiem Lidii miało czysto profesjonalny charakter; kłamstwo o tyle niefortunne, że jego tak zwana dziennikarska kariera była, ujmując rzecz delikatnie, w stanie hibernacji.

Kiedy wreszcie zrozumiał, że jego nieudolne próby zaprowadzenia porządku w mieszkaniu mają na celu jedynie odwlekanie nieuniknionej lektury, nalał sobie wody do szklanki, której wątpliwą czystość postanowił świadomie zignorować, i usiadł przy biurku. Ponownie zsunął czarną gumkę spinającą okładkę.

Pamiętnik – jeśli tak mógł go nazwać po lekturze pierwszych stron – zaczynał się co najmniej zaskakująco. Zamiast oczekiwanych wyznań nastoletniej dziewczyny i deklaracji typu „mój pamiętniku" pierwsze strony zajmował szczegółowy plan zajęć klasy pierwszej II Liceum Ogólnokształcącego w Gdańsku. Zaraz po nim następowała nie mniej szczegółowa lista podręczników, potem lista wymaganych lektur i lista zakupów, na której obok zeszytów, długopisów i ołówków widniało także żelazko, patelnia, plastikowe wieszaki i pasta do zębów. Dopiero na dziewiątej stronie odnalazł pierwszy wpis, który miał – przynajmniej częściowo – osobisty charakter: „O 9.00 zajęcia z chemii. Zastępstwo, bo K. chory na coś tam. Czy może być coś nudniejszego od chemii? Odpowiedź: nauczyciel zastępujący K.". Dalsze wpisy dotyczyły prac domowych, wizyt u dentysty, planowanych zakupów, było też kilka numerów telefonów. Dopiero koło połowy notatnika listy zakupów i plany lekcji zaczęły ustępować miejsca coraz częstszym zapiskom osobistym. Dzięki nim tak dowiedział się, że jej kariera w liceum nie przebiegała najlepiej („Oblewam fizykę. Kryzys. Tata dzwonił wczoraj, ale nie mam siły z nim rozmawiać"), że miała problemy z właścicielką mieszkania, w którym wynajmowała pokój („Znów przeglądała moje rzeczy"), i że jej życie towarzyskie było dalekie od ideału („Na przerwach rozmawiam tylko z Z. Pozostałe dziewczyny mnie ignorują. Wiem, że śmieją się z moich ubrań i mojego akcentu").

Za oknem było już ciemno, kiedy zdecydował się wreszcie odłożyć notatnik i sprawdzić, czy jego lodówka kryła w swym wnętrzu coś choć odrobinę jadalnego. Wstając z sofy, kątem oka dostrzegł fragment fotografii, która wysunęła się spomiędzy stron notatnika. Brakująca część zdjęcia, które znalazł w pokoju Lidii. Uśmiechnięta twarz Maksa Steina.

Rozdział dziewiętnasty

POBYT W ARESZCIE WYRAŹNIE JEJ NIE SŁUŻYŁ, choć z drugiej strony Wąsik nie pamiętał aresztanta, który dobrze znosiłby pobyt w celi. Nawet ci, dla których areszt był powtarzalnym doświadczeniem życiowym, przejawiali tę swoistą desperację osób, które utraciły kontrolę nad swoim życiem. Dla niektórych największym problem było nieustanne przebywanie z człowiekiem, od którego za wszelką cenę próbowali się uwolnić. Przebywanie z samym sobą.

Patrząc na zmęczoną twarz Krystyny, na jej zaczerwienione oczy, na dłonie, które na przemian splatała na piersiach i kładła na blacie stołu, Wąsik był przekonany, że kobieta daleka jest od pogodzenia się z własną sytuacją.

Czy jej wierzył? Jej historia była na tyle nieprawdopodobna, że wydawała mu się całkowicie prawdziwa. Działania „Odwetu", jakkolwiek niepojęte, znajdowały potwierdzenie w faktach. Zastanawiał się, jak coś, co rozpoczęło się jako mniej lub bardziej niewinna forma protestu, eskalowało do takich rozmiarów, na koniec powodując zniszczenie i śmierć. Krystyna nie znała odpowiedzi. Wszystkie jej myśli zdawały się koncentrować wokół syna i tego, co się z nim stanie. Wiktor, mimo emocji, które musiał w niej kiedyś wzbudzać i które kazały jej wepchnąć go pod koła nadjeżdżającego pociągu, w jej opowieściach wydawał się teraz pozbawiony jakiegokolwiek wymiaru emocjonalnego. Tak, zaangażowała się uczuciowo – potwierdziła chłodno, jakby pytał ją o członkostwo w klubie szachistów, a nie o motyw, który popchnął ją do zbrodni.

Najwyraźniej to, co w chwili dramatycznego impulsu pozbawiło ją na moment zdolności racjonalnego myślenia, przestało mieć dla niej jakiekolwiek znaczenie. Jej obecna rzeczywistość składała się wyłącznie z myśli o Pawle, z poczucia winy za porzucenie go, pozostawienie go bez opieki, nałożenie na chłopaka piętna matki morderczyni. Sam był ojcem i jakkolwiek daleki był od prób stawiania się w jej sytuacji, potrafił ją zrozumieć.

Wiktor. Wąsik ze wszelkich sił starał się poskładać w swym umyśle spójny i rozpoznawalny obraz ofiary i po wielu próbach musiał przyznać, że rola mężczyzny w wydarzeniach ostatnich tygodni pozostawała dla niego nadal nierozwiązywalną zagadką. Wiktor pracował dla wojewody i utrzymywał bliskie, a nawet bardzo bliskie relacje z Maksem Steinem. Jeżeli wierzyć Krystynie, jego rola w działaniach „Odwetu", a w szczególności w zatruciu partii piwa, które doprowadziło do śmierci dwóch osób, była kluczowa i intencjonalna. Wiktor pojawia się w otoczeniu Lidii i w domu jej rodziców po jej śmierci. Matjas znajduje zdjęcie Lidii z adnotacją Steina w domu Wiktora. Na dodatek przeszłość Wiktora jest jedną z tych nieopowiedzianych historii, które spłonęły wraz z innymi aktami bezpieki, w czasie kiedy takie spontaniczne pożary były na porządku dziennym. Czy Wiktor zamordował Lidię? A jeśli tak, to dlaczego? Dlaczego ktoś tak blisko związany z Maksem Steinem dążyłby do zniszczenia jego przedsiębiorstwa? Zemsta odrzuconego kochanka? O co w tym wszystkim chodzi, oprócz tego, że wszystkie postacie zdają się mieć jeden wspólny odnośnik – Browar?

Patrząc teraz na twarz Krystyny, jakby poszukiwał w jej napiętych rysach odpowiedzi na dręczące go pytania, i widząc jedynie cichą rozpacz kogoś, kto utracił wszelką zdolność kształtowania swego losu, Wąsik obawiał się, że takie historie rzadko – jeżeli kiedykolwiek – dają się opowiedzieć w całości. Pocieszał się tym, że nie jest dziennikarzem, ale jedynie prokuratorem.

SYGNAŁ TELEFONU KOMÓRKOWEGO zaskoczył Hansa Van der Boera podczas kłopotliwej czynności zakupu prezentów bożonarodzeniowych dla całej rodziny, czego szczerze nienawidził.

– Powtórz, Janie, co powiedziałeś – powiedział, zakrywając dłonią lewe ucho i próbując odciąć się od hałasu galerii handlowej. – Nie nie zrozumiałem.

Aresztowali Tyszkę. Tłumaczenia z polskiej prasy leżą na jego biurku, łącznie z wypowiedzią wicepremiera, który domaga się unieważnienia umowy sprzedaży udziałów Browaru. Podobno Australijczycy wręczyli mu łapówkę w zamian za zawarcie transakcji.

Mężczyzna w czerwonym stroju Świętego Mikołaja, ignorując jego wściekłe spojrzenie, z uporem próbował wręczyć mu jakąś ulotkę. Van der Boer odwrócił się do niego plecami, starając skupić się na dźwiękach dobiegających ze słuchawki, które coraz mniej przypominały głos Hilmaana, a coraz bardziej elektronicznie przetworzone odgłosy wydawane przez jakieś mityczne zwierzę. Kiedy głos Hilmaana przedarł się wreszcie przez jęki elektronicznej bestii i kiedy miał mu odpowiedzieć, żeby poczekał na niego w biurze, twarz w czerwonej czapce pojawiła się przed jego oczami niczym bożonarodzeniowy koszmar.

– Zejdź mi z oczu! – wrzasnął Van der Boer, odsuwając telefon od ucha i wymierzając go w idiotyczną białą brodę intruza.

– Dlaczego nie weźmie pan ulotki? – głos mężczyzny był młody i rozgniewany.

Być może w innych okolicznościach cała scena tylko wywołałaby uśmiech na jego twarzy. Ale nie po tym, co usłyszał od Hilmaana. Mężczyzna przebrany za Świętego Mikołaja i wymachujący przed jego twarzą plikiem ulotek stał się dla niego nagle uosobieniem idiotyzmu całej transakcji z Browarem i wszystkich aktorów tego przedsięwzięcia, poczynając od aroganckiego Dice'a, a kończąc na cynicznym Steinie. Patrząc na ukrytą pod sztucznym zarostem twarz i czerwoną czapkę z białym pomponem, Van der Boer miał wrażenie, że cały świat postanowił sobie z niego zakpić. Zanim zdążył pomyśleć, co robi, wyrwał plik ulotek z dłoni mężczyzny i rzucił je w powietrze nad ich głowami.

– Hej… – mężczyzna próbował coś zrobić, ale Van der Boer chwycił kołnierz jego kurtki, uciszając jakiekolwiek protesty.

Van der Boer przysunął głowę do twarzy mężczyzny na odległość oddechu.

– Na przyszłość powinieneś wiedzieć, że są na tym świecie ludzie, którzy nie wierzą w Świętego Mikołaja.

KIEDY MATJAS ZADZWONIŁ, Marcin przeglądał rzeczy w szafie, zastanawiając się, które kwalifikują się do spakowania, a które ma zostawić na środku mieszkania, obarczając trudem pozbycia się ich Marię. Ostatnia drobna złośliwość, której nie potrafił sobie odmówić. Szczerze się zdziwił, słysząc w słuchawce głos policjanta: był przekonany, że ich nieformalne kontakty skończyły się raz na zawsze po spotkaniu z Wąsikiem. Najwyraźniej Matjas był innego zdania, bo w jego głosie brakowało konfidencjalnego tonu ich dotychczasowych rozmów. Wręcz przeciwnie – Matjas mówił swobodnie, nie zdradzając chęci ani potrzeby ograniczenia ich rozmowy do absolutnego minimum.

– Jak tam twoja kariera dziennikarska? – głos w słuchawce brzmiał niemal radośnie. – Wciąż na tropie niewykrytych przestępstw?

– Daj spokój – powiedział Marcin, przyglądając się z uwagą czarnej koszuli z naderwanym kołnierzykiem. – Wiesz dobrze, że wyrzucili mnie z „Głosu".

– I żadnych nowych ofert? Czyżby to cholerne miasto przestało doceniać prawdziwy talent?

Złośliwości Matjasa zaczęły go denerwować.

– Myślałem, że skutecznie zmarnowałem ci karierę. Najwyraźniej się myliłem.

Śmiech Matjasa w słuchawce zabrzmiał jak wyładowanie elektryczne.

– Pochlebiasz sobie. Skuteczność nie należy do twoich mocnych stron.

– Dzwonisz, żeby mnie pocieszyć?

Matjas zamilkł nad chwilę, jakby zastanawiał się nad odpowiedzią na jego pytanie.

– Powinniśmy się spotkać.

– Po tym, co mi powiedział Wąsik? – powiedział Marcin, decydując w końcu, że czarna koszula pozostanie w szafie, oczekując na powrót Marii. – Mój instynkt samozachowawczy może być w głębokim uśpieniu, ale nie zanikł.

– Wąsik wie o naszym spotkaniu – powiedział Matias, zaskakując go po raz pierwszy od początku rozmowy. – Można by rzec, że... pośrednio je zainspirował.

– Co?

– To nie jest rozmowa na telefon. O której możesz się spotkać?

– Za godzinę? Potrzebuję trochę czasu, żeby dotrzeć na cholerną stację benzynową.

– O nie – w głosie Matjasa znów dało się słyszeć szczere rozbawienie. – Po tym wszystkim, co się wydarzyło, jesteś mi winien coś więcej.

– Coś więcej?

– Obiad na twój koszt w Bristolu. Z przystawkami i deserem.

Marcin nie mógł uwierzyć w to, co usłyszał.

– Jesteś pewien?

– Za godzinę. Nie lubię czekać.

Marcin zastanawiał się, cóż takiego mogło się wydarzyć, że Matjas, mimo wrodzonej ostrożności, umawia się z nim w miejscu publicznym i to w dodatku, jak to ujął, „z inspiracji" prokuratora. Cokolwiek by to było, jego skromny budżet stanął przed nowym nieoczekiwanym wyzwaniem. Niech to szlag!

SIEDZIELI W HOTELOWYM BARZE, na kanapie w narożniku, z daleka od hałaśliwej grupy Amerykanów, która – sądząc z emocjonalnych reakcji i zwiniętych w kulki serwetek, raz po raz przelatujących nad ich głowami – przeżywała od nowa jakieś wydarzenie sportowe. Matjas nie żartował i wspólny obiad zajął im prawie dwie godziny, mimo że, ku odczuwalnej uldze Marcina, zrezygnowali z deseru i drugiej butelki wina dla Matjasa, co ten ostatni tłumaczył koniecznością powrotu do domu zaparkowanym przed hotelem samochodem.

Ku zaskoczeniu Marcina ich rozmowa toczyła się wokół wspomnień ze szkoły, ani razu nie zbaczając na tematy, które zdominowały ich niedawne poufne relacje. Matjas był szczerze rozbawiony wspominaniem ich wspólnych wyjazdów, pochodów pierwszomajowych i prywatek w domach kolegów, których Marcin z trudem sobie przypominał, a których Matjas zdawał się pamiętać aż do najdrobniejszych szczegółów ich fizjonomii. Było coś zaraźliwie melancholijnego w tej nagłej podróży w czasie i zanim jeszcze podano im główne dania, Marcinowi udzielił się entuzjazm jego towarzysza i coraz częściej ich historie zamieniały się w wykrzykiwane na przemian zdania, zrozumiałe jedynie dla nich i przywołujące obrazy, które kilkakrotnie doprowadziły ich do niepowstrzymanego śmiechu.

Po pewnym czasie w zachowaniu Matjasa zaszła drobna, acz zauważalna zmiana. Jego zainteresowanie ze wspomnień szkolnych przeniosło się na Marcina. Co zamierza robić? Jeszcze się nad tym nie zastanawiał, odpowiedział, wzruszając ramionami. Matjas wydawał się szczerze rozbawiony.

– Muszę przyznać, że Wąsik miał rację, kiedy opisał cię jako „zagubioną duszę". Ja określiłbym to dosadniej, ale... – powiedział, rozkładając ramiona. – Czegóż można oczekiwać od prostego gliniarza?

– Cieszę się, że moja sytuacja tak cię bawi.

– Bawi? – Twarz Matjasa wykrzywiła się w ironicznym grymasie. – Myślisz, że czerpię przyjemność z oglądania jednego z najbystrzejszych ludzi, jakich kiedykolwiek znałem, zamieniającego całe swoje życie w kurewski żart? Uważasz, że to zabawne?

– Chciałeś się spotkać, żeby mi o tym powiedzieć? Bo jeśli tak, to powinieneś ustawić się w kolejce.

Matjas pokręcił głową z wyraźną dezaprobatą.

– Ten sarkazm jest równie żałosny jak twoje kłamstwa na temat pracy w „Głosie".

– Myślałem, że ten temat mamy już za sobą.

Marcin zdawał się tracić cierpliwość. Uniósł lekko dłonie do góry, jakby chciał zasygnalizować tymczasowe zawieszenie broni. Matjas postanowił zmienić temat.

– Interesowałeś się tą zamordowaną dziewczyną...

– Lidią.

Matjas potwierdził skinieniem głowy.

– Lidią – powtórzył. – Dowiedziałeś się czegoś, co mogłoby się nam przydać?

Marcin wydawał się wyraźnie zaskoczony pytaniem. Czyżby Matjas wiedział o istnieniu pamiętnika? A jeśli tak, to czy nie popełnił przestępstwa, nie przekazując go policji?

– Co masz na myśli?

Matjas westchnął ciężko i usadowił się wygodniej na kanapie.

– Między nami – zaczął i zamilkł na chwilę, jakby szukał właściwych słów. – Jesteśmy w martwym punkcie.

– Nie macie żadnych podejrzanych?

Matjas pochylił się w jego stronę, opierając łokcie na niskim stoliku. Ich głowy dzielił teraz dystans zaledwie kilkunastu centymetrów.

– Pamiętasz Wiktora? Zdjęcie, które dałeś Wąsikowi? Mężczyznę, który odwiedził rodziców Lidii po jej śmierci, podając się za faceta z agencji?

Marcin pamiętał Wiktora. Pamiętał też W. z pamiętnika Lidii.

– Wiktor nie żyje. Został zepchnięty pod koła nadjeżdżającego pociągu na stacji metra.

Matjas wytrzymał przez dłuższą chwilę pytający wzrok Marcina.

– Kobieta, która to zrobiła, ma powiązania z Ligą. Prowadziła swoistą krucjatę przeciw Browarowi pod kryptonimem „Odwet". Możesz w to uwierzyć?

– Liga zleciła zabójstwo Wiktora?

Matjas pokręcił przecząco głową.

– Wiktor współpracował z „Odwetem", ale jego śmierć to raczej desperacki akt porzuconej i oszukanej kobiety.

– Jaki to ma związek z Lidią?

Wąsik kazał mu przekazywać informacje powoli, bez zbędnej narracji. „Jeśli twój przyjaciel jest tak bystry, jak twierdzisz, sam złoży z nich historię".

– Znaleźliśmy dowody bliskiego związku łączącego Wiktora z Maksem Steinem. Zdaje się, że panowie lubili dokumentować swoje wspólne romantyczne wieczory.

– Max Stein i Wiktor? – w głosie Marcina zabrzmiało niedowierzanie.

– Znaleźliśmy też fotografię Lidii z odręczną notatką Maksa Steina – powiedział Matias, sięgając do kieszeni marynarki i wręczając Marcinowi zdjęcie.

Marcin przyglądał się fotografii dłużej, niż Matjas się tego spodziewał.

– Czy to nie dowód? – zapytał wreszcie, podnosząc wzrok i spoglądając na Matjasa.

W odpowiedzi Matjas wzruszył ramionami.

– Dowód na co? Stein twierdzi, że nie pamięta, kiedy i dlaczego to napisał, i nie ma pojęcia, jak zdjęcie znalazło się w posiadaniu Wiktora. Poza tym, dlaczego Stein chciałby śmierci Lidii?

Marcin ponownie wpatrywał się w zdjęcie młodej dziewczyny o nieśmiałym uśmiechu, która stała się symbolem Browaru.

– Może Lidia próbowała go szantażować – zaryzykował Marcin. – Miała dokumenty z transakcjami finansowymi…

– I przekazała je tobie? – przerwał Matjas z nieukrywaną ironią w głosie. – Przyznasz, że to raczej niecodzienna forma szantażu.

Marcin odłożył fotografię na stolik i spojrzał na Matjasa. Mężczyźni milczeli przez dłuższą chwilę, mierząc się wzrokiem.

– Dlaczego mi o tym wszystkim mówisz?

Matjas ponownie wzruszył ramionami.

– Myślałem, że ta sprawa cię interesuje…

– Nigdy wcześniej nie dzieliłeś się ze mną tak otwarcie szczegółami dochodzenia. Co jest grane?

Matjas zatarł dłonie, jakby rozgrzewał je przed jakimś ćwiczeniem fizycznym.

– Czasem prawda leży poza skromnymi ramami tego, co jestem w stanie udowodnić – powiedział, zabierając fotografię ze stolika i chowając ją z powrotem do kieszeni. – Kiedy wydarza się coś tak tragicznego jak śmierć... Lidii, moja własna bezradność jest prawie jak... – Spojrzał na Marcina, jakby szukał w jego twarzy podpowiedzi. – Jak grzech. Wiesz, o czym mówię?

Wyraz twarzy Matjasa, wpatrującego się teraz w niego w napięciu, bez policyjnej maski... To była twarz, którą zapamiętał ze szkolnych czasów. Miał mu wiele do powiedzenia. Gestem dłoni zamówił u barmana dwie kawy.

WSZYSTKO ZACZĘŁO SIĘ od wizyty u lokalnego fotografa i zdjęć do legitymacji szkolnej. S., jak go nazywała w swoim notatniku Lidia, przekonywał ją, że jest urodzoną modelką i chwalił się swoimi kontaktami w branży reklamowej. Lidia podejrzewała, że jego zainteresowanie ma podłoże o wiele mniej profesjonalne, niż próbował jej wmówić. Mimo to perspektywa pracy modelki fascynowała ją i rozpalała jej małomiasteczkową wyobraźnię. S. okazał się wytrwałym admiratorem jej talentu i po kilku rozmowach telefonicznych i wizycie w jego studiu fotograficznym na Złotym Targu Lidia zgodziła się na „profesjonalną" sesję. Mimo nalegań fotografa nie zgodziła się rozebrać i najśmielsze fotografie z ich pierwszego profesjonalnego spotkania uwieczniły ją w błękitnym jednoczęściowym kostiumie kąpielowym, który kupiła za pieniądze otrzymane od ojca na szesnaste urodziny. Miała go zabrać na pierwsze wakacje spędzone poza domem, ale przed podróżą rozchorowała się i kostium czekał w szafie na swój publiczny debiut aż do czasu pierwszej sesji z S. Szkoła stawała się coraz większym problemem. Lidia miała trudności z koncentracją, ze zrozumieniem materiału, z zadaniami domowymi. Sytuację pogarszał brak wsparcia ze strony kolegów i koleżanek z klasy, dla których, jak pisała, „mogłabym wcale nie istnieć".

S. wciąż nie dawał jej spokoju i w ciągu niespełna miesiąca od pierwszej sesji zaproponował jej udział w teledysku, który zamierzał nakręcić dla lokalnego zespołu „Siwiry". Tak, nie przesłyszała się – „Siwiry" przez „si". W scenariuszu teledysku głównie przechadzała się samotnie w żółtej sukience po opustoszałej plaży, a potem gładziła nagi tors wokalisty zespołu. Tekst piosenki pod tytułem *Zwilczę cię jak pies* był dla niej równie niezrozumiały jak bełkotliwa nazwa zespołu. S. nazwał jej udział w całym przedsięwzięciu „budową profesjonalnego portfolio". Po krótkim wahaniu Lidia zdecydowała się na udział w nagraniu. Członkowie „Siwirów" okazali się godni swej nazwy i Lidia spędziła cały weekend w towarzystwie pijanych rozwydrzonych nastolatków, których największym i, jak uważała, być może jedynym talentem okazało się „miażdżenie na głowie metalowych puszek po piwie".

W szkole było coraz gorzej i Lidia z trudem dawała sobie radę z nowym materiałem. Wywołana do tablicy miała tendencję do „zamarzania", jak to określała, bez względu na to, czy była przygotowana, czy nie. Zmieniła garderobę i wygląd. Miejsce dotychczasowych sukienek i swetrów zajęły skórzana kurtka i dżinsy. Z nutą samopogardy pisała o tym, że zaczęła nosić mocny makijaż i bywać w nocnych klubach. Wokalista „Siwirów", R., smutny brunet o fizjonomii żurawia, stał się coraz częstszym towarzyszem jej nocnych eskapad. Któregoś wieczoru, w drodze między jednym klubem a drugim, zapoznał Lidię z „trawką", a ona postanowiła kontynuować tę znajomość, odnajdując w marihuanie panaceum na swoją chorobliwą nieśmiałość i codzienną depresję.

Ku jej zaskoczeniu teledysk „Siwirów", mimo ograniczonej liczby emisji w lokalnej stacji telewizyjnej, pomógł jej zdobyć nowe, tym razem płatne zlecenie: sesję zdjęciową dla lokalnego producenta okien. Tym razem S. zdołał ją przekonać do dwuczęściowego bikini i po kilku tygodniach każdy z potencjalnych klientów i kontrahentów producenta okien otrzymywał ścienny kalendarz z dziewczyną w czerwonym stroju kąpielowym w ramie firmowego okna. Lidia jako modelka zarobiła pierwsze w życiu pieniądze – całe 500 złotych, które wydawały jej się niebywałym majątkiem. W ciągu niecałego tygodnia, z pomocą R. i jego używek, fortuna stopniała do 50 złotych.

R. cały czas opowiadał o wyjeździe do Warszawy. Miał tam ciotkę, u której zamierzał się zatrzymać, dopóki nie znajdzie własnego lokum. Miał dość „Siwirów" i prowincji i wierzył, że tylko w stolicy może zrobić prawdziwą karierę. Pracował nad nowym materiałem, „mieszanką transu i hip-hopu", i marzył o założeniu nowego zespołu zaraz po przyjeździe. Na jej siedemnaste urodziny podarował jej teledysk domowej roboty, nakręcony w jego pokoju na poddaszu i zadedykowany Lidii: *Jej oczy mnie jarają*. Lidia przyznała w notatniku, że po wysłuchaniu całego utworu nie było jej trudno „ukryć wzruszenie".

Rok szkolny dobiegał końca. Lidia oblała fizykę i chemię. Zaczęła unikać kontaktów z rodzicami, którzy wybierali się na wręczenie świadectw, tłumaczyła się nawałem szkolnych zajęć. Jej stan psychiczny – mimo, a może za sprawą regularnych dostaw od R. – pogarszał się i w jej zapisach z tego czasu pojawiają się aluzje do prób samobójczych. R. nadal planował wyjazd do Warszawy i podczas jednego z wyjątkowo przygnębiających weekendów, po kłótni z właścicielką mieszkania, która miała jej za złe, że spędza weekend w Gdańsku zamiast jechać do domu, Lidia postanowiła spakować się i wyjechać do stolicy.

Ciotka R. okazała się drobną, zaniedbaną kobietą po czterdziestce, z prowincjonalną trwałą i złośliwym uśmiechem na twarzy. Wbrew zapewnieniom R. nie okazała żadnej radości z jego wizyty, a towarzyszącą mu Lidię powitała z niemal otwartą wrogością. Małe mieszkanie w starej, rozpadającej się kamienicy na Pradze pachniało wilgocią i zaniedbaniem. Ich tymczasowy pokój był klitką o wymiarach dwa na cztery metry, z chybotliwym metalowym łóżkiem przy jednej ze ścian, nocną szafką, która blokowała dostęp do nagiego brudnego okna i szafą pozbawioną jednego skrzydła drzwi, z półkami wyłożonymi pożółkłą gazetą. Pierwszą noc spędzili, śpiąc na waleta w ubraniach pod cienkim szorstkim kocem.

Śniadanie, a właściwie dwie porcje sałatki pokrytej wątpliwej jakości majonezem, zjedli w małym barze na Targowej. Ich wspólne zasoby pieniężne wynosiły 325 złotych i 15 groszy. R. zamierzał odwiedzić sklepy muzyczne, zostawiając wiadomości dla potencjalnych członków jego nowego zespołu, i sprawdzić, czy nie uda mu się znaleźć tam jakiegoś zajęcia. Lidia, ze swoim „profesjonalnym" portfolio w podręcznej torbie i listą agencji modelek dostarczoną jej przez S., miała wyruszyć „na podbój stolicy".

Następne dni, a może tygodnie, roją się od dziwnej mieszaniny zapisów o spotkaniach, informacji na temat połączeń komunikacji miejskiej, rysunków ulic, list wydatków, sporadycznych komentarzy wskazujących na narastający w mieszkaniu na Pradze konflikt z ciotką R. Zapiski dotyczące spotkań w agencjach modelek są lakoniczne i pozbawione komentarzy, ograniczają się do stwierdzeń typu „Nic z tego" lub „Zadzwonią". W tym czasie dziewczyna odbywa też rozmowy telefoniczne z rodzicami; większość z nich ogranicza się do przekonywania ich, by nie pojawiali się w Gdańsku na zakończenie roku szkolnego. Lidia poinformowała ich, że planuje wyjazd wakacyjny tego samego dnia, z koleżankami z klasy.

R. dostał pracę w sklepie muzycznym i tego samego wieczora postanowili świętować jego nową posadę w nocnym klubie „Plaża". Wrócili późno, zastając ciotkę R. śpiącą na kanapie, z opróżnioną butelką „Wyborowej", którą R. sprezentował jej po południu. Czy ze źle rozumianego poczucia wdzięczności, czy też ze współczucia dla jego chłopięcej niezręczności i nieprzystosowania Lidia postanowiła kochać się z młodym muzykiem – po raz pierwszy w życiu. Seks był krótkotrwały i niezręczny – żadne z nich nie znało ani swojej roli, ani wzajemnych oczekiwań. Komentarz Lidii podsumowujący nocny incydent: „Nic wielkiego. Myślałam, że będzie bardziej bolało". Wyrzucała sobie jedynie własną głupotę – odbyli stosunek bez zabezpieczeń – i obiecywała, że nigdy się to nie powtórzy.

Agencja „ModelX" zadzwoniła do niej z propozycją pracy jako hostessa; wiadomość otrzymała od ciotki R. dopiero na drugi dzień, co doprowadziło do następnej karczemnej awantury między kobietami, zakończonej interwencją R. Na szczęście nie było za późno, żeby potwierdzić zlecenie, i następnego dnia Lidia w czarnej obcisłej sukience, którą z racji znikomych rozmiarów nazwała „skarpetą", wręczała plakietki z nazwiskami uczestnikom konferencji w hotelu Marriott. Po pierwszej konferencji przyszły kolejne zlecenia, udokumentowane w notatniku datami, adresami i nazwami klientów. Wyglądało na to, że Lidia zaczęła radzić sobie coraz lepiej. Zdołała się nawet zaprzyjaźnić z jedną z hostess z agencji – B. i dziewczyny zaczęły spędzać razem sporo czasu.

Sytuacja w mieszkaniu na Pradze stawała się nie do zniesienia, mimo że R. sypiał teraz na materacu kupionym przez Lidię i wsuwanym na dzień pod metalowe łóżko. R. szybko stracił pracę w sklepie muzycznym i jego stosunki z ciotką ze stanu ciągłego napięcia przeszły do stanu otwartej wojny. Któregoś wieczoru, po powrocie z korporacyjnego bankietu i „ciągle w tej samej idiotycznej, biało-niebieskiej sukience z kołnierzem marynarskim z tyłu i logiem Polmoru na piersi", Lidia zastała R. na schodach. Jego spakowany plecak leżał obok, a jej zielona torba podróżna stała oparta o odrapaną ścianę. R. powiedział, że wraca pierwszym pociągiem do Gdańska. Pożegnali się na Dworcu Centralnym krótkim uściskiem dłoni; R. zdawał się wyraźnie zawstydzony i upokorzony swoim odwrotem. Obiecał zadzwonić po przyjeździe, ale Lidia była przekonana, że ich krótka znajomość właśnie dobiegła końca.

Ku jej zaskoczeniu i uldze B. zgodziła się, aby zatrzymała się u niej, póki nie znajdzie własnego miejsca. Betonowy blok, w którym B. wynajmowała mieszkanie, otoczony identycznymi betonowymi prostopadłościanami, sprawiał początkowo przygnębiające wrażenie, ale po praskim doświadczeniu i perspektywie noclegu na dworcu wydał się Lidii prawdziwym pałacem. Zwłaszcza różowa łazienka z białą armaturą, działającym prysznicem i gorącą wodą okazała się szczytem luksusu.

Pomimo sporadycznych zleceń z „ModelX" sytuacja finansowa Lidii nie pozwalała jej na samodzielność. W Warszawie wszystko było droższe, zarobione pieniądze rozchodziły się szybciej, niż sądziła. Dziewczyny uwielbiały wspólne zakupy i nocne wypady „na miasto". Tydzień pobytu u B. zamienił się niepostrzeżenie w miesiąc, potem dwa, aż w końcu obie zdecydowały się zaakceptować permanentny charakter ich sytuacji, kupując w Ikei drugie łóżko, którego wspólny montaż był prawdziwym testem dla ich przyjaźni.

B. była starsza od Lidii o sześć lat i dziewczyna zaczęła traktować nową przyjaciółkę jak „starszą siostrę, której nigdy nie miałam". Ich ulubionym miejscem nocnych wypadów stał się klub „Plaża", który Marcin zapamiętał z czasów swojej krótkiej kariery prawniczej jako pretensjonalną halę pełną luster i sztucznego futra, miejsce, w którym dwa bieguny miasta – jeden reprezentowany przez mężczyzn w garniturach, drugi przez młode dziewczyny w sukienkach z głębokimi dekoltami – spotykały się, aby wymieszać swoje genotypy.

W trakcie jednego z takich wieczorów poznały W., którego Lidia opisała jako „olbrzymiego mięśniaka z dłońmi pianisty". W. towarzyszył im przez większość wieczoru, stawiał im drinki i na koniec odwiózł je do domu. W. wydawał się wyraźnie zainteresowany B. i po krótkiej wymianie zdań na progu klatki schodowej B. ostatecznie zgodziła się podać mu swój numer telefonu.

Od czasu spotkania W. relacje między dotychczasowymi przyjaciółkami wydają się przechodzić powolną, acz zauważalną przemianę. B. spędzała coraz mniej czasu z Lidią i często nocowała poza domem. Nawet w dniu, w którym Lidia odbyła szczerą i dramatyczną rozmowę z rodzicami, informując ich, że porzuciła szkołę i przeniosła się do Warszawy, B. nie pojawiła się w domu mimo wcześniejszych zapewnień, pozostawiając roztrzęsioną Lidię samą w obliczu nawracających ataków paniki.

Jeszcze dziwniejsze było to, że B. coraz rzadziej korzystała ze zleceń „ModelX", tłumacząc się brakiem czasu albo – coraz częściej – niechęcią do „bycia cyckami na nogach" podczas następnej nudnej konferencji czy korporacyjnego bankietu. Jej sarkazm, który kiedyś wydawał się Lidii odświeżający, zaczął teraz nabierać posmaku cynizmu. Z drugiej strony, obserwując ciągle zmieniającą się i coraz kosztowniejszą garderobę przyjaciółki, Lidia uznała, że z jakiegoś powodu jej sytuacja finansowa musiała ulec poprawie. Postanowiła odbyć ze swoją współlokatorką szczerą rozmowę.

Tutaj w zapiskach następuje długa przerwa. Strony wypełniają rysunki elips, motywów kwiatowych, niezdarne szkice profili twarzy, tak jakby Lidii znudziło się prowadzenie notatnika i dokumentacja życia w nowym mieście. Kilka stron później pamiętnik zdaje się ponownie ewoluować w stronę zwykłego notatnika, z godzinami spotkań, numerami telefonów, adresami i inicjałami. Coraz częściej obok dat, numerów telefonów i inicjałów widnieje adnotacja: M.S. Inicjały powtarzają się i obok kilku pojawiają się krótkie zapisy: „Lubi małe dziewczynki", „Lubi się przebierać", albo „fetysz – czerwone szpilki". Powoli powracają też krótkie wpisy.

Sob. 2/5. M.S. obiecał mi kampanię Browaru. Czy mam mu wierzyć? B. twierdzi, że ma do mnie słabość. Podobno „wałki" nie mogą się mną nacieszyć.

Wto. 12/5. B. miała wypadek w „pracy". TW był pijany i popchnął ją na nocną szafkę. Siniak na plecach wygląda paskudnie. Wiadomość dla M.S. – niech się TW sam pierdoli.

Śrd. 27/5. Czyżby?!!! W. powiedział mi w zaufaniu, że M.S. podjął już decyzję i… moi! Moi! Moi! Trzymam telefon pod poduszką. B. mnie zabije, jeśli to prawda.

Ptk. 29/5. SUPERMODEL Lidia!!! Na kolana, parszywy świecie!!! Nowa twarz (i reszta!) Browaru patrzy na mnie z lustra. Prawdziwa sesja już za tydzień. Aż za tydzień!!! ☺ Telegram do taty. Pewnie pomyślą, że ktoś umarł! B. się uśmiecha, ale stara się mnie unikać. Może to i dobrze… nie wiem, czy zasługuje, aby przebywać w moim blasku, hi, hi.

Ptk. Nd 5–6–7/6. Co za weekend! Najpierw sesja w plenerze, a potem dwa dni w studio. Chyba setka osób dookoła! OK, może mniej… ale dużo, dużo ludzi biegających wokół boskiej Lidii (łał!). M.S. przyszedł wczoraj sprawdzić, jak mi idzie. Jak mi idzie? Cholerny W.W. z aparatem zamiast twarzy nazwał mnie amatorką. Pewnie wolałby sesję ze swoim asystentem. M.S. powiedział mu, żeby robił swoje i trzymał swoje uwagi dla siebie. Mój rycerz!

NIE. NIE. NIE. M.S. nie może mnie do tego zmusić! Po tym, co się wydarzyło, nie mogę wracać do… cholernych „wałków". Jestem twarzą Browaru! W. się śmieje i mówi: „Dziewczyno, dlatego twoje akcje poszły w górę". W. mnie przeraża. M.S. nie odbiera telefonów. Podobno wyjechał. UNIKAJ W. Nie może mnie do niczego zmusić!

W zapiskach powracają daty spotkań i inicjały. Następny wpis ma datę listopadową.

Nd. 3/11. Jak to się stało, dziewczyno?! Bez paniki. Nie warto tracić snu z powodu testu za 50 zet. Powiedzieć B.? Nie dam jej satysfakcji. Gdzie jest M.S.? Mam dość kontaktów za pośrednictwem W. Straszny typ.

Wt. 5/11. OK, OK, jestem w ciąży. To nie koniec świata. To nie koniec świata. Lekarz mi pogratulował. Ulotka w mojej torebce „Zdrowe macierzyństwo". Trzeci tydzień. Myśl, dziewczyno!!!

Ptk. 8/11. M.S. w szoku. Wiem to, bo dobrze znam jego udawany spokój. W takich chwilach wszystkie jego ruchy stają się wolniejsze. Wydłuża słowa. Nie zdziwiłabym się, gdyby jak płaz obniżał też temperaturę ciała. „Musisz usunąć". NIC NIE MUSZĘ – wypisałam szminką na jego lustrze w łazience. „Pomyśl o swojej karierze". Karierze? Którą miał na myśli?!

Pn. 11/11. Albo wpadam w obsesję, albo W. wszędzie za mną chodzi. Wydawało mi się, że widziałam go dziś dwukrotnie: w galerii handlowej i na stacji metra. M.S. znów nie odbiera moich telefonów. Pierdolić go! Przynajmniej nie muszę słyszeć o nowych zleceniach. B. unika mnie jak ognia. Czy coś wie?

Sob. 23/11. Nie mogę uwierzyć, że to zrobiłam! Siedzę w swoim dawnym pokoju, na swoim łóżku. Boże, to miejsce nawet w moich snach było większe. Czy naprawdę tu się wychowałam? Wszystko wydaje się obce i swojskie zarazem.

Jakbym odwiedzała samą siebie. Ale już nie Lidię. Mama ma łzy w oczach, kiedy tylko na nią spoglądam. Ojciec woli słuchać o moich sukcesach. Traktuje mnie jak gwiazdę. Opowiadam o Londynie, jakbym tam była. Kupiłam im nawet cukiernicę w kształcie Big Bena w galerii handlowej. Co ja robię? Czy po to tu przyjechałam, żeby wymyślać te historie?! Po co tu przyjechałam? Równie dobrze mogłabym być na księżycu.

23/11. Powiedziałam M.S., że nie usunę ciąży. Niewiarygodne, ale wybuchnął śmiechem po drugiej stronie telefonu. „Jak chcesz", powiedział i przerwał połączenie. Chcę, prawda???

Nd. 24/11. Ojciec czeka na dole, żeby odprowadzić mnie na autobus. Nie chcę nawet myśleć, co zapakowali do mojej torby na drogę! Od rana widziałam rząd słoików w kuchni. Z powrotem do Warszawy. Do B. Do M.S. To śmieszne. W życiu pragniesz tak wiele, by w końcu zadowolić się byle czym.

Kiedy Steven Dunn, dawny lewoskrzydłowy napastnik reprezentacji Anglii w rugby, a obecnie starszy inspektor Scotland Yardu, wszedł, a właściwie włamał się, używając uniwersalnego klucza z plastiku, do pokoju hotelowego w Thistle Towers zajmowanego przez doktora Millera, ten ostatni leżał na obszernym łóżku z dłońmi przykutymi kajdankami do metalowego zagłówka. Szczupła blondynka, która w fikcyjnym raporcie policyjnym sporządzonym przez Dunna została zidentyfikowana jako „Nadia", ubrana tylko w czapkę Świętego Mikołaja, szpilki i czarne pończochy i zakrywająca dłońmi nagie piersi, stała obok łóżka, wpatrując się w policjanta wzrokiem, który krył w sobie mieszaninę strachu i zaciekawienia.

Ignorując rosnące przerażenie weekendowych kochanków, Dunn bez pośpiechu przeszedł przez pokój. Z minibaru wyciągnął piwo, otworzył butelkę i usiadł w fotelu, spoglądając na młodą półnagą kobietę i łysiejącego mężczyznę, którego erekcja topniała szybciej niż powłoka lodu na szkle butelki. Następnie wyjął z kieszeni płaszcza mały skórzany notatnik i nonszalanckim ruchem nadgarstka otworzył go na wybranej stronie.

– Doktor Günther Miller – powiedział, używając swej najlepszej niemczyzny. – Zamieszkały w Zollikon. Żona Zelda, dwoje dzieci, Rudolf i Krista, pies bernardyn, Hugo. Notariusz. Własna kancelaria przy Bahnhofstrasse 12.

Zamknął notatnik i schował go do kieszeni płaszcza.

– Witamy w Thistle Towers – powiedział z szerokim uśmiechem na twarzy.

Z raportu, który Steven Dunn otrzymał od kolegów ze Special Branch i który przejrzał pobieżnie w drodze do hotelu, wynikało, że doktor Günther Miller pojawiał się w Londynie regularnie, przynajmniej raz na dwa tygodnie.

Oficjalnym powodem wizyt Szwajcara były finanse jego licznych klientów i zawiłe drogi ich kapitału przybywającego z Trynidadu, Kajmanów, Antyli Holenderskich, Cypru, Hongkongu i innych egzotycznych lokalizacji wprost do londyńskiego City. Tutaj, przy pomocy krzykliwych maklerów, w zależności od skłonności swych właścicieli do ryzyka, kapitał zmieniał się w akcje General Electric, złoto, diamenty, miedź, ropę lub tysiące instrumentów pochodnych, przy których zakłady na wyścigach konnych wydawały się równie bezpieczne jak inwestycje w nieruchomości.

Klienci doktora Millera byli zamożnymi ludźmi, ponad wszystko ceniącymi sobie prywatność i pogardzającymi wszelką formą fiskalizmu. Doktor Miller, założyciel sieci luksemburskich Anstalts, był głównym administratorem ich pokaźnych majątków, których pochodzenie i własność były skutecznie chronione przez szwajcarskie prawo i szwajcarskie zamiłowanie do utrzymywania tajemnic i pieniędzy.

Raport wymieniał także drugi, znacznie bardziej osobisty powód częstych wizyt Szwajcara w mieście nad Tamizą. Agencja Women in Wait oferowała nieograniczony wybór kobiet z dawnego bloku wschodniego, którym doktor Miller, mimo wrodzonej szwajcarskiej wstrzemięźliwości, nie potrafił się oprzeć.

– Pani może się ubrać. – Dunn wskazał dziewczynę dłonią i poczuł lekkie ukłucie smutku, kiedy smukła piękność narzuciła hotelowy szlafrok i ze szpilkami w ręku pobiegła w stronę łazienki.

Doktor Miller leżał na wznak z głową skierowaną w stronę Dunna. W jego oczy widniał niemal zwierzęcy strach. Wobec tego ogromnego mężczyzny ze złośliwym uśmiechem świadomość własnej nagości wprowadzała go w stan bliski paniki. Przełknął ślinę.

– Kim pan jest?

Dunn wyjął z kieszeni telefon komórkowy i skierował jego

obiektyw w stronę nagiego mężczyzny na łóżku. Błysk flesza był jak dotknięcie pejcza. Twarz doktora Millera skrzywiła się w grymasie wstydu i bólu.

— To bez znaczenia — powiedział Dunn, ustawiając się do następnego ujęcia. — Nie obchodzi mnie, czego pan nie wie. Ważne jest tylko to, co pan wie.

Rozdział dwudziesty

ORTA RECENS QUAM PURA NITES. Wpatrując się w herb Nowej Południowej Walii, wyeksponowany na mównicy przygotowanej na konferencję prasową, Dennis Hogan – po dwóch nieprzespanych nocach, w tym samym garniturze i koszuli, w których opuścił swój apartament w poniedziałek, mimo pozbycia się zarostu przed godziną w łazience budynku prokuratury – nie mógł zgodzić się z jego przesłaniem: „Nowo powstali, jakimż blaskiem świecicie". Zastępca prokuratora nie świecił żadnym blaskiem. Skóra jego twarzy była blada i poszarzała wskutek braku snu i setek wypalonych papierosów, białka oczu – przekrwione.

W ciągu 48 godzin od chwili, kiedy Steve Dunn przesłał na jego skrzynkę mailową informacje uzyskane od doktora Millera, łącznie z czterema fotografiami, które rozbawiły zastępcę prokuratora do tego stopnia, że umieścił ich kopie na ścianie swojego biura, Hogan wraz z dwoma asystentami przydzielonymi mu przez Woodry'ego bezustannie pracował nad schematem struktury własnościowej spółek Dice'a i Steina, weryfikując go, o ile to możliwe, za pośrednictwem wszystkich dostępnych prokuraturze kanałów. Po 24 godzinach niemalże nieustannej pracy ich wspólny diagram złożony z posklejanych taśmą pojedynczych kartek w formacie A4 wypełnił prawie całą ścianę pokoju konferencyjnego, służącego też asystentom za wspólną jadalnię i sypialnię. Patrząc na tę iście bizantyjską strukturę z przecinającymi się wzajemnie liniami współwłasności, z sześcioma jurysdykcjami zaznaczonymi każda innym kolorem, Hogan nabierał coraz większego przekonania, że ich dotychczasowa praca miała przede wszystkim wymiar estetyczny, bo nijak nie wyobrażał sobie, aby kiedykolwiek prokuratura Nowej Południowej Walii zdołała dotrzeć do choćby połowy aktywów tych spółek. Urzędnik biura podatkowego, którego Woodry miłosiernie przesłał mu wczoraj do pomocy, okazał się mało użyteczny. Hogan przeklinał w duchu Wąsika i jego cholerną dyplomację, która zmuszała go, by, czując gorący oddech gubernatora na karku Woodry'ego i nerwowy oddech Woodry'ego na własnym karku, szukał powodów, dla których prokuratura stanu Nowej Południowej Walii powinna wszcząć postępowanie przeciwko Dice'owi i Steinowi. Nad ranem, mimo rosnącej frustracji swoją rolą w tym politycznie motywowanym przedsięwzięciu, zdołał przygotować coś, co przynajmniej na papierze wyglądało na wiarygodne powody do wszczęcia postępowania.

Woodry, w swoim najlepszym czarnym garniturze, w którym w opinii Hogana wyglądał jak pracownik zakładu pogrzebowego, stał za jego plecami, wertując kartki z notatkami, które przygotował mu niespełna godzinę temu. Sala konferencyjna budynku prokuratury wypełniła się dziennikarzami lokalnej prasy, radia i dwóch stacji telewizyjnych. Gubernator, na którego wszyscy czekali, aby rozpocząć konferencję, powinien być zadowolony. Hogan doliczył się dwudziestu pięciu osób.

Pomysł konferencji prasowej napawał go wyraźnym niesmakiem, o czym nie omieszkał powiadomić Woodry'ego w czasie porannej gorącej wymiany zdań. Od kiedy to prokuratura organizuje konferencje prasowe informujące o wszczęciu postępowania? Odkąd poparcie dla gubernatora w sondażach spadło o pięć procent, powiedział Woodry, siadając za biurkiem i dając mu do zrozumienia, że uważa ich dyskusję za zamkniętą. Miał tylko nadzieję, że prokurator posłucha jego rady i będzie się ściśle trzymał przygotowanych przez niego notatek. Podejrzewał też, że gubernator nawet na nie nie spojrzy.

Nerwowe ruchy za jego plecami kazały mu się odwrócić od wypełnionej dziennikarzami sali i spojrzeć w głąb korytarza, na którym stali razem z Woodrym, oczekując na przybycie gubernatora. O ile Hogan pamiętał, gubernator zawsze wkraczał na salę z wielką pompą, bez względu na to, co było powodem opuszczenia imponujących biur w centrum miasta i spotkania się twarzą w twarz z elektoratem. I tym razem nie było inaczej. Korytarzem budynku prokuratury biegła w ich kierunku tyraliera ludzi. Hogan przez chwilę miał wrażenie, że ich stopy podrywają kłęby kurzu, uderzając w militarnym *staccato* o kamienną podłogę. Był przekonany, że gdyby nie ich obecność, niepozorna postać J.B. O'Briana, gubernatora Nowej Południowej Walii, byłaby niemal niezauważalna, a jego pojawienie się możliwe do przeoczenia. Jednak dzięki tej pędzącej ciżbie, umundurowanej w ciemne garnitury i ciemne garsonki, centralnie umiejscowiona postać gubernatora zdawała się unosić w powietrzu. Kiedy wyciągnięta dłoń J.B. O'Briana dotknęła dłoni prokuratora, gest powitania nie spowolnił ani na chwilę gubernatorskiego orszaku, który niczym fala ludzkiego tsunami uniósł Woodry'ego i Hogana i wlał się przez otwarte drzwi sali w stronę przygotowanej na konferencję prasową mównicy.

Gubernator był najwyraźniej w swoim żywiole, rozdając uśmiechy, machając w geście powitania do wybranych dziennikarzy i z satysfakcją odnotowując obecność kamer. Orszak z imponującą dyscypliną ustawił się za jego plecami, wzdłuż ściany. Hogan stał teraz obok wysokiej kobiety z blond włosami upiętymi w kok. Mocny zapach perfum sprawił, że jego zmęczone zaczerwienione oczy zaczęły łzawić.

– Wszyscy na miejscu? Witam!

Mimo drobnej postury gubernator mówił nieoczekiwanie silnym i pewnym siebie głosem. Na sali natychmiast zapanowała cisza.

– Prokurator James Woodry przedstawi państwu powody naszego dzisiejszego spotkania. Zanim to zrobi, chciałbym jedynie podkreślić naszą bliską współpracę i... – gubernator zwrócił głowę w stronę stojącego za jego plecami Woodry'ego – nasze niebywałe zadowolenie z pracy wykonywanej przez jego biuro. James Woodry!

Idąc za przykładem gubernatora, sala powitała zbliżającego się do mównicy Woodry'ego krótkimi oklaskami. Hogan, dołączając się do powszechnego aplauzu, miał nieodparte wrażenie, że dramatyzm gubernatorskiej introdukcji miał w sobie coś z atmosfery oscarowej gali; atmosfery, która wydała mu się zupełnie nie na miejscu. Kiedy Woodry zbliżył się do mównicy, Hogan zauważył z rozbawieniem, że z tyłu mównicy są dwa stopnie i prokurator, najwyraźniej poinstruowany przez kogoś z rzeszy gubernatorskich akolitów, stanął na niższym. Przynajmniej dla kamer J.B. O'Brian i James Woodry byli tego samego wzrostu.

Słuchając rozwlekłej i pozbawionej dramaturgii przemowy prokuratora, Hogan odnotował z satysfakcją, że Woodry postanowił wysłuchać jego rad i dostarczyć jedynie suchych faktów o wszczęciu przez prokuraturę Nowej Południowej Walii postępowania przeciwko panom Trevorowi Dice'owi i Maksowi Steinowi, dotyczącego przestępstw skarbowych, nielegalnych transakcji finansowych oraz prania brudnych pieniędzy. Ostatni zarzut wydawał mu się mocno naciągany, ale Woodry nalegał na jego włączenie – nadawał podejrzanym pozór pospolitych przestępców.

Nazwisko Trevora Dice'a najwyraźniej zwróciło uwagę dziennikarzy, bo po sali przebiegł szmer podniecenia, a zaraz po nim ze wszystkich stron zaczęły padać chaotyczne pytania. Woodry, za radą Hogana, niezmiennie odpowiadał, że na tym etapie śledztwa nie może składać żadnych komentarzy i początkowe zainteresowanie zgromadzonych osobą prokuratora opadło tak szybko, jak się pojawiło. Zebrani na sali zwrócili całą uwagę na osobę gubernatora, który wspiął się teraz na wyższy stopień mównicy i położył dłoń na ramieniu prokuratora, gestem tym najwyraźniej dając Woodry'emu do zrozumienia, aby wrócił do umundurowanego orszaku za jego plecami.

– Dziękuję, James – powiedział O'Brian, odprowadzając go wzrokiem. – Kilka słów z mojej strony.

Na sali ponownie zapanowała niemal absolutna cisza.

– Chciałbym, abyście wiedzieli, że w Nowej Południowej Walii – tak długo, póki ja mam tu coś do powiedzenia – nie ma i nie będzie taryfy ulgowej dla obywateli, którzy nie szanują naszego porządku prawnego. Bez względu na to, kim są, i bez względu na to, jakie były ich dotychczasowe zasługi.

Hogan przyglądał się, jak głos O'Briana wypełnia jego drobne ciało, niemal rozsadzając je, jakby przywykł do innej ludzkiej membrany niż skromna postura gubernatora.

– Bez względu na to, kim są! – Gubernator uniósł prawą dłoń ze wskazującym palcem skierowanym w stronę sufitu. – Tak długo, póki ja jestem gubernatorem tego wielkiego stanu, panowie Dice i Stein nie mogą liczyć na to, że ochroni ich bogactwo czy wpływy!

Orszak gubernatora rozpoznał wskazówkę. Stojąca obok niego blondynka zaczęła energicznie klaskać i Hogan instynktownie, aczkolwiek bez jej nieskrywanego entuzjazmu, dołączył się do aplauzu. Kilka osób na sali także dało się unieść fali zachwytu.

– Pospolici przestępcy będę traktowani, tak jak na to zasługują. Bez względu na to, czy mieszkają w Double Bay, czy w Lakemba!

„Pospolici przestępcy", pomyślał Hogan, tym razem pozwalając stojącej obok niego kobiecie okazywać entuzjazm bez jego udziału. Dice i Stein właśnie zostali osądzeni i skazani przez gubernatora wielkiego stanu Nowej Południowej Walii. Przynajmniej do wyborów.

OKŁADKA MAGAZYNU UKAZYWAŁA kobietę w czarnej sukni bez ramiączek, ze sznurem pereł owiniętym wokół długiej kształtnej szyi. Bożydar Wąsik nie interesował się kobiecymi pismami, ale teraz, w poczekalni gabinetu dentystycznego, czekając na Martę, sięgnął po kolorowy magazyn dla zabicia czasu. *Uwierzyłam mężczyźnie* – brzmiał tytuł obszernego wywiadu z piękną i elokwentną, według autora artykułu, panią Slim. Czy też, jak zdążył się zorientować, przebiegając pospiesznie wzrokiem przez pierwsze akapity wywiadu, byłą panią Slim, bo smukła blondynka z fotografii wniosła już pozew o rozwód i przeprowadziła się do swoich rodziców. Wywiad był obficie ilustrowany fotografiami i przerzucając strony, Wąsik mógł podziwiać doskonałe kształty byłej pani Slim na tle jej ulubionego konia, na różowej kapie łóżka w otoczeniu lalek i pluszowych zwierzątek, których jedynym wspólnym mianownikiem zdawały się najróżniejsze odcienie różu, i wreszcie w ramie olbrzymiego pałacowego okna, przyglądającej się promieniom zachodzącego słońca. Pani Slim, z oczami półprzymkniętymi z niezrozumiałej, acz widocznej dla czytelnika rozkoszy, z doskonałym delikatnym makijażem, przekonywała autora artykułu, że jej krótkie pożycie małżeńskie było pasmem upokorzeń i rozczarowań i zrujnowało jej delikatną psychikę na zawsze. Wyjawiała też, że dzięki bolesnym doświadczeniom zdołała odkryć w sobie niebywałe pokłady siły i determinacji, które przywróciły jej wiarę w siebie i chęć niesienia pomocy innym kobietom w podobnej jak ona sytuacji, lecz dużo gorzej radzących sobie z bólem rozstania. Patrząc na kosztowne kreacje, Wąsik zastanawiał się, kogo pani Slim może mieć na myśli jako podmioty oferowanej terapii.

Andy Slim był wolny. Wolny od groźby deportacji i najwyraźniej wolny od swej nowej żony, której gorące uczucia zdawały się topnieć szybciej niż śnieg na jego butach, zostawiający teraz mokre zacieki na szarej wykładzinie poczekalni. Nie odczuwał żadnego współczucia dla rosłego Australijczyka, który dzięki jego pomocy zdołał uniknąć upokarzającej podróży do rodzinnego kraju i w zamian mógł się cieszyć prywatnością swego imponującego domu na Żoliborzu. Ich życiorysy były tak różne i tak nieprzystające do siebie, że Wąsik byłby szczerze zdziwiony, gdyby czuł choć cień sympatii do Andy'ego Slima. Może tylko odrobinę wstydu. Jedyne bowiem, co rozumiał z dotychczasowych doświadczeń swego życia, to to, że nieważne, jak nisko lub wysoko siedzisz, zawsze możesz stać się pionkiem w czyjejś grze, możesz być wykorzystany przez innych do osiągnięcia ich własnych celów i przy okazji stracić własne życie. Andy Slim został wykorzystany przez swoich wspólników i przez niego samego. Zdaje się, że i jego była żona postanowiła dokapitalizować się na jego upadku.

Marta wyszła z gabinetu dentystycznego, zaskakując go szerokim uśmiechem. Do takiego widoku nie był przyzwyczajony, od kiedy skończyła czternaście lat. Nowy aparat ortodontyczny – kosztowny prezent gwiazdkowy, który według jej własnych słów miał ugruntować jej pozycję w szkole – oplatał drobne zęby dziewczyny jak stalowa pajęczyna. Patrząc na jej uszczęśliwioną twarz i na tę nieco makabryczną metalową konstrukcję z okrągłymi emaliowanymi na czerwono złączami, nie po raz pierwszy zdał sobie sprawę, że kompletnie nie ma pojęcia, co może uczynić jego nastoletnią córkę szczęśliwą. I pomyśleć, że chciał jej kupić wełniane rękawiczki i szalik!

NOWE BIURA LIGI ZAJMOWAŁY całe drugie piętro kamienicy na Foksal, pieczołowicie odrestaurowanej z funduszy miejskich. Mimo szarego grudniowego przedpołudnia ilość światła wpadającego przez duże dwuskrzydłowe okna i odbijającego się o jasny bukowy parkiet wydawała się Dianie Fuks wręcz oślepiająca. W ciągu najbliższych dwunastu godzin pomieszczenie miało przejść całkowitą metamorfozę i zamienić się w przestrzeń biurową dla jej dwudziestu pięciu współpracowników.

Jej samopoczucie uległo natychmiastowej poprawie, kiedy przeszła przez otwarte skrzydła ogromnych drzwi do pomieszczenia, które miało od tej pory służyć jej jako prywatny gabinet. Być może brakowało mu pozornie nieskończonej przestrzeni pomieszczenia obok, ale jego doskonały kwadrat 8×8 metrów, z dwoma oknami na jednej ze ścian, kamiennym kominkiem, w którego zdobieniach wciąż odkrywała nowe detale, i parkietem z centralnie umiejscowionym wzorem róży wiatrów nadal nie przestawał jej zachwycać. Przez chwilę oczyma wyobraźni starała się umeblować nowe miejsce przedmiotami ze starego gabinetu i niemal natychmiast, zanim jeszcze przerażająca wizja okaleczonych mebli z wyprzedaży wypełniających tę doskonałą przestrzeń na dobre uformowała się w jej głowie, podjęła decyzję, że zrobi wszystko, aby nie dopuścić do takiego bluźnierstwa. Fundusze Ligi mogą udźwignąć drobną inwestycję – szczególnie teraz, gdy miasto udostępnia im nowe biura za darmo.

Czarny metalowy sejf, stojący centralnie pod ścianą między dwoma oknami, w innych okolicznościach zapewne wydałby się jej fatalnym elementem wystroju. Ale teraz jego masywna obecność, uspokajająca harmonia jego kształtów była doskonałym dopełnieniem miejsca, które już wkrótce miało stać się jej własnym centrum dowodzenia sercem i umysłem Ligi. Dotykając palcami chłodnego metalu, nie bez czułości pomyślała, że czarny obiekt z całą pewnością zasługuje na to, by go trochę ozdobić. Może postawić na nim wazon z kwiatami?

WALDER ZAKOŃCZYŁ BIEG i zsunął się ciężko z bieżni. Oddychał głęboko i szybko. Pot pokrywał ciało, zalewał oczy i zostawiał słony posmak w ustach.

Marcin stał przy oknie, odwrócony do niego plecami. Zadrukowane kartki rozrzucone na biurku przypominały Walderowi, że ich godzinna rozmowa nie była złudzeniem i mimo przebiegnięcia pięciu kilometrów – z czego ostatnie dwa pod górę – nie udało mu się uciec od historii opisanej przez byłego zięcia. Wypełniała jego głowę jak nagły atak migreny. Po raz pierwszy od wielu lat poczuł się zmęczony i wyeksploatowany w swoim wspaniałym szklanym gabinecie w Hilke Towers. Rozejrzał się niespokojnie, wycierając szyję ręcznikiem. Miasto za oknami zdawało się ciemne i uśpione. Nie mógł jednak dać głowy, czy w którymś z setek okien otaczających Hilke Towers czyjeś uważne oczy nie śledzą każdego jego ruchu. Życie w szklanych domach miało swoje zalety – tak długo, póki nie skrywało się żadnych tajemnic. Obiecał sobie zamówić żaluzje.

– Zdajesz sobie sprawę, że nie możemy tego wydrukować? – powiedział, siadając ciężko w fotelu.

Marcin wzruszył ramionami.

– To twoja decyzja.

Walder wytarł dłonią spocone czoło.

– Ta cała… historia jest jedną wielką spekulacją! Nie zamierzam pogrążyć „Głosu" z powodu dziennikarskich pomówień. Czy którykolwiek z bohaterów tej fabuły gotów jest porozmawiać *on the record*?

– Nie – powiedział Marcin. – Ale to wszystko prawda.

– Prawda?! – Walder natychmiast pożałował cynicznej nuty w swoim głosie. Czyżby naprawdę zmienił się tak bardzo? Nawet jeśli artykuł Marcina wykazywał pewne braki w przygotowaniu, nawet jeśli, w jego opinii, autor niekiedy szedł za daleko w łączeniu poszczególnych wydarzeń, to jednak to była historia! Od kiedy on, Walder, nieugięty tropiciel faktów, nieustraszony wydawca, odrzucał dobre historie?

Po raz pierwszy w życiu Walder musiał niechętnie przyznać, że jego instynkt dziennikarski zapadł w kontrolowaną śpiączkę. Ani przez chwilę nie dopuścił do siebie myśli, że artykuł Marcina mógłby zostać opublikowany. Był przekonany, że gdyby ujrzał światło dzienne na szpaltach „Głosu", konsekwencje ciągnęłyby się latami. Nie był na to gotowy. Nie zamierzał ryzykować dorobku całego życia dla jednej historii. Siedząc za swoim biurkiem i przyglądając się nieruchomej sylwetce Marcina przy oknie, pomyślał, że los wybrał naprawdę nieoczekiwanego posłańca, żeby uzmysłowić mu, jak bardzo zmienił się od czasów samizdatu. Otworzył szufladę biurka, wyciągnął z niej dwie szklanki i napełnił je do połowy gruzińskim koniakiem.

– Dlaczego ja? – powiedział, wstając z krzesła ze szklankami w dłoniach i podchodząc do okna. Ku jego zaskoczeniu Marcin ruchem dłoni odmówił przyjęcia trunku. – Zawsze musi być ten pierwszy raz, prawda? – Wzruszył ramionami. – Cóż, zostanie więcej dla mnie. – Walder dwoma szybkimi łykami opróżnił pierwszą szklankę i odstawił ją na biurko. Z drugą w dłoni stał teraz nieruchomo obok Marcina; obaj milczeli, wpatrzeni w jakiś punkt za oknem.

– Nie odpowiedziałeś na moje pytanie – Walder przerwał panującą ciszę, spoglądając na Marcina. – Dlaczego ja?

Marcin popatrzył na niego długo i uważnie, jakby szukał odpowiedzi w rysach jego twarzy.

– Bo po raz pierwszy od wielu lat na czymś mi zależy – powiedział, ponownie kierując wzrok w stronę okna. – I choć może ci się to wydawać nieprawdopodobne, chciałem, żebyś o tym wiedział.

Walder przechylił szklankę do ust.

– To nic nie zmienia między nami. Nadal nie chcę cię w redakcji ani tym bardziej w moim życiu.

Marcin po raz pierwszy od początku ich spotkania uśmiechnął się, jakby usłyszał zabawną historię.

– Niezły ze mnie palant, prawda? – stwierdził, kładąc dłoń na ramieniu Waldera. – Nie mogę powiedzieć, że mam ci to za złe.

Walder stał teraz nieruchomo, przyglądając się czubkom swoich sportowych butów. Osobista historia Marcina, nawet jeżeli był jej niewielką częścią, nadal pozostawała dla niego tajemnicą. Potrafił zrozumieć jego gorycz, frustrację, nawet poczucie winy po procesie młodej Wandyk i jej tragicznym samobójstwie. Trzeba być potworem jak Hilke, żeby przyjmować takie rzeczy z uśmiechem na twarzy! Ale, na Boga, w końcu chłopak był tylko jednym z wielu prawników zajmujących się sprawą. Ich wcześniejsze relacje nie wskazywały na to, aby cechowała go jakaś wyjątkowa nadwrażliwość – był rzeczowy i profesjonalny, ze zdrową dozą dystansu do samego siebie. Cóż takiego się zdarzyło, że młody obiecujący prawnik nagle porzuca karierę zawodową i z chorobliwą konsekwencją wybiera drogę samozniszczenia?

– Jesteś mi coś winien – powiedział, odwracając się w stronę Marcina. – Teraz, kiedy nic nas nie łączy, mam prawo wiedzieć, co się stało.

Marcin spojrzał na niego z wyrazem zaskoczenia na twarzy.

– Stało?

Skinął energicznie głową.

– Tak. Hilke, proces, twoje życie…

Marcin pochylił głowę i potarł dłońmi skronie, jakby usilnie starał się zrozumieć jego pytanie. A może tylko powód, dla którego je zadał.

– Chcesz wiedzieć, co się stało – odpowiedział wreszcie, spoglądając mu prosto w oczy. – Zawodowa ciekawość?

– Nazywaj to jak chcesz.

Stali przez chwilę, milcząco wpatrując się w siebie. Marcin pierwszy opuścił wzrok, a potem zwrócił twarz w stronę okna.

– Może rzeczywiście winien ci jestem wyjaśnienie…

– Tak uważam!

Własny ostry ton trochę go zaskoczył i ku jego zdziwieniu spotkał się z uśmiechem na twarzy Marcina. Czy powiedział coś zabawnego?

– Hilke, fundacja... – powiedział Marcin ściszonym głosem, z twarzą wciąż zwróconą w stronę okna i świateł miasta w oddali. – Ta sprawa ciągnęła się od lat. Opiekunowie szkoły mieli akta pełne raportów wychowanków. Opinie psychologów... Nazwiska, daty i miejsca...

– I żadnego z tych dokumentów nie użyto w procesie? – przerwał Marcinowi z nutą niedowierzania w głosie, wyraźnie zaskoczony tym, co usłyszał. – Jak to możliwe?

Marcin odwrócił się od okna i spojrzał na niego z uśmiechem, który sprawił, że poczuł lekkie mrowienie na plecach.

– Za sprawą twardej gotówki i negocjacji Kesslinga, i... – Marcin uniósł palec wskazujący, jakby chciał podkreślić wagę ostatniej informacji – młodych bladych chłopców przy niszczarkach kancelarii.

Walder patrzył na niego z przymrużonymi powiekami, powoli pojmując kompromitującą naturę jego wyznania.

– Niszczyłeś dowody sprawy?

Patrząc na Marcina, stojącego teraz z rękami w kieszeniach spodni i opuszczoną głową, unikającego jego spojrzenia, zrozumiał, że cokolwiek jego niedawny zięć miał mu do powiedzenia, zostało już powiedziane, i że wszystkie pytania, które cisnęły mu się na usta, pozostaną bez odpowiedzi. Prawdę mówiąc, nie mógł go za to winić. Mimo doświadczeń ostatnich lat, kłótni Marcina z Marią, jego pijanych powrotów do domu, pijanych dni w pracy, rozwodu i utraty posady w „Głosie" nigdy wcześniej nie był świadkiem równie upokarzającej chwili w życiu chłopaka. Jego tajemnica, której strzegł jak oka w głowie, która zjadała go od wewnątrz jak złośliwy nowotwór, okazała się osobistą tragedią człowieka, który dokonał w życiu fatalnego wyboru. Nie bardzo rozumiejąc, dlaczego to robi i nie do końca zdając sobie sprawę ze znaczenia swego gestu, podszedł do Marcina i położył mu dłonie na ramionach. Czując jego dotknięcie, Marcin poderwał lekko głowę, z wyrazem zaskoczenia wpatrując się w twarz Waldera.

– Jesteśmy kwita?– zapytał, kiedy dłonie Waldera powoli zsunęły się z jego ramion.

Naczelny nie odpowiedział. Marcin uśmiechnął się, potrząsnął głową, jakby pozbywał się z niej irytujących myśli, i ruszył w kierunku drzwi, unosząc dłoń w geście pożegnania. Głos Waldera zatrzymał go na progu.

– Marcin! Twój artykuł.

Odwrócił się, żeby spojrzeć na naczelnego „Głosu", stojącego ze szklanką w lewej dłoni i z jego artykułem w prawej, z twarzą wciąż zaczerwienioną od wieczornych ćwiczeń i ręcznikiem owiniętym wokół szyi.

– Zatrzymaj go. Mam kopię.

– Marcin!

Po raz drugi głos naczelnego kazał mu zatrzymać się w drzwiach, z dłonią wspartą na ich framudze.

– To najlepsza rzecz, jaką napisałeś.

Przytaknął skinieniem głowy.

– Powiedz Marii, że… jest mi przykro.

Nie czekał na reakcję Waldera. Jak sądził, po raz ostatni w życiu przemierzał korytarz redakcji „Głosu", idąc w stronę stalowych drzwi windy.

DIANA FUKS MOGŁA POGRATULOWAĆ sobie wyboru prawnika. Niewysoki mężczyzna z mocnym zarostem na twarzy, w grubej marynarce w kratę i sztruksowych spodniach, wydawał się mieć pozytywny wpływ na Krystynę. Nawet jeżeli nadal mu nie ufała, nie wspominając już o jej początkowej wrogości wobec samej Fuks, to mowa jej ciała, w miarę wywodu prawnika, zaczęła zdradzać oznaki zaciekawienia, ba, nawet odradzającej się nadziei.

Wszystkie koszty jej obrony zostaną pokryte przez Ligę, powiedział mężczyzna. Słysząc to, Krystyna nie mogła powstrzymać się od spojrzenia na siedzącą obok prawnika Fuks, która potwierdziła jego słowa skinieniem głowy. Ich linia obrony, kontynuował adwokat, to artykuł 31 Kodeksu karnego – tymczasowa niepoczytalność sprawcy. Jego zadaniem w czasie procesu będzie udowodnienie, że psychika Krystyny uległa zaburzeniu i w trakcie popełnianego czynu nie była w stanie rozpoznać jego znaczenia ani pokierować własnym postępowaniem.

– Nie wiedziałam, co robię?

– Och, daj spokój, dziewczyno! – Fuks po raz pierwszy przerwała wywód prawnika. – Ten facet bawił się tobą. Gdyby powiedział, żebyś skoczyła w ogień...

– To była twoja rola – przerwała Krystyna z nieukrywanym gniewem w głosie.

Adwokat wpatrywał się w obie kobiety z wyrazem zdziwienia na twarzy. Diana Fuks przerwała pełną napięcia ciszę, uśmiechając się do niego.

– Jeśli pan pozwoli, chciałabym pozostać z Krystyną sam na sam.

Jej słowa nie brzmiały jak prośba i prawnik, właściwie odczytując ich znaczenie, zebrał pospiesznie kartki leżące na stole, wsunął je do mocno zużytej skórzanej teczki i bez słowa wyszedł z pokoju.

Diana Fuks nabrała głęboko powietrza w płuca, jakby przygotowywała się do zanurzenia.

– Przyznaję, że nasza ostatnia rozmowa nie należała do najprzyjemniejszych – rozpoczęła ostrożnie, próbując uchwycić wzrok Krystyny, której oczy były wpatrzone w jakiś punkt wysoko nad jej głową. – I dlatego dobrze rozumiem twoją obecną podejrzliwość wobec mnie i... tego, co ci oferuję.

– Czyżbyśmy negocjowały? – Wzrok Krystyny na chwilę zatrzymał się na jej twarzy.

– Zawsze! – Fuks próbowała się roześmiać, ale patrząc na napiętą twarz swojej rozmówczyni, szybko zmieniła zdanie i powróciła do poważnego tonu. – To, co się stało, jest tragedią, za którą po trochu czuję się odpowiedzialna...

– Niby czemu? – Przez twarz Krystyny przebiegł ironiczny grymas. – Ty przecież nic nie zrobiłaś.

Przewodniczącej nie spodobał się wyraźny akcent na słowie „nic".

– OK, rozumiem – powiedziała, pochylając się w stronę Krystyny. – Czujesz się zdradzona, wykorzystana, porzucona przez wszystkich, którym ufałaś. Nic nie poradzę na to, jak się czujesz – czy raczej, jak chcesz się czuć. Uważasz, że cię zdradziłam? – podniosła głos o kilka decybeli. – Jeżeli ci to pomoże, przyznaję się do winy. *Mea culpa.* Ale prawda jest taka, że to co zrobiłaś, zrobiłaś sama. I jakakolwiek projekcja winy na mnie niczego tu nie zmieni!

Z przykrością patrzyła, jak jej słowa wywołują w Krystynie bolesną fizyczną reakcję. Jej ramiona opadły, odwróciła twarz w stronę ściany. Fuks próbowała dotknąć jej dłoni leżącej na stole, ale ta uciekła jak spłoszone zwierzę.

– Cokolwiek wydarzyło się wcześniej między nami – powiedziała, prostując się na krześle, jakby chciała podkreślić dzielący je dystans – nie powinno mieć teraz znaczenia. Ważne jest tylko to, że jestem tutaj, żeby ci pomóc. Że jestem jedyną osobą, która może ci pomóc.

Krystyna spojrzała na nią, jakby była domokrążcą oferującym jej zbędne przedmioty.

– W zamian za co?

Fuks nie mogła powstrzymać uśmiechu.

– Czyżbyśmy stawały się cyniczne?

– Raczej rzeczowe.

Zmiana tonu dyskusji, choć nieoczekiwana, wydała się przewodniczącej o wiele bardziej sensowna niż dotychczasowa emocjonalna wymiana zdań.

– Zgoda – powiedziała, wytrzymując wzrok Krystyny. – Pomówmy o szczegółach.

Liga sfinansuje jej obronę. Przywróci ją też do członkostwa i funkcji, którą wcześniej sprawowała. Z pełnym wynagrodzeniem plus trzydzieści procent podwyżki. Miałaby ją pełnić, siedząc w więzieniu? Być może uda się tego uniknąć. Jeśli nie, pozostanie zatrudniona przez cały okres odbywania kary.

Krystyna splotła ramiona na piersiach.

– W zamian za?

Czy wspomniała im o „Odwecie"?

– We wszystkich szczegółach.

– Niedobrze – powiedziała Fuks, poprawiając kosmyk włosów, który opadł jej na czoło. Nowa fryzura miała swoje złe i dobre strony. – Będziesz musiała wziąć wszystko na siebie. Ta historia w żaden sposób nie może być łączona z działalnością Ligi.

Czy wspomniała o… fotografiach? Ze szczerym zdziwieniem Krystyna potwierdziła, że nie. Wyraźna ulga, która pojawiła się na twarzy Fuks, niemal doprowadziła ją do śmiechu.

– To bardzo dobrze – powiedziała, akcentując każdą sylabę, jakby zdanie miało ukryte znaczenie, zrozumiałe tylko dla Krystyny. – To bardzo dobrze.

– Co się stanie z Pawłem?

– Z Pawłem? – Diana Fuks zdawała się nie rozumieć pytania.

– Pawłem. Moim synem. Co się z nim stanie?

Przewodnicząca rozłożyła bezradnie dłonie.

– Nie mam pojęcia. Pewnie umieszczą go w domu dziecka. Jest niepełnoletni?

– Ma siedem lat – powiedziała dobitnie Krystyna, jakby kierowała oskarżenie w stronę przewodniczącej Ligi. – Nie pozwolę, by spędził następne lata bez opieki.

– Jestem pewna, że opieka w takich placówkach…

– Nie – Krystyna przerwała jej, energicznie kręcąc głową. – Nie ma o tym mowy.

Diana Fuks wydawała się szczerze zdziwiona reakcją Krystyny. Na jej twarzy pojawił się grymas zakłopotania.

– Co proponujesz? – zapytała, ponownie odgarniając niesforny kosmyk z czoła.

– Zajmiesz się Pawłem. Zabierzesz go do siebie.

– Ja?! – Fuks roześmiała się nerwowo, szukając wzrokiem potwierdzenia w twarzy Krystyny, że jej słowa były zwykłym żartem.

– Inaczej nie mamy o czym rozmawiać – powiedziała stanowczo Krystyna, rozwiewając jej wątpliwości co do natury propozycji. – Dla mnie liczy się tylko mój syn. Jeżeli chcesz ratować Ligę moim kosztem, to jest moja cena.

– Ale ja nic nie wiem o wychowywaniu dzieci – zaprotestowała słabo Fuks, zdając sobie sprawę, że jej słowa zabrzmiały jak kapitulacja. – Nigdy nie…

– Nauczysz się. Paweł jest dobrym chłopcem.

Krystyna opuściła głowę, jakby wspomnienie syna wywoływało w niej bolesne poczucie wstydu. Kiedy uniosła ją ponownie, jej wzrok żądał potwierdzenia. Fuks znała Krystynę lepiej niż ktokolwiek inny i teraz, wpatrując się w jej nieruchome oczy niedopuszczające żadnej możliwości odmowy, w napiętą twarz gotową odwrócić się do ściany na choćby najmniejszy gest protestu z jej strony, zrozumiała, że ich negocjacje dobiegły końca. Nie mogła się powstrzymać od uśmiechu, skierowanego bardziej do siebie samej niż do siedzącej naprzeciw niej kobiety.

– Zgoda – powiedziała, z rozbawieniem akceptując konsekwencje swoich słów. – Paweł będzie mieszkał ze mną.

Do tej chwili nie zdawała sobie sprawy, jakie napięcie musiała odczuwać Krystyna podczas ich rozmowy, ale teraz zrozumiała, że to, co dla niej było jeszcze jednym akceptowalnym politycznym kompromisem, dla kobiety naprzeciwko było kwestią przetrwania. Ku własnemu zaskoczeniu, obserwując reakcję Krystyny na jej słowa, poczuła coś w rodzaju dumy, łzawego samozadowolenia, do którego nie była przyzwyczajona. Podnosząc się z krzesła i przerzucając przez ramię nową torebkę, postanowiła złożyć swoje nieoczekiwane odczucia na karb niedawnej sesji jogi.

– A więc postanowione – powiedziała, wyciągając dłoń w stronę Krystyny.

Kobieta schwyciła jej dłoń, nie podnosząc się z krzesła.

– Jak ci się udało załatwić widzenie? – zapytała ze szczerym zdziwieniem w głosie, nie wypuszczając dłoni Fuks z uścisku.

– Och, moja droga – powiedziała przewodnicząca, konfidencjonalnie pochylając się w jej stronę. – Nie masz nawet pojęcia, jak powiększyło się grono moich wielbicieli.

NIESPODZIEWANIE DLA MARCINA dzień układał się bardzo dobrze. Najpierw, po zaskakująco sympatycznej rozmowie z młodym mężczyzną w okrągłych drucianych okularach *à la* John Lennon, zaproponowano mu posadę redaktora w Wydawnictwie Saba – niszowej oficynie zajmującej się głównie literaturą science fiction i fantasy – a potem kawalerka na Powiślu z widokiem na bibliotekę uniwersytecką okazała się nie tylko jasnym czystym miejscem, ale także – czy może przede wszystkim – miejscem, na które było go stać. Podpisując pospiesznie przygotowaną przez agenta umowę, doświadczył, ku własnemu zaskoczeniu, uczucia cichej euforii; uczucia, które nie towarzyszyło mu od dawna, a które mgliście pamiętał z czasów, kiedy po raz pierwszy przestępował próg kancelarii Kesslinga w nowym garniturze, zakupionym dzień wcześniej za całe trzysta pięćdziesiąt złotych! To tak jakby sam akt podpisania umowy krył w sobie coś symbolicznego – zamknięcie etapu życia, o którym nie chciał czy nie potrafił zapomnieć, ale który ze wszystkich sił chciał pozostawić za sobą. Nawet pogoda zdawała mu się sprzyjać. Dzień był bezchmurny i niskie grudniowe słońce niosło ze sobą obietnicę, jakkolwiek nader odległą, nadchodzącej wiosny.

Teraz, siedząc w mieszkaniu Marii, z którego w przypływie niewytłumaczalnej energii usunął wszystkie zalegające do tej pory śmieci, porządkując swoje rzeczy w kartonach przyniesionych z apteki za rogiem i ustawionych w równym rzędzie pod ścianą, przyglądając się niemal nagiemu, sterylnemu wnętrzu, po raz pierwszy doznał swoistego uczucia anonimowości tego miejsca, które jeszcze do niedawna zamieszkiwali razem. Opustoszałe wnętrze było jak tani pokój hotelowy w uciążliwej podróży, która szczęśliwie dobiegła końca.

Usiadł przy biurku pod oknem i włączył komputer. W oczekiwaniu na pojawienie się strony startowej jego dłoń spoczęła na czerwonym notatniku. Młody informatyk z „Głosu" – jedna z niewielu osób w redakcji, której nie był winien pieniędzy, a wręcz przeciwnie, którą kilkakrotnie podratował finansowo mimo podejrzeń, że sponsorował w ten sposób uzależnienie od marihuany – otworzył w jego imieniu blog i Marcin przebiegał teraz wzrokiem krótką instrukcję obsługi, załączoną w przesłanym mu przez informatyka mailu. Kiedy nabrał przekonania, że zrozumiał instrukcję, zajął się mozolnym kopiowaniem treści swego artykułu na stronę internetową. Najwięcej trudności sprawiło mu przeniesienie fotografii, ale nie wyobrażał sobie przygotowywanej publikacji bez wizerunku Lidii na eksponowanym miejscu.

„Ta historia nigdy nie miała być opowiedziana. Jej aktorzy, zarówno ci, którzy stali się jej ofiarami, jak i ci, którym udało się uniknąć konsekwencji, mieli pozostać anonimowi. Osią historii jest Browar, ale dla mnie jej jedynym rzeczywistym wymiarem jest śmierć młodej dziewczyny. Chciwość i korupcja, które jej towarzyszyły, mają wiele twarzy, mniej lub bardziej rozpoznawalnych, mniej lub bardziej winnych. Jej twarz jest jedyna i niepowtarzalna. Jak jej śmierć. Choć obawiam się, że jej życie powtarza się i będzie się powtarzać tak długo, jak będą istnieć marzenia i naiwność".

Zgodnie z instrukcją nacisnął klawisz „Enter".

WIGILIA

SCHWARTZMAN FUNERAL DIRECTORS LUB SFD, jak nazywali się od czasu ich niedawnej i burzliwej fuzji z ogólnokrajowym operatorem, Heaven Matters Ltd., mieli długą i chlubną historię świadczenia usług pogrzebowych. Pomimo nowej korporacyjnej formy ich lokalne operacje pozostały tym, czym były nieprzerwanie od czterech pokoleń – interesem rodzinnym. Zarządzająca SFD Meg Schwartzman była prapra-wnuczką Josefa Schwartzmana, który przybył do Blairogowrie w 1931 roku z Niemiec, porzucając swój hamburski dom pogrzebowy na rzecz nowego świata. Mimo że przeczuwał nadchodzącą koniunkturę na usługi pogrzebowe we własnym kraju, Josef, którego żydowskie korzenie sięgały kilku pokoleń, uznał, iż rozsądniej i bezpieczniej będzie poszukać rynku być może mniej obiecującego, ale przynajmniej takiego, na którym nie ryzykuje, że on i jego rodzina mogą stać się odbiorcami usług, a nie ich świadczycielami.

Trevora Dice'a, który siedział na werandzie swojego domu, wpatrując się w zaparkowany na podjeździe karawan marki Mercedes, nie obchodziła historia rodziny Schwartzmanów. W Blairogowrie był najbliższy dom pogrzebowy w okolicy. To wystarczyło, aby podjął decyzję.

Ciało jego żony zostało przeniesione do karawanu niespełna dziesięć minut temu przez dwóch rosłych mężczyzn w czarnych garniturach i z dokładnie wygolonymi głowami. Przez chwilę zastanawiał się, czy golenie głów wśród personelu należało w SFD do wymagań korporacyjnych, ale ta myśl, podobnie jak wiele innych tego dnia, nie domagała się odpowiedzi. Zamiast towarzyszyć mężczyznom do sypialni żony, postanowił usiąść na werandzie ze szklanką Krwawej Mary w dłoni. Z wnętrza domu dobiegały go odgłosy kroków na stopniach i hałasy potrącanych przedmiotów w holu, które mężczyźni bezskutecznie starali się omijać, manewrując noszami z ciałem jego żony.

Nie zamierzał nikogo przepraszać za bałagan panujący w całym domu od czasu jego pijanej nocy. Nawet pełne wyrzutu spojrzenia, rzucane mu ukradkowo przez Meg Schwartzman, której mimo kilku urodzonych w Australii pokoleń udało się w jakiś tajemniczy sposób zachować pozostałości niemieckiego akcentu, nie były w stanie zmienić jego decyzji. Patrząc teraz na jej smutną płaską twarz okoloną gładkimi platynowymi włosami upiętymi w mały kok i przesyłającą mu rozpaczliwe sygnały, że powinni natychmiast ruszać w drogę, Trevor spokojnie dopił drinka i odstawił szklankę na podłogę werandy, tuż obok swego krzesła.

Do Blairogowrie było niespełna dziesięć mil, ale Trevora i tak przerażała myśl o pokonaniu tego niewielkiego dystansu bentleyem. Mimo panującego upału postanowił pozostawić dach na miejscu. Jazda za karawanem wiozącym ciało jego żony lazurowym samochodem z opuszczonym dachem wydała mu się nie tyle obrazoburcza, ile wręcz fizycznie odpychająca.

Meg Schwartzman odmówiła mu towarzystwa, tłumacząc się obowiązkiem nadzorowania ciała. Wybrała karawan zamiast lśniącego bentleya. Nie winił jej za to. Na jej miejscu zrobiłby dokładnie to samo. Z zaskakującą dla siebie determinacją złamał prawdopodobnie wszystkie profesjonalne zasady rodziny Schwartzmanów dotyczące pogrzebów. Czy mogą zabrać ciało wcześniej? Nie. Ależ, panie Dice, zwykle przygotujemy zmarłych przed ceremonią… Nie ma takiej potrzeby. Ależ, panie Dice! Pan Dice nie słuchał. Z jakiegoś nieznanego powodu wspomnienie ich wczorajszej rozmowy przywołało na jego twarzy cień uśmiechu. Uśmiechu, których zgasł pospiesznie w poczuciu obrzydzenia do samego siebie.

Dom pogrzebowy SFD mieścił się w dużej wiktoriańskiej willi z czerwonej cegły, z masywnymi wieżycami i porastającym ściany zielonym bluszczem. Parkując bentleya na żwirowanym podjeździe, Dice miał przez chwilę wrażenie, że przybył do prowincjonalnej wersji Harold's Club. Przez chwilę nawet spodziewał się ujrzeć nalaną impertynencką twarz Ramseya witającego go na progu: „Spóźniasz się z opłatami, Trevor". Pierdolić Harold's Club i wszystkich, którzy go odwiedzają!

Tak jak się spodziewał, poczekalnia była prawie pusta. Wigilijne pogrzeby nie należały do najbardziej popularnych wydarzeń w roku. Poza tym, na ile było to możliwe, starał się utrzymać datę ceremonii w całkowitej tajemnicy. Obawiał się tłumu paparazzich na zewnątrz. Gubernator O'Brian dbał o to, aby jego medialna popularność nie wygasła zbyt szybko.

Twarze dwóch kobiet wydały mu się znajome. Skinął im głową w geście powitania. Najwyraźniej odebrały to jako sygnał, bo poderwały się prawie równocześnie z krzeseł ustawionych pod ścianą i ruszyły w jego kierunku. Nigdy wcześniej nie przyjmował kondolencji, więc cała ceremonia uścisków, półszeptów i zatroskanych spojrzeń rzucanych w jego kierunku wydała mu się niezręczna i teatralna. Za przykładem kobiet jeszcze trzy inne osoby ruszyły w jego kierunku i powtórzyły rutynę uścisków i słów wypowiadanych tak cicho, że musiał wytężać słuch, aby je zrozumieć. Wszyscy przyglądali mu się z wyrazem zatroskania, ale także nieskrywanej ciekawości. Był pewny, że czytają gazety. Był pewny, że chcą zobaczyć z bliska, jak wygląda człowiek, na którego ostrzy sobie zęby prokuratura Nowej Południowej Walii.

Doktor Shankhar nie przyjechał. Wymówił się ostrym dyżurem w szpitalu, choć Dice podejrzewał, że jego nieobecność miała więcej wspólnego z ostatnim niezapłaconym rachunkiem niż z zawodowymi obowiązkami lekarza. Może to i lepiej. Nie miał ochoty oglądać Hindusa i słuchać jego egzaltowanego i pełnego nieskrywanej wyższości głosu. Pierdolić doktora Shankhara i jego bezużyteczne diagnozy!

Meg Schwartzman otworzyła podwójne drzwi pokoju ceremonii, jeszcze raz rzucając w jego stronę spojrzenie pełne profesjonalnego wyrzutu. Wzruszył ramionami. Nic go nie obchodziło, czy szacowna pani Schwartzman miała dość czasu na przygotowania, czy też nie. On miał dość jej impertynencji. Jego żonę ułożono w czarnej trumnie na podwyższeniu, otoczonej czterema bukietami białych róż. Obok stała powiększona fotografia z czasów przed diagnozą, obramowana białymi liliami i błękitno-złota porcelanowa urna, w której miano złożyć jej prochy. Patrząc na drobne, zniszczone chorobą ciało po raz pierwszy od czasu, kiedy doktor Shankar poinformował go o jej zgonie, zrozumiał, co zajęło tak dużo czasu Meg Schwartzman i jej dwóm łysym osiłkom w sypialni jego żony. Zamiast szpitalnej koszuli, której nie zdejmowała od blisko roku, ciało jego żony okryte było czarną suknią z niewielkim dekoltem; suknią, której nie widział nigdy wcześniej, ale która najwyraźniej czekała na swoją kolej w zakamarkach pokaźnej garderoby zmarłej.

Ceremonia trwała kilkanaście minut. Meg Schwartzman wygłosiła krótką mowę, jakby zmarła była najbliższą jej osobą. Trevor odmówił jakichkolwiek przemówień, co niewątpliwie rozczarowało garstkę zebranych w pokoju osób. Nadszedł czas pożegnania i Dice, zbliżając się do trumny z ciałem żony, czuł, że powinien wykonać jakiś gest; być może nawet pocałować blade usta, których Meg Schwartzman i jej ekipa nie zdążyli pomalować. Jednak wszystko, na co potrafił się zdobyć, to dotknięcie czoła zmarłej, lekkie i przelotne, jakby dotykał rozżarzonej płyty elektrycznej kuchenki. Czy można zarazić się śmiercią? Był pewien, że dupek Shankhar znałby odpowiedź na to pytanie.

HOGAN PRZYJĄŁ ZAPROSZENIE wyszohrodzkiego na „wigilijny opłatek" zarówno z braku innych zobowiązań czy planów, jak i z czystej ciekawości, co pierwszy sekretarz ambasady miał na myśli. Od kiedy rozstał się z żoną, święta Bożego Narodzenia przestały mieć dla niego jakiekolwiek znaczenie i gdyby nie witryny sklepowe pełne zaprzężonych sań i brodatych figurek w czerwonych kubrakach, których pseudo-arktyczny strój wydawał mu się absurdalnie nie na miejscu w promieniach grudniowego słońca Sydney, przeszłyby dla niego niezauważone.

Budynek konsulatu udekorowano białymi elementami, których geometryczna gwiaździsta forma, jak poinformował go Wyszohrodzki podczas powitania w holu, imitowała płatki śniegu. Postanowił uwierzyć mu na słowo, gdyż jego wciąż żywe wspomnienia brudnych hałd szarej substancji na ulicach Warszawy daleko odbiegały od wizji śniegu reprezentowanej przez dziewiczo białe dekoracje na ciemnej ceglanej fasadzie budynku.

– Za szczęśliwe zakończenie – powiedział Wyszohrodzki, unosząc oszroniony kieliszek wódki w stronę Hogana, który po chwili wahania odpowiedział identycznym gestem.

Siedzieli w tym samym pomieszczeniu w budynku konsulatu, w którym spotkali się po raz pierwszy i mimo – a może za sprawą – udekorowanej i migającej kolorowymi lampkami choinki w rogu pokoju Hogan odczuwał opresyjny charakter tego miejsca jeszcze dotkliwiej niż poprzednio.

– Szczęśliwe? – powiedział Hogan, odzyskując oddech po wypiciu mocnego alkoholu. – Tak pan to postrzega?

Wyszohrodzki rozłożył ramiona, jakby oczekiwał na odwzajemnienie braterskiego uścisku.

– A jakże inaczej? – powiedział, spoglądając na Hogana z mieszaniną sympatii i ironii. – Wasz gubernator ma szansę na ponowny wybór, pana szef utrzyma posadę, a pan... pan jest najbardziej rozchwytywanym przez media człowiekiem, jakiego kiedykolwiek osobiście znałem. To prawdziwy kapitał na przyszłość – dokończył, mrugając porozumiewawczo prawym okiem.

– A co ze sprawiedliwością? – zapytał Hogan, zdając sobie sprawę, że jego słowa zabrzmiały melodramatycznie. – Co z regułą, że winni muszą ponieść karę za swoje czyny, że sprawiedliwość jest ślepa, że wcześniej czy później dosięga wszystkich, którzy złamali prawo bez względu na to, kim są? Mówi pan o szczęśliwym zakończeniu... – Hogan uśmiechnął się ironicznie. – Mnie cała ta historia wydaje się bezładną opowieścią, bez początku i końca.

Wyszohrodzki zdawał się zaskoczony jego krótką przemową.

– Takie jest życie – powiedział po chwili, odzyskując swój dyplomatyczny instynkt. – Następnym razem może będzie inaczej.

Hogan uśmiechnął się szeroko. Po świętach, wystukując na wysłużonej klawiaturze swego służbowego laptopa tekst wymówienia, nie będzie już w stanie przypomnieć sobie, w którym momencie ich spotkania i za sprawą czego – konferencji prasowej gubernatora, politycznych kompromisów Woodry'ego i Wąsika, medialnej nagonki na Dice'a i Steina, cynizmu Wyszohrodzkiego, alkoholu, opresyjnego wnętrza czy też zielonej migoczącej choinki – podjął decyzję o rezygnacji z posady w biurze prokuratora stanowego Nowej Południowej Walii i poszukania pracy w policji stanowej. Będzie pewny tylko jednego: od bardzo dawna w swoim zawodowym życiu nie czuł się równie dobrze. Wszystkie wątpliwości, które nurtowały go do tej pory, znikną, pozostawiając błogą i uspokajającą pewność, że dokonał właściwego wyboru.

– Wie pan co? – powiedział, ściskając na pożegnanie miękką dłoń dyplomaty. – Coś mi mówi, że nie będzie następnego razu.

TRZECH MĘŻCZYZN Z APARATAMI NA SZYJACH czekało na niego w pobliżu zaparkowanego auta. Trevor zbiegł pospiesznie po stopniach werandy, nie zwracając uwagi na podążającą za nim Meg Schwartzman, która, wręczając mu w poczekalni urnę z prochami, próbowała także wcisnąć białą kopertę, zawierającą, jak podejrzewał, rachunek za usługi SFD. Mimo że od rozpoczęcia ceremonii minęła już ponad godzina, niewielka grupa jej uczestników nadal kręciła się w pobliżu domu pogrzebowego, najwyraźniej utrzymywana na miejscu obecnością paparazzich. Trevor wyłuskał z kieszeni kluczyki do samochodu i zdalnie otworzył drzwiczki bentleya. Fotoreporterzy odebrali to jako sygnał, aby wycelować obiektywy w jego stronę. Z urną żony trzymaną na wysokości twarzy, ale nie do końca ją zakrywającą, aby mężczyźni nie odebrali jego gestu jako próby ukrywania się przed ich wścibskimi kamerami, Trevor zdołał wsunąć się na przednie siedzenie i, ignorując paparazzich tłoczących się teraz przy prawym oknie samochodu, postawił błękitno-złotą urnę na siedzeniu pasażera, przypinając ją pasem bezpieczeństwa.

Odgłos żwiru pod kołami samochodu był prawdopodobnie najprzyjemniejszym dźwiękiem, jaki słyszał tego dnia. W tylnym lusterku zobaczył zmniejszające się sylwetki fotoreporterów, przez chwilę próbujących podążać za odjeżdżającym bentleyem, by zaraz zatrzymać się na chodniku, w widocznej dezorientacji, jakby wraz z jego odjazdem utracili jakiekolwiek poczucie kierunku czy też sensu własnej egzystencji.

Nie wiedział, dokąd jedzie. Z pewnością nie do Dunkeld. Walizka z rzeczami, spakowana przed przybyciem intruzów z SFD, spoczywała w bagażniku tuż obok stalowego pojemnika z logo Dreamtime Laboratories. Kiedy minął ostatnie domy Blairogowrie, słońce zbliżało się do horyzontu. Powietrze było tak przejrzyste, że dokładnie widział spłaszczone szczyty gór Grampians, oddalone o ponad sto mil.

W hotelu, w którym zatrzyma się na święta, nie będzie telewizora. Ani obsługi pokojowej. Nikogo, kto mógłby mu przynieść poranne wydanie „The Daily Telegraph" ze zdjęciem na pierwszej stronie przedstawiającym sylwetkę mężczyzny w czarnym garniturze, którego głowa wygląda jak błękitno--złota porcelanowa urna.

STOJĄC NA PROGU SKROMNEGO BLIŹNIAKA na Bielanach, wciąż ze służbową teczką w ręku, potrzebował kilkunastu sekund, żeby zrozumieć i zaakceptować zmiany, którym Marta poddała znaną mu dotychczas przestrzeń. Nad jego głową wisiały sznury kolorowych lampek, ze złotą gwiazdą betlejemską pośrodku. Na stoliku przy drzwiach, gdzie zwykle kładł klucze do domu i samochodu, stała mała plastikowa choinka obsypana sztucznym śniegiem. Stół w pokoju, pokryty białym obrusem, z trzema nakryciami z błękitnej porcelany, nieużywanej, o ile pamiętał, od czasu śmierci jego żony, wyglądał jak nowy przedmiot, o którego użytkowaniu w celach innych niż jako domowe miejsce pracy nigdy dotąd nie pomyślał. Miał ochotę zawołać córkę, ale wiedział, że jego głos pod wpływem zaskoczenia mógłby zabrzmieć szorstko i gniewnie. A gniew był ostatnią rzeczą, jaką w tej chwili odczuwał. Odszukał ją w kuchni.

– Marta? – Ze wszystkich sił starał się nie wystraszyć jej swoim nagłym wtargnięciem, ale dziewczyna, zajęta czymś przy kuchence gazowej, podskoczyła nerwowo na dźwięk jego głosu.

– Jezu! – Patrzyła na niego z wyrzutem, z prawą dłonią na sercu. – Chcesz zabić swoją pierworodną w wigilijny wieczór?

Było coś dziwnego w jej wyglądzie, coś, czego wcześniej nie zauważył. Jakby oglądał ją po raz pierwszy, nie rozumiejąc, na czym polegała nagła metamorfoza.

– Nakryłaś do stołu – chciał, by zabrzmiało to nonszalancko, ale jego słowa miały intonację pytającą. – I dom... wygląda inaczej.

Wzruszyła ramionami. Wciąż nie mógł odszyfrować źródła zmiany w jej wyglądzie. Czyżby nowy aparat na zębach?

– Twoja koncepcja świąt z mrożonymi paluszkami rybnymi i colą trochę mnie już znużyła.

– Czyżby? Do tej pory nie narzekałaś...

Spojrzała na niego z nieukrywanym wyrzutem.

– Okrucieństwo wobec własnych dzieci przyjmuje wiele form. Terror żywieniowy jest jedną z nich. Ale jeśli ci się nie podoba... – jej głos załamał się lekko. – Jestem pewna, że znajdziesz w zamrażarce mrożoną pizzę.

Uniósł dłonie w geście symbolizującym zawieszenie broni.

– Równie dobrze mogę stać się ofiarą kulinarną własnej córki.

Dlaczego to robili? Ich rozmowy zawsze cechowała spora doza złośliwości, jakby starali się za wszelką cenę zbudować bezpieczną sferę we wzajemnych relacjach, wolną od rozczarowań. Choć często podziwiał bystre riposty córki i czerpał sporo przyjemności z ich słownych potyczek, czasami miał wrażenie, że popełnia jakiś błąd pedagogiczny, unikając prostej rodzicielskiej bliskości.

– To Wigilia, a nie ostatnia wieczerza – powiedziała, odwracając się do niego plecami i wracając do pracy.

Musiał przyznać, że zapachy w kuchni były intrygujące, a widok córki w fartuchu nałożonym na granatową sukienkę niespodziewanie przyjemny. Sukienką! Marta założyła sukienkę! Na tym polegała zmiana w jej wyglądzie, której nie potrafił wcześniej zidentyfikować. Jako prokurator z honorem powinien natychmiast podać się do dymisji! Przez chwilę kusiło go, aby złośliwie skomentować jej wygląd, ale byłby to przykład dokładnie takiego zachowania, za jakie jeszcze przed chwilą karcił się w myślach. Bez słowa wyszedł z kuchni i skierował się do sypialni na piętrze.

Kiedy po kilkunastu minutach wrócił na dół, Marta pochylała się pod choinką ustawioną przez niego w narożniku pokoju, obok wysłużonego telewizora. Przypomniał sobie o krawacie mającym być jego prezentem świątecznym, a który zabrał z jej szuflady ponad tydzień temu, i poczuł przypływ winy. Powinien jej coś powiedzieć. Marta wyprostowała się i spojrzała w jego stronę.

– Wybierasz się gdzieś?

Wzruszył ramionami. Jeśli ona mogła założyć sukienkę, której istnienia w jej garderobie nawet nie podejrzewał, to on także mógł założyć świeżą białą koszulę i czarną marynarkę od garnituru, który do tej pory nosił jedynie na sali sądowej. Postanowił zmienić temat.

– Spodziewamy się kogoś? – zapytał, wskazując dłonią trzecie nakrycie na stole.

Wydawało mu się, że jego córka lekko się zarumieniła.

– Boz ma mnie zabrać na pasterkę i…

– Boz?!

– Chłopak, o którym ci wspominałam.

– Ma na imię Boz?

Spojrzała na niego z wyrzutem.

– Jesteś ostatnią osobą, która powinna kpić z czyjegoś imienia.

Miała rację.

– Podobno chciałeś go poznać.

Ponownie miała rację.

VAN DER BOER BYŁ W SWOIM GABINECIE na piętrze. A właściwie w byłym pokoju córki, który po jej wyjeździe do szkoły w Antwerpii zaadaptował na swoje miejsce pracy, mimo protestów żony traktującej pokój jako swoiste sanktuarium i próbującej zachować różowy wystrój, plakat Davida Bowiego z czasów, kiedy wierzył, że jest kosmitą, i łóżko z metalową ramą, którego jedyną funkcją było dawanie schronienia dziesiątkom lalek i pluszowych zwierzaków. Łóżka udało mu się z niemałym trudem pozbyć tydzień po ślubie córki. Podejrzewał, że głośne protesty żony mają podłoże w skrywanej niechęci do zięcia i nadziei – jakkolwiek nie do końca uświadamianej – na powrót dziewczyny do domu. Różowy kolor i David Bowie pozostali. Podobnie jak lalki i pluszaki, piętrzące się w szafie za jego plecami.

Choć perspektywa rozmowy z Boxmeerem, o której poinformowała go jego asystentka, najwyraźniej podirytowana koniecznością odbierania telefonów w wigilijny wieczór, nieco go niepokoiła, to Hans Van der Boer był wdzięczny za możliwość oderwania się od wigilijnego stołu i schronienia w swoim różowym sanktuarium. W jego obecnym stanie ducha rodzinne biesiadowanie było ostatnią rzeczą, której chciałby doświadczyć. Sprawa z Tyszką zaprzątała mu głowę do tego stopnia, że nie potrafił odgrywać roli rodzinnego patriarchy. Był rozkojarzony i nieobecny duchem. Sygnał telefonu komórkowego, mimo oburzonego spojrzenia żony serwującej coś, co obawiał się nawet zidentyfikować, zabrzmiał jak wybawienie.

Dzwonek telefonu na biurku miał bardziej złowrogi ton. Po trzecim sygnale podniósł słuchawkę.

– Hans! – głos młodego Boxmeera brzmiał prawie radośnie.

Odetchnął z ulgą.

– Jak tam pogoda w Argentynie? – zapytał, siląc się na przyjacielską swobodę. – Słyszałem, że trochę u was pada…

– Pada? – Boxmeer zdawał się szczerze oburzony pytaniem. – To nie deszcz, to biblijny potop. Moje kuce od trzech dni nie wychodzą ze stajni. Jeśli tak dalej pójdzie, zmyje cały kontynent razem z nami wszystkimi.

Hans Van der Boer próbował się roześmiać, ale dźwięk, który wyszedł z jego gardła, bardziej przypominał elektryczne zakłócenia na linii.

– Ta sprawa z Te...

– Tyszką – pomógł Van der Boer.

– Chryste! Skąd oni biorą te nazwiska! Brzmią jak powietrze wsysane do odkurzacza.

Van der Boer przyznał, że trudno się do nich przyzwyczaić.

– Rozmawiałem z radą... Hans. – Boxmeer westchnął głęboko po drugiej stronie słuchawki. – Ta sprawa wymaga delikatnego podejścia. Na Boga, sam premier się w nią zaangażował!

– Całkowicie się z tobą zgadzam – odparł pospiesznie Van der Boer. – Musimy postępować ostrożnie i nie...

– Hans – przerwał mu Boxmeer. – Co my wiemy o polityce? Pytał retorycznie?

– Nic – powiedział Boxmeer, uprzedzając jego odpowiedź. – Albo kurewsko mało. Hans, jesteśmy ludźmi czynu, a nie dyplomatami. Ta sprawa śmierdzi procesem sądowym na kilka lat...

– Nawet bez udziałów Skarbu Państwa mamy kontrolę nad Browarem – wtrącił Van der Boer, próbując odzyskać kontrolę nad rozmową, która w jego przekonaniu zaczynała zmierzać w niebezpiecznym kierunku. – Proces może być irytujący, ale w gruncie rzeczy nie zmieni faktu, że jesteśmy udziałowcem większościowym.

– Tak, tak – głos Boxmeer brzmiał, jakby słyszał już wcześniej ten argument i z jakiegoś powodu go odrzucił. – Hans, wszyscy w radzie nadzorczej są przekonani, że ta historia nie powinna być dla ciebie obciążeniem.

– Obciążeniem?

– Nie powinna wpływać na twoje codzienne obowiązki – głos po drugiej stronie słuchawki zamilkł na chwilę. – Wiesz, jak bardzo doceniamy twoje przywództwo. I właśnie dlatego sądzimy, że będzie lepiej, jeśli tym tematem zajmie się ktoś inny.

– Tematem? – Van der Boer nie mógł uwierzyć w to, co słyszy. Od kiedy to Browar stał się „tematem"?

– Rada jest zgodna... To znaczy uzgodniliśmy, że Philippe de Brac powinien przejąć operacje w Polsce.

Nie był pewien, czy dobrze słyszał. Philippe de Brac?!

– Przyznasz, że to raczej sprawa dla prawnika niż człowieka czynu jak ty.

Nie mógł tego przyznać.

– To jakaś kosmiczna bzdura! Chcecie podzielić operacje Eurobrew?!

– Tylko na czas wyjaśnienia sprawy, Hans – nalegał Boxmeer. – Później wszystko będzie jak dawniej.

Hans Van der Boer zbyt często w przeszłości sam używał tego argumentu, pozbywając się ludzi na swojej drodze, aby teraz w niego uwierzyć. Nic nigdy nie bywało tak jak dawniej. Nie było powrotu od zmian do bezpiecznej przeszłości. Hans Van der Boer nie będzie panem na Browarze.

KOLACJA UPŁYNĘŁA bez żadnych konfliktów. Marta przygotowała zupę rybną. Następnie podała talerz sushi, które kupiła wcześniej w restauracji w centrum. Na jego zaskoczone i pytające spojrzenie kogoś, kto podchodzi podejrzliwie nawet do surowych warzyw, odpowiedziała krótkim wykładem na temat zdrowego żywienia i jego fatalnych nawyków dietetycznych. Prawdopodobnie z powodu jej zaangażowania w wigilijną kolację i udekorowanie domu pozostawił jej przemowę bez odpowiedzi.

Po kolacji Marta sprzątnęła ze stołu, pozostawiając jedynie nakrycie dla Boza, którego miała zamiar poczęstować swoją zupą. Ta informacja z jakiegoś powodu wzbudziła jego zaniepokojenie. Zaczął się zastanawiać, jakiego rodzaju związek łączy jego córkę z Bozem, skoro Marta najwyraźniej nie obawiała się odkryć przed nim swojej „domowej" natury.

– Boz jest zawsze głodny – powiedziała, wracając do pokoju.

Miał ochotę włączyć telewizor, ale nie mógł znaleźć pilota. Był pewien, że nie jest to sprawa przypadku.

– Ponieważ byłeś w tym roku dobrym człowiekiem – Marta rozchyliła wargi, pokazując mu zaciśnięte zęby z nowym połyskującym aparatem – oprócz krawatu, za który oczekuję rekompensaty, otrzymujesz jeszcze to.

Podała mu małe pudełko owinięte czerwonym papierem.

Był zaskoczony i trochę zażenowany. Przeklinał się w myślach, że nie pomyślał o czymś dla niej bez względu na wydatek związany z aparatem. Jakiś drobiazg byłby na miejscu.

W pudełku był komplet spinek do mankietów w kształcie wagi.

– Waga Temidy – usłyszał głos córki. – Coś w sam raz dla poważnego prokuratora.

– Ale ja nie mam koszuli z mankietami do spinek! – zaprotestował instynktownie, natychmiast żałując swojej reakcji. – Są piękne. Dziękuję.

Kiedy usiedli na kanapie, Marta chciała porozmawiać o Lidii. Nie po raz pierwszy jego córka interesowała się prowadzonymi przez niego sprawami. Podejrzewał, że w wolnych chwilach przeglądała dokumenty, które pozostawiał na stole, a nawet te, które, jak sądził, spoczywały bezpiecznie w jego służbowej teczce. Z jednej strony go to irytowało, z drugiej pochlebiało mu zainteresowanie córki jego pracą. W trakcie takich rozmów miał wrażenie, że była poważniejsza, zachowywała się bardziej jak partner zawodowy niż córka.

– Masz jakichś podejrzanych?

Uśmiechnął się ironicznie.

– Zbyt wielu.

– To chyba dobrze?

Popatrzył na nią z uwagą. Zastanawiał się nad doborem właściwych słów.

– Ta sprawa nigdy nie trafi do sądu. Sprawca – czy też sprawcy – pozostanie nieznany. Jeszcze jedna tragiczna i niewyjaśniona historia w tym okrutnym mieście.

Spojrzała na niego z wyrazem szczerego zdziwienia na twarzy.

– Nie rozumiem. Skoro podejrzewacie kogoś...

– Och, podejrzewam cały świat – przerwał jej, z emfazą uderzając dłońmi o uda. – Podejrzewam jej rodziców, przyjaciół, całe to zwariowane miasto. Podejrzewam łatwe pieniądze, seks, telewizję, polityków...

– Mówisz jak ojciec, a nie prokurator.

Chciał powiedzieć, że jest ojcem, ale powstrzymała go myśl, że Marta ma całkowitą rację: jego frustracja historią Lidii nabrała zbyt osobistego wymiaru. Bał się o własną córkę. Bał się, by nie skończyła jak Lidia.

– Chcę wierzyć, że mężczyzna, który dopuścił się tej zbrodni, poniósł już karę.

– Chcesz wierzyć?!

Jak miał jej to wytłumaczyć? Jak miał jej wyjaśnić własną bezsilność wobec zbrodni, która, jakkolwiek odpychająca i bezsensowna, była jedynie nic nieznaczącym elementem, epizodem w historii, której istnienia i treści mógł się jedynie domyślać, której rozmiary wymykały się jego percepcji, jego pojmowaniu. Wziął ze stołu pudełko z prezentem od córki, jakby bliskość nowego przedmiotu mogła mu pomóc w koncentracji.

– Rzeczywistość ma wiele wymiarów – powiedział, sam dziwiąc się słowom, które przychodziły mu do głowy, jakby próbował zwerbalizować coś amorficznego i obcego, coś, czemu nigdy wcześniej nie nadał wyrazu. – Niektóre z nich są widoczne, oczywiste i zrozumiałe. W nich żyje większość z nas. Inne są ukryte, groźne, kierują się niezrozumiałą dla większości logiką. Być może są jej całkowicie pozbawione. Sam nie wiem. – Machnął dłonią, jakby próbował odepchnąć dręczące go myśli. – Ci, którzy je zamieszkują, żyją według innych praw. Przynajmniej nie tych, na których straży ja stoję. – Dotknął palcem metalowej wagi na spince. – Rozumiesz, co chcę powiedzieć?

Marta spoglądała na niego, kręcąc przecząco głową.

– Myślę, że sam nie wiesz, o czym mówisz. Wymiary rzeczywistości? – Uśmiechnęła się ironicznie. – Ktoś ją zamordował i tyle.

DEMONY PRZESZŁOŚCI POWRÓCIŁY. Gdy tylko Paweł z Dianą Fuks, wciąż wyraźnie nieporadną i zagubioną w swojej nowej roli opiekunki, zniknęli za drzwiami pokoju wizyt, uśmiechnięta twarz ojca pojawiła się pod jej zaciśniętymi powiekami. Spoglądał na nią z nieskrywaną satysfakcją kogoś, kogo wydarzenia ostatnich dni rehabilitowały, jako nie jedyną osobę w ich rodzinie mającą monopol na przemoc. Jakby starał się jej powiedzieć, z tym swoim bezczelnym uśmiechem na twarzy, który zgasiły dopiero postępująca choroba i alkohol, że ich wzajemne więzi są głębsze od więzów krwi, głębsze od przypadkowych ról ojca i córki i że nigdy nie przestanie być jej częścią, nie przestanie żyć w niej jako ciemna strona jej osobowości. Jeszcze niedawno odrzuciłaby jego obecność wraz z mrocznymi insynuacjami jako jeszcze jeden senny koszmar, nic nieznaczący epizod z przeszłości. Teraz sama nie była pewna, co o tym myśleć. Czy naprawdę była potworem? Córką swego ojca?

Wizyta Pawła przyniosła jej dawno oczekiwaną chwilę wytchnienia. Mimo bólu, jaki odczuwała, pozwalając mu oglądać się w więziennym kitlu, strzeżoną przez krępą strażniczkę z nieruchomą twarzą, jego obecność pomógła jej choć na chwilę nie myśleć o niczym innym poza rozmową z synem. Zapewniał, że czuje się dobrze. Wszyscy w domu dziecka byli dla niego mili. Jeden z chłopców pozwolił mu bawić się swoim dźwigiem. Święta spędzi z ciocią Dianą. Krystyna spojrzała z wdzięcznością na Fuks, która z uśmiechem wzruszyła ramionami. Przewodnicząca Ligi zdawała się mieć ostatnio nieograniczone wpływy. Jej wizyta z Pawłem odbywała się poza harmonogramem widzeń. Pomijając procedury, zdjęto Krystynie kajdanki i pozwolono na nieograniczony kontakt fizyczny z synem, który na powitanie zniknął w jej potężnych ramionach na kilka długich minut. Tak, rozumiał, że mama musi pozostać na chwilę tutaj, z resztą pań. Nie, nie będzie płakał.

Jej cela, w której siedziała teraz sama, należała do najlepszych w całym areszcie. Niedawno odnowiona, wyposażona w coś na kształt nowoczesnej łazienki i toaletę z osobną ścianą, pozwalającą na zachowanie prywatności. W celi był telewizor i półki z książkami. I małe, jasne, sosnowe biurko z nocną lampką i krzesłem – wygodniejszym, niż sugerował jego prosty wygląd. Strażniczki były dla niej nad wyraz miłe, oczywiście w granicach, które wyznaczała pełniona przez nie funkcja.

Mimo to, a może właśnie z powodu wszystkich tych nieocze-kiwanych udogodnień pozwalających jej skupiać się wyłącz-nie na własnych myślach – Krystyna odczuwała powracające napady paniki, narastające i opadające jak oceaniczne fale. Jej życie przestało być dla niej zagadką, codzienną próbą rozszy-frowania kierunku, jaki nabierze, rzeczy, które się przydarzą, rozmów z Pawłem, patrzenia, jak dorasta, jak wraca ze szko-ły, opatrywania jego zakrwawionego kolana po meczu piłki nożnej, tulenia go do snu. Jej życie przez następne lata będzie zamkniętym pomieszczeniem, monotonią dni spędzanych pomiędzy posiłkami, spacerem, cotygodniowym prysznicem i wizytami syna, którego wzrastającą obcość będzie obserwo-wać z każdym kolejnym widzeniem.

„Nigdy więcej", powiedziała sobie, zaciskając z całych sił powieki. „Nigdy więcej!". „Nigdy więcej co?", usłyszała niski głos ojca, tak blisko swojej twarzy, że otworzyła oczy z prze-rażeniem.

Metalowy hałas zaanonsował otwarcie drzwi celi. Młoda strażniczka z końskim ogonem przyglądała się z niepokojem Krystynie leżącej na dolnym posłaniu piętrowego łóżka.

– Nigdy więcej?

Krystyna zdawała się nie rozumieć, patrząc na nią szeroko otwartymi oczami. Dziewczyna machnęła ręką, najwyraźniej porzucając zadane pytanie.

– Nieważne. Kolacja wigilijna. Zapraszam do stołówki.

Demony demonami, ale co jeszcze Diana Fuks mogła dla niej zrobić?

CHŁOPIEC, KTÓREMU OTWORZYŁ DRZWI, miał ciemne włosy, zebrane na środku głowy w coś na kształt pędzla malar-skiego. Nosił okulary w grubej zielonej oprawie, tak dużej, że sprawiały wrażenie maski do pływania, i miał dziwny otwór w uchu, którego przeznaczenia Wąsik, mimo wysiłków, nie po-trafił zidentyfikować. Miał na sobie skórzaną kurtkę i zieloną puchową kamizelkę w kolorze niemal identycznym jak oprawa okularów.

– Boz... – powiedział, zdając sobie sprawę, że wypowiedziane imię zabrzmiało w jego ustach bardziej jak pytanie niż powitanie.

– Bardzo mi miło pana poznać – powiedział Boz i wyciągnął prawą dłoń. Nadal wpatrując się w niecodzienną postać na progu, Wąsik pozwolił dłoni chłopca zawisnąć w powietrzu na krótką chwilę, zanim odwzajemnił gest powitania. Uścisk ręki Boza był krótki i stanowczy. Uścisk kogoś, kto czuł się dobrze z samym sobą.

Obiecał Marcie, że powstrzyma swoje prokuratorskie nawyki i odłoży przepytywanie chłopaka do następnego razu. Stwierdzenie „następny raz", które wyszło z jej ust, trochę go zaniepokoiło, ale nie dał nic po sobie poznać, przyrzekając córce, że ograniczy pytania do absolutnego minimum. Spojrzała na niego podejrzliwie.

– Boz? – zapytał, kiedy chłopiec usiadł przy stole, a Marta poszła do kuchni podgrzać zupę rybną dla gościa. – Jak się poznaliście z Martą?

Zdał sobie sprawę, iż nadal z trudem przychodzi mu wypowiadanie jego imienia bez delikatnego poczucia absurdu.

– Chodzimy do tej samej klasy. Marta pomagała mi w historii.

Jego córka udzielała korepetycji?!

– Mieszkasz w okolicy?

– Jakieś pięćset metrów stąd. W kamienicy na Schroegera.

Podobało mu się, że Boz nie unika jego wzroku i udziela odpowiedzi z zaskakującą jak na jego wiek grzecznością.

– A twoi rodzice?

– Mieszkam z mamą. Rodzice rozwiedli się, kiedy miałem sześć lat.

Poczuł, że powinien przestać, jeżeli miał dotrzymać danej Marcie obietnicy, ale potrzeba zdobycia informacji na temat Boza była silniejsza od lojalności wobec córki.

– A mama czym się zajmuje?

Boz uśmiechnął się, jakby ich rozmowa przebiegała dokładnie tak, jak się spodziewał. Jakby się do niej przygotował.

Marta pojawiła się w pokoju z talerzem parującej zupy, rzucając w jego stronę przerażone spojrzenie.

– Jest malarką. Projektuje też wnętrza. Głównie biurowe.

Pokiwał głową, jakby ta ostatnia odpowiedź całkowicie zaspokoiła jego ciekawość.

– Zostawię was na chwilę samych – powiedział, wstając od stołu i strzepując niewidzialny pył ze spodni. – Mam kilka rzeczy do przejrzenia. Dajcie znać, kiedy będziecie wychodzić.

CO KUPIĆ SIEDMIOLATKOWI, którego matka przebywa w areszcie pod zarzutem morderstwa? Nie jest to pytanie, które można zadać sprzedawcy w sklepie z zabawkami. Krystyna powiedziała jej, że Paweł lubi układać puzzle, ale pomysł zakupu kartonowej łamigłówki na pierwszy wieczór, który mieli spędzić razem, wydawał jej się chybiony. Mimo braku doświadczenia wychowawczego uznała, że ostatnią rzeczą, którą powinna zrobić, to zostawić chłopca sam na sam z jego myślami.

Półgodzinna wizyta u Krystyny przebiegła lepiej, niż się spodziewała. Obyło się bez łez i histerii. Krystyna panowała nad swoim wzruszeniem, a Paweł zdawał się traktować niecodzienne zdarzenie jak najzwyklejszą rzecz na świecie. Dopiero po opuszczeniu aresztu, kiedy siedzieli już w taksówce w drodze do jej małego mieszkania na Saskiej Kępie, coś w jego zachowaniu uległo nagłej zmianie. Unikał jej wzroku i uparcie wpatrywał się w widoki za oknem po swojej stronie. Próbowała położyć dłoń na jego drobnym ramieniu w geście wsparcia i ukojenia, ale jej nieporadny gest pozostał niezauważony.

Teraz, siedząc naprzeciwko Pawła z rozłożoną na wysłużonym dywanie grą planszową „Wielki wyścig", pogratulowała sobie wyboru prezentu. Chłopiec wydawał się całkowicie zafascynowany kolorowymi modelami samochodów i perspektywą następnej, czwartej już wygranej rundy planszowego wyścigu. Rzucając kostką, wyjaśniał jej różnice techniczne pomiędzy poszczególnymi modelami samochodów, które błyskawicznie przyswoił z opisu gry znajdującym się we wnętrzu opakowania.

– Cztery! – wykrzyknął z wyraźną satysfakcją, kiedy rzucona przez nią kostka zatrzymała się na dywanie. – Musisz zjechać do serwisu.

– Znowu? – udała oburzenie. – Moja ekipa jest do niczego.

Kolacja upłynęła im na rozmowie. Paweł ograniczał odpowiedzi na jej pytania do absolutnego minimum. Mimo to odniosła wrażenie, że nie czuł się źle w jej towarzystwie i coraz częściej udawało jej się nawiązać z nim kontakt wzrokowy. W dodatku chłopiec przyglądał się jej z narastającą ciekawością. Pod koniec posiłku, kiedy Paweł zagłębiał widelec w trzecią porcję makowca kupionego przez nią dzień wcześniej w małej cukierni na rogu, uznała, że nadeszła pora na poważną rozmowę.

– Wiesz, że twoja mama nie będzie mogła mieszkać z tobą przez jakiś czas?

Chłopiec skinął głową, wpatrując się w talerzyk z ciastem.

– Twoja mama… – nie wiedziała, jak zacząć… „Zmusiła mnie?". Nie, nie to chciała powiedzieć. –Twoja mama bardzo by chciała, abyś do jej powrotu mieszkał ze mną. Co ty na to?

Nie oczekiwała jasnej odpowiedzi. Obawiała się jedynie gwałtownego sprzeciwu. Nic takiego się nie wydarzyło. Paweł spojrzał na nią, a potem rozejrzał się po jej mieszkaniu.

– Nie masz nawet telewizora.

Roześmiała się, odbierając jego próbę dziecięcych negocjacji jako obiecujący sygnał.

– Jestem pewna, że uda nam się naprawić to zaniedbanie… i to szybko.

Powiedziała mu, że będzie musiał jeszcze przez jakiś czas pozostać w domu dziecka, dopóki jego sytuacja prawna nie zostanie uregulowana. Potem ona, Diana Fuks, stanie się jego prawnym opiekunem i zamieszkają razem. Do tego czasu może wybrać telewizor, jaki chciałby mieć, i może jeszcze kilka innych rzeczy do swojego pokoju. Tak, będzie miał własny pokój – planuje przeprowadzkę do większego mieszkania, może nawet do małego domu w spokojnej okolicy. A gdyby znalazła coś z ogrodem… Zawahała się przez chwilę przed tą oczywistą formą emocjonalnego przekupstwa, której właśnie zamierzała się dopuścić, ale tylko na moment. Życie było zbyt krótkie, aby bawić się w subtelności.

– Wiesz, co dobrze pasuje do domu z ogrodem? – Paweł przyglądał jej się z uwagą. – Pies. Chciałbyś mieć psa?

Widząc jego rozpromieniony wzrok, uznała, że przynajmniej tego wieczoru udało jej się przenieść ich wzajemne relacje na nowy poziom. Zgoda, odbyło się to kosztem wątpliwych pedagogicznie obietnic, których w przyszłości będzie musiała nauczyć się unikać, aby ich wzajemny związek nie nabrał formy szantażu emocjonalnego, ale dziś, w wigilijnej aurze obdarowywania prezentami, czuła się wyjątkowo szczodra. Jakże mogłoby być inaczej? Jej organizacja była silniejsza niż kiedykolwiek. Dzięki Krystynie i jej milczeniu była pewna, że pozostanie taka na długo. Ich nowa siedziba zapierała dech w piersi. Prezydent odbierał każdy jej telefon. Była kobietą sukcesu. A teraz, przyglądając się Pawłowi z rozpromienioną twarzą unoszącemu oba ramiona w górę w geście zwycięstwa po następnej wygranej rundzie „Wielkiego wyścigu", pomyślała, że nieoczekiwanie dla siebie samej zaczyna być także kobietą spełnioną. Wizja opieki nad Pawłem, życia razem z chłopcem, przestała ją przerażać czy choćby niepokoić. Przynajmniej tego wieczoru ich wspólna przyszłość ułożyła się w jej głowie w rodzaj trójwymiarowego obrazu, z małym domem pokrytym czerwoną dachówką; domem otoczonym kwitnącym ogrodem, gdzie w promieniach popołudniowego słońca Diana Fuks, przewodnicząca Ligi i opiekun prawny Pawła, siedzi na fotelu bujanym z wikliny, przyglądając się spod olbrzymiego ronda słomkowego kapelusza siedmioletniemu chłopcu z bujną blond czupryną, bawiącemu się w soczyście zielonej trawie z małym kudłatym szczeniakiem z czarnymi ślepiami i mokrym nosem.

KIEDY MARTA Z BOZEM WYSZLI Z DOMU, wysłuchując po raz kolejny jego tyrady na temat czyhających na nich niebezpieczeństw i kategorycznego żądania, by tuż po ostatnim dzwonku mszy pojawili się na jego progu cali i zdrowi, powrócił do komputera pozostawionego na łóżku w sypialni. Czuł lekkie zawstydzenie, że nie oparł się pokusie wyszeptania Bozowi do ucha informacji o tym, kim jest i czym się zajmuje, wykorzystując chwilową nieobecność córki poszukującej szalika i rękawiczek, ale uznał, że fakt ten, jakkolwiek zapewne dobrze chłopcu znany, wart jest przypomnienia.

Odblokował komputer i na ekranie ponownie pojawiła się strona, którą wcześniej otworzył. Link otrzymał w mailu od Matjasa – adres internetowy, który przeniósł go na pożądaną stronę zaraz po uaktywnieniu go strzałką myszki. „Historia Lidii". Zdjęcie młodej dziewczyny w skromnej granatowej sukience zajmowało centralną część ekranu. „Ta historia nigdy nie miała być opowiedziana", przeczytał, gratulując sobie w duchu wyboru Marcina, mimo wątpliwości Matjasa i swoich własnych co do determinacji młodego człowieka z „poważnym", jak to ujął policjant, problemem alkoholowym. Jednak to, co teraz czytał, nie brzmiało jak brednie umysłu pogrążonego w oparach alkoholowych. Prawdę mówiąc, brzmiało to lepiej, niżby sam potrafił napisać. O wiele lepiej.

„Kto zamordował Lidię? Kto pozostawił jej martwe ciało w pojemniku na śmieci na tyłach klubu nocnego «Plaża»? Wszystkie poszlaki zdają się wskazywać na osobę Wiktora W., do niedawna osobistego kierowcy byłego wojewody, Tytusa Tyszki. Wszystko wskazuje także na to, że Wiktor W. był jedynie narzędziem w rękach ludzi, których wzajemne powiązania i interesy mogłyby ucierpieć, gdyby Lidia Popiel nadal żyła. Wiktor W. zginął pod kołami pociągu metra na stacji Warszawa Gdańska. Tytus Tyszko został aresztowany pod zarzutem korupcji. Inni bohaterowie tej historii rozpierzchli się po świecie. Jeszcze inni żyją nadal wśród nas, wierząc, że historia ich wzajemnych powiązań, ich współodpowiedzialności za śmierć młodej dziewczyny z prowincji pozostanie na zawsze tajemnicą. Ale tajemnice są jak niedokończone historie, które zawsze kuszą, aby je dopowiedzieć. W tym sensie nigdy nie umierają, nigdy nie odchodzą w zapomnienie. Celem opowiedzenia tej historii jest upewnienie się, że śmierć Lidii stanie się jedną z tych właśnie tajemnic, które żyją wiecznie. Albo do czasu ich ostatecznego wyjaśnienia".

Czytając te słowa, Bożydar Wąsik po raz pierwszy poczuł uczucie lekkiego i niewytłumaczalnego zaniepokojenia. Jaka była naprawdę jego rola w historii Lidii w paradygmacie Marcinowej „tajemnicy"? Czy dążył do jej wyjaśnienia, jak mu się do tej pory wydawało, czy też, jak zaczynał z rosnącym niepokojem podejrzewać, przyłożył rękę do jej zatuszowania i utajnienia? Przypomniał sobie rozmowę z Martą i coś, co coraz bardziej zaczęło pobrzmiewać w jego głowie, jak nieporadna próba ekspiacji. „Wymiary rzeczywistości"! Co odpowiedziała jego córka? „Ktoś ją zamordował i tyle". Czy miała rację? Mężczyzna, który dopuścił się zbrodni, nie żył. Został wepchnięty pod koła rozpędzonego pociągu przez kobietę, której czyn zdawał się zarówno przypadkowy, jak i – w zagmatwanym kontekście sprawy Browar – nieunikniony.

Był swoistym aktem sprawiedliwości tam, gdzie sprawiedliwość, jaką praktykował, okazała się bezradna wobec sprawców zbrodni. Zastanawiał się nad ostatnim wyborem, jednym z najpoważniejszych, jakich dokonał w swoim życiu zawodowym. Na ile nadużycie, ba, przestępstwo, którego się dopuścił, utrudni rozwiązanie tajemnicy śmierci młodej dziewczyny, niewiele starszej od jego córki? Nie, pomyślał, jego gest był aktem miłosierdzia. Jakże inaczej wytłumaczyć to, że odszedł od swych zasad, aby chronić kogoś, w czyją winę nie wierzył? Obiekt jego wewnętrznej rozterki leżał na nocnym stoliku, w małej plastikowej torebce. Był tak niepozorny, że aż trudno uwierzyć, mógł na zawsze odmienić jego życie. Dwucentymetrowa nitka czerwonej wełny znaleziona na ciele Lidii Popiel. Identyczna, według analizy ekspertów wydziału kryminologii, jak nitki z czerwonego swetra znalezionego przez Matjasa w mieszkaniu Krystyny w czasie rutynowego przeszukania. W jaki sposób nitka z jej swetra znalazła się na ciele martwej dziewczyny? Jedna z teorii, w którą wierzył, sugerowała, że została tam umieszczona przez Wiktora, próbującego skierować podejrzenia na Krystynę i na Ligę. Poprawił się: jedyna teoria. Zawartość plastikowej torebki była jego osobistym prezentem wigilijnym dla kobiety, której tragedii szczerze współczuł. Spojrzał na zegarek. Miał jeszcze kwadrans do powrotu córki. Zejdzie do kuchni, aby pozbyć się dowodu w płomieniu palnika gazowego.

Nikt nigdy się nie dowie.

SKRZYDŁA TANICH, ALUMINIOWYCH ŻALUZJI zamontowanych w dwóch oknach jego nowego mieszkania na

Powiślu zdawały się poruszać w sobie tylko znanych konfiguracjach. Po trzech próbach ustawienia ich pod kątem, który zapewniałby szczelne zasłonięcie szyb, Marcin dał za wygraną, decydując ostatecznie, iż wcale go nie martwi częściowy brak prywatności. Zimne światło ulicznych lamp wdzierało się przez nieregularne szczeliny i odbijało od aluminium, pozostawiając ruchliwe paski światła na parkiecie.

Był sam w mieszkaniu. Siedział na podłodze oparty plecami o ścianę, z otwartym laptopem na kolanach. Jego rzeczy, spakowane w kartonowych pudłach w mieszkaniu Marii i ułożone w równym rzędzie w przedpokoju, wciąż oczekiwały na poświąteczną przeprowadzkę. Jedynym nowym i należącym do niego przedmiotem w pokoju był szary bawełniany materac, który kupił dzień wcześniej w małym sklepiku koło Uniwersytetu. Mimo braku ramy i niewielkich wymiarów wniesienie jego nowego miejsca do spania na trzecie piętro okazało się niemałym wyzwaniem. To zabawne, ale pomyślał, że od niedawna każde wyzwanie, nawet tak prozaiczne jak wtarganie trzydziestokilowego materaca na trzecie piętro sprawiało mu nieoczekiwaną przyjemność.

Jego artykuł doczekał się już ponad ośmiuset odsłon. Zaraz po zamieszczeniu go w Internecie postanowił wykorzystać swoją listę adresową, zgromadzoną w czasie krótkiej kariery w „Głosie" i najwidoczniej, mimo okresu świątecznego, jego dawni koledzy po fachu nadal monitorowali każdą potencjalną ciekawostkę. Doczekał się nawet kilku wpisów, które na razie postanowił zignorować, pozwalając, by przynajmniej na jakiś czas historia Lidii pozostała jedynym wpisem na jego stronie i nie chcąc rozpraszać potencjalnych czytelników wymianami uwag pod tekstem.

Jej pamiętnik leżał na podłodze na prawo od niego. Notatnik w czerwonej oprawie, którego stał się przypadkowym opiekunem. Zdawało się, że nikt oprócz niego nie jest zainteresowany jego posiadaniem. Matjas, któremu wyjawił istnienie prywatnych zapisków Lidii w czasie ich spotkania w Bristolu, poradził mu, aby zachował je dla siebie. Dla prokuratury śledztwo w sprawie jej śmierci zakończyło się wraz ze śmiercią Wiktora, mimo że akta dochodzenia pozostaną otwarte przez wiele lat z adnotacją „sprawca nieznany". Z jakiegoś powodu ten opis wydał mu się właściwszy niż świadomość faktu, że bezpośrednim sprawcą był mężczyzna, który zginął pod kołami pociągu metra. A z pewnością bliższy prawdy.

Resztki kanapki z łososiem, którą kupił na stacji benzynowej, leżały w kartonowym pudełku na podłodze między jego nogami. Jego kolacja wigilijna, popijana wodą gazowaną prosto z butelki. Być może w innych okolicznościach, na innym etapie jego życia, obraz mężczyzny w pustym mieszkaniu, spędzającego samotnie wieczór wigilijny nad posiłkiem przygotowanym przez Gotowe Danie Sp. z o.o. i z terminem ważności stanowiącym prawdziwe wyzwanie dla jego dotychczasowej wiedzy o trwałości zawartych w nim składników, wydałby mu się co najmniej żałosny, a być może nawet tragiczny. Nie dziś. Nie tego wieczora, kiedy jego twarz, oświetlona poświatą z ekranu komputera, zdawała się należeć do kogoś, kogo rozpoznawał, do kogo nawet odczuwał nieco sympatii.

Poza tym samotność miała swoje dobre strony. Z pewnym zdziwieniem, ale i z nieskrywaną ulgą zdał sobie sprawę, że od kilku dni zasypia spokojnie, bez dawnych koszmarów, bez wizyt ociemniałej dziewczynki, bez spacerów przez mroczne korytarze pokryte wodą. Bez Hilkego. Zastanawiał się, na ile ich nieobecność ma związek z jego niedawną abstynencją, a na ile z jego decyzją…

Licznik w prawym rogu ekranu komputera wskazywał 1015 odsłon; liczba, która z pewnością ucieszyłaby Marcina, gdyby nie to, że autor coraz bardziej popularnego artykułu w sieci zamknął oczy i zapadł w spokojny sen o sześciu reniferach i ich brodatym woźnicy.

Podziękowania

Książka, podobnie jak każdy inny autorski projekt, nie powstałaby bez wsparcia, zaangażowania i współpracy wielu osób. Powinnością autora, ale także przyjemnością dla niego, jest złożenie im podziękowań za wysiłek włożony w realizację *Browaru*.

Mojej ukochanej żonie, Danucie, za niezłomną wiarę, upór i determinację, której autorowi czasem brakowało, w przekuciu marzenia w rzeczywistość.

Wiesławowi Kędzierskiemu za nieustanne wsparcie, mobilizację, poczucie humoru i obecność w moim życiu.

Wojtkowi Wietesce za, jak zawsze, intrygujące obrazy, które tylko niewtajemniczeni mylą z fotografiami.

Mojej wydawczyni, Monice Mielke, za bycie duchem opiekuńczym projektu, partnerem i inspiracją dla autora.

Ani Borys-Karwackiej, Ani Krzyżanowskiej oraz reszcie zespołu RC2 zaangażowanego w promocję książki, za ich profesjonalizm, nieukrywaną pasję i kreatywność.

Korze i Kamilowi za przygarnięcie „bezdomnego" artysty, za przyjaźń i polifoniczne debaty.

Mecenasowi Piotrowi Staroniowi za wkład merytoryczny.

Ewie Podgórskiej za pamięć, okazaną sympatię i za bycie niepowstrzymaną siłą natury.

Rafałowi Wojdynie i Andrzejowi Suchockiemu za dwukrotne ocalenie cyfropisu z czeluści czarnych dziur twardych dysków.

Oraz wszystkim pozostałym osobom zaangażowanym w tworzenie *Browaru*... niech słońce Algarve nieustannie świeci nad waszymi głowami.

Spis treści